유식과 의식의 전환

민족사학술총서 68

유식과 의식의 전환

정륜 定倫

민족사

서문

불교 관련 논서들을 읽을 때 부딪히는 문제 중 하나가 개념의 정의였다. 그 텍스트 속에서, 그 텍스트의 정의에 따라, 그 논서를 이해하면서 내 삶의 문제들을 묻고 답하고 싶었기 때문이다. 아비달마불교든 대승불교든 불교를 불교이게 하는 범주 속에 있는 용어들에는 연속성이 있다. 예를 들면, 초기불교에서는 인간 유정을 오온, 십이처, 십팔계로 설명하는데, 대승불교에서는 진여·불성을 논한다! 오온과 불성은 무슨 차이가 있는가? 고타마 붓다가 불성이라는 용어를 사용하지 않았으므로 초기불교만이 정설이라는 논리가 가능한가? 예컨대 무상, 고, 무아를 이야기했다면 대승에서는 이것을 어떤 용어로 재해석했을까? 연기라는 개념이 대승불교권에 이르러 공성, 법성, 유식성 등과 동의어로 사용되는 용례들을 보노라면, 새로운 각도에서 붓다의 가르침을 재해석한 그룹이 대승불교권이라는 이해에 서면, 논서들에 나오는 개념의 定義는 초기불교와 연속성 속에 놓여 있었다. 이것이 늘 나의 관심을 끌었다. 논서는 회색의 닫혀진 글씨의 향연이 아니라 수행하며 만나는 푸르른 들판의 이정표들에 대한 설명이다. 문장 뒤에는 생생한 지관 수행의 체험들이 배경으로 있기 때문이다.

故 에지마 야스노리(江島惠敎) 선생님은 artha의 탐색이 유식불교 이해의 관건일 것이라며 artha를 연구 주제로 추천해 주었다. artha의 정

의 탐색을 실마리로 기존의 유식불교의 이해를 옆에 내려놓고, 텍스트를 따라가면서 텍스트와 질문하며 대답하는 즐거움이 컸다. 그 물음을 푸는 데 실마리는 뜻밖에도 현장의 『唯識二十論』에 나오는 한역을 보면서 잡혔다. 묻는 것만큼만 보이고, 보이는 것만큼만 아는, 그래서 아는 만큼 모르는 것들이 산재하겠지만, 물음을 와해시키거나 물음이 새로 생기면서 앞서 간 스님들의 의식 지평을 보는 것은 행복했다.

이 책은 이런 맥락의 결과물이다.

제 1부에서는 유식과 유식성의 定義를 고찰했는데, 그 결과 유식이란 기존의 이해와 달리 유식은 연생법의 異名이고, 유식성이 연기의 異名임을 논증하였고, 유식불교를 정의할 때, 유식무경이라는 용어를 기술하는데 그 원어가 무엇인지를 규명해 보았다. 유식무경이라는 용어는 『성유식론』에 성자의 지혜를 갖춘 자의 인식부분에 나오는데 『섭대승론』 세친 주석 티베트 본에 의하면 이때의 境에 해당하는 산스크리트어는 viṣaya가 아니라 artha이며 한역으로는 唯識無義로 번역하고 있다. 그런데 현장은 『유식이십론』에서 artha를 모두 境/外境으로 번역하였으며, 『유식이십론』에 나오는 무경(aviṣaya, 無境)은 識이 아닌 후득지와 관련되어 있다. 따라서 과연 유식무경에 대한 기존의 이해와 해석이 타당한가를 검토했다. 더불어 유식과 삼성의 관계를 풀어냈고, 삼법인의 共相을 대승에서는 진여 유식성으로 재해석했음을 밝혔다.

2부에서는 왜 연생법 내지 진여가 離言이며 불가언인가를 고찰하면서, 말나(manas, 末那)가 대승의 의근으로 내적 충동에 얽혀 있는 자아의식임을 논증하였다. 또한 根과 境識의 관계, 아뢰야식과 몸의 관계, 전의에서 오근의 변화, 尋伺의 다층적 작용 등에 관한 정의를 중심으로 유식 사상을 고찰하였다. 예컨대 범부의 일상 의식 상태, 지관의 상태, 깨달은 후 후득지의 상태 차이가 도대체 무엇인가를 밝히면서 색신에서 법신으로의 변화 과정은 일차적으로 오근의 변화, 자아의식의 변화임을 논증하였다.

실재라고 판단한 것이 실은 미세한 개념과 관습으로 쌓아진 앎이라는, 언뜻 본 자각은 탐색의 텍스트를 바꾸게 만들었다. 스스로 물으면서 확인해 나가는 삶, 노예적 사유를 하지 않고 주어진 답을 거부하며 그물에 걸리지 않는 바람처럼, 양극에 사로잡힌 마음의 덫에 걸리지 않도록 소리에 놀라지 않는 사자처럼 사는 삶, 종전의 삶에서 놓친 것, 그것을 만나기 위해서 텍스트가 바뀌었다. 늦은 저녁 온통 새소리로 물들었다가 점점 고요가 생명임을 보여주는 보드가야에서 그분이 깨친 것, 그것이고 싶어서이다.

이 연구 결과는 故 에지마 야스노리 선생님께 올린다. 지금까지도 물심양면으로 도움을 주는 이대 사학과 김영미 선생님, 텍스트로 하여금 텍스트가 말하게 하라는 학문의 엄밀성을 실천하는 한국학 중앙연구원 이종철 선생님, 삶의 의미를 찾도록 꿈을 오랫동안 분석해 주시면서 사랑을 보여주신 융 분석의(醫) 서동혁 선생님, 가슴에 태양을 품게 만들어 주었던 미얀마 saddhammaransi 썬터의 노스님과 Goenkha 썬터, 오래전의 약속을 지키게 도와주신 민족사 사장님께 감사드린다.

2015년 定侖

차 례

서론

1부

유식(vijñaptimātra, 唯識)과 유식성(vijñaptimātratā, 唯識性)

2부

의식의 자기 변환과 다양한 정신 상태

【 약호표와 텍스트 】

大正	『大正新修大藏經』
PC	『攝大乘論釋』, 眞諦 譯.
DC	『攝大乘論釋論』, 隋天竺三藏笈多共行矩等 譯.
H	『攝大乘論釋』, 玄奘 譯.
P	The Tibetan Tripiṭaka, Peking edition.
D	The Tibetan Tripiṭaka, Sde dge edition.
AKBh(P)	Abhidharmakośabhāṣya, ed., by P. Pradhan, Tibetan Sanskrit WorkSeries 8, Patna, 1967(repr. 1975).
AKBh[E]	Abhidharmakośabhāṣya of Vasubandhu Chap. I : Dhātunirdeśa. ed., by Y. Ejima, BIB I, Tokyo, 1989.
AKVy	Sphuṭārthā Abhidharmakośavyākhyā by Yaśomitra. ed., by U. Wogihara, Tokyo, 1932-1936(repr. Tokyo, The Sankibo Press, 1971).
MSBh	Mahāyānasaṃgrahabhāṣya, P. No.5551, D. No.4050.
MSA	Mahāyānasūtrālaṃkāra, by S. Levu, paris, 1907.
MABh	Madhyāntabhāgabhāṣya, by Gadgin M. Nagao, SRF, 1964.
MMK	Mūlamadhyamakakārikās de Nāgārjuna avec la prasannapadā commentaire de Candrakīrti, Louis de la Vallee Poussin, 1903.
Viṃś and Triṃś	Viṃśatikā et Triṃśikā-bhāṣya, ed, by S. Levi, paris, 1925.
AS	Abhidharmasamuccaya, ed., by P. Pradhan, Visva-Bharati Series 12, Santiniketan, 1950.
ASBh	Abhidharmasamuccaya-bhāṣya, ed., by N. Tatia, Tibetan Sanskrit Work Series 17, K. P. Jayaswal Research Institute, Patna, 1976.
MS(上, 下)	長尾雅人, 『攝大乘論 和譯と注解』上 下, 講談社, 東京, 1982-1987(repr. 2001).

『攝大乘論本』, 玄奘 譯, 大正 31.
『攝大乘論釋』, 玄奘 譯, 大正 31.
『攝大乘論釋論』, 隋天竺三藏笈多共行矩等 譯 大正 31.
『攝大乘論釋』, 眞諦 譯 大正 31.
『唯識二十論』, 玄奘 譯 大正 31.
『成唯識論』, 玄奘 譯 大正 31.
『大乘伍蘊論』, 玄奘 譯 大正 31.
『六門教授習定論』, 義淨 譯 大正 31.
『俱舍論』, 玄奘 譯, 大正 29.

서론

1. 왜 유가행 유식 사상의 의식(manovijñāna, 意識) 분석인가?

고타마 싯다르타가 붓다가 되었다는 것은 무엇을 의미하는 것일까? 수행을 하면 무엇이 변화하는 것일까? 변화한다면 그 근거는 무엇일까? 감각이 일어나는 지점이 몸이고, 감각이 비물질적인 마음에 속하는 것이라면, 몸과 마음의 관계는 어떠하기에 왜 몸이 아닌 마음이 관찰하는가? 수행을 통해서 생리의 변화와 심리의 변화가 일련의 관계가 있는 것은 무엇 때문일까?

삼계가 마음이라면 이 마음은 무엇을 통해 드러나는가? 정신은 어째서 끊임없이 지껄이는가? 정신 작용은 왜 늘 시비판단을 내리며 떠오른 그 찰나의 것을 당연한 진실로 여기는 것일까? 내가 내린 생각이나 판단은 왜 항상 모두에게 옳다고 암묵적으로 전제하는가? 판단의 중심에는 왜 '내가 옳다'라는 전제가 깔려 있는 것일까? 無我라면 어떻게 '나'라는 생각이 일어나는가? 왜 삶과 삶의 가치를 획득의 관점, 得失의 양가로만 나누는가? 마음은 왜 결핍을 충족시키는 방향으로 생각을 가공 처리하는가? 결핍은 충족이라는 내재적 판단에 기인한 것이 아닌가? 왜 정신은 늘 완벽한 상태나 조건을 찾는단 말인가?

지혜란 구체적으로 무엇이며, 그것의 존재론적 근거는 무엇일까? 有爲法을 아지랑이나 물속의 달처럼 보라고 하는 것이 어째서 보살의 인식일까? 이런 의문의 중심에 놓인 것이 '의식'의 탐구였다.

대승불교에 의하면, 유정은 실재와 관계없는 언어적 사유를 하는데 판단 혹은 분별은 언어의 허구에서 발생한다. 그래서 개념적 사유를 하는 한, 언어를 본질로 하는 우리의 사유는 전도된 것이다. 또한 비일상적 의식 체험을 통해 일상 의식을 분석한 유가행파의 분석에 의하면, 한 개체(sattva, 有情)가 경험하는 모든 것은 과거의 투사이다. 경험하는 '현재'란 과거의 투사일 뿐이며, 그러한 한에서 '현재'는 과거의 영향 하에서 읽혀지고 인식되고 해석된다. 그래서 현재는 늘 과거에 있다. 지금 이 찰나의 인식 내용은 경험이 남긴 영향력, 반복된 잠재적 성향의 힘에 의해 절대적 영향을 받는다. 자각이 없는 한, 과거 경험의 핵은 찰나 살아서 이 찰나 삶의 질을 구체적으로 조정하기도 한다. 또한 일상 의식은 자아 중심적 사유, 언어 작용의 구조로 인해 '나'라는 일인칭적 사유를 한다.

범부는 지금 여기 있는 이것을 '있는 그대로(yathābhūta, 如實)' 보는 것이 아니라 경험이 만들어 놓은 영상(nimitta, 相, 이미지)을 투사시켜서 본다. 마음의 흐름(cittasaṃtāti, 心相續)은 경험이 산출한 이미지에 대한 반응으로 이어진다고 한다. 바로 그 사태에 대한 반응이 아니라 자신의 경험이 지닌 상(相, 이미지)에 반응한다는 것이다. 말하자면, 있는 그대로의 라일락 향기 대신 라일락 향기에 대한 자신의 이미지에 반응하는 것뿐이다. 이렇게 마음의 내용에 지배를 받기 때문에 유정은 범부가 된다. 그렇다면, 경험이 남긴 잠재적 성향은 어떻게 존재하는가? 유가행파는 우리의 육체가 스스로의 선택이 담긴 생물학적 결과이고, 습관적 경향성은 감각/지각 능력[六根]에 뿌리 깊이 박혀 있다고 한다.

무지는 있는 그대로 보는 것을 방해한다. 우리는 있는 그대로를 보는 것이 아니라 스스로의 업력이 형성한 구조 안에서 선택한 세계만을 보고 경험한다. 그래서 스스로 옳다고 생각한 가치가 판단의 기준이 되어 욕망케 하며, 현전의 한 생각이 망념인 줄을 모른다. 또한 범부는 의식 상태에서의 생각과 감정을 마음의 흐름과 다른 것으로 경험한다. 말하자면 자신의 이미지임에도 불구하고 저 대상이 그것을 가지고 있다고 착각한다. 범부는 의식 위에 떠오른 이미지를 나의 무의식의 소산, 즉 심상 속에서 일어나는 현상으로 파악하지 못하고, 다른 존재로 착각하여 자신이 지각하는 대로 세계가 존재한다고 믿는다.

그러나 의식 작용 및 의식 작용을 산출시킨 조건이 멸한 상태를 경험한 유가행자들에 의하면 눈에 보이는 꽃, 돌 혹은 떠오른 생각이나 느낌, 혹은 그 사람, 그 사태 등은 일상 의식이 지각하고 의식하는 방식대로 존재하지 않는다고 한다. 우리는 실재를 보는 것이 아니라 자신이 지닌 영상(映像, 이미지)을 보면서 그 영상을 타자화할 뿐이다. 그 이유는 개념과 개념의 지시 대상을 동일시하는 정신화·개념화 때문이다.

이러한 상태를 유식 사상에서는 의식의 실체적 사유 상태, 비존재를 존재로 오인한 분별의 상태[遍計所執]라고 한다. 또한 의식은 항상 자아 중심의 습관적 성향의 힘(śakti, 功能)에 지배당하므로 의식 상태는 지각의 위치성에 매여서 세계에 대한 경험을 결정해 버린다. 자아 중심의 성향 혹은 힘이란 일어난 생각/감정 등을 '내' 것으로 만드는 힘을 말한다. 현재 이 순간 심상속(心相續)으로서의 '범부'는 경험의 반복적 틀이 생산해 낸 방식대로 현재 이 순간을 규정한다. 통속적 세계 이해가 가능한 원리는 바로 의식 자체와 그와 동반되는 심리적 현상[心所]의 작용에 있다. 따라서 유가행의 의식 분석은 통속적 세계 인식에 대한 비판으로 연결되고, 인격 변환의 실천적 지점은 바로 통속적 세계 인식의 관찰에서 시작된다.

불교에서 의식에 대한 총체적 설명 내지 내용의 분석은 의식 작용 및 의식 작용을 산출시킨 조건이 소멸한 상태를 경험한 자들의 분석이다. 특히 분석의 내용은 지관(止觀)을 통한 자각의 정신 상태, 말하자면 고도의 집중과 그 집중에 동반되는 관찰을 통해 드러난 현상들을 설명한 것이다. 이것은 역설적으로 일상 의식 상태가 이미지와 그 이미지에 대한 능동적 반응의 흐름이며 다양한 의식 상태 중 하나일 뿐이라는 것을 제공해 주고, 일상 의식 상태가 자아 중심적 힘에 끌려 다니는 동물적 본능의 습관적인 상태라는 것을 알게 해 준다.

지관 수행의 결과는 비로소 일상 의식 상태가 어떻게 흘러가는가를 규명해 볼 수 있는 단초들을 제공한다. 그러므로 유가행파에 의하면 있는 그대로 보기 위해서는 의식의 흐름을 관찰해야 한다. 이것이 지관 수행이다. 실체적 자아 혹은 의식의 흐름 바깥에 있는 어떤 것이 의식의 흐름을 관찰하는 것이 아니라, 의식과 그에 동반되는 작용들 중 긍정적 작용이 의식의 흐름을 관찰하는 것이다.

즉 긍정적 심소가 원활하게 작용하면 이미지에 반응하는 반복적 태도는 줄어든다는 것이다. 그 수행은 깊은 경향성의 잠재력이자 힘인 감각/인식 능력[六根]을 변화시키면서 개체 존재와 인식의 변화를 일으킨다. 요컨대 지각하는 대로 존재한다고 믿거나, 대상에 이미지를 투사하면서 대상이 곧 그것이라고 규정하는 착각을 벗어나게 한다는 것이다. 과거 업이 프로그래밍한 상태를 변화시키며, 그 변화를 통해 자아 중심적·인간 중심적 사유를 하는 의식 상태가 변화하여 범부는 성자인 보살이 된다.

그런 맥락에서 불교에서 자아 중심적 사유, 그 힘으로부터 벗어나는 방법으로서의 계발(bhāvanā, 修習)은 심상속의 변화를 통해 개체성을 벗어나 자유로운 삶을 추구하는 生의 양식이라고 할 수 있다. 그 양식의 선취는 고통에 대한 자각과 바닥을 치는 삶의 뜨거운 균열을 감내

해야만 이루어진다.

범부의 실체적 사유에서 무분별지를 경험하여 전의(轉依), 즉 존재의 변환을 확보한 보살은 있는 그대로 사태를 본다. 무상(無常)·고(苦)·무아(無我)의 유식성을 아는 지혜는 자아 중심으로부터 이탈을 한 상태이고, 모든 존재에 대한 동감의 도덕적 실현이다.

다시 말하면 있는 그대로 보는 지혜란 자아 중심에서 벗어난 지혜를 말하며, 이 지혜는 자아 중심성에 놓인 육도 중생이 모두 동일한 생명체라는 동감으로 확인된다. 따라서 보살의 특징은 자아 중심의 습관적 힘과 인간 중심적 사유에서 벗어난 탈인격이며 그에 따른 실천이라고 할 수 있다.

무엇보다도 유식 사상에서 분별의 구체적 작용, 개념으로 포착한 이미지가 실재 그 자체라고 믿어버리는 작용은 의식의 작용이며, 역설적이게도 그 분별을 제거하는 방법, 실체화하는 작용을 제거하는 방법 역시 의식의 작용이다. 무분별(nirvikalpa)의 지혜, 있는 그대로의 실재에 대한 인식으로서의 후득지는 분별(vikalpa)을, 특히 개념적 분별을 자신의 작용으로 삼는 의식의 자기 변환 상태에서 드러나는 것이다. 자신을 지혜로 변환시키는 수단이자 도구는 의식이다. 그래서 구체적 마음의 움직임에 대한 관찰적 도구인 의식과 그에 동반되는 다양한 심소들은 그 중요성을 가진다.

의식의 분석은 범부의 심리적 현실을 드러내고 보살과 중생의 양극의 차이가 어디에 있는가를 보여 줄 것이다. 통속적 세계 이해에 갇혀 진짜처럼 보이는 세계에 사는 범부와 있는 그대로의 세계 인식을 한 보살의 차이점이 무엇인지를 볼 수 있으리라 기대하기 때문에 '의식'을 연구 주제의 출발로 삼았다.

자아 중심의 분별적 인식에서 무분별지로, 무분별지의 선정에서 나온 후 탈자아 중심적 분별 '後得智'와 의타기인 유위법을 幻처럼 볼 수 있는 후득지로 이행되어 인격체의 변환을 이룬 붓다의 경지, 그 실상에 대해 말할 수 있으려면 지각이 어떻게 일어나고, 어떻게 그 대상을 알게 되는지, 안다는 것을 어떻게 아는지, 그리고 그런 앎은 어떤 과정을 통해 이루어지는지, '나'라는 관념 자체는 언제 일어나는지, 현전 일념인 망념을 어떻게 내려놓는지 등에 대한 '인식론'이 논해져야만 한다. 이것은 동시에 이 '현재' 생에서 과거 경험의 영향력이 어떻게 재생산되어 연쇄 반응을 이어가는지, 찰나의 흐름 속에서 과거 습관적 경향성의 고리들이 어떻게 작용하고 이어지는지, 어떤 특정의 방식으로만 사유하고 행동하는지를 알게 해 주기 때문이다.

그러나 이러한 것들에 대한 이해는 단순한 인식이 아니라 인간 존재의 변형을 의도하는 인식이다. 유위(有爲), 생사(生死), 윤회(輪廻), 분별(分別)의 세계에 놓인 범부와 보살의 차이는 식(vi-jñāna, 識)과 지(jñāna, 智), 상(nimitta, 相)과 무상(a-nimitta, 無相)의 차원으로 압축되는데, 이때 무분별지의 해탈은 인식과 존재의 질적 변환을 말한다.

요컨대 분별하는 앎과 다른 특수한 앎인 지혜로의 전환은 단순한 앎 차원만의 변화가 아니라 개체 존재의 변화를 말한다. 범부가 그러한 의식 상태와 습관적 태도를 가질 수밖에 없는 이유는 그런 상태를 가지게 하는 경험의 경향적 습관성의 힘인 감각기관[능력]과 그것들의 힘에 있는 것이기 때문에 의식의 변환은 존재의 전환이 된다. 즉 범부는 자신의 생각이 아닌 육근(六根)에 놀아나는 셈이다.

소의의 전환[轉依], 범부에서 보살로의 변화는 존재의 변화와 인식의 변화를 말한다. 소의(所依)의 전환만이 분별이 사라진 실재의 상태에서 삶을 영위하는, 생명감 넘치는 삶을 향유하는 실존으로 만들어 놓는다. 이런 삶을 향유하는 자가 성자인 보살이다. 행동하는 자비로서의 지혜는 현상 세계를 벗어난 다른 초월적 사태를 지시하는 것이 아니라, 유정들의 본질인 무상성(無常性) 등의 공통의 특질(共相)을 있는 그대로 보는 것이다.

통속적 세계관을 비판하는 유식 사상의 중심에 의식(意識)이 놓여 있기 때문에 물음의 출발점으로 유가행 유식의 '意識의 구조 및 자기 변환'을 분석하고자 한다. 이런 분석은 윤회하는 三界의 분별하는 마음이 없는 상태, 즉 無心의 心이며 자기 본질[法性]을 경험하는 상태, 그것이 구체적으로 어떤 상태인지를 규명할 수 있으리라 기대한다.

2. 문제의식과 연구 방법

불교사의 흐름에서 각각의 학파마다 '수행 대상'을 무엇으로 삼는가에 대한 이해는 이 생(生), 반복적 삶의 근원을 어떻게 이해하는가와 밀접한 관련이 있다. 대승불교의 경우 번뇌는 언어적 분별에 있다는 공통된 인식을 가지고 있는데, 용수는 업과 번뇌는 분별로부터 생긴다는 입장에 서 있다. 유식 사상도 그 이해에 서 있다. 유식 사상에서는 무분별지에 이르는 前 단계의 가행위 지관 수행에서 관찰의 대상은 개념[名]·개념의 지시 대상[義]·각각의 자체와 차별상을 아는 것이다. 이것은 범부의 인식 상태를 개념과 지시 대상[義]를 동일시하는 개념 분별의 사유 상태로 판단하기 때문이다.

유식 사상에 의하면 윤회의 원인인 무지란 생멸하는 현상을 개념으로 인식하는 개념적 사유인데, 보다 근원적으로는 번뇌라는 장애(煩惱

障)와 알아야 할 것에 대한 장애(所知障)이다. 개념적 사유, 이원론적 개념 분별이 윤회의 원인이라는 설명 틀 속에는 기존 불교와 다른 法의 이해가 놓여 있기 때문이다.

이런 맥락에 설 때 '유식'이란 무엇을 의미하는 것일까? 유식이라는 진술은 누구의 것이며, 누구에게 경험되는 것인가?

일반적으로 유식불교의 특징을 유식무경(唯識無境)으로 정의한다. 선행연구에 의하면, 유식·유식무경의 정의는 '오직 식뿐이고 외부의 대상은 없다', 혹은 '오직 식(識)이 있을 뿐이며 식을 떠난 별도의 대상은 없다'이다.[1)]

또 다른 연구에 의하면 유식 사상은 외계에 존재하는 사물의 존재를 부정하고 대상으로서 나타나는 것은 단지 나타남뿐이라고 정의하는 견해도 있다. 이 경우에도 식만 존재하고 대상은 존재하지 않는다는 것으로, 즉 마음만 있고 외계(대상)는 존재하지 않는다는 것이다. 외부 세계란 단지 마음의 산물일 뿐으로 자체로 실재하지 않으며, 행위와 그 행위가 남긴 잔존물, 그리고 그 결과는 심리적 사태일 뿐이라는 주장이다.[2)]

---

1) 山口益·野澤靜證, 『世親唯識の原典解明』, 法藏館, 1953. 山口益은 41쪽에서 vijñapti를 prativiṣayavijñapti로 이해하고 있다. 長尾雅人, 『攝大乘論 和譯と注解』 上·下, 講談社, 2001년에서도 vijñapti를 야마구치처럼 表象으로 이해한다. 이하 국내의 연구도 이에 준한다.
김동화, 『唯識哲學』, 보련각, 1973. ; 오형근, 『唯識과 心識思想研究』, 불교사상사, 1989. ; 김묘주, 「瑜伽師의 체험과 그 이론화」, 『유식사상』, 경서원, 1997. ;한자경, 『유식무경』, 예문서원, 2000. ; 정승석, 『상식에서 유식으로』, 정유서적, 2005. ; 김명우, 『삼성설의 연구』, 한국학술정보, 2008. ; 김사업, 「唯識無境에 관한 해석상의 문제점과 그 해결」, 『불교학보』 35.

2) 안성두, 「唯識性(vijñaptimātratā)개념의 유래에 대한 최근의 논의의 검토」, 『불교연구』 20, 2004, pp.160-181에서는 "L. Schmithausen, 『Alayavijñāna』 Part I II, IIBS, 1987, p.85"를 인용하며 다음과 같이 유식을 정의하고 있다. 즉, 유식이란 모든 것을 의식 내용으로 환원시키는 철학적 입장으로서 외계에 존재

이러한 연구들은 유식(vijñaptimātra)의 '식(vijñapti, 識)'을 모두 의식의 식별(了別) 작용인 vijñapti로 이해하고, 경(境)을 대상 혹은 외부 세계의 의미로 이해한다. 바꾸어 말하면, 기존의 연구들은 유식의 식(vijñapti, 識)을 식별 기능으로서의 식(vijñāna)과 동의어로 보아 vijñapti를 '표상'으로 이해한다. 그래서 유식, 유식무경을 '오직 식(識)뿐 대상은 없다', 혹은 '오직 표상뿐이며 외계 대상은 없다', 혹은 유식무경을 '인식과 존재'로 이해하여 유식 사상을 관념론, 유심론, 심일원론으로 설명한다.[3)]

그런데 유식무경, 유식에 대한 기존 연구의 정의 자체가 타당한 것인가? 유식의 정의에 대한 기존의 연구들은 몇 가지 한계를 가지고 있다. 불교에 있어 식(vijñāna)의 기본 정의는 '대상(ālambana, 所緣)을 아는 작용'이다. 주관으로서의 식(識)은 그 작용의 대상과 필연적인 관계를 가질 수밖에 없는데, 그 대상이 없거나 그 대상을 식이 만든 것이라면 그 양자의 차이는 무엇일까? 그렇다면 근경식, 삼사(三事)의 촉은 어떻게 설명해야 하는가?

또 기존의 연구 결과대로 유식 사상이 외부 세계를 비실재하는 것으로 이해했다면, 나 이외의 보살과 붓다와 다른 육도 중생도 실재하지 않는다는 것일까? 그런 논리라면 열반을 체험한 초지보살이 일체 육도 유정이 모두 법계(法界)라는 존재라고 자각한 사태는 허위라는 것인가? 또 삼계유심(三界唯心)의 심(心)이 심소(心所)를 동반한 마음이며,

---

하는 사물의 존재를 부정하고 대상으로서 나타난 것은 '단지 나타남뿐'이라고 파악하는 것이다.

3) 司馬春英, 「唯識思想は觀念論か?」, 『唯識思想と現象學』, 大正大學出版會, 2003, pp.23-42. 馬春英은 유식을 관념론으로 해석하는 오류를 지적하면서 識의 無所得을 설하는 사상을 관념론으로 간주할 수 없다는 입장에 서서 유식 사상을 해석한다.

대상에 대해 식별 작용을 하는 식으로서의 마음이라는 것을 어떻게 설명할 것인가? '일수사견(一水四見)'의 근거는 무엇인가? 왜 어떤 X를 인간은 물로 지옥인은 고름으로 보는가?[4] 이것은 존재의 부정인가? 아니면 잘못된 인식의 부정인가? 기존의 이해대로 외부 세계의 비존재라면, '일수(一水)'는 무엇을 의미하고, '사견(四見)'이 가능한 근거는 무엇이란 말인가?

이러한 의문을 풀 수 있는 단서는 세친의 『유식이십론』에 나오는 무경(無境)의 용어에 있다.

> ① "그러나 그 분별을 대치하는 출세간인 無分別智(lokottaranirvikalpajñāna)의 획득(lābha)에 의해서 깨달았을 때, 그때는 그 [무분별]의 후에 얻어진 청정한 세간지(tatpṛṣṭha labdha śuddha laukika-jñāna)의 현전(saṃmukhībhāva, 現前)에 의해 境의 비존재(viṣayābhāva, 無境)를 여실하게(yathā) 이해한다(avagacchati). 이처럼 이것은 [迷悟는 夢覺과] 똑같다."[5]
>
> 만약 어느 때 출세간(출세대치)의 무분별지를 얻었다면, 참된 깨달음(眞覺)이라고 이름한다. 그 [출세간지]후에 얻은 세간청정지혜가 현전하는 상태에서는 [청정세간지]의 대상(境)이 존재하지 않는다고 여실하게 이해한다. 그 의미는 [꿈에서 깨어난 것과] 같다. 若時得彼出世對治無分別智, 乃名眞覺. 此後所得世間淨智現在前位, 如實了知彼境非實, 其義平等.(현장 역)[6]

---

4) 인간은 X를 물로 보고, 아귀들은 고름이 가득한 강으로 본다. 그 근거는 아귀들이 "동일한 업의 異熟의 상태(pulyakarmavipākāvasthā)를 가졌기 때문인데 모든 곳에서 모든 아귀는 그것을 고름이 가득한 강으로 볼 뿐이다.

5) Viṃś, p.9. "yadā tu tatpratipakṣalokottaranirvikalpajñānalābhāt prabuddho bhavati tadā tatpṛṣṭhalabdhaś-uddhalaukikajñānasaṃmukhībhāvād viṣayābhāvaṃ yathāvagacchatīti samānam etat"

6) 『二十論』(H) 76c.

위의 인용에 의하면, 무경(asadviṣaya, 無境)이란 '경(viṣaya, 境)의 비존재(abhāva, 無)'로서 무분별지의 경험 후에, 후득지가 현전된 상태에서 드러난 이해이다. 즉 무경이란 일상 의식이 경험하는 감각지나 합리적 이해에 의해 추론된 지혜가 아닌 지관(止觀) 수행이라는 실천을 통해 획득되고 그로 인해 현전된 진리이다. 이것은 분별하는 식(識)이 아닌 무분별지를 얻은 자들의 전도되지 않은 세계 인식 내용/그 사태를 말한다.

근경에 의해 식(識)이 발생한다는 논거에 따른다면, 무경은 식(識)과 함께 짝을 이룰 수 없으며, 위의 인용대로 智와 함께 짝을 이루는 용어이다. 따라서 유식을 오직 식뿐이고 대상은 없다는 것으로 이해하는 것은 불가능하다고 기존의 연구대로 유식과 무경이라는 용어를 함께 쓸 수 있는 것인가라는 의문도 가지게 된다.

본서는 기존의 연구 성과에 대한 의문을 풀기 위해 '유식(vijñapti mātra)', '유식성(vijñaptimātratā, 唯識性)'의 개념 즉, vijñaptimātra에서 vijñapti, mātra가 지시하는 바의 정의, vijñaptimātratā에서의 tā의 정의를 고찰하고자 한다. 더불어 이러한 개념의 이해 확충을 위해 '유식'과 '삼성(三性)'이 어떤 관계인지도 규명할 것이다.

유식무경(唯識無境)이라는 용어는 한역의 경우 『성유식론』에 한 번 나오는데, 이것은 성자의 진술로서 성자의 진리를 말한다. 그렇다면 이는 『유식이십론』에 나오는 무경과 같은 용어인가? '경(境)'이라고 번역한 용어의 산스크리트 원어가 실은 두 종류다. viṣaya와 artha가 그것이다. viṣaya와 artha가 한역에서 어떻게 번역되었으며, 유식무경이 어떤 맥락에서 사용되는가를 고찰해 보도록 하겠다.

경(viṣaya, 境)은 무엇인가? 식(識)의 대상이라는 개념으로 쓰이는 용어로는 경(viṣaya, 境)과 소연(ālambana, 所緣)[7]이 있다. 경(境)은 식(識)과 관계 맺는 용어가 아니라 근(indrya, 根) 혹은 처(āyatana, 處)라는 감각/지각 기관(능력)과 관계 맺는 용어이다. 이와 달리 식(識)과 관계 맺는 대상이라는 용어는 소연이다. 根의 작용이 미치는 영역인 대상(viṣaya, 境)이 의식의 인식 대상(ālambana, 所緣)이 되었을 때, 그 대상(viṣaya, 境)을 소연(所緣)이라고 하는데 이 소연을 '상(nimitta, 相), 영상(pratibimbha, 映像)'이라고도 한다. 또한 삼매 상태에서의 대상은 행경(gocara, 行境)이라고 한다.

'유식무경(唯識無境)'이라는 용어는 『성유식론』 39a8-24, "우설성취사지보살능수오입 유식무경(又說成就四智菩薩, 能隨悟入, 唯識無境)"에 1회 나오는데, 이것은 네 가지 지혜를 성취한 보살을 통해서 유식무경을 논증하는 부분이다. 네 가지 지혜란 (1)상위식상지(相違識相智), (2)무소연식지(無所緣識智), (3)자응무도지(自應無倒智), (4)수삼지전지(隨三智轉智)이다.

그런데 『성유식론』에 나오는 네 가지 진리의 설명은 『섭대승론』 2-14A와 아주 유사하다. MS에서 8-20의 무분별지 증명과 2-14는 성자의 진리를 설명하고 있다. 특히 artha의 비존재를 증명하는 2-14(한역은 없음)는 『성유식론』의 이 부분 설명과 거의 같다. 『성유식론』에 나

---

7) 境(viṣaya)과 所緣(ālambana)의 차이에 대한 AKBh의 연구는 다음과 같다.
AKBh(E) p.30. "境과 所緣에는 어떤 차별이 있는가. 어떤 법(A)에 대해 어떤 법(B)의 작용(kāritraṃ)이 있을 때 A는 B의 대상(viṣaya, 境)이다. 심과 심소가 파악되는 것이 인식 대상(ālambana, 所緣)이다." ; 『俱舍論』(大正29,7a), "境界所緣復有何別. 若於彼法此有功能. 卽說彼爲此法境界. 心心所法執彼而起. 彼於心等名爲所緣."
이 설명을 보면, 양자 모두 대상이라는 의미를 가지지만 境(viṣaya)은 根이라는 능력이 미치는 대상이고, 소연은 인식의 대상이라는 점에서 차이가 난다.

오는 이 부분은 『섭대승론석』 (H) 340b28-c13에 나오는데 여기서는 "若諸菩薩成就四法, 能隨悟入, 一切唯識, 都無有義"로 표현되어 있다. 티베트본은 "rnam par rig pa thams cad kyi don med pa khong du chud par'gyur te"이다.

『섭대승론석』에 의하면, 이것은 일체유식이고 artha가 없다는 뜻이다. 『성유식론』에서 유식무경이라고 할 경우, 후득지로서의 무경(無境; 境, viṣaya의 비존재)을 의미하는 것이 아니라, artha의 비존재를 의미한다. 요컨대 현장은 동일 구절을 『성유식론』에서는 경(境)으로 『섭대승론석』에서는 의(義)로 번역한 것이다. 『성유식론』의 유식무경과 『섭대승론』 2-14A를 통해 볼 때 현장은 artha를 『섭대승론』과 『섭대승론석』에서는 의(義)로, 『성유식론』에서는 경(境)으로 번역했음을 추론할 수 있다. 즉 『성유식론』의 한역본에서는 '무경(無境)'으로, 『섭대승론석』에서는 '무의'(don med pa, 無義)로 번역했다고 볼 수 있다.

이러한 추론은 다음의 인용에서 타당성을 얻는다. 즉 세친의 『유식이십론』과 그에 대한 현장의 번역 부분에서 해결된다.

> ② 대승에 있어서 "세 가지 영역(三界)은 vijñapti만으로 되어 있다"라고 확정한다. "아, 불(佛)의 아들들이여, 이 삼계는 마음만으로 되어 있다"라고 경(經)에서 말하기 때문이다. [經에서 citta라 말할 때의] 마음(citta)은 意(manas)와 識(vijñāna) 그리고 vijñapti와 동의어들이다. 여기 [經에서 citta라 말할 때의] citta(心)는 [그것에] 상응(saṃprayoga, 相應)[하는, 心所]를 가지고 있다(sa)는 것을 의미한다. [經에서 cittamātra라 말할 때] 오직(mātra, 唯)이란 artha(義)를 배제하는 의미이다. 정말로 이것[三界]는 vijñapti로 되어 있다. [그런데 三界는] 비존재(asad)의 artha로서 [실재하는 실체처럼] 나타난다.[8)]

이에 대한 현장의 한역은 다음과 같다.

> 安立大乘三界唯識, 以契經說三界唯心. 心意識了名之差別, 此中說心意兼心所, 唯遮外境不遣相應. 內識生時似外境現.[9] 대승에서 삼계가 유식임을 안립하였다. 계경(經典)에 "삼계는 유식이다"라고 설해져 있기 때문이다. 심과 의와 식과 요별은 동의어이다. 이 중 心이라고 설한 의미는 심소를 포함한다는 것이다. 唯라는 것은 外境을 차단하는 것이며 상응[하는 심소]를 버리지 않는 것이다. 내식이 생기할 때 외경으로 현현한다.

위의 인용에 의하면 현장은 vijñapti를 식(識), 요(了) 그리고 내식(內識)으로, artha는 외경(外境)으로 번역하였다. 여기서 주목할 것은 "이[삼계]는 정말로 vijñapti이다. [그런데 삼계는] 비존재의 artha가 [실재하는 실체처럼] 나타난다"를 한역에서는 "내식이 생기할 때 외경이 [실재하는 실체처럼] 나타난다(內識生時, 似外境現)"로 번역한 부분이다.

이를 통해 유식(vijñaptimātra)에서의 vijñapti와 대칭 구도로 들어오는 것은 viṣaya가 아니라 artha이며, 현장은 artha를 외경(外境)으로 번역했다는 것을 알 수 있다. 즉 외경은 viṣaya를 가리키는 것이 아니고, artha를 지칭하는 것으로 오직 식(識)뿐이고 artha는 존재하지 않는다(無義)는 것이다. 삼계는 오직 식(識)뿐이나 마치 artha가 존재하는 것처럼 나타난다.

말하자면 현장은 『유식이십론』에서 viṣaya와 artha를 모두 경(境) 혹은 외경(外境)으로 번역하였는데,[10] 이런 문맥이라면 『성유식론(成唯識

8) Vrimś p.3.
9) 『唯識二十論』, 玄奘 譯(大正31, pp.74b27-74c1).
10) 『유식이십론』에 나타난 artha의 한역과의 비교를 통해 artha의 사용례를 모색한 논문은 稲津紀三, 「artha」, 『世親唯識說の基本的研究』, 大東出版社, 1937, pp.25-35와 大岐昭子, 「唯識二十論におけるarthaについて」, 『佛教學セミナー』 14, 1971 등이 있다.

論)』 39a8-24, "又說成就四智菩薩, 能隨悟入 唯識無境"에서 '무경(無境)'은 'artha의 비존재'의 번역어라고 할 수 있다.

『성유식론』과 『유식이십론』의 한역만을 따른다면 무경은 경(viṣaya 境)의 비존재(abhāva, 無)와 artha의 비존재라는 이중적 의미를 가진다고 볼 수 있다.

결론적으로 artha의 비존재를 『성유식론』에서 "유식무경"이라고 하고, 『섭대승론』에서의 유식무의(唯識無義)로 번역했음을 알 수 있다. 더불어 경(境)의 비존재(viṣayābhava)는 '유식'이라는 용어와 함께 사용할 수 없고 오직 후득지와 관계한다는 것을 추론해 낼 수 있다.

그럼 vijñapti와 대극어로 등장하며 vijñaptimātra에서 mātra가 지시하는 artha의 개념을 좀더 추적해 보자. 이것이 유식의 정의를 확대시킬 것이다.

『유식이십론』에서는 vijñaptimātra에서 mātra의 배제로 artha라는 용어를 사용하면서 삼계는 'artha가 나타난 상태'로 설명한다. 이것은 무엇을 의미할까?

> ③ 변계소집상이란 무엇인가? artha가 비존재(asad)인데도 그처럼 artha인 것으로서 나타나는 것이다.
> 유식(vijñaptimātra)인 것이 artha로서 [나타난다]는 것은 비존재(abhūta, 虛妄)의 artha가 나타난다[는 의미이다.] 예를 들면 [비존재의]아트만(ātmantva)인 artha가 [실재하는 것처럼] 나타날 뿐인 그 나타남[과 같다.] artha로서 나타난다고 하는 것은 분별되는 것(grāhyatva, 所取)으로 나타난다[는 것을 말한다.] 예를 들면 無我인

『유식이십론』에 나오는 artha는 세 가지 의미로 사용된다. '의미'를 뜻하는 artha, 무분별지의 대상으로서의 artha, vijñapti와 대구를 이루는 artha가 있다.

그것이 我로 나타나는 것과 같다.[11)]

위의 인용처럼 『섭대승론석』에 의하면, 조건에 의해 생긴 vijñapti를 비존재의 artha로 인식한 상황이 변계소집이다. ③을 통해서 ②에서 "[그런데 三界는] 비존재(asad)의 artha로서 [실재하는 실체처럼] 나타난다."라고 설명한 부분은 변계소집을 지칭한다는 것을 알 수 있다. 즉 ②에서 '비존재로서의 artha'는 변계소집성을 말한다. 법은 무아(無我)임에도 불구하고 아(我)로 나타난 상태가 바로 변계소집이고, 그 我가 곧 artha라는 의미이다. 따라서 삼계는 오직 식(識)뿐인 상태와 식(識)이 artha로 나타난 상태로 구분되는데, 후자는 변계소집성인 범부의 상태를 말한다.

결론적으로 한역에서 무경(無境)은 의미상으로 '경(viṣaya, 境)의 비존재(abhāva, 無)' 상태와 'artha가 없는 상태', 둘로 나뉜다. '유식'이란 vijñapti이고 artha가 없는 상태를 말하는데 이러한 정황으로 볼 때, '무경(無境)'은 'artha의 비존재(無義)'와는 질적으로 다른 상태를 지칭하는

---

11) MS 2-3.
MSbh P Li 171a6-171a8. D Ri 144a4-5.
"kun tu rtog[1] pa'i mtshan nyid gang zhe na/gang don med kyang 'di ltar bden pa nyid du snang ba'o// rnam par rig pa tsam te[2] don nyid du zhes bya ba ni yang dag pa ma yin pa'i don gyi snang ba ste/ 'di ltar bdag nyid kyi don snang ba tsam de'i snang ba'o// don nyid du snang ba zhes bya ba ni gzung ba nyid du snang ba ste/ 'di ltar bdag med pa de bdag tu snang ba'o//"
1) P: brtogs 2) D: ste
(H) 338b. "釋曰, 於無義者. 謂無所取如實無我. 唯有識中者, 謂無實義似義識中. 如唯似我顯現識中. 似義顯現者, 似所取義相貌顯現, 如實無我, 似我顯現."
(PC) 182a. "釋曰. 如無我等塵無有別體. 唯識爲體不以識爲分別性. 識所變異顯現爲我等. 塵無而似有爲識所取, 名分別性."
(DC) 285a. "釋曰. 分別相中言無有義者, 譬如實無有我. 此唯有識量者, 於無有義中而顯現故. 譬如我唯相似顯現故. 爲義顯現者, 爲所取相顯現. 譬如無我而我相顯現故."

개념이다.

②에 보이는 것처럼 비존재의 artha가 나타난 사태가 범부의 분별상태라면, vijñapti뿐이라는 사태, 나아가 경(viṣaya, 境)의 비존재인 사태가 후득지를 가리킨다.

의타기한 vijñapti를 artha로 오인한 것이 변계소집이기 때문에 기존의 연구대로 무경(無境) 혹은 무의(無義)는 외부 세계의 부정으로 해석될 수 없다.

그러므로 기존의 연구대로 '유식(唯識)'이 표상인 식만 있고, 대상(외부 세계)은 없다'라는 해석은 재고를 요한다. 유식무경의 정의에 대한 기존의 연구는 "오직 표상뿐 그 대상인 경(境, 所緣)은 없다."는 것이다. 이는 분별 기능하는 식(vijñapti)과 식의 대상인 경(viṣaya, 境)을 바탕으로 '유식'과 '유식무경'을 해석한 것이다. 기존의 연구는 vijñapti를 식(vijñāna, 識)의 식별 기능(vijñapti)으로 이해했고, 경(境)과 의(義) 그 양자의 의미 맥락을 무시하고 '무경(無境)'을 문자 그대로 이해했다고 볼 수 있다. 그러한 이해는 식(識)과 경(境)을 인식과 존재의 문제로, 혹은 외부 세계를 부정하는 논리로 설명하도록 했다.

한역에서 vijñapti를 식(識)·내식(內識)·요(了)로, artha를 義/(外)境으로 번역하고 있는데 이는 현장이 양자의 차이, 즉 vijñapti/ vijñāna의 vijñapti 기능 차이와 viṣaya와 artha의 의미를 간파한 것이라 할 수 있다. 한역에서 현장은 분명 그 차이를 인지하고 있었으므로 그가 어떤 의도에서 artha를 境 혹은 義로 번역했는가를 추론할 수 있다. 이러한 단서들은 유식(vijñaptimātra, 唯識)의 정의 탐색에 결정적 단서를 제공하리라 본다.

질문이 타당한 것은 유식의 教證에 인용되는 세친의 주석 때문이다. 본서에서 다룰 연구 텍스트는 대승의 강요서인 『섭대승론(Mahāyānasaṃgraha, 攝大乘論)』에 대한 세친의 주석서 『섭대승론석(Mahāyānasaṃgrahabhāṣya, 攝大乘論釋)』[12]인데 여기에 다음과 같은 구절이 있다. 즉 유식(vijñaptimātra, 唯識)이라는 용어가 현존하는 문헌에서 처음 나타나는 것이 『해심밀경』, 「미륵보살의 장(분별유가품)」이다. 『섭대승론』에서도 유식에 대한 교증으로 인용되는 바, 이에 대해 세친은 "『해심밀경』에도 식의 소연은 唯識으로 현현한다고 나는 설한다, 라고 말하는 그것에 의해 유식으로 현현한 소연은 유식이고, artha로서는 空이라는 의미이다. vijñapti라고 나는 설한다, 라는 것 중에서 식(vijñapti, 識)이란 말은 삼매 행경의 識을 말한다."라고 주석하고 있다. 말하자면, 세친은 지관 수행에서 대상 즉, 행경(ocara, 行境)을 식(vijñapti, 識)이라 한다. 세친은 유식에서의 식을 주관으로서의 식이 아니라고 본다. 따라서 유식의 정의 탐색은 타당성을 얻는다. 『섭대승론석』의 텍스트에 대한 연구 결과에 의하면 『섭대승론석』에는 3개의 한역 본과 티베트 본이 있다. 연대순으로 보면 진제(眞諦) 譯(563년, 大正31, No.1595), 달마급다(達磨笈多) 譯(605~616년, 大正31, No.1596), 현장(玄奘) 譯(648~649년, 大正31, No.1597)이고, 티베트역은 Dīpaṃkaraśrijñāna 譯(1045~1054)이다. 세친 釋의 티베트 譯은 無性 釋보다도 250년 정도 늦다.[13] 본 논문은 세친의 『섭대승론석』의

12) MSBh (Theg pa chen po bsdus pa'i 'grel(Mahāyānasaṃgraha-bhāṣya)). ; MSBh P. No.5551 [Li 141b2-232b5] D. No.4050 [Ri 121b1-190a7]. ; 『攝大乘論釋』, 玄奘 譯 (大正 31). 『섭대승론』의 章과 節의 숫자는 長尾雅人, 『攝大乘論 和譯と注解』 上·下에 따른다. 티베트 세친 釋은 『섭대승론』 본문의 생략이 많은 까닭에 본 논문에서는 MS의 본문을 주석과 함께 실었다. ; MSBh 171b1-3이 "유식"에 대한 세친의 이해이다.

13) 중국의 경우, 세친의 『섭대승론석』에 대한 이해는 섭론종이라 부르는 진제 역

번역 중 티베트 譯을 중심에 두고 한역과의 대조 연구를 하려고 한다. 대조를 하려는 이유는 세친 釋의 티베트 譯이 漢譯에 비해 시기적으로 늦지만 산스크리트어의 직역을 시도한 것으로, 티베트 본이 그 원의에 가깝기 때문이다. 즉 두 본을 비교하다면, 산스크리트어 본이 남아 있지 않은 현 상황에서는 한역 본에서 사용하는 용어의 의미를 명료하게 할 수 있기 때문이다.

또 『섭대승론석』을 통해 대소승을 아우르는 철학자로서의 세친의 唯識 사상을 고찰하려는 이유는 대승의 입장에서 세친은 현실적 삶의 구조를 어떻게 이해했는가? 수행을 통한 인격의 변화란 구체적으로 무엇인가? 인간의 의식 구조와 유루(有漏) 분별의 識(vijñāna)에서 무루(無漏) 분별의 智(jñāna)로의 변환을 어떻게 이해했는가에 대한 의문 때문이다. 세친의 유식 사상 저술 중 『섭대승론석』을 연구 대상으로 삼은 이유는 주석의 형식인 『섭대승론석』에 대한 연구가 『유식이십론』과 『유

을 중심으로 이해되어 왔다. 또한 현장은 세친 석보다 無性 석을 중시했다. 연구 결과에 의하면 MSBh의 경우 티베트어상 형태의 불완전성으로 인해 무성 석보다 늦게 번역되었다. 세친이라는 인물의 중요성에도 불구하고 『攝大乘論釋』의 이해는 한역이나 티베트 역에서 주목받지 못했다. 또한 현대에 이르러서도 무성과의 비교를 통해서 이해되어 왔다. 세친 釋은 전체적으로 교정 출판된 것이 없고, 所知依 일부와 所知相의 한역과 티베트 본의 텍스트 대조 연구가 아래와 같이 이루어지고 있다.

岩田諦靜, 『初期唯識思想研究-世親造『攝大乘論釋』所知相の漢藏對照』, 大東出版社, 1981. ; 岩田諦靜 「世親造『攝大乘論釋』所知依章の漢藏對照(一)」, 『法華文化研究』 18, 1992, pp.1-75. ; 岩田諦靜 「世親造 『攝大乘論釋』所知依章の漢藏對照(二)」, 『身延山大學佛教學部紀要』 創刊號, 2000, pp.1-33. ; 岩田諦靜 「世親造 『攝大乘論釋』所知依章の漢藏對照(三)」, 『身延山大學佛教學部紀要』 2, 2001, pp.1-75. ; 岩田諦靜, 「世親造 『攝大乘論釋』所知依章の漢藏對照(四)」, 『身延山大學佛教學部紀要』 3, 2003, pp.1-16.

所知依는 현재 1-25까지 대조 연구가 이루어져 있다. 최근의 『섭대승론』과 그 『섭대승론석』에 대한 연구 성과는 勝呂信靜·下川邊季由 校註, 『(新國譯大藏經)攝大乘論釋』, 2007, p.148에 있다.

식삼십송』, 나아가 『성유식론(成唯識論)』의 이해를 다양하게 만들어 줄 것으로 기대하기 때문이다.

국내의 유식 사상에 대한 기존의 연구는 주로 세간 인식이나 출세간 무분별지를 위주로 이루어졌으며,[14] 『섭대승론석』의 연구[15]는 주로 無性 釋과의 비교가 중심이 되어 왔다.

기존의 연구와 달리 본 연구는 세친의 유식 이해, 특히 識(vijñapti)과 실체적 존재(artha, 義)의 개념 정의를 출발점으로 하여, 유식(唯識)이 연생법과 의타기성의 異名임을 밝히고자 한다. 이를 통해 유식의 식 개념이 Abhidharmma불교의 법 개념을 어떻게 비판하는지가 드러날 것이다.

더불어 '유식'과 '三性'과의 관계 즉, 유식이 "오직 vijñapti인 상태"와 "vijñapti가 artha로 나타난 상태"인 두 차원으로 구분되는데 이 중 전자가 의타기이고 후자가 변계소집에 해당되며, 유식성은 원성실성에 해당된다는 것을 논증하고자 한다.

유식 사상이 관념론이 아니라, 유정의 존재이자 인식 상태를 변계소집성[염오의 의타기성], 원성실성, 청정의 의타기(唯識無境)으로 구분하며, 범부에서 보살로의 전환이 한 개체 안에서 어떻게 가능한가를 밝힌 사상임을 논하고자 한다.

---

14) 김성철, 「국내의 유식연구사」, 『불교학 리뷰』 1권 1호, 금강대학교, 2006, pp.13-54.
15) 김성철, 『섭대승론 증상혜학분 연구』, 씨아이알, 2008, pp.8-14 참조.

1부

유식(vijñaptimātra, 唯識)과 유식성(vijñaptimātratā, 唯識性)

〔1부 개요〕

아비달마불교와 대승불교의 차이 중 하나가 법(dharma, 法), 언어, 자아의식(manas)에 대한 이해의 차이라고 볼 수 있다. 이것은 동시에 수행의 방향성을 갈라놓는 토대이기도 하다. 그래서 1部에서는 유식불교의 출발점과 그 특징을 살피는 중요한 요인으로 등장하는 法, 法無我, 戱論과 언어, 不可言, 의근, 眞如, 唯識과 唯識性의 정의를 중심으로 고찰하고자 한다.

『구사론』에 의하면, 현상(dharma, 法)의 정의는 "고유한 특질(svalakṣaṇa, 自相)을 지니고 있으므로(dhāraṇāt)(任持自相故) 법"이다. 법은 고유한 특질을 지닌 것으로 궁극적 존재이고 실재이다. 유위법으로서의 72법은 무상하지만, 자기 본질을 가지고 있다. 법이 자기 동일성 즉, 예컨대 受蘊은 苦樂 등의 享受라는 자기 동일성이 없다면 인식은 성립하지 않는다. 따라서 법은 궁극의 존재이다. '빵'은 존재하지 않지만 '빵'을 구성하는 물질(색온)은 존재한다. 궁극적 실재(實有)가 75법이라면, '빵', '집' 따위는 관습적 실재(假有)라는 것이다. 이런 맥락에서 법은 자상(svalakṣaṇa, 自相), 자성(svabhāva, 自性)의 존재이므로 法體恒有의 논리가 성립된다.

한편, 중관학자로서의 용수는 자기 존재로서의 自性을 부정하면서

法은 무자성(niḥsvabhāva, 無自性)이므로 공(śūnya, 空)이라는 주장을 한다. 그에 의하면 법은 조건에 의해 생긴 것이므로 자기 동일성이나 자기 본질로서의 自性이나 自相은 언어적 유희(희론)에 지나지 않는다. 아비달마불교에서는 색(rūpa, 色), 안(cakṣus, 眼), 안식(cakṣurvijñāna, 眼識)을 궁극적 존재로 이해하지만, 용수는 이것을 언어적 존재·관습적 실재로 간주한다. 조건에 의해 생긴 유위법으로서의 연생법은 자기 본질이 없기 때문에 空인 존재이며, 나아가 언어 대상이 되지 않는다고 한다.

그렇다면 유식 사상은 法을 어떻게 이해하는 것일까? 유식 사상가로서의 세친도 연생법은 무자성이기 때문에 空한 법으로 이해한다. 존재 생성의 측면으로 본다면 自性이 없기 때문에 연생법은 空한 존재이다. 나아가 아비달마불교와 달리 법은 언표 대상이 아니라고 규정한다. 세친에 의하면, 언어와 그 지시대상과는 우연적인 관계에 놓여 있을 뿐이며, 연생법은 自性이 없고, 동시에 不可言이며 단지 연생법을 비유적 표현(假說)으로 色 혹은 受라고 명명할 뿐이다. 세친은 自性의 부정을 통해 인무아를, 自相의 부정을 통해 법무아를 주장한다. 예컨대 유식 사상가들은 연생법을 의타기성으로 놓는데, 이는 조건에 의해 생긴 법은 생성에 있어서 자성이 없다(生無自性)는 것이다. 조건에 의해 생기한 법은 언표 대상이 되지 않으나, 범부들은 조건에 의해 생긴 법을 개념적으로 인식하여 그 법이 곧 실재한다고 착각한다. 따라서 법무아란 조건에 의해 생긴 법을 부정하는 것이 아니라 범부가 생각하는 법, 인식 차원에서 자기 동일성(自相)을 가진 법을 부정하는 것이다. 그런 맥락에서 法無我는 相無自性과 관련된다.

유식 사상가들은 法이라는 용어 대신 vijñapti라는 용어로 그것을 대치하여, 연생법을 유식(vijñaptimātra)이라는 용어로 설명하는데, 이것은 法無我의 개념을 탄생시킨다. 그들은 연생법을 두 차원, 즉 의타기성을 의타기성으로 아는 차원(청정의 의타기성)과 의타기성을 실체적 존재로 인식하는 변계소집성(염오의 의타기성)으로 나눈다. 그리고 연생법의 共相을 유식성, 원성실성, 진여라고 부른다. 아비달마불교는 유위법과 무위를 모두 궁극의 실재(法)라고 본 반면, 유식 사상가들은 궁극의 실재를 法性, 공상, 유식성, 진여, 공성으로 본 것이다. 이것은 아비달마 수행과 대승불교 수행의 방법 차이를 가져온다. 역으로 유가 수행자들은 깊은 수행을 통해 기존 불교의 이해를 뒤집은 것이라 할 수 있다.

중관학파들이 諸法을 공성(śunyatā, 空性)과 공(śunya, 空)이라는 틀로 다룬다면, 유식학파들은 그것을 유식성(vijñaptimātratā, 唯識性)과 유식(vijñaptimātra, 唯識)으로 설명한다. 바꾸어 말하면, 緣起와 緣生法을 중관학파는 공성과 공으로, 유식학파는 유식성과 유식으로 재해석해 낸 것이다.

세친은 기존 불교의 연기와 연생법을 유식성과 유식이라는 용어로 대치시키는데 이때 기존의 법(dharma)이라는 용어 대신 식(vijñapti)을 사용하고, 존재 생성의 실체인 ātman의 부정 외에 인식의 차원에서 벌어지는 실체를 artha라는 용어로 사용하고, 共相인 無常性과 無我를 空性, 유식성으로 놓을 뿐이다.

동시에 의식의 특정 상태에서만 동반되던 자아의식(manas)이 유식학파에 이르면, 모든 의식 현상에 동반되는 현상으로 간주된다. 즉 기존 불교의 의근의 기능 외에 모든 것을 '나'로 물들이는 자아의식을 의근에 부과한다.

1部에서는 유식(vijñaptimātra)에서 vijñapti와 mātra, 유식성(vijñaptimātratā)의 정의를 축으로 하여 유식학자들이 연생법의 異名으로 유식이라는 용어를 사용했음을 논증할 것이다.

Ⅰ. 존재(pratītyasamutpannadharma, 緣生法)와 존재 방식(pratītyasamutpada, 緣起)

불교에서는 心相續으로서의 인간을 世間과 出世間으로 구별하는데 이 양자의 구별은 번뇌의 有無에 따른다. 유식 사상도 인간을 세간 범부와 출세간 보살로 구별하지만, 기존의 불교 이론과 달리 유식 사상은 현재 범부의 존재와 의식 상태를 과거 경험의 경향성에 의존하는 것으로 본다. 유식학자인 世親은 어떤 선험적이거나 형이상학적 전제를 들여오지 않고 相續으로서의 아뢰야식(ālayavijñāna, 阿賴耶識)이라는 개념을 가지고 개체 존재의 의식 현상, 의식 변환 등을 설명한다.

유정인 인간을 설명하는 불교의 전통적 설명 방식의 하나가 십팔계이다. 유식 사상에 의하면 다섯 가지 감각 능력/기관인 오근과 그 오근을 장악하고 있는 자아의식인 염오의로서의 의근, 그에 상응하는 여섯 가지 대상(六境), 그 대상을 아는 여섯 가지 식(六識), 이렇게 18가지의 생멸로써 인간을 설명한다.

그런데 이 십팔계의 존재 상태는 다름 아닌 과거 경험의 종자를 가진 아뢰야식과 관련된다. 경험의 흔적을 종자(bīja)라는 에너지 형태로 가진 아뢰야식은 이 찰나 상태와 緣起라는 존재 방식을 가지고 있다. 지금 이 찰나의 상태인 연생법으로서의 십팔계는 아뢰야식이라는 조건에 의해 생기한 상태이다.

따라서 世親이 인간을 이해하는 주안점은 아뢰야식의 고찰에 있고, 십팔계에 대한 이해에 있다고 할 수 있다. 무엇보다도 세친은 唯識이라는 개념으로 18계를 설명해 내기 때문에, 이것은 유식이라는 개념이 어떤 맥락에서 사용되고 있는지를 아는 데 중요한 역할을 한다.

세친은 연기(pratītyasamutpāda, 緣起)와 연기법(pratītyasamutpanna dharma, 從緣所生法)의 차이를 명료히 드러내면서 唯識을 연생법으로 환원시킨다. 연생법이 依他起性, 의타기성의 한 부분이 유정의 존재와 인식의 틀인 十八界라는 데 주목하면서 문제를 풀고자 한다.

유식 사상에 의하면, 아뢰야식은 세 종류의 종자[16]를 가지고 있는데, 그중 유지훈습 종자는 윤회계 안에서 그에 적합한 생존 형태(gati, 趣)를 가지게 하는 원인이다. MS 1-21의 설명은 이에 대한 설명을 제공한다.

> 간략하게 아뢰야식은 일체 종자를 가진 이숙을 본질로 한다. [아뢰야식은] 三界와 일체의 자체(lus)와 일체의 取에 포함되어 있다.[17]

세친의 주석은 다음과 같다.

> [아뢰야식은] 일체의 종자를 가진 異熟(vipāka)을 본질로 한다고 하는 것 중에서 이숙(vipāka, 異熟)이란 [각자의] 몸을 개별적으로(so sor, prati) 획득(thob pa, pāka)하는 것이다. 일체의 종자를 가진 것이란 그것[아뢰야식]에 의해서 [일체의 존재(법)이] 훈습(bhāvita)되기 때문이다. [삼계에 속하는] 일체의 자체(lus, sarvakāya, 自體)와 일체의 趣라

16) MS 1-58에 의하면 일체종자를 가진 아뢰야식의 훈습에는 3종류가 있다. MSBh P Li 168b6-169a3, D Ri 142a6-142b1에서도 일체종자를 가진 아뢰야식의 훈습에는 3종류가 있다고 한다. 名言훈습(abhilāpavāsanā), 我見훈습(ātmandṛṣṭivāsanā), 有支훈습(bhavāngavāsanā)이다

17) MS 1-21.

고 하는 것 중에서 생존 형태(gati, 趣)는 오취이다. 이러저러한 趣들에서 다양한 동분(ris mthum pa, 同分)과 異分이 일체의 自體이다.[18]

현재, 이 生은 과거 경험의 습관적 경향성을 원인으로 해서 생긴 결과이다. 즉 경향성이라는 습기, 그 종자를 가진 것을 아뢰야식(ālayavijñāna)이라고 하는데, 이 아뢰야식이 가진 종자의 기능 중 하나는 생과 생을 잇는 기능을 한다. 그것이 유지종자이다. 생과 생의 연결에서 次生의 순간, 가치를 전혀 가지지 않은 無記로서의 異熟은 행위의 결과에 적합한 名色, 즉 다섯 가지 생존 형태(五趣) 안에서 그에 적합한 생존 형태의 생명체를 얻는다. 世親은 異熟(vipāka)에서 vi를 prati(so sor)로 pāka(smin pa)를 thob pa로 이해하고 있다. 이숙이란 각자의 몸을 개별적으로 획득한다는 것으로서 개체의 특징을 얻는 것이다. 말하자면, 오취 윤회하는 유정에게는 모두 마음으로서의 아뢰야식이 있다는 것이며, 명색으로서의 통합된 생명체(自體)[19]는 오취에 적합한 상태에 놓인다는 것이다.

윤회계 안에 있는 존재는 모두 마음인 아뢰야식을 가지고 있다. 다섯 가지 생존 형태(五趣) 중 어디에 태어나는가는 유지훈습 종자에 의해서 결정된다. 따라서 과거 업의 결과로서 이 生이 유지훈습 종자의 결과라면, 이 생 안에서는 명언훈습과 아견훈습의 종자가 직접적인 원

18) MSBh P Li 155a5-7. D Ri 132a2-3. ; (H) 329a. "釋曰,阿賴耶識用異熟識一切種子爲自性者,謂得自體異類熟故.諸法種子熏在中故.一切趣等者,謂五趣等.一切自體者, 謂趣趣中同分異分種種差別."

19) 自體는 현장의 번역어이다. lus를 kāya나 ātmabhāva로 번역하는데 전자는 오근으로서의 유근신을 말하고 후자는 상속으로서의 그 자체를 말한다. 육근 전체가 통합된 상태, 혹은 생명체가 통일적 상태로 있는 상속이 ātmabhāva이고, 오근은 유색근(rūpa indriya)이다. 거칠게 표현하면 ātmabhāva(상속자체)〉 rūpīndriya(오근)〉 kāyīndriya(身根)라고 할 수 있다. 무색계의 경우 오근의 존재는 없으나 lus는 있다. 그래서 생명체로서의 통합 상태를 lus로 이해했다.

인이 되어 개체 실존을 짊어진다.

그렇다면 윤회계 안에서 '인간'이라는 有情에게 이 찰나 생의 상태는 어떠하며, 유정들은 사물을 어떤 특정 방식으로 인식하는가? 이러한 의문에 대한 이해는 연기와 연생법의 정의에서 실마리를 찾을 수 있다. 세친은 대승 가르침의 핵심을 연기와 연생법에 두고 있다. MS 2-32A/B[20)]에서는 이것을 설명한다.

> 대승의 가르침을 해석하고자 하는 자는 요약해서 세 종류의 방법으로 해석을 해야만 한다. [즉] 연기(pratītyasamutpāda)를 설하는 것, 연생법(pratītyasamutpanna dharma, 從緣所生法)의 특징을 설하는 것, 교설의 의미(uktārtha, 語義)를 설하는 것이다.
> 그중에서 연기를 설하는 것은 [게송에서] "연생한 법들은 말에 의한 훈습(abhilāpavāsanā, 名言熏習)으로부터 생기한 것이며, 또 그것[연생법]으로부터 이것[명언훈습]이 [생기한] 것이다"라고 설하신 것과 같다. 이숙(vipāka)[識]과 [이숙으로부터] 생기식(pravṛttivijñāna, 轉識)과의 양자는 서로 직접적인 조건(緣)이 되어(pratyayena) 생기하기 때문이다.[21)]

이에 대한 世親 주석은 다음과 같다.

> [게송에서 연생한] 법들은 명언훈습로부터 생기하고 그것[法]들로부터 이것[명언훈습]이 [생기한다]라고 하는 것은 저 명언훈습은 [연생법]으로부터 [생긴다는 것을 의미한다.] 분별과 외[부의 기세간의] 훈습은 아뢰야식에서 확립된다. 이 [명언] 훈습으로부터 생긴 것이 일체법이고, 生起識의 본질이다. [게송에서] 그것[法]들로부터라고 하는

20) 이 번호는 長尾雅人『攝大乘論 和譯 注解』上·下, 講談社, 1982-1987 (repr.2001)을 따른다. 漢譯은 大正31『攝大乘論釋』玄奘 譯을 중심으로 한다. 이하『섭대승론』은 MS로 약칭한다.

21) MS『攝大乘論 和譯 注解』上, 2-32 A/B.

것은 저 분별훈습도 [연생]법을 원인으로 하여 생기한다는 의미이다. 이것은 아뢰야식과 생기식들은 서로서로 원인임을 설하는 것이다.[22)]

위의 인용은 세친의 대승불교에 대한 이해 태도를 보여주고 있다. 세친은 무착의 견해를 받아들이면서, 대승의 가르침을 해석하는 세 가지 방법을 제시하고 있는데, 그중 연기와 연생법의 정의를 통해서 대승에서 말하는 연기와 연생법의 의미가 무엇인지 밝히고 있다.

연기란 아뢰야식과 그의 명언종자로부터 생기한 식(轉識)과의 인과 관계이고, 연생법이란 연기의 방식에 놓인 생기식(轉識)이다. 緣起는 이숙식인 아뢰야식과 생기식인 연생법과의 상호 관계를 지칭하는 표현이며, 이 양자가 '서로서로 조건이 되어 생기(anyonyapratyayenotpāda)'하는 상태를 지칭하는 것이다.

훈습(vāsanā, 熏習), 습기란 경험이 남긴 흔적으로 습관적 경향성이면서 그 결과가 힘으로 유지되는 것이다. 그런 훈습의 결과가 종자(bīja, 種子)이다. 경험의 습관적 경향성은 결과를 가지고 있는데 그 힘, 에너지 상태를 종자라고도 한다. 이런 의미에서 종자는 생기식의 원인이 되므로, 아뢰야식은 경험의 습관적 경향성의 집적 상태이고 결과로 작용할 인상 등을 가지고 있는 상태이기 때문에 아뢰야식을 '특수한 능력(功能)을 가진(sarvabījaka, 一切種子) 識'이라고도 한다.

아뢰야식의 명언훈습 결과인 종자가 원인이 되어 생기식이 생기하고, 생기식이 원인이 되어 아뢰야식이 생기하는 것, 이 상호 因果가 緣起이다.[23)] 즉 아뢰야식과 생기식은 연기라는 관계 방식이자 존재 방식을 가진다.

---

22) MSBh P Li 185b4-5. D Ri 154b7-155a2. (H) 346c16-20.
23) 중국 법상종에서는 種子生現行, 現行熏種子로 표현한다.

세친은 명언훈습(名言熏習)[24]에서 명언(abhilāpa, 말)을 분별(vikalpa, 分別)로 이해하고, 명언훈습으로부터 생긴 法을 유위법으로 규정한다. 또 세친은 緣生法, 생기식(轉識), 유위법을 동의어로 이해하는데, 이것은 지금 바로 이 찰나 유정인 나의 존재/인식은 경험적 성향이 고스란히 드러난 상태라는 것을 의미한다. 더불어 기세간인 자연과 인간은 모두 명언종자로부터 탄생한 것이다.

그러면, 상호 인과 상태는 구체적으로 어떤 상태를 말하는 것일까? 무착과 세친은 이러한 緣起의 정의에 대한 정당성을 『아비달마경(Abhidharmasūtra)』에서 구한다. 먼저 무착의 설명을 보자.

> 이 두 종류의 識은 서로서로 원인이 되는 것이다. 『아비달마경』에서 "모든 법은 식에 저장되고, 또 식은 그것들[법]에 [저장된다.] 서로서로, 항상, 결과의 상태로서, 원인의 상태로서"라고 설하셨다.[25]

세친은 다음과 같이 해석하고 있다.

> 이들 [생기]識[과 아뢰야식이] 서로서로 원인이 된다는 [주장의] 教證은 『아비달마경』에서 [생기]식은 아뢰야식에 저장된다고 하는 게송이다. 서로서로 원인이 되어서라고 하는 것 중 根本識에서 그것들이 생기하기 때문에 원인이 된다. 결과의 상태로 저장된다고 하는 것은 아뢰야식이 원인일 때 그때 그 [생기식]은 결과이고, 만일 생기식이 원인이라면 아뢰야식은 결과가 된다.[26]

MS 1-27에 대한 세친의 위의 주석은 연기가 아뢰야식과 생기식의

---

24) MS 1-61B 에서는 명언훈습 종자를 무시이래로부터 희론(prapañca, 戲論)을 일으키는 종자로 이해하고 있다. MSBh P Li 171a1-4. D Ri 143a4-6.
25) MS 1-27.
26) MSbh P Li 157a3-6. D Ri 133b1-3. (H) 330b.

因果 관계라는 것을 설명한다. 습관적 경향성은 이 生의 존재 형태(예를 들면, 아귀냐 인간이냐)를 취했지만 동시에 이 생, 이 찰나의 습관적 경향성 중 명언종자는 종자로서의 기능을 한다. 즉 인간이라는 틀(共業)안에서 개체의 특징(私業)이 발현된다. 아뢰야식(명언종자)은 찰나 현현하는데 그 현현이 연생법이라는 뜻이다.

연생법의 측면에서 보면, 연생법 자체는 아뢰야식을 조건으로 生起한 결과이지만 동시에 아뢰야식을 생기시키는 원인으로서의 기능도 한다. 즉 아뢰야식은 生起識의 원인이면서 생기식의 결과이기도 하다. 그래서 世親은 아뢰야식도 실체적 존재가 아니므로 名色에 의존해서 '찰나찰나 끊임없이 相續하여 생기한다'라고 표현하고 있다. 아뢰야식과 생기식은 서로에게 각각 원인이 되면서 결과가 된다. 이숙식과 현재 활동하는 생기식이 원인과 결과로서 존재한다면, 대승에서 말하는 연기의 핵심은 무엇일까?

因果라는 표현 자체는 '동시적'이라는 표현과 모순된다. 왜냐하면 인과 자체가 시간의 개념을 내포한 것이기 때문이다. 씨앗과 열매의 관계처럼 인과 관계는 시간의 설정 안에서만 타당성을 가진다고 할 수 있다. MS 1-17에서는 이 찰나에 원인으로서의 아뢰야식과 결과로서의 생기식, 원인으로서의 생기식과 그 결과인 아뢰야식이 동시에 존재한다고 한다. 그러면, 동시적 인과 관계란 무엇을 가리키는 것일까. MS 1-17에서 "이 아뢰야식과 염오(sāṃkleśika, 染汚)의 법들은 동시적(samakāla) [법]이고, 서로서로 하나가 다른 것의 조건이 되지만, 그것을 어떻게 이해해야 하는가?"라는 질문이 있다.[27] 세친은 인과 동시(samakāla) 상태와 상호 원인인 상태(anyoanyahetutva)로 양자 간의 관

27) MS 1-17.

계를 설명하고 있다. 이에 대한 세친의 주석은 다음과 같다.

> [본문에서 아뢰야식과] 染污法들이 동시(samakāla)에 서로서로 다른 것의 조건이 된다는 것이 어떤 의미인가라고 하는 것은 비유를 들어 [설명한 것]이고 마치 등불의 불꽃과 심지가 동시에 서로서로 타는 것 [과 같다] 고 하는 것은 한 찰나에 [불꽃]심지에 의지해서 그런 의미에서 불꽃이 생기한다[는 것을 비유한 것이다.] 불꽃도 한 찰나에 바로 그 [심지]에 의지해서 생기하기 때문에 그[불꽃]도 그[심지]가 타는 원인이다. 이와 같다면 구유인(俱有因)이 있다는 것이다. 그러므로 그처럼 원인과 결과가 [동시에 존재한다는 것이] 성립한다. "아뢰야식이 잡염법의 [원인이]라는 것부터 나머지 [다른] 조건은 성립되지 않기 때문이다."에 이르기까지는 "아뢰야식과 잡염법들은 서로서로 원인이 됨을 설명한 것이며, [서로] 원인이 된다[는 뜻을 드러낸 것이다.] 그와 같다면 직접적인 원인(因)이 [아뢰야식과 잡염법이 동시적으로 존재하게 되는] 조건이다.[28)]

세친은 인과가 동시에 존재한다는 논거를 구유인(sahabhūhetu, 俱有因)[29)]으로 한다. 위의 인용에 따르면 불꽃과 심지는 서로서로 생기의 원인이 된다. 예를 들면, 불꽃은 심지의 원인이면서 심지의 결과이기도 하다. 이것은 양자가 동시에 서로서로에게 원인이면서 결과로 작용한다는 의미이다. 구유인은 인과가 한 찰나에 동시적으로 있는 것, 한 찰나의 生滅을 말하는데 이때 한 찰나에 아뢰야식은 생기식의 원인으로 그리고 생기식은 아뢰야식의 원인으로 존재한다. 즉 이 찰나 나의 존재

---

28) MSBh P Li 154a4-8. D Ri 131a4-7. (H) 328b.

29) 『成唯識論』에서 호법은 종자와 현행의 관계를 어떻게 본 것일까? 9b에서는 아뢰야식과 전식의 관계는 종자와 종자의 현행과의 관계인데 호법은 종자의 6가지 개념 중 '果俱有'를 통해 종자와 현행의 동시 인과를 설명한다. 특히 현재의 결과를 이끌어 내는 것, 그것을 종자라고 한다.

는 과거 업의 현현이면서 동시에 이 현현이 업에 영향을 주면서 생멸한다. 이러한 논리의 배경에는 자기원인으로부터 생기한 法은 스스로 住할 수 없다는 주장이 있다. 생기식은 조건에 의해 생기한 것이므로 그 소멸 또한 조건에 의한다. 그 조건이라는 원인이 바로 아뢰야식이므로, 연생법의 찰나 존재성은 아뢰야식에 의존해 있다는 것이다. 이것은 이 生안에서 이 찰나의 순간이 과거 경험과 연결되면서 동시에 연결이 풀어질 수 있다는 것을 뜻한다.

그러면, 아뢰야식과 이 찰나 동시적 인과 관계에 있는 生起識이 무엇인지를 구체적으로 설명해 보자. MS 1-26, 즉 또 그 외의 생기식이라고 하는 것은 일체의 자체(ātmabhāva, 自體)와 일체의 趣에서 경험하는 것으로 보아야 한다. 『중변분별론』의 게송에서 "하나는 원인으로서의 識이고 두 번째는 경험하는 것으로서[라고 한]다. 거기[두 번째에는] 경험하는 것, 판별하는 것 및 움직이는 것이라는 모든 심소(caitasa)가 있다."[30]에 대한 세친의 주석에 의하면, 연생법이 생기식(pravṛttivijñāna)이다. 주석은 다음과 같다.

> 또 그 외의 생기식이라고 하는 것은 일체의 자체(lus)와 일체의 [다섯 가지] 생존 형태[인 趣]에서 경험하는 것(upabhoga, 受用)으로 보아야 한다고 하는 것은[다음과 같다.] 다시 말해 경험하는 것은 생기(utpāda)의 의미이고 경험하는 것 자체가 경험하는 것이라고 한다. 그 의미는 『중변분별론』의 게송과 『아비달마경』을 教證으로 삼았다.[31]

---

30) MS 1-26.

31) MSBh P Li 157a2-3. D Ri 133a7-133b1. (H) 330a.
티베트 역과 달리 한역 세 종류는 모두 『중변분별론』만을 교증으로 하고 있다. 그러나 『섭대승론』 자체가 『아비달마경』을 교증으로 삼는다는 점을 감안하면, 그 차이는 그다지 중요하지 않다고 할 수 있다.

위의 인용에 보이는 것처럼, 世親은 아뢰야식과 생기식의 연기 관계에 대한 교증을 『아비달마경』에서 찾고 있다. 이때 생기식이란 識相續이 새로운 중동분에서 自體를 받아 삼계오취 중의 어딘가에 태어날 때, 즉 업의 결과에 적합한 생존 형태(gati, 趣)를 가질 때, 과거 업을 경험하는 것, 수용하는 것을 말한다. 경험의 집적 상태인 아뢰야식을 조건으로 생긴 이 찰나 '상속의 존재와 인식 상태'는 과거 업을 경험하는 상태에 지나지 않는다.

현재 이 찰나의 생기식의 상태는 경험을 경험할 뿐으로 이 찰나의 삶은 경험이 남긴 영향력의 수용과 향수 상태이다. 말하자면 세친은 pravṛtti-vijñāna(轉識)에서의 pravṛtti(轉)를 utpāda, 즉 生起로 이해한다. MS 1-26에서 주장한 논의는 『중변분별론』에서도 언급하고 있다. 즉 "第一은 원인으로서의 識이고 第二는 경험하는 것(aupabhogika)에 관한 것이다. 그중 심소(caitasa)들은 수용, 판별 그리고 활동들이다."[32] 이다. 세친은 『중변분별론석』에서도 『섭대승론석』과 동일한 설명을 하고 있다.

> 원인으로서의 識이란 아뢰야식이 그 외의 식들에 대해 원인이 되기 때문이다. 그것[아뢰야식]을 원인으로 생기식(pravṛttivijñāna)이 경험하는 것(aupabhogika)이다. 향수(upabhoga, 享受)는 수(vedanā, 受)이고, 판별(pariccheda)은 상(saṃjñā, 想)이고, 움직이게 하는 것(preraka)은 行, 識, 思, 作意 등[의 심소들]이다.[33]

위의 인용을 통해서 볼 때 아뢰야식을 원인으로 해서 생기한 識은 향유하는 것, 경험하는 것이다. 따라서 生起識(pravṛttivijñāna, 轉識)

32) MABh 1-9, p.21.
33) MABh 1-9, p.21.

이 단순히 대상을 아는 작용만 하는 주관으로서의 識만을 의미하는 것이 아님을 알 수 있다. 염오의, 의근 그리고 식과 동반되는 심소들도 아뢰야식을 조건으로 생기한 식에 포함되기 때문이다. 識은 根境을 필요로 하므로 생기식이 명언종자로부터 생기한 십팔계라는 것을 알 수 있다.

이상에서 살펴본 바처럼 대승의 연기는 이 찰나의 존재 상태가 과거 업을 종자의 형태로 가진 아뢰야식에 의존해 있다는 것을 말한다. 즉 아뢰야식을 조건으로 생기한 지금의 이 찰나는 고스란히 업의 결과 상태이면서 동시에 업의 원인으로 작용한다.

그렇다면 어떤 방식으로 영향을 동시에 주고받는 것일까? 『유식삼십송』에 의하면 원인으로서의 아뢰야식도 다섯 가지 심리 현상[五遍行]을 갖는다. 아뢰야식은 6識, 染汚意인 意根과 함께 대상에 대한 작용을 한다. 생기식이 아뢰야식으로부터 생기했다는 측면에 초점을 두면, 한 사태에 대해서 識의 발동은 모두 동시에 이루어진다. 한 찰나에 아뢰야식, 염오의, 육식과 오변행이 기본적으로 생기한다는 것이다. 이런 맥락에서 아뢰야식과 생기식인 연생법은 동시적 인과 관계에 놓여 있다.

그런데 만일 아뢰야식이 생기식의 일방적 원인으로만 작용한다면, 아뢰야식이 과거 습관의 축적물인 습관적 경향성의 종자로서만 존재하게 되어 생득적 요인이 현 삶을 지배하게 된다. 시지프 신화처럼 미래 없는 반복의 굴레만이 있을 것이다. 생기식이 이 찰나의 아뢰야식과 동시적이 아니라면, 이 찰나의 수행 결과는 이 찰나 아뢰야식이 지닌 종자와 아무런 관계가 없게 된다. 구유인으로 동시 생기한다는 것은 이 찰나의 상태가 진정으로 전환될 수 있는 상태라는 것을 의미한다. 이것은 이 찰나의 관찰 수행의 결과가 이 찰나에서 자신을 드러낸 종자의 변화를 유도한다는 것을 의미한다. 양자는 동시 생멸의 인과의 관계이기 때문에 의식의 관찰 수행의 결과는 종자의 변화와 함께 한다. 예를 들어 만일 습관적 경향성에 자각 없이 반응한다면, 습관적 경향성으로서의 종자의 힘은 강화되어 갈 뿐이지만, 자각이 있다면 그 종자의 힘은 약화되어서 종자로서의 기능을 못하게 될 것이다. 이런 쌍방의 작동이 이루어지지 않는다면 아뢰야식은 생기식과 무관하여 윤회와 해탈이 무작위로 이루어지는 오류를 범할 것이다.

세친은 아뢰야식이 지닌 세 가지 유형으로 습관적 경향성을 분류하고, 그중 하나가 개체의 존재 형태를 결정한다고 본다. 즉 유지종자는 개체의 존재를 결정하는 기능을 하지만 동시에 이것이 개체 존재의 개체적 특징을 드러내지 않는다. 개체의 특징을 드러내는 것은 유지종자와 다른 명언종자이다. 이것이 십팔계로 나타나기 때문이다. 따라서 '나'인 유정의 변화, 그것은 명언종자와 그 종자를 가진 아뢰야식의 동시인과라는 틀 안에서이다.

아뢰야식이 이 찰나 의식 상태의 생기와 성질의 원인이라는 점에서 아뢰야식은 無意識이라고 부를 수 있다.[34] 이 찰나 상태는 조건 없이

34) 현재의 의식 상태를 결정짓는 다양한 원인들의 탐색은 현재에 영향을 끼치는 무의식이라는 영역을 설정하게 되었다. 경험의 축적과 습관적 경향성의 場인 아뢰야식은 융의 분석심리나 프로이트의 정신 분석에서 말하는 무의식과 비교되곤 한다. 의식 상태에 선행하는 원인을 경험의 축적된 성향들로 인정했다는 점에서 아뢰야식과 무의식은 동일한 의의를 가진다고 볼 수 있다. 유식 사상이 의식의 탄생을 경험의 습관적 경향성이자 능력인 아뢰야식의 명언종자로부터 생기했다고 보고, 의식 자체를 수동적 존재로 이해한 점은 융이 의식을 무의식의 콤플렉스로 본 점과는 유사하다. 그러나 융 분석심리에서 무의식은 꿈이나 상징을 통해 접근할 수 있지만 의식이 무의식 그 자체를 직접 알 수는 없으며, 무의식과 의식의 관계는 보상관계라고 한다. 즉 마음은 조절 시스템을 갖춘 것이고 목적성을 가진 것이다. 이와 달리 유식 사상은 무의식으로서의

생기한 것이 아니고, 조건을 가지고 생기한 것이다. 그 조건이 과거 경험적 축적으로서의 아뢰야식이고, 그 조건에 의해서 의식 상태가 탄생한다. 의식 상태는 조건인 아뢰야식이 가진 종자의 현현상태이다. 아뢰야식과 의식 상태가 동시생기라는 관점은 의식의 변화가 무의식인 아뢰야식 종자의 변화라는 점을 지지한다. 예컨대 양자는 동시생기이고 서로서로 원인과 결과의 관계이기 때문에 의식 상태의 실천적 변화 상태는 아뢰야식의 변화 상태를 초래하고, 아뢰야식의 종자 변화가 의식 상태의 변화를 초래한다.

이것은 의식 상태가 無常하며, 비실체적이지만, 실체적 존재를 들여오지 않아도 의식의 질적 변화가 가능하다는 것을 말한다. 말하자면 이 찰나 개체의 의식 상태와 의식의 質은 무수한 과거 생이 남긴 흔적들, 그 습관적 경향성의 결과이지만 그 과거의 잔재인 영향력(śakti, 功

아뢰야식이 목적성을 가지고 있다고 보지 않고 보상관계로도 보지 않는다. 예컨대 아뢰야식과 의식의 관계를 동시적 인과 관계로 보고, 양자가 동시에 대상에 대한 작용을 한다고 이해한다.

따라서 유식 사상은 아뢰야식과 의식의 관계를 존재론적 측면에서, 융 분석심리는 무의식과 의식의 관계를 내용과 의미론적 측면에서 파악한 것이라고 추론해 볼 수 있다. 유식 사상에서 有情의 무구한 역사를 담고 있다는 종자이론은 융이 말하는 원형설과 유사성을 띠지만, 유식 사상과 융 분석심리는 무의식 자체의 성질 및 내용, 무의식에 접근하는 방식 그리고 무의식의 영향을 벗어나는 방법을 달리한다.

C. G. 융, 한국융연구원 번역, 「자아와 무의식의 관계」, 『(C. G. 융 저작집3) 인격과 전이』, 솔출판사, 2004, pp.17-170.

이부영, 「콤플렉스론」, 『분석심리학』, 일조각, 1998(repre), pp.47-80.

서동혁, 「唯識三十頌에 나타난 아라야식과 마나스식에 대한 분석심리학적 연구」, 『心性硏究』 13, 1998, pp.67-104.

레오나르드 믈로디노프, 김영남 역, 『"새로운" 무의식 정신분석에서 뇌과학』, 까치, 2013. 의식과 무의식의 구체적인 작동 메커니즘을 다루는 책으로서 스스로 내린 결정을 인식하기도 전에 뇌의 운동피질이 활동한다는 연구 결과를 바탕으로 두고 있다. 자기 공명영상장치(fMRI)등장한 이후의 연구 결과를 잘 정리한 책이다.

能)은 현재 의식에서 다르게 바꿀 수 있다. 즉 아뢰야식과 생기식이 한 찰나에 동시적 인과 관계이기 때문에 업의 질적 변화가 가능하다. 의식과 의식에 동반되는 심소들의 영향으로 이 찰나 의식이 종자에 영향을 끼쳐서 순간순간 질적으로 내용을 달리하는 法이 생기할 수 있기 때문이다. 윤회와 해탈의 가능성은 다름 아닌 의식 상태가 연생한 상태라는 데 있다. 지금 이 찰나가 업의 현현이라면, 업의 제거도 바로 이 '찰나'에서라는 것이 성립한다. 범부에게 지금의 이 찰나 존재인 相續의 의식 상태는 과거와 미래가 소통하는 '열린 현재'이기 때문에 변화 가능하다.

따라서 『섭대승론석』에 나타난 연기란 경험의 흔적을 가진 알랴야식과 흔적의 외화인 연생법과의 관계를 말하며, 그 연기관은 실존적 삶과 인식 구조의 원인을 이전 경험의 영향력으로 두면서 유정의 진정한 변화, 구체적 변화를 의식에 두었다.

Ⅱ. 유식(唯識)

1. 연생법(pratītyasamutpannadharma, 緣生法)

1) 의타기성(依他起性)으로서의 유식(唯識)

아뢰야식을 조건으로 생기한 緣生法, 생기식은 有爲法을 말한다. 이제 다른 각도에서 生起識을 고찰해 보자.

> [緣生한 법] 生起識(pravṛttivijñāna, 轉識)을 특징으로 하는 이들 法은 相(nimitta)과 見(dṛṣṭi)을 가진 vijñapti를 그 본질로 한다. 또 그것들 법은 所依(āśraya)라고 하는 특징이 있고, 분별된 것(parikalpita, 遍計所執)이라고 하는 특징이 있으며, 법성(dharmatā)이라고 하는 특징이 있다. 이것에 의해 세 종류의 특징이 설해졌다. [게송에서] "相과 見이 갖추어져 있다는 것에 의거해서, 그것들에는 세 종류의 상(三相)이 있음을 알아야만 한다." 고 설하신 것과 같다.[35)]

이에 대한 세친의 주석은 다음과 같다.

> 저 생기식을 특징으로 하는 [가진] 법들은 相과 見을 가진 vijñapti를 그 본질로 한다고 하는 것은 저 vijñapti는 有相과 有見을 본질로 한다는 의미이다. 그것들[法의] 특징은 세 종류이다. 소의를 특

35) MS 2-32C.

징으로 한다는 것은 의타기상이다. 그와 같이 이 설명은 세 종류의 svabhāva(三性)의 특질을 설명하는 것이다. 이것들은 게송에서 의미를 드러냈다. 有相과 有見[을 가진 vijñapti]에 의해 저 세 가지 특징이라고 게송에서 말한 대로 설명해야 한다.[36]

위의 인용을 정리하면, 명언훈습종자로부터 생기한 생기식은 "相見을 가진 vijñapti"를 본질로 하고 三性을 특징으로 한다. 三性은 아뢰야식을 조건으로 생기한 연생법을 중심으로 펼쳐진 상태들이다. 그러므로 생기식은 "相見을 가진 vijñapti"를 본질로 하며, 그 생기식인 연생법은 세 가지 상태[三性]로 구분된다.

세친은 三性을 "相見을 가지고 있는 vijñapti(sanimittadṛṭivijñapti)"의 구조 안에서 논하는데, 이때 생기식은 根境識이라는 십팔계를 말하며, 이 십팔계의 緣生法을 세 가지 특징(自相)으로 나눈다. 바꾸어 말하면, 見相을 가진 vijñapti를 중심으로 의타기성, 변계소집성, 원성실성이 성립된다. 위에서 소의(āśraya, 所依)란 의타기성을, 분별된 것(parikalpita)은 遍計所執을, 法性은 원성실성을 가리키는 용어이며, 의타기를 소의라고 규정한 뜻은 의타기 자체가 변계소집이 된다는 것을 뜻한다. 따라서 의타기는 연생법으로서의 法을, 원성실성은 法性을 가리킨다. 世親은 연생법인 생기식, 십팔계를 중심으로, 특히 有見有相을 가진 vijñapti를 중심으로 유정의 존재이자 인식의 세 가지 상태[三性]를 설명한다.

유식(vijñaptimātra)의 개념은 三性 중 의타기성(paratantrasvabhāva)과 밀접하므로 우선, 의타기성의 정의 자체를 분석해 보자.

의타기성은 '다른 것(para, 他)에 의존(tantra)하여 존재(svabhāva)한

---

36) MSBh P Li 185b6-186a1. D Ri 155a2-4. (H) 347a.

다'는 의미이다. 安慧에 의하면 의타기성에서의 性(svabhāva)은 '현재에 있는 것과 같이 각각(sva)의 특징(lakṣaṇena, 自性)으로서 존재하기(bhavati) 때문에 자성(svabhāva, 自性)이다.'[37] 의타기성이란 "다른 것에 의존하여 각자 특징을 가진 존재(bhāva)"라고 정의할 수 있다. 여기서 '다른 것'이란 말할 나위 없이 습기로서의 종자를 가진 아뢰야식을 말한다. 명언종자로부터 생기한 識을 緣生法이라고 규정할 때, 이 緣生法은 다른 표현으로 "다른 것에 의존하여 존재"하는 것인 의타기성이 된다.

이것은 연생법인 의타기성이란 종자로서의 아뢰야식인 다른 것(para)에 의존하여 존재한다는 것이며, 이것은 존재의 생기가 실체 없이 생기한다는 것을 의미한다. 이것을 유식 사상에서는 生無自性(utpattiniḥsvabhāva)이라고 한다. 의타기성은 생성의 측면에서 무자성 때문에 가능하다.

그러면, 世親은 생무자성에서의 무자성의 개념을 어떻게 이해하고 있는 것일까? 세친은 『유식삼십송』 24c에서 다음과 같이 진술하고 있다.

> 스스로(svayam) 존재(bhāva)하는 것은 없다(na svayambhāva).[38]

위의 인용은 유식 사상가들이 비판한 無自性의 개념이 무엇인지를 제공한다. 세친은 生無自性에서의 自性(svabhāva)을 '스스로(svayam) 존재(bhāva)'로, 無自性(niḥsvabhāva)을 '스스로 존재하는 것은 없다'로 이해한다. 즉 유가행파가 부정하는 자성은 '스스로 존재하는 것', 실체

37) Trimś p.41. "svena svena lakṣaṇena vidyamānavad bhavatīti svabhāvaḥ"
38) Trimś p.41.

로서의 自性(svabhāva)[39]을 의미하는데 그것은 '원인 없이 스스로 존재하는 것은 없다'이다. 따라서 실체 없이(niḥsvabhāva, 無自性) 생기한 존재가 生無自性이고, 이것이 의타기성이다.

세친은 다른 것을 조건으로 해서만 존재 생성이 가능하다고 보기 때문에, 緣起란 '스스로 원인 없이 존재하는 실체'를 부정하는 인과관계를 뜻한다. 따라서 유가행파가 부정한 자성(svabhāva)이 '스스로(svayam) 존재(bhāva)하는 것'이라면 유가행파가 인정하는 의타기성에서의 自性(svabhāva)은 "각각(sva) 특징을 가진 존재(bhāva)"이다.[40]

안혜(安慧)도 생무자성을 "스스로(svayam) 존재(bhāva)하는 것은 없다(na svayambhāva). 마치 환영(幻影)과 같이. 다른 것을 조건으로 하여 생기하기 때문이다."[41]라고 해석한다. 모든 것은 조건에 의해 존재하는데 그러한 존재는 환영처럼 비실체적 존재라는 것이다.

의타기성(依他起性)이란 아뢰야식의 종자에 의존해 있는 "각자 특징을 가진 존재(sva lakṣaṇena bhava)"를 뜻하므로 실체적 존재(svayam bhāva)를 부정한 것이지, 의타기한 존재 자체를 부정한 것은 아니다.

---

39) MMK 15-1,2. "因緣에 의해 자성이 생기하는 것(saṃbhava)은 불합리하다. 인과 연에 의해서 생기한 자성은 만들어진 것(kṛtaka)이 된다. 그러나 자성이 어떻게 만들어진 것이라고 이름하는가? 왜냐하면 자성은 만들어지지 않은 것(akṛtrima)이고 다른 조건에 의존하지 않는 것(nirapekṣā)이기 때문이다." 이를 통해 용수나 世親이 비판하는 自性의 개념은 '스스로 존재하는 것', '조건 없이 생긴 것'임을 알 수 있다.

40) 유식 사상에서 'svabhāva(自性)'라는 용어가 'svayam bhāva'와 'sva lakṣaṇena bhāva'로 사용되었음을 추론해 볼 수 있다. 世親은 '스스로 존재(svayam bhāva)'한다는 의미의 自性을 부정하고 '각각 특징을 가진 존재(sva lakṣaṇena bhāva)'로 해석되는 自性은 긍정하였다.

41) Triṃś p.41.
그러면 호법은 어떻게 이해한 것일까? 『成唯識論』 48a12, "依次依他立生無性. 此如幻事 託衆緣生. 無如妄執自然性故假說無性非性全無." svayam를 自然으로, 생무자성을 無如妄執自然性로 이해했다고 추론할 수 있다.

『유식삼십송』 21ab에서 세친은 다음과 같이 기술하고 있다.

> 그러나 의타기성은 분별(vikalpa)이다. 조건들에 의해 생기한 것이다.[42]

의타기(paratantra)가 다른 것(para)에 의존(tantra)한다고 하는 것은 아뢰야식이라는 '조건(pratyaya, 緣)에 의해 생기한 것(udbhava)'을 말한다. 연생법은 조건에 의해 생기한 법(pratītya-samutpanna-dharma)이므로, 연생한 법(dharma)은 의타기한 존재(bhāva)라는 의미가 성립한다. 따라서 아뢰야식을 조건으로 연생한 법(dharma)이 의타기한 존재(bhāva)라는 것을 알 수 있다.

이것을 통해 유가행파는 '연생법'을 '의타기성'으로 재해석했다고 볼 수 있다. 그러므로 MS 2-32의 세친 주석에서 고찰한 대로 연생한 법(dharma)과 생기한 식(vijñāna) 및 의타기한 존재(bhāva)가 동의어라는 논거가 성립한다. 그러면, 아뢰야식을 조건으로 해서 생긴 의타기한 존재들은 무엇일까?

> 그중 [三性] 의타기상(paratantralakṣaṇa)이란 무엇인가? 그것은 아뢰야식을 종자로 하며, 비존재에 대한 분별(abhūtaparikalpa, 虛妄分別[43]) 안에 포함되어 있는 vijñapti들이다.[44]
> 또 그들 [vijñapti]는 무엇인가? 몸(deha)으로서의 vijñapti, 몸을 가진 것(dehin)로서의 vijñapti, 경험하는 자(bhoktṛ)로서의 vijñapti, 그것들에 의해 경험되는 대상(upabhogya)으로서의 vijñapti, 그것을 경험하는 것(upabhoga)으로서의 vijñapti, 시간(adhva)의 vijñapti, 숫자

---

42) Trimś p.39.
43) 왜 의타기성이 비존재에 대한 분별(abhūtaparikalpa, 虛妄分別)일까? 이 주장이 성자의 것이라면, 윤회하는 것 자체가 비존재에 대한 판단 때문이라는 것일까? 차후의 연구 과제로 남긴다.
44) MS 2-2.

(saṃkhyā)의 vijñapti, 공간(deśa)의 vijñapti, 일상적 언설(vyavahāra)의 vijñapti, 자타를 구별하는(svaparaviśeṣa) vijñapti, 선취악취에서 생사하는(sugatidurgaticyutyupapati) vijñapti이다. 이 중 몸, 몸의 소유자(dehin), 경험자(bhoktṛ)로서의 vijñapti와 그것들에 의해 경험되는 대상로서의 vijñapti, 그것을 경험하는 것으로서의 vijñapti, 시간의 vijñapti, 숫자의 vijñapti, 공간의 vijñapti, 일상적 언어의 vijñapti는 모두 名言種子로부터 생기한다. 또 자타를 구별하는 vijñapti는 我見熏習種子(ātmadṛṣṭivāsanābīja)로부터 생기하며, 선취악취에서 생사하는 vijñapti는 有支種子로부터 생기한다. 이들 vijñapti로서 [삼]계와 [오]취와 [사]생의 일체를 포함하는 의타기상의 비존재에 대한 분별(虛妄分別)이 나타난다. 이들 vijñapti는 唯識性이고 비존재에 대한 분별에 포함되며 비존재인 착각의 artha가 나타나는 소의인 것이다. 이것이 의타기상이다.[45)]

이에 대한 世親의 주석은 다음과 같다.

[論에서] 비존재에 대한 분별에 포함되는 [vijñapti]라고 하는 것은 이들 [vijñapti]가 비존재에 대한 분별[이라는 의미이다.] 몸(kāya)과 몸을 가진 것과 경험자의 vijñapti라고 할 때 이 중에서 몸[인 vijñapti]는 眼[根] 등의 5界이고, 몸을 가진 것[인 vijñapti]란 染污意(kliṣṭamanas)이고, 경험하는 것[인 vijñapti]는 意界이다. 그것[6근]에 의해 경험되는 대상[인 vijñapti]는 色 등의 6外界이다. 그것(육외계)을 경험하는 vijñapti는 6識界이다. 시간의 vijñapti는 生死가 이어져서 끊이지 않는 것이다. 숫자의 vijñapti는 계산하는 것이다. 공간의 vijñapti는 기세간(bhājanaloka)이다. 언설의 vijñapti는 보고, 듣고, 알고(jñāna) 식별하는 것(vijñāna)으로 4종 언설[견문각지]의 vijñapti이다.

우선 그와 같은 이들 vijñapti들은 소지의(jñeya āśraya [1-58])에서 말한 명언훈습(abhilāpa vāsanā)을 원인으로 하는 것(hetuka)이다.

45) MS 2-2.

자신과 타인을 구별하는 vijñapti의 구별(bye brag)의 所依는 아견(ātmadṛṣti, 我見)훈습을 원인으로 하는 것이다. 선취와 악취에서 태어나고 죽는 것의 vijñapti, 즉 다양한 윤회의 생존형태(gati, 趣)는 유지훈습의 종자를 집수하는 것(upādāna)에 의해서 생기한다. 이들 vijñapti들에 의해서라고 하는 것은 앞에서 말한 vijñapti들이다. [이들 vijñapti에 의해서] 界와 趣와 生[의 잡염에] 포함된다고 하는 것은 3界와 그 안에 속하는 5趣와 4生의 잡염을 뜻하고, 포함된다는 것은 그것을 본질로 삼는다는 뜻이다. 의타기상(paratantra-lakṣaṇa)이라고 하는 것은 의타기성 자체로, 비존재에 대한 분별(abhūtaparikalpa)을 설명하는 것이다. 이 vijñapti들는 唯識性이고 비존재에 대한 분별에 포함된다고 하는 것 중 비존재에 대한 분별에 포함된다는 것은 그 [비존재에 대한 분별]이 [의타기상의] 본질이[라는 의미이다]. 비존재인 착각의 artha가 나타나는 소의라는 것은 비존재의 착각인 artha가 나타나는 원인(rgyu)이다. 이 중 비존재란 없다는 것이다. 즉 아트만인 artha가 그대로 존재한다고 파악하여 그 자체에 대해 무아인데도 아트만으로 나타난다. 그것의 소의란 나타난 소의 즉, 원인이라는 의미이다. 이들이 의타기상이다.[46]

위의 인용에 의하면 세친은 依他起相(lakśaṇa)과 依他起性(svabhāva)을 동의어로 이해한다. 세친은 『유식삼십송』에서는 의타기성을 "분별(vikalpa)"로 『섭대승론석』에서는 "비존재에 대한 분별(abhūtaparikalpa, 虛妄分別)"로 표현한다. 왜냐하면 명언종자로부터 생기한 법 그 자체는 분별일 수밖에 없다. 세친은 名言과 분별을 동의어로 보는데 이때 분별은 항상 비존재(asad abhūta)에 대한 개념적 분별이기 때문이다.

여기서 필자가 주목하고자 하는 것은 依他起相, 즉 아뢰야식이라

46) MSBh P Li 170b2-171a4. D Ri 143b3-144a3. (H) 338a.

는 다른 것에 의존하여 각각 특징을 가진 '존재'(bhāva)를 '식(vijñapti, 識)'이라는 용어로 대치했다는 점이다. 즉 『섭대승론석』 2-2의 세친 주석은 아뢰야식의 종자로부터 생기한 法을 vijñapti라고 부른다. 아뢰야식을 조건으로 생기한 vijñāna, 緣生한 dharma, 의타기한 bhāva의 다른 표현이 vijñapti라는 논리가 성립한다. 즉 唯識이 곧 의타기상이라는 정의에 의하면, 유식의 識(vijñapti)이 아뢰야식으로부터 생기한 식(vijñāna, 轉識)과 연생한 법(dharma)과 의타기한 존재(bhāva)와 동의어가 된다.

아뢰야식이 가진 종자로부터 생기한 것, 의타기한 vijñapti는 11종류이다. 그중 9종의 vijñapti는 名言熏習을 원인으로 해서 생긴 것이고, 자타구별의 vijñapti는 我見熏習을 원인으로 해서 생긴 것이고, 삼계 오취 사생의 vijñapti는 有支熏習의 집수에 의한 것이다. 世親은 종자(bīja)의 의미를 원인(hetu)과 집수로 이해하고 있다. 원인으로서의 종자가 명언종자와 아견종자이고, 집수로서의 종자가 유지종자이다. 바꾸어 말하면, 식상속으로서의 有情은 유지종자의 힘에 의해 삼계 오취 중 어딘가에서 생존 형태를 취하고, 자타분별종자와 명언종자에 의해 개체적 특징을 부여받는다. 이때 집수의 기능을 하는 유지종자는 그 생명체가 생명을 유지하게 하는 기능을 한다.

예를 들면, 나는 인간계에 태어나서 다른 유정들과 所依를 달리하며 명언종자에 의해 그에 따른 존재와 인식 상태를 가지게 된다. 원근법으로 설명하면, 명언종자는 생의 직접적인 원인이나 유지종자의 執受 덕택에 기능들을 유지한다. 이때 구체적 십팔계의 형태를 가지게 하는 명언종자는 인연이 되고, 유지종자는 증상연이 되므로 명언종자가 유지종자보다 기능적으로 우위를 점한다.

의타기한 존재 중 명언종자로부터 생긴 존재가 18계[47]와 시공[48]이며, 이것은 名言을 원인으로 생긴 것[49]인데 여기서 주목해야 하는 것은 18계에 대한 유식 사상의 이해이다.

따라서 명언종자로부터 생긴 의타기한 법들, 연생법, 생기식은 동의어이고, 그중의 일부가 유정의 존재와 인식을 설명하는 십팔계이다.

六內界 ⇒ 眼耳鼻舌身의 五界, 신체를 가진 染污意(kliṣṭa manas), 五界의 경험자인 意界로서의 manas.
六外界 ⇒ 色聲香味觸法, 이것은 根에 의해 경험되는 대상.
六識界 ⇒ 眼識, 鼻識, 舌識, 身識, 意, 이것은 境을 경험하는 주체.

아뢰야식의 종자로 18界를 설명하는 양식은 18계에 대한 유식학파의 재해석이라고 볼 수 있다. 유정의 존재와 인식의 구조를 설명하는 18계가 명언훈습(abhilāpa-vāsanā)종자로부터 생한 vijñapti라는 것이다. 십팔계 각각은 의타기한 法, 즉 vijñapti이다. 18계가 염오종자의 생기라는 차원에서 18계 자체는 탄생부터 왜곡되어 있으며, 찰나의 의식 내용이나 존재 상태는 전적으로 자기 種子의 향유 상태이다. 종자로부터 생긴 vijñapti는 11개이고, 조건인 아뢰야식도 생기식의 결과로서 폭포수처럼 생멸하는 法이다.

---

47) MS 2-5, MABh 1-3도 십팔계의 도식으로 설명한다. 따라서 『해심밀경』에 등장하는 유식에서의 식을 세친이 "삼매 행경의 識을 말한다"라고 할 때 그 식은 주관의식이 아니라 대상, 즉 생기한 법을 말한다.

48) 시간과 공간 또한 조건에 의해 생기는 현상에 불과하다.

49) 세친은 有身見(satkāyadṛṣṭi)이라는 용어에서 有身을 'kāya를 가진 것(kāyin)'으로 해석하고 있다. 染污意를 dehin으로 보는 입장에 서서 볼 때 염오의와 유신견은 공통의 특징을 가지고 있다. 또한 견해(dṛṣṭi, 見)를 집착(abhiniveśa)으로 이해하므로 세친에게 유신견이란 'dehin에 대한 집착(abhiniveśa)'이라고 볼 수 있다. 내가 존재한다는 생각(有身見)은 공간을 차지하는 몸과 관련시킨 형이상학적 사고라는 것을 추론할 수 있다.

그렇다면 의타기한 vijñapti들은 어떤 방식으로 존재하는가? 조건에 의해 생기한 法자체가 무상하지만, 찰나 작용을 하는 法이다. 연생한 법으로서의 vijñapti는 찰나 생멸하는 존재로서, 현재 특징을 가진 존재가 vijñapti이다. 다음의 설명이 이를 드러내고 있다.

> 만일 vijñaptimātra이고 artha로 [실재하는 존재처럼] 나타나는(pratibhāsa, 似現) 소의(āśraya)가 의타기라고 한다면, 그것이 어떻게 의타기인 것이고, 왜 의타기라고 이름하는가? [그것은 熏習의 결과인] 자기 종자(svabīja)로부터 생기한 것이므로, 원인이라는 다른 것에 의존해 있다(pratyaya paratantra). 또 생기한 후에 한 찰나 이상 길게 스스로 존속할 능력(공능)이 없으므로 의타기한다고 말한다.[50]

세친의 주석은 다음과 같다.

> 만일 유식(vijñaptimātra)이 artha로 [실재하는] 것처럼 나타나는 所依라고 하는 것은 vijñapti에 artha는 없지만 vijñapti, 바로 그것이 artha로 나타나는 원인이라는 의미이다. 만일 唯識이 의타기라면, 어떻게 의타기인가라고 하는 것은 자기 자신이 파악의 대상(gzung bar bya ba, 所取)인데 그 때문에 의타기이고, 다른(para, 他)이라고 말할 때는 자신을 원인으로 해서 생기하고, 생겼을 때는 존속(sthiti, 住)하지 못하는 것과 자신에 의해서 파악되기 때문에 의타기이다.[51]

위의 인용에 의하면 '원인'이라는 다른 것에 의해 생기한 vijñapti는 세 측면으로 분석 가능하다. 첫째, 다른 것(para, 他)은 자기 훈습종자(svavāsanābīja)를 지칭하는 것이며, 의존한다(tantra)는 것은 곧 생기한 것(utpanna)을 의미한다. 따라서 자기훈습종자라는 것을 원인으로 해

---

50) MS 2-15A.
51) MSBh P Li 175a7-175b1. D Ri 147a5-7. (H) 341a.

서 생기한(tantra=utpanna)[52] 존재가 의타기한 vijñapti이다. 둘째, 의타기 자체가 所取가 된다는 것은 의타기 자체인 십팔계 전체가 변계소집화 된다는 것이다. 예를 들면 의식 자체도 의타기한 vijñapti이지만 자신을 포함한 의타기의 vijñapti들이 artha로 오인되는 상태가 변계소집이다. 변계소집되는 범위는 의타기성의 범위와 같다. 이것이 vijñapti가 artha로 나타나는 소의, 원인이라는 뜻이다. 셋째, 생기한 법은 스스로서 있을(安住) 능력이 없어서 생기한 찰나 곧 멸한다는 것이다. 즉 다른 것(para, 他)인 자신을 원인으로 생기하였지만, 생기하자마자 스스로 존속하지 못하고 다른 것인 자신의 아뢰야식에 의존하기 때문에 '他(para)'가 된다. 의타기한 vijñapti는 한 찰나에 생멸하는 유위법으로 매찰나마다 변화하지만 스스로 원인 없이 住하는 것이 불가능하다. 즉 생기한 vijñapti는 스스로 존재하는 것이 불가능하다. 이때 생성되었지만 존속하는 능력(śakti)은 타자라는 아뢰야식에 의해 가능하다. 만일 연생한 법이 스스로 존속할 능력을 가지고 있다면, 타자라는 원인을 필요로 하지 않기 때문이다. 아뢰야식과 연생법인 18계의 vijñapti들이 상호 동시의 인과인 까닭은 바로 한 찰나에 생멸한다고 보기 때문이다.

이상의 고찰을 통해 세친이 이해한 연기와 연생법을 다음과 같이 정리할 수 있다.

첫째, 緣起란 아뢰야식과 생기식인 연생법과의 동시인과 관계를 말한다. 아뢰야식의 명언종자를 조건으로 생기한 것들은 연생법, 생기식, 의타기성[십팔계], 유식이다.

둘째, 유식은 依他起性이며, 아뢰야식을 조건으로 해서 생기한 식

52) 현장이 paratantra를 '依(tantra)他(para)起'라고 할 때 起는 utpanna의 의미를 살린 듯하다.

(vijñapti)들을 말한다.

셋째, 연생한 '法', 생기한 '識', 의타기한 존재 '식(vijñapti)'들 중 십팔계는 동일 범주를 가리키는 용어들이다. 따라서 dharma와 vijñāna와 bhāva및 vijñapti는 동의어가 된다.

넷째, 의타기한 vijñapti 전체는 실체(artha)가 나타나는 소의로서 의타기 전체가 所取가 된다.

다섯째, 의타기성인 유식을 중심으로 三性이 이루어진다.

2) 식(vijñapti, 識)의 정의

이제까지 唯識(vijñaptimātra)이 어떤 맥락에서 사용되는가를 검토한 결과, 그것이 의타기성, 연생법과 동의어라는 결론을 얻었다. 아뢰야식을 조건으로 생기한 법(dharma)이 식(vijñapti)이고 의타기한 존재이다.

이제 좀더 미세한 차원에서 기존의 연구 결과대로 유식에서의 식(vijñapti)이 表象을 의미하는지 검토해 보도록 하겠다.

유식 사상에서 vijñapti라는 용어는 연생법을 의미하는 vijñapti외에 식별 기능을 표현하는 용어로도 사용된다. 즉 世親은『유식삼십송』에서 "vipāko mananākhyaśca vijñaptirviṣayasya ca(2ab)"라고 하며 6식을 대상(viṣaya)의 識別(vijñapti, 了別)이라고 정의하고 있다. 이것은 식(vijñāna)의 기능이 대상의 식별(vijñapti)이라는 것을 의미한다. 즉 게송 2ab를 통해서 유식 사상에서 vijñapti가 연생한 의타기로서의 식(vijñapti)과 식 기능의 vijñapti, 두 가지로 사용되고 있음을 알게 되었다.

그런데 기존의 연구는 識의 식별 기능 (vijñapti)을 의타기한 식(vijñapti)으로 파악했으며, 그로 인해서 유식의 식(vijñapti)을 식별 기능의 '표상'으로 이해했음을 알 수 있다

vijñapti의 어형은 語義 측면에서 볼 때 vi√jña+apa+ti로 보는 우이(宇井伯壽)설이 정설로 되어 있는데 이것은 vijñapti의 의미를 표상으로 해석한다. 최근 이종철은 vijñapti의 어형에 대한 의문을 제기하면서 vijñapti의 語形 분석을 새롭게 하였다.[53)]

필자는 vijñapti의 개념을 고찰하기 위해 세친의 이해에 따라 방법론적으로 의타기의 vijñapti와 대상 식별 기능인 vijñapti를 나누어 살펴보고자 한다. vijñapti가 어떤 맥락에서 사용되는가, 어떤 존재론적 위치를 가지고 있는가라는 추적을 통해 유식의 식(vijñapti)의 개념을 고찰해 보도록 하겠다.

그렇다면, 연생法으로서의 vijñapti와 주관으로서 vijñāna의 識別하는 기능인 vijñapti를 동일 개념으로 이해하는 것이 가능한가에 초점을 두고 vijñapti의 개념을 고찰해 보겠다.

첫째, 아뢰야식의 명언종자를 원인으로 한 緣生法(pratītyasamutpannadharma), 생기식(pravṛttivijñāna, 轉識) 그리고 依他起(paratantra)한 vijñapti가 모두 동의어라는 점에 초점을 맞추자.

아뢰야식을 조건으로 생기한 緣生法이 의타기성이고 유식이다. 즉 法과 vijñapti는 상호 동치가 가능한 용어이며 緣生法, 生起識은 모두 18계를 지칭한다. 6근이든 6경이든 6식이든 기세간이든 알라식을 조건으로 생기한 것은 vijñapti이다. 이때 기존의 연구대로 18계 중의 하나인 식(vijñāna)을 조건에 의해 생기한 法으로서의 vijñapti와 동일시하는 것은 모순이다. 왜냐하면 識에 대한 정의 자체는 대상(境)을 識別하는 것(vijñapti, 了)이고, 識은 아는 것(vijānāti)이며, 이 識은 境과 根을 필

53) 이종철, 「vijñaptiの語形について」, 『印度學佛教學研究』 53-1, 2004, pp.341-346.

요조건으로 하기 때문이다. 말하자면 대상 식별 기능을 하는 識은 18계 중의 하나일 뿐이므로 조건에 의해 생기한 vijñapti는 대상 식별 기능(vijñapti)을 하는 식(vijñāna)보다 上位의 포괄적 개념이다. 요컨대 조건에 의해 생기한 vijñapti들 중의 일부가 식(vijñāna)이라는 vijñapti이고 이 識의 작용이 식별 작용(vijñapti)을 하는 것이다.

즉 의식이라는 법(manovijñānavijñapti)은 대상을 식별(vijñapti)하는 기능을 한다. 따라서 대상을 아는 기능으로서의 식(vijñāna)을 십팔계 각각의 식(vijñapti)과 등치시키는 것은 오류이다. 18계인 根·境·識 각각의 기능과 작용이 다름에도 불구하고 삼자를 모두 동일한 기능을 하는 것으로 간주하는 오류이다. 그러므로 식의 식별 기능(vijñapti)과 연생한 vijñapti는 동의어가 될 수 없다.

둘째, 생기식(轉識)이라고 할 때의 識이라는 측면에서 보자. 이때의 식(vijñāna)은 단순히 대상(所緣)을 필요로 하거나 대상을 식별하는 식(vijñāna)이 아니고 조건에 의해 생긴 vijñāna이다. 그러므로 생기식의 識을 단순히 대상 식별 기능을 하는 識으로만 한정시켜 이해한다면, 육경과 육근의 기능도 모두 대상 식별 기능으로 보는 오류가 발생한다.

셋째, 세친은 『유식이십론』에서 "心(citta)은 意(manas), 識(vijñāna), 了(vijñapti)와 동의어(ekārtha, paryāya)[54]이다."라고 하고 『섭대승론』과 『섭대승론석』에서는 심·의·식이 동의어가 아니라고 한다. 즉 vijñapti와 vijñāna가 동의어인지를 고찰하는 데 『유식이십론』과 『섭대승론석』의 이 주장은 많은 정보를 제공하므로 이 부분을 자세하게 분석해 보자.

---

54) ekārtha와 paryāya는 일반적으로 名之差別, rnam grańs(異門), 즉 同義異語를 의미한다. 長尾雅人, 「異門(paryāya)ということば」, 『中觀と唯識』, 岩波書店, 1978, pp.406-411.

불교에서 정신 상태를 가리키는 용어로는 마음(citta, 心), 의근(manas, 意), 식(vijñāna, 識)이 있다. 이러한 술어들은 인식이 성립하는 조건과 그 상태를 가리키는 것으로서 아비달마불교에서는 心·意·識은 의미가 동일한 것(ekārtha)으로 간주되었다.[55] 의미가 동일하다는 것은 마음의 활동에 따른 세 가지 명칭이라는 뜻이다. 인식이 성립하기 위해서는 根境識이 있어야 하는 바, 根이라는 所依(āśraya)와 대상인 所緣과 能依(āśrita)가 필요하다. 의식이 멸한 직후에 그 의식은 意根이 되어, 다음 찰나에 생길 식의 所依가 된다. 즉 전 찰나의 과거로 가버린 識이 意根인데 이 찰나의 의근은 다음 찰나의 識이 생기하기 위해 똑같이 시간적 간격이 없는 等無間緣으로 작용을 한다. 전찰나의 식을 意根으로 삼은 識이 心이다. 정신 상태는 이렇게 찰나 생멸로 이어진다.

그러나 유식 사상에 이르러서 心·意·識은 각각 다른 존재의 위치를 가지게 된다. 心으로서의 아뢰야식은 의(manas, 意), 식(vijñāma, 識)과는 존재의 층위를 달리한다. 종자를 가진 마음으로서의 아뢰야식은 의

---

55) 心意識의 동이어, 비동의어에 대한 연구들은 다음과 같다.
水野弘元, 「心意識について」, 『パーリ佛教を中心とした佛教の心識論』, ピタカ, 1978, pp.41-55. ; 長尾雅人 『攝大乘論 和譯と注解』 上, p.92 注1.
아래의 글들은 MS의 世親과 無着 주석을 중심으로 心意識 부분을 비교분석하고 있다.
原田和宗, 「『二十論』ノート(1) -そのテクスト校訂と解釋學上の諸問題-」, 『佛教文化』 9, 九州龍谷短期大學佛教文化研究所, 1998. ; 袴谷憲昭 「Mahāyanasaṃgrahaにおける心意識說」, 『唯識思想論考』, 大藏出版社, 2001, pp.541-688. ; 丹橋尙哉, 「唯識に關する一私見」, 『佛教學セミナー』 65, 大谷大學佛教學會, 1992, pp.1-19. ; L Schmitausen의 논문의 일역인 加治洋一, 「『二十論』と『三十論』にみられる經量部的前提」, 『佛教學セミナー』 37, 1983.
특히 세친의 『구사론』에 나오는 구절(AKBh(P) p.61,1.20-p.62,1.1)을 논의의 출발점으로 삼고 있다. 본 논문은 이러한 연구들을 바탕으로 동의어가 되는 조건이 무엇이며, 동의어가 되지 않는 조건이 무엇인지에 초점을 두고 『유식이십론』과 『섭대승론석』만을 고찰 대상으로 삼았다.

근과 식을 생기시키는 조건이면서, 동시에 지금 이 찰나 18계의 결과이다. 따라서 아뢰야식 그리고 염오의와 의식의 識은 다를 수밖에 없다. 업이라는 행위의 결과 상태인 異熟의 아뢰야식과 意根/識은 연기라는 존재 방식 속에 놓여 있다고 보기 때문이다. 양자가 연기 관계에 있고, 意와 識이 아뢰야식을 조건으로 해서 생긴 緣生法임을 받아들인다면, 분명 마음과 의근과 識이 동일한 범주를 가리킨다고 볼 수가 없다. 따라서 "심·의·식 이 셋은 동일한 의미를 가진다."는 전통적 해석의 틀은 무너지게 된다.

또 다른 논리로 볼 때도 심·의·식이 동의어라는 해석은 성립하지 않는다. 『섭대승론』의 단계에서는 의근에 대한 이해가 변화·확대되었기 때문이다. 『섭대승론』에서는 전찰나의 식을 意根으로 이해하는 방식 외에 不共의 번뇌인 染汚意를 의근에 부과한다. 즉 의근은 전 찰나의 식으로서 다음 찰나에 識을 생기케 하는 역할만 하는 것이 아니라, 항상 염오의(자아의식)로서 식의 작용을 번뇌로 물들게 한다. 이런 염오의라는 기제 때문에 識과 意根을 동일 의미로 간주할 수가 없다. 이처럼 아뢰야식인 心과 염오의인 의근과 識은 각각의 존재론적 위상을 달리하기 때문에 "심·의·식이 동일한 의미를 가진다."고 보는 것은 타당하지 않다. 사실 이 문제는 『섭대승론』에서도 명료하게 제기되고 있다.

> 어떤 일부의 사람들은 心(citta)·意(mano)·識(vijñāna)의 의미는 동일하나, 문자가 다를 뿐(paryāya, 同義異語)이라 생각한다. 그러나 이것은 성립되지 않는다. 意와 識의 兩者의 의미 구별이 인정된다. 따라서 마음도 또 다른 의미가 된다.[56]

---

56) MS 1-13.

"심(citta)·의(mano)·식(vijñāna)의 의미는 동일하나, 문자가 다를 뿐(同義異語 paryāya)이다."는 주장에 대해 세친도 이 삼자를 동의어로 보는 입장을 부정하고 있다. 아뢰야식을 心으로 규정한 사태를 보면, 이 심·의·식이 다른 차원의 법이라는 세친의 주장은 납득된다. 이 부분을 좀더 자세하게 분석해 보자.

1. 그것[아뢰야식]은 마음(citta)이라고도 말한다. 세존에 의해 '心과 意와 識'이라고 설한 것과 같다. 그중 意(manas)에는 두 종류가 있다. [첫 번째는] 등무간연에 의해 所依(āśraya)가 되어 [직후에 생할 것의] 의지처가 되기 때문이다. 즉 직전에 멸한 [六]識이 意(manas)라고 이름하고, [다음 찰나에 六]識이 생기하기 위한 所依가 된다. 두 번째는 染汚意(kliṣṭamanas)로 네 종류의 번뇌와 상응한다. 내가 존재한다는 견해(有身見), 我慢, 我愛와 無明이다. 이것[manas]이 識을 雜染시키는 所依이다. 識(vijñāna)은 첫 번째 소의에 의해서 생기하고 두 번째 [염오의]에 의해 염오된다. 대상을 識別(vijñapti)하므로 識이다. 직전에 멸한 것(samanantaranirodha, 等無間滅)과 [자아를] 생각(manana)하는 것에 의해 意(manas)는 두 종류이다. …[하략]… [57]
1-1. 또 그것도 마음이라고 하는 것에서 바로 그 마음이 아뢰야식이다. 의식의 의미가 다양하게 이해되는 것처럼 이[마음의] 의미도 다양하다는 것이다.
이것에 의해서 의미를 드러낸다. 이 중 첫 번째는 [意의 의미이다]. 등무간연이기 때문이다. 직전에 멸한 識은 [후 찰나에] 意識이 생기는 원인이 된다는 것이 意(manas)의 첫 번째 의미이다. 두 번째는 네 가지 번뇌에 의해서 [염오된] 번뇌로 된 염오의(kliṣṭamanas, 染汚意)이다. [네 가지 번뇌 중] 이 유신견(satkāyadṛṣṭi, 有身見)이란 자신이 [존재한다고] 집착(abhiniveśa)하는 것과 또 [유신견] 때문에 내가 있다고

57) MS 1-6.

생각하는 것이 아만(ātmamāna, 我慢)이다. 자신이 최고라고 하는 [아만]과 그중에서 진실하지 않은 자아를 탐하는 것이 아애(ātmasneha, 我愛)이다. 이들 세 종류의 원인이 無明이다. 무명이란 無智이다. [意는] 첫 번째에 근거해서는 [등무간연이] 발생하고 두 번째에 근거해서도 번뇌에 의해 염오된다고 하는데 직전에 멸한 식을 意(manas)라고 이름하는 것에 의해서 일체의 식이 생기할 기회를 줌으로써 발생하는 근거이다.[58] 두 번째는 雜染시키는 것이다. 善心 안에서도 또한 내가 존재한다는 [생각이] 생기기 때문이다.

[識]이란 대상(viṣaya)을 식별(vijñapti)한다는 의미이다.

등무간(manantara)과 [자아를] 생각(samanantra)하므로 [意(manas)]가 두 종류라고 하는 것 중 [앞에서 말한 識이란] 대상을 취하는 의미 때문에 식이라고 한다. 이런 [識이 생기할] 處所(skab)를 준다는 의미로 첫 번째 [의미의] 意[가 성립하고] 我 등을 집착하여 잡염의 의미가 성립되므로 두 번째의 번뇌를 가진 意가 성립된다.[59]

2. 세 번째 마음(citta)이라고 하는 것은 아뢰야식을 제외하고는 인정되지 않는다. 그러므로 아뢰야식(ālayavijñāna)이 마음이라는 것이 논증되었다. 그것은 일체종자를 가진 것(sarvabījakā)이고 그것으로부터 意(manas)와 識(vijñāna)이 생기한다.

2-1. 또 염오의는 그것[아뢰야식]이 없을 때 그것을 원인으로 하는 意와 생기식도 발생하지 않는다고 봐야 한다. 識이라는 말에 의해 意

---

58) 대승에서 末那를 의근으로 보는 구도는 유식 사상만이 아니다. 또한 원효의 『大乘起信論疏』에서 不覺義를 설명할 때 『金鼓經』을 인용한다. 이때 大乘意根卽是末那이라는 표현을 한다.
연구 결과에 의하면, 『유가사지론』 본지분 중 意地의 부분에 무간멸의와 염오의를 manas라고 정의한다. 가츠라 쇼류 외 저, 김성철 역, 「알라야식론」, 『유식과 유가행』, 씨아이알, 2014, p.197.
따라서 『유가사지론』, 『섭대승론석』, 『대승기신론』에서는 인식을 삼중이 아닌 이중구조로 설명한다.

59) MSBh P Li 150a8-150b8. D Ri 128a5-128b3.

라는 말이 성립한다.[60] 그것[전 찰나의 六識]이 멸할 때에 意라는 이름이 성립하기 때문이다.[61]

3. 그것[아뢰야식]은 어떤 이유에서 마음(citta)이라 부르는가. 種種(citra)의 [善·不善의] 법(dharma)의 훈습에 의한 종자(vāsanā bīja)가 [거기에] 적집되었기(ācita) 때문이다.[62]
3-1. 또 어원 해석(nirukti)은 [다음과 같다.] 다양한 종류의 법(citradharma)의 훈습된 종자[가 거기에 쌓이기(kun tu bsags pa, ācita/saṃcita) 때문이라고 할 때 쌓인다는 의미는] 쌓이고 積集(nye bar len pa, upacita)이 되기 때문이다. [이처럼 마음은 적집이라는 어원에서 발생한 것이다.] 이 중 법의 훈습종자(vāsanā bīja)라고 하는 것은 이들 원인에 의해 특별한 힘(sāmarthya viśeṣa, 功能差別)이 [원인이 된다는 의미이다.] [여기서 내가 해석한] 쌓이고(gang)란 한결같이 쌓이고(gang) 적집된다(bsags pa, cita)는 의미이다.[63]

위에서 인용한 1, 2, 3은 무착의 주장이고 1-1, 2-1, 3-1은 世親의 주석이다. 세친은 세존이 말한 마음을 아뢰야식으로 보고 이 마음으로부터 의근과 전식이 생기한다고 본다. 그러면, 유식 사상에서는 아뢰야식을 왜 마음이라고 규정하는 것일까?

아비달마불교에 의하면 마음(citta)의 정의는 √cit로 '생각하다'라는 의미의 동사에서 파생된 것이다. 그런데 유식 사상에 이르러서 마음

---

60) 이를 통해 생기식이 육식만이 아니라 염오의도 포함한다는 것을 알 수 있다. 아뢰야식에서 意와 識이 발생한다고 하지만, 世親은 생기식 안에 염오의를 포함시킨다. 그래서 명언종자로부터 십팔계가 생기한다고 본 것이 이를 지지한다. 따라서 생기식 안에는 염오의인 의근이 들어있으므로 생기식이란 십팔계 전체를 말한다.

61) MSBh P Li 150b8-151a1. D Ri 128b3-4.

62) MS 1-9.

63) MSBh P Li 151a1-151a3. D Ri 128b4-5. (H) 326b.

(citta)의 의미가 확장된다. '쌓다'라는 동사 √ci의 과거수동분사 citta와 다양한 법(citradharma)에서의 다양한 'citra'로 인해 마음은 citta가 된다고 본다. 유식 사상에서 적집(ācita, 積集)의 √ci가 마음의 어원에 첨가되는 것이다. 세친에 의하면, 과거 경험의 잔재이자 흔적이 쌓여 경향성의 상태로 있는 것이 훈습이다. 특히 그는 경향성으로서의 종자(vāsanābīja)를 특수한 능력(功能差別)으로 보고 있다. 경향성으로서의 훈습에 의한 종자란 잠재적 성향의 특수한 능력, 에너지를 말한다. 정신적·언어적·신체적 행위는 반응체제로 기능하는 한 여운을 남긴다. 그 잔재는 어떤 조건을 만나면 반드시 특수한 능력의 힘으로 작용을 한다. 예를 들면 현재 인간이라고 하는 이 육체적 생, 이 생 안에서 찰나적으로 보고 느끼고 판단하는 그 모든 것은 이 특수한 능력, 즉 에너지의 현현일 뿐이다.

세친은 마음을 과거 업이 쌓인 상태 혹은 基體라는 의미로 이해하여, 이 마음을 아뢰야식으로 정의한 것이다. 따라서 心(citta)이란 적집한다는 의미이고, 아뢰야식이 종자의 형태로 적집하는 것이다. 번뇌와 습기의 쌓임이라는 의미의 ācita, upacita가 추가된 셈이다. 아뢰야식인 마음은 다양한 경향성의 축적, 다양한 경향성의 특수한 능력인 에너지 상태를 의미한다. 그러므로 유식 사상에서 마음이란 삼계 윤회하는 세간의 마음을 가리킨다. 그러나 『유식삼십송』에 이르러서 마음인 이 알라야식은 대상에 작용하는 기능을 한다고도 본다.

『섭대승론석』에서 세친이 아뢰야식과 意識이 상호 동시 인과 관계에 놓인 法이라고 정의할 때 아뢰야식으로서의 이 識은 意와 識을 생기시키는 마음이며, 意根과 識은 아뢰야식이 지닌 名言種子를 조건으로 하여 연생한 法들이다. 그러므로 心·意·識 三者는 존재론적 층위가 다른 개념이다. 三者가 한 찰나에 각각의 존재론적 위치를 달리하고, 삼자가 한 찰나에 존재하는 法들이기 때문에 심·의·식이 다를 수밖에 없는 논리적 지평을 가진다. 따라서 『섭대승론석』에서 '심·의·식 삼자가 동일하지 않다'는 결론을 내리고 있다.

그런데 세친은 『유식이십론』에서 다음과 같은 주장도 하고 있다.

> 대승에 있어서 "세 가지 영역(三界)은 vijñapti만으로 되어 있다."라고 확정한다. "아, 佛의 아들들이여, 이 삼계는 마음만으로 되어 있다." 라고 經에서 말하기 때문이다. [經에서 citta라 말할 때의] 마음(citta, 心)은 意(manas)와 識(vijñāna) 그리고 vijñapti와 동의어들이다. 여기 [經에서 citta라 말할 때의] 마음은 [그것에] 相應(saṃprayoga)[하는 心所]를 가지고 있다(sa)는 것을 의미한다. …[중략]…[64]

세친은 有爲인 三界唯識의 敎證을 『十地經』의 三界唯心으로 하고 있다. 즉 윤회하는 唯心(cittamātra)을 유식(vijñaptimātra)으로 이해한다. 위의 인용문에서는 『섭대승론석』과 달리 心·意·識 외에 vijñapti라는 용어를 부가시켜 네 가지를 동의어라고 규정하고 있다.

우선, 위의 인용문을 분석해 보자. 세친은 cittamātra를 citta와 mātra로 나누어 설명하고 있다. 唯心(cittamātra)에서의 citta는 "① manas(意)

---

64) Viṃś p.3. 이 부분은 Sanskrit 本에 누락된 부분이나 levi에 의해 복원되었다. (H) 74b27. "安立大乘三界唯識 以契經說三界唯心.心意識了名之差別,此中說心意兼心所, 唯遮外境不遣相應. 內識生時似外境現." 여기서 世親은 『十地經』을 교증으로 삼지만 호법은 『楞伽經』도 교증으로 삼는다. 즉, 『成唯識論』 10c, "楞伽伽他中說 由自心執著,心似外境轉, 彼所見非有,是故說唯心. 如是處處說唯一心. 此一心言亦攝心所. 故識行相卽是了別. 了別卽是識之見分." 호법 또한 唯心이나 一心을 심소를 동반한 아뢰야식으로 이해한다. 유심, 일심이란 삼계의 윤회 세계를 지칭하는 표현이다.
原田和宗, 「『二十論』ノート(1) -そのテクスト校訂と解釋學上の諸問題-」, 『佛教文化』 9, 九州龍谷短期大學 佛教文化研究所, 1998. 이 논문에 의하면 세친은 『구사론』과 『석궤론』에서 『능가경』을 인용하고 있다.

와 vijñāna(識)와 vijñapti와 동의어이며, ② 심소를 동반한다"를 의미하며, ③ mātra는 artha의 배제를 의미한다. 여기서 주목할 것은 ②의 경우에서 citta를 심소를 동반한 마음으로, 대상과 관계 맺는 아뢰야식으로서의 마음[65]으로 이해한다는 점이다. 즉 唯心에서의 '心'은 심소를 가진 마음을 의미한다. 그렇다면 ①의 경우는 무엇일까? ①에서 네 가지가 동의어가 될 수 있는 근거는 무엇일까? 어떤 조건이 네 가지를 동의어로 만드는가? citta, manas, vijñāna, vijñapti가 동의어라고 할 경우, 어떤 맥락에서 동의어라는 것일까? 즉 존재론적 위치를 달리하면서도 공통이 될 수 있는 조건은 무엇일까?

여기서 고찰하려는 것은 vijñapti의 개념이므로 여기에 초점을 두자. vijñapti를 두 가지, 즉 첫째는 의타기한 vijñapti로 읽는 것이고, 두 번째는 대상 식별 기능을 하는 식의 기능으로서의 vijñapti로 읽는 것이다.

첫째, citta, manas, vijñāna, vijñapti가 동의어라고 할 때 이때의 vijñapti를 의타기한 法이라고 한다면, 즉 네 가지가 모두 조건에 의해 생긴 것이라는 측면에서 동의어가 된다. 그러나 『섭대승론석』에서 고찰해 보았듯이 네 가지 각각은 존재론적 위치를 달리하기 때문에 '실체적 존재가 아니라는 의미'에 한정해서만 동의어라는 조건을 충족시킬 수 있다. 따라서 네 가지는 조건에 의해 생긴 vijñapti라는 공통성은 있지만 각각 기능을 달리하므로 온전한 의미에서 동의어로 볼 수 없다.

---

65) 아뢰야식으로서의 心을 규정할 때 세 가지로 분류할 수 있다. 첫째, 『섭대승론』에서 意와 識을 생기시키는 조건으로서의 아뢰야식인데 이것을 종자로서의 마음인 아뢰야식(一切種子識)이라 부른다. 둘째, 아뢰야식의 異名인 아타나식이다. 이것은 자체와 신체를 집수하여 생리적 기능을 통일시키는 기능을 한다. 셋째, 아뢰야식은 또한 대상에 대한 기능을 하는 것으로 5가지 변행의 심소를 동반한다. 일반적으로 유식 사상에서 마음이라 할 경우, 첫 번째와 세 번째를 지칭한다.

둘째, vijñapti를 식별 기능으로서의 vijñapti로 이해해 보자. ②에서처럼 마음도 心所를 동반한 아뢰야식으로서의 마음으로 이해한 점에 초점을 두고 보자. 唯心에서 心은 심소를 가진 마음이라는 의미로서, 이 心 또한 意·識처럼 대상에 대한 식별 기능을 한다. 따라서 이때의 마음은 대상에 대한 작용을 하는 마음이므로 "심(citta)과 의(manas)와 식(vijñāna)이 [대상에 대해] 식별(vijñapti, 了)을 한다."는 측면에서 네 가지는 동의어가 된다고 이해할 수 있다. 사실 심·의·식 각각은 심소를 가지고 있지만 그 심소의 기능들은 다르다. 예를 들면 心은 五遍行만 意는 오변행 외에 네 가지 不共 번뇌를, 識은 오변행과 네 가지의 번뇌 외에 더 많은 심소를 가지고 있다. 심·의·식은 각각 대상에 대한 식별 기능을 하지만, 식별 기능의 범위가 각각 다르다.

그러므로 심·의·식은 조건에 의해 생기한 vijñapti라는 점에서 동의어라고 볼 수는 없고, 다음과 같이 읽어야 할 것이다. 즉 "마음은 意와 識[처럼 대상을] 식별한다[는 차원에서] 동의어이다. [여기서의] 마음은 심소를 가진 것이[기 때문이]다."

『섭대승론』에서는 아뢰야식의 기능 중 훈습종자라는 측면에 서서 心의 기능만을 취급하여 의근 및 의식과의 차별상을 보여주었다면, 『유식이십론』에서는 唯心의 마음도 심소를 동반한다는 측면, 즉 대상을 식별한다는 차원에서 공통적 특징을 보여준 것이라고 추론할 수 있다. 유심의 심은 식별 기능을 하는 아뢰야식을 의미한다고 볼 수 있다.

사실 이러한 해석을 지지하는 것은 현장의 번역어이다. 현장은 『유식이십론』에서 동의어로서의 vijñapti를 식별 기능으로서의 vijñapti로 이해하여, 그것을 了別로 읽었기 때문이다.

필자가 ①을 "마음은 意와 識[처럼 대상을] 식별한다[는 차원에서]

동의어이다."라고 해석하는 타당성을 현장의 번역어를 통해서 논증해 보겠다. 위의 인용의 한역을 통해서 볼 때 현장은 vijñapti를 識, 了, 內識으로 번역하고 있음을 알 수 있다. 즉 vijñaptimātra에서의 vijñapti는 識으로, 심·의·식 뒤에 있는 vijñapti는 了로, artha를 배제한다는 의미에서 vijñaptimātra의 vijñapti는 內識으로 번역하고 있다. 이렇게 현장은 vijñapti를 다양하게 번역하고 있다. 즉 識, 內識으로 번역한 vijñapti는 모두 의타기한 유위의 vijñapti을 가리키고, 了로 번역되는 vijñapti는 말 그대로 대상의 식별 기능을 가리킨다고 볼 수 있다. '了'라는 번역어는 '대상(viṣaya)에 대한 식별(vijñapti)작용'을 의미한다. 이제 이러한 의미의 vijñapti가 어느 곳에서 사용되는지를 고찰해 보자.

1. 『AKBh』 "viṣayaṃ viṣayaṃ prati vijñaptir upalabdhir vijñānaskandha ity ucyate"[66)]
(H) 論曰. 各各了別彼彼境界. 總取境相故名識蘊.
대상(viṣaya)에 대한 각각의 구별(vijñapti), 즉 파악(upalabdhi)을 識蘊이라고 이름한다.
2. 『大乘五蘊論』 "nam par zhes pa se na/dmigs pa rnam par rig pa'o"/[67)]
(H) 云何識蘊, 謂於所緣境了別爲性.
識(vijñāna)이란 무엇인가. 소연(ālambana)을 식별하는 것(vijñapti)이다.
3. 『섭대승론』 1-6 "viṣayaprativijñapter vijñāna"[68)]
(H) 了別境識.
대상을 각각 식별하므로 [前六]識이다.

---

66) AKBh p.11.
67) 『大乘五蘊論』 849c.
68) MS 1-6.

4-1. 『유식삼십송』 "vipāko mananākhyaśca vijñaptirviṣayasya ca(2ab)"[69)]
(H) 謂異熟思量 及了別境識.
異熟[識]과 思量이라고 부르는 것과 대상(viṣaya)의 식별(vijñapti)[하는 識]이다.
4-2. 『유식삼십송』 asaṃciditakoupadisthānavijñaptikaṃ ca sa//3ab//[70)]
(H) 不可知執受處了.
그리고 그것(인 아뢰야식)은 완전하게 감지되지 않는 處와 執受의 識別을 가지고 있다.
4-3. 『유식삼십송』 六識을 설명하는 게송에서는 viṣayayopalabdhiḥ sā(8bc)이다.[71)]

1은 『구사론』에 나타난 세친의 주장이다. 識은 대상 없이 작용하지 않는다. 식은 반드시 根境과 접촉해야만 대상에 대한 식별(vijñapti)의 기능을 발휘하기 때문이다. 일반적으로 識의 정의는 "알기 때문에 識이다(vijñānatīti vijñānam)"이다. 즉 식의 기능은 대상을 아는 기능이자 방식이 대상을 식별하는 기능이고, 그 기능인 vijñapti를 한역에서는 了別로 번역하고 있다. 2는 『광오온론』의 설명인데 이때 세친은 구별, 식별(vijñapti)을 upalabdhi와 동의어로 사용한다. 3은 『섭대승론』 주석인데, 여기서 vijñaptirviṣayasya는 前六識을 말하는 것이다. 이때도 식이 대상에 대한 식별 작용을 한다는 논리를 유지한다. 현장 또한 vijñapti를 了別로 번역하고 있다. 세친은 4-1에서도 식의 기능을 식별로 이해하며, 이에 대한 안혜의 주석도 이 관점에 서 있다.

안혜는 "rūpādiviṣayapratyavabhā-satvāt cakṣuradivijñānaṃ ṣaṭprakāramapi viṣayavijñaptiḥ 색 등[성향미촉법]의 境이 각각 현현

69) Trimś p.18.
70) Trimś p.19.
71) Trimś p.20.

하기 때문에 안식 등 여섯 종류의 識은 境을 식별한다(vijñapti)."고 한다. 4-2는 『유식삼십송』 3ab에서 아뢰야식(ālayavijñāna)을 설명하는 것이다. 특히 아뢰야식의 기능 중 대상에 대한 식별 작용의 측면을 설명하고 있다. 이 찰나 아뢰야식은 염오의, 전식과 함께 동시에 대상에 대한 작용을 한다. 5가지 보편적 심리 현상만을 동반하여 대상을 식별하는 기능을 한다. 4-3에서도 식의 식별 기능을 '대상(viṣaya)을 취하는 것'으로 보고 있다. 그러므로 『유식삼십송』의 2ab를 고려하면, viṣaya의 vijñapti가 곧 upalabdhi의 의미이다. 식별 기능의 vijñapti를 upalabdhi로 환치시킨 것으로, 식별 기능이란 '境을 구별하는 것, 대상을 취하는 것'이다. 여기서 세친은 식의 식별(vijñapti)을 파악(upalabdhi)과 동의어로 보지만, 안혜는 더 나아가 upalabdhi외에 grahaṇa(파악하는 것), pratipatti(획득하는 것)까지 식별 기능의 vijñapti와 동의어로 본다.

인용문 1부터 4-3까지를 정리하면, 대상에 대한 識의 기능은 vijñāna/ vijñapti인데, 한역에서는 識의 기능인 vijñapti를 모두 了(了別)로 번역해 놓고 있다. 각각의 용례를 통해 대상을 아는 식(vijñāna)의 기능적 측면이 바로 識別로서의 vijñapti임을 알게 되었다. 말하자면, 대상을 안다고 할 때, 아는 기능이 대상을 식별해 내는 기능이다.

『유식이십론』에서 만일 了로 번역된 vijñapti를 대상에 대한 식별 기능으로 이해한다면, 그리고 唯心의 心이 심소를 가지고 있다는 주장을 받아들이면, citta, manas, vijñāna, vijñapti는 동의어가 된다. 다시 말해, 각각 대상을 식별한다는 기능적 측면에서 citta, manas, vijñāna, vijñapti는 동의어가 될 수 있다.

그러므로 "citta와 manas와 vijñāna[는 대상을] 식별(vijñapti, 了別)한다[는 차원에서] 동의어이다. 마음뿐이란[에서 마음이란] 심소를 가지고 있다는 것을 드러낸다."라고 이해한 해석은 타당하다. 삼자가 동의어가 될 수 있는 기반은 '대상 식별 기능(vijñapti)'을 공통부분으로 하기 때문이다.

현장의 번역어가 필자의 이런 해석을 뒷받침하는 또 다른 논거는 유식 사상에서 심·의·식의 구별과 심소의 구별의 차이, 즉 行相이 다르다고 본다는 점이다. 심·의·식은 오직 대상만을, 심소는 대상의 차이를 행상으로 삼는다고 본다. 識이 대상을 구별하는 구체적 양상이 대상을 봄(dṛṣṭi, 見), 행상(ākāra, 行相)이다. 意識은 대상을 보는 작용만을 할 뿐이지만, 그에 동반되는 현상들(心所)이 있으며, 그 현상들은 그 대상에 대한 차이(viśesa)만을 볼 뿐이다.

자, 그렇다면 기존의 연구 결과대로 삼계가 유식(vijñaptimātra)이라 할 때 그때의 vijñapti도 이 식의 식별 작용을 의미하는 것일까? 이때의 vijñapti는 연생한 法을 가리킨다고 보는 것이 타당하다. 위 문장구조에서도 vijñapti와 artha가 대극어로 등장한다. 이 vijñapti는 조건에 의해 생기한 의타기의 법으로 읽어야 하는데, 이것을 지지하는 문장이 바로 "tathā hy etāḥ sarvā vijñaptayo 'rthābhāvena tanmātrāḥ(왜냐하면 일체의 vijñapti는 artha로 존재하지 않으므로 그것뿐[인 것이다]."[72]이다. 이것은 '오직 연생한 법뿐이며 실체적 존재(artha)는 존재하지 않는다'는 것을 의미한다.

vijñaptimātra에서 vijñapti의 개념이 무엇인지 탐색하는 과정에서 心·意·識/心·意·識·了가 동의어인지 아닌지의 의미를 고찰해 보았다. 그 결과 『攝大乘論釋』에서 심의식이 동의어가 아니라는 주장은 心(citta)인 아뢰야식과 연생법으로서의 意(manas) 識(vijñāna)은 각각 존재론적

72) MS 2-2.

위상을 달리한다는 측면에서 동의어가 아님을 알았다. 그리고 『유식이십론』에서 '心·意·識·了가 동의어'라고 한 의미는 대상에 대해 식별 작용을 한다는 의미에서 심·의·식이 동의어라는 결론에 이르렀다.[73)]

이 章에서 심의식이 동의어인가라는 탐색을 통해 세친이 vijñapti라는 개념을 두 가지의 용법으로 사용하고 있음을 알게 되었다. 현장도 이 양자의 차이를 극명하게 이해했기에 vijñaptimātra의 vijñapti를 識/內識으로, 식의 대상 기능으로서의 vijñapti를 了(別)로 번역하여 그 의미를 분명하게 드러냈다고 할 수 있다. 따라서 기존의 연구대로, 유식의 식(vijñapti)과 식별 기능(vijñapti)하는 식(vijñāna)을 동일시할 수 없다는 결론에 이르렀다.

vijñapti는 다음과 같이 정의할 수 있다.

첫째, 유식(vijñaptimātra)은 아뢰야식을 조건으로 생기한 의타기성이다.

둘째, 유가행파에서 사용하는 vijñapti에는 두 종류가 있다. 의타기한 法인 vijñapti와 대상 식별 기능으로서의 vijñapti이다. 유식에서의 識(vijñapti)은 조건에 의해 생기한 법이다. 십팔계의 根·境·識 각각이 vijñapti이므로 유식의 식(vijñapti)은 대상 식별 기능을 하는 식(vijñāna)과는 다르다.

---

73) 세친이 두 권의 저서에서 차이가 나는 태도를 표명한 것은 무엇을 의미하는 것일까? 세친은 심·의·식을 동의어로 보는 기본 조건과 동의어로 보지 않는 기본 조건을 달리해서 논의를 전개시켰다고 할 수 있다. 즉 『攝大乘論釋』에서는 心·意·識이 각각 존재론적 위상이 다르다는 차원에서 동의어가 아님을 밝히고, 『二十論』에서는 心·意·識이 대상에 대해 식별 작용을 한다는 차원에서 동의어로 본다. 동의어와 동의어가 아니라는 논증의 배경에는 동의어의 조건을 달리해서 설명하고 있다고 할 수 있다. 한편, 世親은 삼자가 다르다는 유식 사상을 기반으로 하되, 아비달마에서는 동의어라고 했던 사고를 회통하고 있다는 주장도 있다.(兵藤一夫, 「心(citta)의 語義解釋」, 『佛教學セミナー』 36, 1982, pp.21-39).

조건에 의해 생기한 vijñapti중의 하나가 識이고 이것의 기능이 식별(vijñapti)하는 것이므로 유식의 vijñapti와 대상 식별 기능으로서의 vijñāna는 동의어가 될 수 없다.

셋째, 명언종자라는 조건에 의해 생긴 vijñapti와 연생한 법(dharma) 및 의타기한 존재(bhāva)는 동의어이다. 아뢰야식의 명언종자로부터 생기한 것이 十八界이다. 유식 사상은 유위의 法을 vijñapti로 환치시켰다.

넷째, 삼계유심, 삼계유식이란 삼계는 조건에 의해 생긴 유위의 존재이고, 삼계는 대상을 분별하는 마음, 識으로 되어 있다는 것을 의미한다.

그러므로 기존의 연구대로 唯識의 정의는 "오직 표상뿐이다."가 아니라, "오직 조건에 의해 생긴 법(dharma, vijñapti)뿐이다."이다.

2. 비존재인 실체(artha)

1) 실체(artha)의 정의

'유식(vijñaptimātra)'에서 vijñapti는 조건에 의해 생긴 法을 가리킨다는 것을 알았다. 이제는 유식에서 '唯(mātra)'의 개념을 통해서 유식의 정의를 살펴보도록 하겠다.

세친의 『유식이십론』에 의하면 ① "[經에서 cittamātra이라 말할 때] 오직(mātra, 唯)이란 artha(境, 義)를 배제하는 의미이다. 정말로 이것[三界]은 vijñapti로 되어 있다. [그런데 三界는] 비존재(asad)의 artha로서 [실재하는 존재처럼] 나타난다."[74]이다.

즉, vijñaptimātra에서 mātra(唯)가 지시하는 것은 'artha'의 배제이다. 이 'artha'라는 용어를 『유식이십론』 한역에서는 모두 (外)境으로 번역하

74) Vriṃś p.3.

고 있으며, 그 결과 '유식'을 '오직 표상만 있고 외계는 존재하지 않는다.'로 해석하게 되었다.

artha가 비존재한다는 말의 의미는 구체적으로 무엇일까? 『유식이십론』의 저자인 세친은 『攝大乘論釋』에서 artha의 의미를 보다 명료하게 제시한다.

> ② 오직 그것뿐[vijñaptimātra]이다. artha는 존재하지 않기 때문이다. …[중략]… 왜냐하면 일체의 vijñapti는 artha로서 존재하지 않으므로 그것뿐[인 것이다].[75]
> ③ 변계소집상이란 무엇인가? artha가 비존재(asad)인데도 그처럼 artha인 것으로서 나타나는 것이다.
> 유식(vijñaptimātra)인 것이 artha로서 [나타난다]는 것은 비존재(abhūta, 虛妄)의 artha가 나타난다[는 의미이다.] 예를 들면 [비존재의]아트만(ātmantva)인 artha가 [실재하는 것처럼] 나타날 뿐인 그 나타남[과 같다.] artha로서 나타난다고 하는 것은 분별되는 것(grāhyatva, 所取)으로 나타난다[는 것을 말한다.] 예를 들면 無我인 그것이 我로 나타나는 것과 같다.[76]

위의 인용에서 ②는 의타기성을 ③은 변계소집성을 설명하는 부분이다. ①과 ③을 통해서 세친은 『유식이십론』과 『섭대승론석』에서 vijñapti와 artha를 대구로 놓고 있으며, vijñapti의 성립조건이 artha의 비존재라고 천명하고 있음을 알 수 있다.

또한 ③을 통해서 "식(vijñapti)뿐이고 artha가 존재하지 않음에도 불구하고, 조건에 의해 생긴 vijñapti가 비존재의 artha가 존재하는 것처럼

75) MS 2-11. "tanmātreṇārhābhāvahetoḥ …[중략]… tathā hy etāḥ sarvā vijñaptayo rthābhāvena tanmātrāḥ. 由唯識 無有義故 …[중략]… 一切識無有義故."
76) 주11) 참조.

나타난 상태"가 다름 아닌 분별된 상태(遍計所執性)를 지칭하는 것임을 알 수 있다.

그러므로 현장이 『유식이십론』에서 "내식이 생기할 때 외경이 실재하는 것처럼 나타난다(內識生時似外境現)."라고 번역한 부분은 비존재의 artha가 실재하는 것처럼 나타난 의식의 전도된 분별 상태[遍計所執]를 가리키는 것이다.

①에서 三界를 오직 識뿐인 의타기성의 사태와 [vijñapti가] 비존재의 artha로 나타난 사태를 변계소집성으로 나눈 것으로 보아, 삼계는 vijñapti뿐인 상태도 있고 변계소집의 상태도 있다는 것을 추론하게 되었다.

요약하면 ①의 두 측면이 ②와 ③이다. 『유식이십론』에서 '三界를 artha가 배제된 차원과 artha가 실재하는 것처럼 나타난 차원'으로 설명하는데 이것은 의타기성이란 조건에 의해 생기한 vijñapti뿐을, 변계소집이란 조건에 의해 생긴 vijñapti가 비존재의 artha로 나타난 상태를 의미한다. 이러한 이해 태도는 三界의 두 측면을 artha의 有無로 구분한 것이다.

한편, 세친에 의하면 원성실성의 정의는 다음과 같다.

> ④ 여기서 원성실상이란 무엇인가? 의타기상, 그 자체에서 artha의 특징(lakṣaṇa)이 영원히 없는 것(비존재)이다.[77]
> ④-1 원성실상이란 비존재(abhāva, abhūta)이고 비진리(asattva)로 나타나는 원인인 artha를 본질로 하는 나타남이 영원히 없어지는 것이다. 예를 들면 [artha를] 본질로 하는 나타남이 영원히 없어진다는 것

---

77) MS 2-4.

은 無我인 것만이 존재(sattva)한다는 것이다.[78)]

④-1은 세친의 주석인데 그에 의하면 변계소집상은 "artha가 존재하지 않음에도 불구하고 vijñapti를 artha로 인식한 상태, 무아임에도 我가 나타난 상태"이고, 원성실성이란 artha가 사라진, 無我가 존재하는 상태[abhāvasya bhāva, 비존재의 존재]를 가리킨다.

위의 인용 ②, ③, ④-1을 통해서 볼 때 'artha'가 삼성에서 중요한 위치를 차지한다. 즉 『攝大乘論釋』에서 'artha'는 三性과 관계한다. 의타기는 artha가 나타나는 원인(所依)이고, 변계소집은 vijñapti가 artha로서 나타난 상태이며, 원성실성은 의타기에 있어서 artha의 특질(lakṣana)이 없는 상태이다. 이러한 이해는 『중변분별론』1-5에도 나타난다.

> 분별된 것[변계소집성], 의타기[성], 원성실성[이라는 三性]이 설해진 것은 [순서대로] artha이기 때문에, 비존재에 대한 분별이기 때문에, 또 둘이 존재하지 않기 때문이다.//1-5//

이에 대한 세친의 주석은 보다 명료하다.

> artha는 분별된 상태(遍計所執)이다. 비존재에 대한 분별(abhūtaparikalpa, 虛妄分別)은 依他起性이다. 所取와 能取가 존재하지 않는 것이며, [이것이] 원성실성이다.[79)]

위의 인용에서 볼 수 있는 것처럼 세친은 『중변분별론』에서도 artha를 변계소집에 걸고 있다.

artha의 위치에 따라 三性을 조명해 보면, artha의 所依는 의타기이고, artha는 변계소집이고, artha의 소멸이 원성실성이다. 따라서 세친은

78) MSBh P Li 171a8-171b1. D Ri 144a5-6. (H) 338b.
79) MABh 1-5, p.19.

『중변분별론석』, 『섭대승론석』에서 artha를 중심으로 삼성을 설명하는 태도를 가지고 있다.

그렇다면 artha의 개념은 무엇일까? 왜 범부의 분별된 의식 상태는 의타기한 vijñapti를 비존재의 artha로 오인하는가? 이러한 의문점에 중심을 두고 artha의 의미를 다각도로 검토해 보자.

三性에서 중요한 개념으로 등장하는 artha는 √arth에서 파생된 명사형으로 artha의 의미는 목적, 의미, 대상, 대상 존재(vastu, 事), 승의(paramārtha, 勝義) 등으로 사용된다. 한역어로는 義, 境으로 번역되며 종종 vastu(事)와 상호 교환이 가능한 의미로 사용된다.

유식 학자로서의 世親이 이해하는 artha의 개념을 찾아가 보자. 『섭대승론』 9-3에 나오는 게송 중 일부는 artha의 개념에 질적 차이가 있음을 보여주고 있다.

> 범부(bāla)들에게는 진실(tattva)이 덮여 있어서, 비진실이 일체에 나타난다. 그러나 보살들에게는 그것[비진실]이 제거되어 진실이 일체에 나타난다.
> 존재(sad, 眞)의 artha와 비존재(asad, 非眞)인 artha의 양자가 [점차로] 드러나는 것과 드러나지 않는 것, 이것이 의지처의 전환(轉依)이고, 해탈이라고 알아야만 한다. 그것은 생각대로 행동할 수 있으므로 [해탈]이다.[80]

『유식이십론』의 내용과 같이 『대승장엄경론』[81]에도 위에 인용한 게송이 나오는데 세친은 『대승장엄경론석』에서 비존재의 artha를 相(nimitta)으로 이해하고 있다.[82] 이러한 이해가 『섭대승론』 9-3에 대한

80) MS 9-3.
81) MSA.XIX.53. MSA.XIX.54.
82) MSABh.XIX.54.1.

『섭대승론석』에서도 동일하게 드러난다.

> 轉依[의 의미]를 드러내기 위해 많은 게송을 설한다. 모든 범부들이 무명으로 인해 진실을 덮고 일체의 모든 비존재를 드러내는 것처럼, 이처럼 성자는 무명을 끊었으므로 비존재를 버리고, 일체의 모든 존재를 드러낸다. 이러한 이치로 [게송에서] 존재(sad, tattva)의 artha가 드러나고 비존재(asad, atattva)의 artha가 드러나지 않음을 알아야 한다는 것은 변계소집이 비존재[의 artha]로 생기하지 않고 원성실성은 [존재의] artha로 생기하기 때문이다. 轉依라고 하는 것은 이것이 전의 되면, 이 상태에서 존재의 artha가 현행(生起)하고, 비존재의 artha는 현행하지 않기 때문이다. [전의가] 곧 해탈(mokṣa)이라는 것은 전의는 해탈과 상응한다. 생각하는 대로 행동할 수 있다는 것은 해탈은 욕구하는 대로 자재하게 행하는 것이다. 聲聞이 얻은 해탈은 머리를 잘린 것처럼 필경에는 완전한 열반에 안주하지 않기 때문이다. …[하략]…[83]

위의 인용을 통해서 artha에 두 차원이 있다는 중요한 정보를 알았다. 비존재의 artha가 나타난 상태가 변계소집이고, 진실한 존재의 artha가 나타난 것이 원성실성이다. 진실한 artha인 眞如가 생기하고 비진실한 artha가 생기하지 않는 상태 즉, 비진실에서 진실에로의 移行이 轉依이고 해탈이다.

---

83) 티베트 역의 경우 이 부분은 散失되어 있다. 따라서 한역만을 가지고 해석한다.
(H) 369c. "釋曰. 爲顯轉依故說多頌如諸凡夫, 由無明故覆障眞實, 顯一切種所有虛妄. 如是聖者, 無明斷故捨離虛妄. 顯一切種所有眞實. 由此道理,應知顯不顯眞義非眞義者, 遍計所執非眞不轉, 圓成實相眞義轉故. 言轉依者, 此卽轉依於此位中眞義現行, 非眞實義不現行故. 卽解脫者, 卽此轉依解脫相應. 隨欲自在行者, 謂此解脫隨其所欲自在而行非如聲聞所得解脫. 猶如斬首, 畢竟安住般涅槃故."
(DC) 312b 10-1. (PC) 249a08-24.

世親에 의하면 진실한(tattva) artha는 존재하는 것으로서 眞如(tathatā)를 지칭하고, 비진실한 artha는 비존재로서 범부가 취한 相(nimitta)을 말한다. 그러면, 먼저 진실의 artha는 구체적으로 무엇을 가리키는 것일까? 『유식삼십송』 25ab에서 세친은 다음과 같이 진술하고 있다.

> 그리고 그것[원성실성]은 법(dharma)들의 뛰어난 대상(paramārtha, 勝義)이고 그것은 항상(sarvakālam) 그렇게(tathā) 존재(bhāva)하므로 진여(tathatā, 眞如)이다. 그것이 곧 유식성(vijñaptimātratā)이다.[84)]

위의 인용에 의하면 진실한 artha는 뛰어난 대상(勝義)으로 眞如, 원성실성, 진여, 유식성과 동의어이다.

또 『중변분별론』 3-11, 즉 "승의의 진리(paramārtha satyaṃ)는 원성실성 하나인 것에 근거한다고 알아야만 한다. 그것은 어떻게 승의인가? 대상(artha), 체득(prāti), 정행(prapatti)의 [세 가지에] 의해서 실로 勝義(paramārtha)는 세 종류라고 알아야 한다."[85)]에서 勝義에서의 義(artha)를 세 가지 의미로 구별하는데, 이에 대해 세친은 주석에서 다음과 같이 쓴다.

> 진여(tathatā)는 대상으로서의 승의이다. 그것(진여)은 가장 뛰어난 지(智)의 대상(무분별지의 대상)이기 때문이다. 열반(nirvāṇa)은 체득되는 승의이다. 그것[열반]은 가장 뛰어난 것이고 동시에 [체득의 목표]의 대상(artha)이기 때문이다. 도(mārga, 道)는 행위로서의 승의이다. 그것[道]은 가장 뛰어난 것 [진여와 열반]을 대상으로 삼기 때문이다.

84) Triṃś p.41.
85) MABh pp.41-42.

[이와 같이 승의는 원성실성에서 眞如, 涅槃, 道라고 생각한다.][86)]

『중변분별론석』에서도 勝義, 眞如, 圓成實性을 동의어로 이해하는데 三性 중 이것은 궁극적 진리[勝義諦]이다. 특히 세친은 승의(paramārtha, 勝義)에 대해 3가지로 해석한다. 즉 뛰어난, 최고의 의미인 parama와 대상, 목적, 방법 등으로 사용되는 artha의 합성어를 세 가지 격변화로 해석한다. 첫 번째의 해석은 뛰어난 智의 대상(paramasya jñānasya artha)이다. 여기서 artha는 無分別智인 뛰어난 智의 '대상'이라는 의미로서 무분별지의 대상이 진여라는 뜻이다. 두 번째의 해석은 최고의 목적(paramas arthaḥ)을 의미하므로 여기서의 artha는 최고의 '목적(artha)'인 열반을 가리킨다. 세 번째는 뛰어난 목적을 가진 것(paramo'syārtha)으로 열반에 이르는 방법(道)이다. 여기서의 artha는 방법으로서의 도를 말한다. 진실의 artha, 원성실성의 artha라고 할 때, artha의 의미는 진여라는 대상, 열반이라는 목적, 열반에 이르는 방법(道)이다.[87)]

따라서 세친이 이해하는 진실의 "artha"에는 ① 진여인 '대상', ② 열반인 '목적', ③ 열반에 이르는 '방법'(목적을 가진 방법)의 의미가 있다. artha는 대상, 목적, 방법의 의미가 있다. 그에 대한 각각의 내용은 眞如, 涅槃, 道이다.

그러면, 비존재(asad)의 artha가 nimitta라고 규정한 부분, nimitta인 artha가 변계소집에 해당한다는 세친의 진술을 따라 비존재의 'artha'의

---

86) MABh 3-11ab.
87) 호법은 『成唯識論』 47c. "知卽此三性. 勝義有三. 一義勝義. 謂眞如勝之義故. 二得勝義. 謂涅槃勝卽義故. 三行勝義. 謂聖道勝爲義故. 無變無倒隨其所應故皆攝在圓成實性."에서 이것을 그대로 인용하고 있다.

개념을 고찰해 보도록 하자. 『유식삼십송』의 게송 20에 의하면,

> 어떤 분별(vikalpa)에 의해서 어떤 事(vastu)가 분별된다. 바로 그것이 분별된 것[praikalpita svabhāva]이다. 그것[분별된 vastu]는 존재하지 않는다.//20//[88]

위의 인용에 의하면 분별된 것은 실재성이 없는 비존재이고, 이것이 변계소집상이다. 이에 안혜는 "분별 대상(vikalpaviṣaya)인 事(vastu)는 존재성이 없어 존재하지 않는다. 事는 분별된 것이지 인연에 의존한 것이 아니다. …[중략]… 그러므로 일체는 분별뿐(vikalpamātra)이다. 그 [분별]의 artha는 분별된 자체(praikalpitarūpatva)이기 때문이다."[89] 라고 해석하고 있다. 말하자면 범부의 실존은 '분별만이 있는 상태(vikalpamātra)'이다. 분별된 의식 상태는 실체적 사유 상태이므로, 그런 상태에서의 의식 대상인 事(그것이 연필이든 기억이든 佛法이든)는 지각하는 대로 존재하지 않는다는 것을 의미한다.

세친에 의하면 변계소집된 존재는 없다. 우리가 일상에서 지각하는 대로 사유하는 대로 존재한다고 믿는 바의 그 존재는 사실 없다는 것이다. 심지어 안혜는 "어리석은 범부들이 집착하는 것처럼, 그렇게 법들은 존재하지 않는다."[90]라고 말한다.

이때 세친이 진술한 변계소집성의 정의를 다시 생각해 보자. "변계소집상이란 무엇인가? artha가 비존재(asad)인데도 그처럼 artha인 것으로서 나타나는 것이다.

유식(vijñaptimātra)인 것이 artha로서 [나타난다]는 것은 비존재

---

88) Triṃś p.39.
89) Triṃś p.39.
90) Triṃś p.39.

(abhūta, 虛妄)의 artha가 나타난다[는 의미이다.] 예를 들면 [비존재의] 아트만(ātmantva)인 artha가 [실재하는 것처럼] 나타날 뿐인 그 나타남[과 같다.] artha로서 나타난다고 하는 것은 분별되는 것(grāhyatva, 所取)로 나타난다[는 것을 말한다.] 예를 들면 無我인 그것이 我로 나타나는 것과 같다." 는 것에 초점을 두면 두 측면에서 artha의 개념을 추적할 수 있다.

첫째, artha가 비존재(asad)이고, 我(ātman)라는 측면에서, 둘째 artha가 grāhya(所取)라는 측면에서 artha의 개념을 고찰해 보자. MS 2-2의 주석에서 세친은 다음과 같이 진술한다.

> 비존재(asad)와 착각(bhrānti)인 artha가 나타나는 所依라고 하는 것은 비존재와 착각인 artha가 나타나는 원인이다. 여기서 비존재(asad)는 존재하지 않음(abhāva)[을 말한다.] 예를 들어 [원인 없이 생긴] ātman 자체를 실재한다고 파악한 뒤 그것에 ātman이 없는데도 ātman으로 나타나는 것과 같다. 그 소의는 나타나는 所依이고 그 원인이라는 의미이다. 그와 같은 것이 의타기이다.[91)]

인용에 의하면, artha는 존재하지 않는(asad, abhāva, abhūta, 無) 것이며, 착각이며, ātman이다. 세친은 비존재인 artha를 ātman으로 이해한다. 즉 세친은 ātman을 artha로 규정하므로, artha는 비존재의 실체라고 규정할 수 있다.

이것은 분별된 상태가 비존재의 아트만을 상정하는 오류의 상태임을 말하는 것이다. artha는 존재하지 않으나 인식 차원에서만 존재하는 것으로 의식의 분별된 상태에서 실재하는 것처럼 나타나는 것이다. 그러므로 존재하지 않는 ātman인 artha는 인식이 빚어낸 산물일 뿐이다. 범

91) MSBh P Li 171a3-171a5. D Ri 144a2-144a4.

부의 의식 작용은 이렇게 실체적 존재를 상정하는 약점이 있다.

둘째, artha를 분별해야 할 것(grāhya, 所取)으로 본 점이다. grāhya(所取)는 단순히 대상의 의미일까? 세친은 의타기를 '비존재(asad)와 착각(bhrānti)인 artha가 나타나는 所依'라고 하는 것은 의타기가 변계소집되는 원인이라고 규정한다. 의타기와 변계소집의 관계 설명은 grāhya(所取) 개념의 이해를 돕는다.

2-15A의 주석에서 세친은 "만일 유식(vijñaptimātra)이 artha가 [실재하는] 것처럼 나타나는 所依라고 하는 것은 vijñapti에 artha는 없지만 vijñapti, 바로 그것이 artha로 나타나는 원인이라는 의미이다. 만일 유식이 의타기라면, 어떻게 의타기인가라고 하는 것은 자기 자신이 파악의 대상(gzung bar bya ba, 所取)인데 그 때문에 의타기이다."라고 기술하고 있다. 즉 의타기란 다른 한편 자기 자신이 파악 대상(所取, 분별해야할 대상)이다. 왜냐하면 의타기는 artha가 나타날 원인, 그 기반이고, 그 의타기성 그대로가 변계소집이 되기 때문이다.

의식이 분별(parikalpa, 能遍計)할 때, 분별의 범위인 의타기는 분별되어야 하는 바(parikalpya, 所遍計)가 된다. 즉 의식이 분별하는 순간 의타기성이 변계소집으로 변화되므로, 의타기 자체가 所取로 된다. 한역에서 grāhya를 所取로, grāhaka를 能取로 번역했지만, 이때 能所는 主/客의 의미가 아니다. 所取안에 能取로서의 의식이 포함되어 있다. 의타기한 의식은 이미 자신도 분별된 것으로 의타기 전체를 분별 대상(所取)으로 삼는다. 즉 能取로서의 識이 能取할 수 있는 기반 토대는 자신이 所取이기 때문이다.

따라서 의식이 18계 전체를 분별 대상으로 삼는다는 의미에서 能所를 주객의 대립 구도로 해석하는 것은 무리라고 볼 수 있다. 의타기한

18계가 모두 소취(grāhya)가 되어, 18계 모두가 artha로 나타난 상태가 바로 변계소집이기 때문이다. 또 grāhya가 단순히 인식 대상만을 가리키는 것이 아님을 보여주는 또 다른 구절이 있다. 『중변분별론』 1-3이 그것이다.

> artha, 중생(sattva), 자아(ātman), vijñapti로 현현하는 識(vijñāna)이 생기한다. 그러나 그것의 artha는 존재하지 않는다. 그것[artha]이 존재하지 않으므로 저것[識]도 존재하지 않는다.

세친 해석은 다음과 같다.

> 이 중 artha로 현현하는 [atrārtha pratibhāsaṃ, 識]이란 色 등의 [六境] 존재로서 현현하는[식이다.] 중생(sattva)으로 현현하는[識]이란 五根인 것으로 자신과 타인의 相續으로 [현현하는 식이다.] ātman으로 현현하는 [識은] 자아에 대한 어리석음(moha)등과 결합하기 때문에 염오된 manas로[현현하는 식이다.] vijñapti로 현현하는 [識은] 여섯 개의 식으로 [현현하는 식이다.]
> 그것 [4종류의] artha는 존재하지 않는다라고 하는 것은 artha[인 육경]과 sattva[인 오근]로 현현하는 [식]에는 行相(ākāra)인 것이 없기 때문이며, 그리고 ātman과 vijñapti로 현현하는 [식]은 거짓되게 현현한 상태인 것이기 때문이다. 그것[artha]이 존재하지 않으므로 저것 [식도] 존재하지 않는다(tad abhāvāttadapy asad) 라고 하는 것은 소취는 색 등[육경과] 오근과, [의근으로서의] manas와 육식이라 불리우는 것인 4종류이고, 이 所取의 artha는 존재하지 않으므로, 그 능취의 의식도 존재하지 않는다.[92]

위의 인용을 볼 때 18계 중 6境이 artha이다. 비존재로서의 artha가

---

92) MABh 1-3.

협의의 의미로는 6경을, 광의의 의미로는 所取로 사용되고 있음을 알 수 있다. artha가 6경의 의미로 사용되는 것은 아비달마불교에도 있다. 그러나 유식학자로서의 세친은 "所取를 6경과 6근, 6식이라는 18계로 보고, 이것들에 artha가 존재하지 않으므로 능취의 의식도 존재하지 않는다."고 이해한다.

세친은 『攝大乘論釋』과 『중변분별론석』에서 18계가 조건에 의해 생긴 vijñapti이면서 동시에 vijñapti가 artha로 된다는 의미에서 변계소집되는 18계는 所取가 된다고 본다.

위의 인용을 통해서도 grāhya와 grāhaka는 능소의 대립적 구분으로 사용되지 않았음을 알 수 있다. 변계소집된 상태란 18계 전체가 所取의 artha, 비존재의 아트만이 artha로 나타난 상태이다. 바꾸어 말하면 18계 전체가 artha로 있는 상태가 다름 아닌 所取의 상태이다. 能取(grāhaka)가 취해야 할 바는 18계 전체이다. 18계의 所取 중의 識이 能取의 기능을 한다. 이것은 분별하는 의식이 분별해야만(vikalpya) 할 것은 자신을 포함한 18계 전체라는 『섭대승론』의 설명과 맥락을 같이 한다.

특히 "이 所取의 artha는 존재하지 않으므로, 그 능취의 의식도 존재하지 않는다."라는 구절은 가행위의 마지막 단계, 능취의 보는 작용은 보이는 대상으로서의 소취가 사라지면 사라진다는 의미이다.

따라서 所取는 18계 전체를 의미하고, 그것을 기반으로 해서 의식이 작동할 때 所取는 의식(能取)의 대상이 된다. 유정의 존재와 인식 생기의 구조인 18계가 '所取'의 artha로 나타난 사태가 변계소집이기 때문에 所取의 artha 부정은 외부 세계의 부정으로 이어질 수 없다.

유식 사상은 18계 각각의 vijñapti가 비존재로 나타난 상태를 부정한 것으로 실상의 측면에서 보면 변계소집된 법은 없다는 것이다. 즉 분별된 법, 조건적 생기를 실체적 존재로 인식하는 그런 현상은 없다[法無我]는 것을 논한 것이다. 유식 사상은 X 자체는 찰나 생멸하는 비실체적 존재(無我)인데 인식 상에서 그 X를 실체적 존재로 착각한다는 맥락에서 인식 대상의 실체성을 부정한 것이다. 따라서 artha를 단순히 '6境인 대상'으로 해석해서 유식 사상이 외부 세계를 부정하는 사상이라고 주장할 수 없는데, 그것은 '所取'의 이해에 달려 있다고 볼 수 있다.

유식 사상은 18계 모두, 즉 한 유정의 인식 성립의 구조 자체가 실체적 존재로 전락해 버렸음을 말하는 것이지, 저 연필 자체, X 자체를 부정하는 것은 아니다. artha를 변계소집에 걸고, artha를 ātman과 grāhya로 해석하는 세친의 이해에 의하면, 유식 사상은 대상이나 외부 세계를 부정하는 사상이 아니라, 잘못 인식하는 범부의 정신 태도를 부정한 것이다.

다른 한편, 의식의 대상, 境(所緣)인 nimitta와 artha를 심도 있게 살펴보자. grāhya할 18계와 nimitta는 무슨 관계인가?

> 개념(nāman)을 대상으로 해서 분별하는 것이고, 그 개념을 의타기상에서 상(nimitta)으로 파악하고, 그[상(ākāra)]을 보고 집착하고, 다양한 尋(vitarka)으로 음성적 언어(vāc)를 일으키고, 보고(dṛṣṭa) 듣는(śruta) 등 4종의 언설을 통해 일상적 언설 행위를 한다. 또 artha가 없는데도 존재한다고 증익한다. 이것들에 의해 분별한다.[93]

이것은 게송 『섭대승론』 9-3에서 착각인 artha를 상(nimitta, 相)으로 정의한 이유를 알게 해 준다. 즉 마음속에 떠오른 相을 의식은 실재하

93) MS 2-16. 의타기성이 변계소집화되는 과정의 자세한 분석은 2部 Ⅰ, 2. 의식의 실체적 사유 과정에서 다룰 것이다.

는 것처럼 착각한다. nimitta는 과거 경험이 드러낸 것으로 마음속에 떠오른 心象, 影像인데 그 相을 개념으로 취할 때 이미 분별이 일어난다는 것이다. 의식과 그에 동반되는 심소들은 언어로 포착한 nimitta를 실체적 존재(artha, ātman)로 착각한다.

따라서 변계소집상이란 18계 각각의 법을 실체적 실제로 착각한 분별된 상태, 존재하지 않는 실체가 존재하는 것으로 인식한 상태를 말한다. 언어로 포착한 nimitta를 발화하면서 의식은 그 nimitta를 실체(ātman)인 artha, 즉 실체적 존재로 착각한다. 즉 비존재란 범부의 의식이 취한 相(nimitta)과 관계한다. 이것은 조건에 의해 생기한 vijñapti를 실체적 존재로 파악한 것이 바로 범부의 일상 의식[parikalpita, 遍計所執]이라는 뜻이다.

다른 한편 명칭과 그 지시 대상 사이의 관계를 통해서도 artha가 의식의 오류로 인한 부산물임을 알 수 있다. 따라서 유식 사상에서 18계의 法을 실체적으로 보는 상태는 언어적 착각에 기인한 것이며 실체적 존재(artha)라는 것 자체 또한 언어의 부산물에 불과한 것이다. 이렇게 보면 artha는 언어의 부산물이자 오류의 잔재가 된다. 의식이 명칭을 실체적 존재로 오인하는 것은 결국 명칭과 그 지시 대상 사이의 문제이다. 世親은 名과 義, 명칭과 그 지시 대상 사이의 우연성에 주목하고 있다. 名과 義 사이는 우연적 관계인데 그 이유는 명칭 생성이 사회적 동의에 따른 것이라는 논리 때문이다. 따라서 명칭과 그 지시 대상, 지시 대상 자체와 그 특징이 각각 비실체적 존재이며 언표 대상이 아니다. artha가 언어적 착각의 부산물임을 알 수 있는 부분은 『섭대승론』 3-18이다.

진리 직관(현관)에 관한 게송은 다음처럼 『大乘莊嚴論』 안에 서술되어 있다. ① 보살은 복덕과 지의 資材를 무한이라고 해야 할 만큼 다량으로 쌓고, [經 등의] 가르침에 대해 사유가 충분히 결정되고 나서 artha의 존재 방식(gati)은 말(jalpa)로부터 생기한 것으로 이해한다. ② 그는 artha는 단지 말뿐(jalpamātra)임을 알고, [존재하는 모든 것은] 그것[artha]으로 나타나는 마음뿐(cittamātra)이라는 입장에 서서 [능취와 소취] 두 개의 특징을 이탈하여 법계를 증득하기에 이른다.[94]

世親의 주석은 다음과 같다.

…[전략]… [經 등의] 법에 대한 사유(cintā)가 충분히 결정되고 나서라고 말하는 것은 반드시 선정을 한 후에 가르침을 사유해야만 잘 구별할 수 있고 나머지[비선정 상태]에서 할 수 있는 것은 아니다. [게송에서] artha의 존재 형태(gati)는 말(jalpa)로 생긴 것으로 이해한다라고 하는 것 중에서 artha의 존재 형태는 말(jalpa)을 원인으로 해서[생기한 것임]을 잘 안다[는 의미이다.] …[하략]… [95]

위의 인용은 加行位를 나타내는 구절들인데 여기서의 artha의 의미는 관찰 대상을 뜻한다. 따라서 artha의 존재 형태가 말에 의해 생긴 것임을 정확하게 알게 되었다.

위의 분석을 통해 artha의 정의를 다음과 같이 정리해 볼 수 있다.

첫째, 성자의 artha에서 artha의 의미는

1. 무분별지의 '대상', 열반이라는 최고의 '목적', 목적을 이루는 '방법'이다.

둘째, 범부의 artha란

94) MS 3-18.
95) MSBh P Li 197b8-197a2. D Ri 164a2-3. (H) 353c.

1. artha는 변계소집과 관련된 것이다. artha를 중심으로 삼성을 펼쳐보면 artha의 소의는 의타기이고, artha가 나타난 상태가 변계소집이고 artha의 상이 사라진 상태가 원성실성이다. 변계소집이란 분별뿐(vikalpamātra)인 상태로서 실체적 사유 상태이다. 삼성은 각각 별개의 것이 아니라, 존재와 인식의 차원 상태를 말한다.

2. artha는 존재하지 않는(asad, abhūta) ātman이며, 所取의 artha이다. 의타기한 십팔계 전체가 所取로 전락한다.

3. 의식은 마음속에 떠오른 相(nimitta)을 개념으로 취하고, 그 개념을 artha로 인지한다. artha는 존재하지 않으나, 존재하는 것처럼 인식된다. 예를 들면 어떤 현상을 통증 혹은 나쁜 생각이라고 개념화하면, 그 통증이나 나쁜 생각이 실제로 존재한다고 생각한다.

4. artha는 개념의 산물이다. artha는 말(jalpa)이 드러낸 것에 불과하다. 世親에 의하면 십팔계는 의타기한 法이지만 우리의 인식은 연생법을 연생으로 보지 못하고 비연생의 법으로 착각한다.

5. 세친은 ātman을 비존재로 이해하고, 이것을 artha라고 정의한다. 이것은 artha를 의식의 착각에서 생기한 것으로, 'ātman'이라는 실체를 인식의 문제로 풀어냈다는 것을 의미한다.

즉 유식 사상가로서의 세친은 ātman은 존재하지 않으나, 단지 인식상에서 만들어 낸 개념적 착각의 산물로 이해했다. 무분별지와 공성이 하나된 상태에 서면, 범부의 분별된 세계는 실재 세계가 아닌 비실재의 세계가 된다. 유가 수행자들은 이 경험에 비추어서 자각하기 이전의 세계를 변계소집으로 판단한 것이다.

유식이란 "오직 조건에 의해서 생긴 vijñapti뿐이며, 거기에 실체적 존재는 없다. 다만 범부는 조건적 생기인 vijñapti를 존재하지 않는 ātman,

즉 실체적 존재(artha)로 인식한다."라고 정의할 수 있다.

2) 인무아(人無我)와 법무아(法無我)

이것은 유식불교에서 아비달마불교의 궁극적 실재로서의 法을 어떻게 비판하는지를 잘 보여 줄 것이므로 이 점에 서서 의타기한 법(vijñapti)을 의식이 아트만(artha)으로 인식하는지를 고찰해 보자.

『구사론』의 정의에 따르면 "[dharma는] 자신의 특질(svalakṣaṇa, 自相)을 보유하기 때문에(dhāraṇāt) dharma"[96]이다. 有部에 의하면 실체적 자아는 없지만(人無我), 5위 75법들은 스스로의 동일성(自相)을 가진 법으로 존재한다고 한다. 法은 삼세에 걸쳐서 實有하되 작용을 가지고 있는 상태가 현재이며, 각각의 法은 자기 동일적 특질(自相)을 가지고 있다. 이것은 승의제로서 존재한다는 것이다. 色, 識, 受 등의 法은 각각 자기 고유한 특질의 동일성이 있기 때문에 우리의 인식이 성립한다. 예컨대 지수화풍에서 '地의 相(lakṣaṇa)은 견고함이다'라고 한다면, 地라는 법(dharma)은 견고함이라는 自相으로 존재한다는 것이다. 地의 특질이 견고함이고 地란 견고함이라는 특질을 가진 dharma이다. 그렇다면 유식 사상은 이런 自相을 어떻게 이해하는 것일까? 변계소집의 상태는 상무자성(lakṣaṇena niḥsvabhāva, 相無自性)이라고 한다. 世親은 『三十頌』의 게송 24에서 상무자성으로 변계소집을 설명한다. 안혜와 호법은 상(lakṣaṇa)이라는 점에서 無自性이라고 다음과 같이 주석을 달고 있다.

> 그리고 이것[변계소집성]은 相(lakṣaṇa)이라는 측면에서 無自性이다.

---

96) AKBh(E) p.2.

특질(lakṣaṇa, 相)은 표현된 것(utprekṣitatva)이기 때문이다. 色(rūpa)은 變壞가 특질이고, 受(vedāna)는 수용(anubhava)이 특질이다. 그래서 그 자체(svarūpa)가 없기 때문이다. 허공의 꽃처럼 그 자체가 없다는 점에서 무자성이다.[97]

호법은 다음과 같이 주석하고 있다.

변계소집성에 의거해서 相無自性을 건립한다. 이것의 體相이 필경 비존재이며, 마치 허공의 꽃과 같다.[98]

안혜나 호법도 相無自性을 변계소집과 연결시키고 있다. 특히 안혜는 相(lakṣaṇa)의 無自性을 그 자체(svarūpa)의 무자성으로 이해한다. 즉, 색의 특질이 변괴라고 할 경우 色의 특질은 없다는 의미이다. 有部에서 자아는 없지만 자아를 구성하는 法들이 자기 특징을 가지고 존재한다고 이해한 것과 달리, 유가행파는 그 自相은 그 자체가 비존재라고 본다. 조건에 의해 생긴 識(vijñapti), 'vijñapti는 스스로 자기의 특질을 가지고서(svena lakṣaṇena, 自相) 존재(bhāva)'한다. 예컨대 受라는 vijñapti는 受用이라는 자기 특질을 가진 존재(bhāva)일 뿐이다.[99] 왜냐하면 相을 언어적으로 표현된 것으로 규정하며, 언어적으로 표현된 특질, 그 자체는 존재하지 않는다고 보기 때문이다. 色의 變壞 혹은 受의 수용이라고 하는 법의 특질은 언어의 투사에 지나지 않는다. 따라서 相

---

97) Triṃś p.41.

98) 『성유식론』 48a. "論曰. … 初遍計所執立相無性, 由此體相畢竟非有如空華故."

99) 유식 사상에 의하면, 조건에 의해 생기한 법은 불가언이다. 개념은 사회적 동의에 따른 결과에 불과할 뿐이기 때문에 법의 고유한 특징(svalakṣaṇa)이란 사실 존재하지 않는다. 의타기성 자체는 태생이 잡염의 성질을 가지고 있다. 예를 들면 명언종자의 경우, 어떤 것을 眼이라고 지칭하는 언어적 습관의 힘이 내재화된 것이다. 거기에 이미 언어화된 자기 특징이 가진 연생법이라는 의미에서 의타기성은 잡염의 성질이 있다는 것이다.

의 무자성을 주장하는 배경에는 自相으로서의 法의 부정이 전제되어 있음을 알 수 있다. 또 artha가 언어의 부산물임을 감안한다면 자상이 언어로 표현된 것이라는 주장은 당연한 귀결이다.

vijñapti는 의타기한 法으로 원인 없이 생긴 실체(svabhāva, 自性)의 부정으로서 生無自性을 지칭한다. '비존재의 artha'는 자체(svārūpa)가 없다는 것을 의미하는데, '비존재'란 의미를 통해 artha는 자체(svarūpa)가 없는 것과 자상(svalakṣaṇa, 自相)이 존재하지 않는 것으로 표현된다. 따라서 의타기는 실체적 존재(svābhava)를 부정하는 생성의 무자성 논리에 따른 것이고, 변계소집은 이미 분별된 상태이고, 그때의 법의 특질은 이미 언어적으로 표현된 것이기 때문에 그 相 자체는 비존재한다는 것이다.

그러면, 自相의 부정이 법의 부정이라면, 의타기한 法을 부정한다는 것일까? 이것은 모순이다. 色, 受라는 vijñapti는 찰나 생멸하는 有爲法이기 때문이다. 自相의 부정은 무엇을 의미하는 것일까? 世親이 부정하는 법은 무엇일까? 이것은 변계소집된 법, 법무아의 개념과 연결된다. 세친에게 법무아의 '法'은 변계소집된 법이고, 무아는 비존재를 뜻한다. 예컨대 法空, 法無我란 변계소집된 법을 부정한 것이지, 의타기한 법을 부정하는 것은 아니다. 따라서 법무아란 '色 등의 相(lakṣaṇa)을 가진 法(rūpādilakṣaṇo dharma, 色等相法)'의 부정이라고 정의할 수 있다. 自相을 가진 法의 부정이 법무아(dharmanairātmya)이다. 유식 논사들은 자기 동일성(lakṣaṇa, 불변적 성질)을 인식의 차원에서 부정하므로, '법무아'란 '조건에 의해 생긴 법은 불변적 자기 동일성(自相)을 가지고 있지 않다'는 의미에서 분별된 법은 존재하지 않는다고 말한다. 즉 법무아의 무아는 비존재(abhāva)를 의미하므로 분별된 법은 없다는 것이다.

人無我는 의타기성, 法無我는 변계소집성과 관계하는데, 이 부분은 『유식이십론』에서 잘 나타나 있다. 아비달마불교까지는 인무아를 논했다면, 유식 사상은 법무아까지 논한다. 유식 사상은 유식(vijñaptimātra)을 의타기성으로 동치하면서 인무아와 관련시키고, 연생법을 실체적 존재로 인식하는 범부의 분별된 상태[변계소집]은 법무아와 연결시킨다. 말하자면 존재론적 입장의 측면에서는 의타기성을 인무아에, 인식론적 입장의 측면에서는 변계소집을 법무아로 연결시키고 있다. 이러한 사실을 잘 보여주는 부분은 『유식이십론』의 인무아·법무아의 설명 부분이다.

업의 훈습은 識相續에서 일어나는 것이라는 言明하에 다음과 같은 내용을 전개시킨다.

> [반론자의 질문]
> 만일 色 등으로 나타나는(pratibhāsa, 似現) 식(vijñāna, 識)만이 존재하고, 色 등의 artha는 존재하지 않는다고 한다면, 그렇다면 색 등의 처(āyatana)의 존재성(astitva)은 세존이 설하지 않았을 것이다.
>
> [세친주장]
> 이것은 근거가 아니다. 왜냐하면, 色 등의 處의 존재성은 이것에 의해 교화되어야 할 중생에 대해 밀의의 취지(vaśa)로써 설해졌다. "화생의 중생"처럼 예를 들면 "sattva로써 화생한다"라고 세존이 말씀하셨다. 밀의의 취지를 근거로 해서 심상속이 끊이지 않고 미래에 걸쳐서 [있다]라고. 여기에 중생 또는 我는 없다. 그러나 원인을 가진 그 법은 존재한다, 라고 말했기 때문이다. 이처럼 색 등의 處의 존재성도 세존은 말씀하셨다.

위의 인용에서 보이는 것처럼 유식 사상은 밀의로써 12처의 존재성을 설명하고 있다.

> vijñāpti는 자기 종자로부터이며. 이것[인 vijñapti]가 [존재하는 것처럼] 나타나서 현행한다. 이[vijñapti]의 두 종류의 處로서 이 둘[종자와 나타남]을 석가모니는 말했다.//9//
>
> 무슨 말인가? 色으로 나타나는 vijñapti는 자기 종자로부터 특별한 변화(pariṇāmaviśeṣa, 轉變差別)가 꽉 찼을 때 생기한다. 이 종자와 그 나타남 이 둘을 그 vijñapti에 대해 순차적으로 眼(根), 色(境)등의 處인 것으로써 세존은 설하셨다. 또 이처럼 밀의를 통해 가르치는 것에 무슨 이익이 있는가?
>
> 이처럼 실로 人無我를 증득한다.//10//
>
> 이렇게 가르침 받았을 때 인무아를 증득한다. [六]쌍으로부터 6개로 된 識(vijñāna)이 생기한다. 그러나 어떤 一者의 보는 者가 존재하는 것도 아니며 내지 생각하는 자가 존재라는 것도 아니다. 이와 같이 알고 나서 그 인무아설로 교화 받을 만한 사람은 인무아를 증득한다.[100)]

세친은 붓다가 12처를 논한 의도에 초점을 두면서 십이처의 존재성을 재해석한다. 12처 각각의 법인 vijñapti는 존재한다. 그러나 붓다가 말한 의도로서의 존재성이란 種子(bīja)와 顯現(pratibhāsa)으로서의 존재이다. 연생법의 존재 방식은 자기 종자와 종자의 현현이다. 예를 들면, 어떤 특별한 변화(pariṇāma viśesa, 轉變差別)가 생길 때, 그때 종자인 에너지는 대상을 마치 존재하는 것처럼 나타낸다(顯現). 종자의

---

100) Viṃś pp.5-6.『唯識二十論』75b17-75c13.

특수한 변화가 발생하는 그 찰나, 종자가 변화한 것, 그 현현이 바로 境(viṣaya)이고 이것을 의식은 所緣(ālambana)으로 삼는다. 따라서 이런 존재 방식을 가진 法으로서의 vijñapti, 종자와 현현만으로 구성된 vijñapti는 존재한다. 그러나 종자와 현현의 vijñapti만 있을 뿐 거기에 보는 자, 듣는 자, 맡는 자, 느끼는 자 내지 아는 자인 자아(pudgala)는 존재하지 않는다.

따라서 人無我(pudgalanairātmya)란 "보고 듣고 맡보고 느끼고 아는 '自我'는 없다."이다. 조건적 생기로 구성된 18계는 종자와 현현으로 존재성을 가지나, 거기에 그 어떤 자아는 존재하지 않는다. 따라서 기존 불교의 이해와 달리 세친은 법의 존재성을 종자와 현현으로 설명해 내며 이것을 붓다의 진정한 의도하고 설명한다.[101]

세친은 『섭대승론』에서 종자로부터 18계가 연생한다고 본 반면, 『유식이십론』에서는 종자를 오근으로 보고 있다. 후에 고찰하겠지만, 『섭대승론석』에서는 근이 경식(境識)을 가지고 있다고 보기 때문에 『유식이십론』의 설명과 맥락을 같이 한다고 할 수 있다. 결론적으로 세친에 의하면 根인 종자와 종자의 현현인 境이라는 vijñapti는 존재한다. 이러한 논리에 따르면, 조건에 의해 생기한 존재, 이 법의 존재성은 종자와 현현으로서의 존재성이다. 12처 각각의 vijñapti는 종자인 根으로서의 vijñapti, 眼根이 지닌 色인 vijñapti로 존재한다.

이렇듯 세친은 眼根이라는 識(vijñapti)은 종자이고, 이 종자의 특수

---

101) 세친은 세존의 가르침을 密意라는 차원에서 재해석을 한다. 이것은 유식 사상을 붓다의 말씀으로 化하게 만드는 기제가 되는데, 수행에서 나타나는 현상에 대한 비판적·창조적 이해를 타당하게 만든다. 佛說의 재해석이 가능한 근거는 붓다의 추체험이 아니라, 붓다의 체험으로 가게 만드는 기능을 한다고 볼 수 있다. 따라서 불설은 의도된 취지라는 기제를 가지고 '재해석'되면서 다시 시공 속에서 구체성을 띠게 된다.

한 변화인 현현이 境이라는 구도 하에서 법의 존재성을 기술한다. 기존의 불교 사상도 인무아를 주장했지만 유식 사상은 종전과 달리 vijñapti인 법을 종자와 현현으로 이해하면서 인무아를 설명한다.

그러면, 법의 부정인 法無我는 무엇일까?

> 또 가르침이 다른 것으로 [설했을 때] 법무아를 증득한다.
>
> 다른 것이란 vijñaptimātra의 가르침[을 말하는데, 그때] 어떻게 법의 무아를 증득하는가? 이것이 vijñaptimātra이고 [vijñaptimātra가] 色 등의 法으로 나타나서 생기한다는 것이다. 그러나 색 등의 相(lakṣaṇa)을 가진 그 어떤 법들이 존재한다고 말하는 것은 아님을 알고서 [법무아를 증득한다.] 그러나 만일 절대적으로 법이 존재하지 않는다면, 그렇다면 유식(vijñaptimātra)이라는 것도 존재하지 않을 것이라는 것을 어떻게 입증하는가?
> [世親의 주장]
> 절대적으로 법들이 존재하지 않는다는 것처럼 법의 무아를 증득하는 것은 아니다. 그렇지 않고
>
> "분별된 것에 의해"//10//
>
> 범부들은 제법이 能取, 所取 등의 自性(svabhāva)을 [가지고 있다고] 분별하는데, 그 제법의 본성은 분별된 것(parikalpita, 遍計所執)이다. 분별된(kalpita) 자체(ātman)로서 그들[제법]은 無我(nairātmya)이다. 그러나 붓다의 경계(viṣaya)가 不可說(anabhilāpya)인 본성으로서 [실재하지 않는다는 것은] 아니다. 오입하는 것이기 때문에 vijñaptimātra를 정립하여 일체제법의 무아에 오입하는 것이지 그[제법]의 존재(asti)를 부정하는 것은 아니다.[102]

---

102) Viṃś p.6.

위의 인용에 나타나는 것처럼 세친에 의하면, 제법이 能取/所取의 자성을 가지고 있다고 분별하는 것, 이것이 변계소집이다.

法無我란 분별된 법이 無我라는 것, 즉 분별된 변계소집의 법은 존재하지 않는다는 것이다. 왜냐하면 이때는 비존재의 artha가 존재한다고 착각하는 상태이기 때문이다. 법무아란 분별된 상태에서의 능취와 소취의 法은 없다는 뜻으로 범부가 인식하는 법, 그 자체는 존재하지 않는다는 의미이다.

따라서 법무아란 '법이 없다'는 주장이 아니라, '범부가 인식하는 현상은 없다, 분별된(parikalpita) 법의 자아는 없다'는 뜻이다. 조건에 의해 생긴 십팔계 뿐이며 거기에 듣고 말하고 아는 주체는 없으며(人無我), 나아가 그 조건적 생멸의 현상(法)을 실체적 현상으로 인식하는 법은 없다(法無我). 잘못 인식한(遍計所執) 범부의 의식 상태의 부정이 법무아이다.

유가행파에서는 유부가 주장하는 스스로 존재하는 실체로서의 自性과 인식의 차원에서 자기 특질을 지닌 自相으로서의 dharma를 부정했기에 새로운 용어로 vijñapti를 사용하지 않았나 추론할 수 있다. 따라서 vijñapti는 설일체유부의 自性으로, artha는 자상(svalakṣaṇa, 自相)의 부정으로 연결된다고 볼 수 있다.

"vijñapti들뿐이고, artha가 없다."라는 유식 사상은 존재와 인식 차원에서의 실체를 부정한다. 말하자면 연생법인 vijñapti는 원인 없이 생기한 법이 아니라는 차원에서 生無自性으로, 자기 고유의 특질은 의식의 오류 상태에서 생기한 것이라는 차원에서 相無自性으로 이어진다.

유식 사상은 自性의 부정을 통해 人無我(의타기성)를, 自相의 부정을 통해 자상을 지닌 法無我(변계소집)를 주장한 것이라고 볼 수 있다.

오직 조건에 의해 생긴 현상만 있을 뿐(唯識) 그 현상 자체 또한 실체적 존재가 아니며, 실체적 존재는 없다(無義). 인무아가 존재 생성의 측면에서 실체의 부정이라면, 법무아는 인식 측면에서 실체의 부정을 말한다. 특히 자기 특질을 언어적 착각이라고 부정하는 맥락 속에는 의타기한 vijñapti는 不可言이라는 전제가 깔려 있다. 자기 특징의 부정, 그것을 인식의 착각으로 부정하는 유식 사상은 법(dharma)이라는 표현보다는 식(vijñapti)이라는 표현을 선호했을 것이다.

이 章에서 의도한 바는 vijñaptimātra에서 vijñapti 개념을 찾아내는 것이었다. 그 방법으로 vijñapti의 정의와 mātra가 지시하는 artha의 개념을 탐색하였다.

유정의 현존 상태와 인식 상황(vijñapti)은 무수한 생의 흔적으로부터 생기한 것이다. 따라서 십팔계, 시공, 자연물은 과거 경험의 집적물(아뢰야식)로부터 생기한 것(연생법)이라는 차원에서 유식 사상은 그것을 의타기성, 유식이라 부른다. 의타기성은 생성의 측면에서 스스로 존재하는 자성의 부정(生無自性)으로, 변계소집성은 분별된 법의 고유한 특질, 그 자체는 없다는 相無自性을 뜻한다. 그러므로 유식이란 성자의 입장에서 서술한 진술이며, 이 사상은 실체적 존재인 自性 부정이면서 동시에 인식론적 自相은 부정한다. 현상(法)을 존재의 차원만이 아니라 인식의 차원에서 실체성을 부정한 것이 바로 유식 사상의 특징이다.

그렇다면 과연 기존의 연구대로 유식 사상이 외부 세계를 부정한 논리를 가지는가? 의식은 자신의 기능인 개념 분별로 인해 조건에 의해 생긴 vijñapti를 실체적 존재(artha=ātman)로 파악한다. 즉 마음속에 떠오른 상(niitta, 相), 과거 경험이 드러낸 소연을 개념으로 포착하면서 개념과 그 지시 대상이 동일하다고 착각한다. 유식 사상은 개념의 지시 대상인 저 객체의 X라는 대상을 부정하는 것이 아니라 X에 대한 영상을 실체적 실재로 오인하는 그 사태를 부정하는 것이다. 말하자면, X의 영상인 소연(nimitta)을 실체적 존재(artha)라고 착각하는 사태, 분별된 사태[변계소집]를 말하는 것이다.

범부는 과거 경험의 습관적 경향성이 드러난 심상이 실체적 존재, 대상 그 자체라고 생각한다. 그래서 유식 사상은 境(viṣaya)을 소연으로 하는 의식이 그 소연을 실체적 존재로 착각하는 사유 상태를 부정한다.

유식 사상은 십팔계 전체가 실체적 존재(artha)처럼 나타난다는 분별된 사유 상태[변계소집성]를 부정한 것이지 외부 세계 X자체를 부정하는 것은 아니다. 도리어 그들은 만일 존재의 artha(ātman)이 있다면, 모든 유정들(개, 인간, 지옥인)에게 동일하게 인식되어야 한다고 주장한다. 즉 실체적 존재가 있다면 삼계의 유정들은 모두 동일하게 인식해야 한다. 그러나 artha가 없기 때문에, 각각의 유정은 업에 따라 X에 대한 영상을 가지고, 그 X를 업에 따라 투사할 뿐이다. 어떤 유정은 물로, 어떤 유정은 고름으로 볼 뿐이다.

그러므로 唯識 사상은 존재와 인식의 차원에서의 실체를 부정한다.

Ⅲ. 유식성(vijñaptimātratā, 唯識性)

1. 원성실성(圓成實性)인 유식성(唯識性)의 정의

세친에 의하면, 加行位 止觀수행의 마지막 단계에서 所取가 소멸되어 能取가 사라질 때, 분별하는 識(vijñāna)은 無分別(nirvikapla)하는 智(jñāna)로 相(nimitta)은 無相(animitta)으로 변화한다. 무분별지와 대상인 唯識性이 동일해진 상태를 세친은 Triṃś 28에서 다음과 같이 기술하고 있다.

> 識이 대상을 취하지 않을 때, 그때 유식성에 머문다. 所取가 없을 때 그것을 能取하지 않기 때문이다.[103)]

---

103) Triṃś p.43. "yadālambanam vijñānam naivopalambate tadā/sthitam vijñaptimātratve grāhyābhāve tadagrahāt"
『成唯識論』 49c "若時於所緣 智都無所得 爾時住唯識 離二取相故", "論曰 若時菩薩於所緣境無分別智都無所得 不取種種戲論相故"
安慧는 게송대로 識을 識으로 이해하지만, 현장은 vijñāna를 智(jñāna)로 번역하고 있다. 왜일까? 의미의 측면에서 현장의 번역어를 보자. 유식성에 住 할 때는 이미 식의 대상 분별 기능이 끊긴 상태이다. 역으로 識과 심소들이 대상을 취할 수 없게 되는 순간은 識이 無分別智로 전환된 순간이다. 智는 대상과 하나 된 상태이기 때문에 호법은 vijñāna를 jñāna로 해석했다고 볼 수 있다. 필자는 변계소집성의 소멸과 원성실성의 생기가 동시라는 점에서, 또 주석에서 '보살'이라는 표현을 했다는 점에서 識을 智로 해석하는 것도 가능하다고 생각한다.

인용에 따르면 唯識性에 머문 상태는 소취와 능취의 이원화가 사라진 상태이다. 그런데 세친은 『유식삼십송』 25cd "원성실성, 진여, 유식성[104]"을 동의어로 보고, 『섭대승론석』 1-15[105]와 『중변분별론석』 1-14의 주석에서도 空性, 眞如, 實際, 無相, 勝義, 法界를 동의어로 이해한다. 이들이 무분별지의 진실(tattva)한 대상(artha)이다.

기존의 연구[106]는 유식성의 다양한 표현들을 지적했으나, 어떻게 해서 다양한 표현들이 가능한지에 대해서는 연구가 적었다. 유식성이 구체적으로 무엇을 의미하는지, 그것들이 동의어가 되는 토대가 무엇인지를 살펴보자. 특히 유식성이 연생법의 보편적 특징(sāmānyalakṣaṇa, 共相)이라는 주장을 중심으로 유식과 유식성, 법과 법성, 유위와 무위의 관계를 분석해 보겠다.

세친은 『유식삼십송』 게송21cd에서 "원성실성은 그것이 앞의 것[인 변계소집의 소취·능취]를 항상 떠난 상태(rahitatā)이다."[107]라고 한다. 즉 유식성이란 소취·능취가 사라진 상태로서 존재함을 말한다.

『섭대승론』 9-5의 주석에서 세친은 유식성의 동의어인 진여를 다음과 같이 기술하고 있다.

① 보살들의 무분별지의 대상이라고 한 것은 그중에서 변계소집성인

---

104) Triṃś pp.41-42. 한편, 게송 26에서는 유식성(vijñaptimātratā)을 vijñaptimātratva로도 사용한다.

105) MS 2-16도 동의어로 본다.

106) 唯識性에 대한 연구 결과는 다음과 같다.
長尾雅人, 「空」, 『中觀と唯識』(東京: 1978), pp.293-301. ; 向井亮, 「瑜伽論の空性說, 小空經との關聯において」, 『印佛研』22-2. ; 兵藤一夫, 「三性說 における唯識無境の意味(2)」, 『大谷學報』70-4,(京都:1991), pp.1-23. ; 안성두, 「唯識性(vijñaptimātratā)개념의 유래에 대한 최근의 논의의 검토」, 『佛教研究』 20(서울: 2004).

107) Triṃś p.39. "niṣpannastasya pūrveṇa sadā rahitatā tu yā"

모든 법은 언어 표현 대상이 없기 때문에 모든 법은 언표되지 않는 것이다. 또 그 언표 대상이 되지 않는 것은 무엇인가? 또 그것은 無我와 眞如이다. 그것[無我]는 人[無我]와 法無我[를 말한]다. 변계소집성 자체는 존재하지 않는다. 그것[人·法無我]를 본질(svabhāva, 體)로 하는 것이 진여이다. 따라서 단멸론에 빠지지 마라.108)

위의 인용에서 無分別智의 대상이 眞如라는 주장에 초점을 두자. 분별된 법[parikalpitasvabhāva, 遍計所執性]이 '무아'라고 할 때, 그것은 변계소집된 법은 존재하지 않는다는 것을 뜻한다. 세친은 '무아'를 人無我(我空)와 法無我(法空)로 이해하고, 법무아를 변계소집된 법 자체의 부정(無我)으로 이해한다. 그래서 이 둘의 비존재를 본질로 하는 것이 '진여'라고 해석한다. 의타기성 자체는 아뢰야식의 종자로부터 생긴 무자성의 존재이다.

의타기한 18계는 조건에 의해 생긴 법뿐이고 거기에 보는 者, 아는 者인 自我(pudgala)는 없다(人無我). 또 변계소집성의 자아는 없다(法無我)는 의미에서 법은 존재하지 않는다. 그래서 진여란 人·法의 비존재를 본질로 하는 것이다.

『섭대승론』 2-1의 주석에 의하면, 원성실성은 다음과 같다.

② 圓成實相이란 비존재(abhāva, abhūta)이고 비진리로 나타나는 원인인 artha를 본질로 하는 나타남이 영원히 없어지는 것이다. 예를 들면 [artha를] 본질로 하는 나타남이 영원히 없어진다는 것은 無我인 것만이 존재(sattva)한다는 것이다.109)

---

108) 이 부분의 티베트는 김성철, 『섭대승론 증상혜학분 연구』(서울: 씨아이알, 2008) 174쪽의 교정본을 따른다.

109) MSBh P Li 171a8-171b1. D Ri 144a5-6.

②에서 '비존재인 artha(=ātman)가 나타난 상태'는 변계소집성을 말한다. 분별된 상태[변계소집성]는 조건적 생기(vijñapti)를 실체적 존재(artha)로 오인한 상태이다. 그런 이유에서 분별된 법의 我는 존재하지 않는다[法無我]. 그러나 원성실성[110]은 무아만이 존재(sattva)하는 상태이다. 세친은 분별된 법은 사라지고 무아인 것만이 존재한다고 말한다. 『중변분별론석』 1-13abc와 1-20에서는 다음과 같이 기술하고 있다.

> ③ 둘은 존재하지 않는다(abhāva, 無)와 [그 둘의]비존재(abhāva)의 존재(bhāva, 有)가 空[性]의 특징이다. [비존재를 본질로 하는 것은] 존재도 아니고 또 비존재도 아니다.//13abc//
> ③-1 둘[이 존재하지 않는다는 것]은 所取와 能取가 존재하지 않는다. 그리고 그[능취·소취의] 비존재의 존재가 空性의 특징이다. 그러므로 공성이 비존재를 본질로 한다는 것이 해명되었다. 그러나 비존재(abhāva)를 본질(svabhāva)로 한다는 것은 [존재도 아니고 또 비존재도 아니다.] 왜 존재하는 것이 아닌가? [소취와 능취의] 둘은 비존재이기 때문이다. 어째서 비존재도 아닌가? 이 둘[소취와 능취]의 비존재가 존재하기 때문이다.[111]

> ④ 아(pudgala, 我)의 비존재(abhāva, 無)[인 我空]과 법(dharma, 法)의 비존재[인 法空]이 여기에서 空性이다. 또 그 비존재(abhāva)의 참 존재(sadbhāva)가 이 경우 또 다른 하나의 空性이다.//1-20//
> ④-1 我와 法의 비존재가 공성이다. 또 그것[비존재]의 존재가 [공성]

110) 무착이나 세친은 원성실성을 두 차원, 즉 無爲로서의 원성실성과 有爲無漏로서의 원성실성으로 나누는 특징이 있다. MABh 3-22, 3-11과 MS 2-26의 주석에서 "무아(asaṃskṛtam, 無我)[인 진여와 열반]은 변이(vikāra)가 없다는 의미에서의 완성이기 때문에 원성실성이다. 道諦에 포함되는 유위(saṃskṛtam, 有爲)는 顚倒(viparyāsa)가 없다는 의미에서 원성실성"에 배대한다. 즉, 四聖諦의 苦集滅道에서 유위무루인 道諦를 원성실성에 배대한다. 여기서는 無爲의 원성실성만을 다룬다.

111) MABh pp.22-23.

이다. [하략][112]

③-1에 의하면 공성은 분별된 이원화 상태가 아니다. 소취·능취가 존재하지 않는 것, 그 비존재를 본질로 하는 것이 공성이다. 여기서는 비존재의 존재, 비존재를 본질로 하는 것을 동일 의미로 사용한다. 『중변분별론석』의 ④-1은 ①과 동일하게 我와 法이 존재하지 않음의 존재가 공성이라고 규정한다. ①, ④-1에서 비존재는 人·法의 무아를 지시하며, '人·法無我를 본질(svabhāva, 體)로 하는 것', '무아만은 존재하는 상태'가 원성실성·진여라고 정의한다. 반면 ②, ③-1은 소취와 능취인 변계소집성인 법의 무아를 지시한다. 그러나 변계소집된 상태는 이미 '내'가 있다고 인식하는 일인칭 주어의 사유 상태이기 때문에 소취·능취의 비존재는 인무아를 전제한 것이라고 할 수 있다. 따라서 '비존재의 존재', '비존재를 본질로 하는 것'이라고 할 경우, 비존재란 변계소집된 法과 人의 무아를 말한다.

유식성·진여·원성실성·공성은 모두 '비존재인 본질', '비존재의 존재'이다. 즉 소취와 능취로 분별하는 이원화가 사라진 상태, 그 상태를 본질로 하는 존재가 있는데, 그것을 진여·원성실성·유식성이라고 부른다는 것이다. 따라서 ①, ②, ③-1, ④-1은 '비존재의 존재'를 공통 분모로 가지는데 이때 '비존재의 존재'는 비존재를 본질(abhāva svabhāva)로 한다.

'비존재의 존재(abāvasya bhāva)'라고 할 때, 비존재(abhāva)가 人無我및 변계소집의 법무아를 가리킨다면, 존재(bhāva)는 어떤 방식으로 있는 것일까? 이것은 진여(tathatā)의 정의에서 답을 찾을 수 있다. 세

112) MABh p.26.

친은 『유식삼십송』 게송25에서 tathātā를 항상 "그렇게 존재하기 때문에(sarvakālaṃ tathābhāvāt)"[113] 즉, tathātā에서 'tā'를 존재(bhāva)로 해석한다. 진여란 '항상 그렇게 존재'한다는 뜻이며, 이때의 '존재'는 '항상 그렇게 비존재의 존재'이다. 따라서 유식성(vijñaptimātra-tā)·法性(dharma-tā)·空性(śūnya-tā)·眞如(tathā-tā)는 항상 존재한다. 안혜와 호법에 의하면 '그렇게(tathā)'란 범부의 상태이든 성자의 상태이든 항상 존재한다는 것을 의미한다.[114] 識相續의 有情이 습관적 경향성으로서의 힘(śakti)인 종자로 인해 三界에서 업에 걸맞는 존재 형태(gati, 趣)를 취한다고 보는 유식 사상에 의하면, 유정이 십팔계로서의 존재 형태를 취하고 있는 한, 존재하는 모든 유정에게 그것은 존재한다.

세친은 『중변분별론석』, 『섭대승론석』, 『유식삼십송』에서 표현을 달리하지만, 유식성을 '비존재를 본질'로 하는 상태로 이해한다. 따라서 '人·法의 비존재를 본질'로 한다는 측면에서 유식성·원성실성·진여·공성은 동의어가 된다.

2. 연생법(緣生法)의 공상(共相)인 유식성

1) 유식과 유식성의 관계

비존재(無)의 '존재(有)'가 구체적으로 무엇인가? 세친에 의하면 비

---

113) Triṃś p.41.

114) Triṃś pp.41-42. 安慧 또한 "원성실성은 비존재(abhāva)를 본질(svabhāvatva)로 한다."고 기술한다. 『成唯識論』권9(『大正藏』31, 48a), "眞謂眞實顯非虛妄 如謂如常表無變易 謂此眞實於一切位常如其性故曰眞如." 玄奘은 "sarvakālaṃ tathābhāvāt"를 常如其性으로, 즉 tā를 svabhāva인 본질로 번역하고 있다고 추론할 수 있다.

존재의 '존재'는 법의 共相(sāmānyalakṣaṇa)이다.[115] 이제부터 유식성이 비존재를 본질로 한다고 할 때, 그 본질(svabhāva)이 共相이고 원성실성이고 空性임을 논증하겠다. 『유식삼십송』 게송22, 『중변분별론석』 1-13과 5-19, 1-1과 1-2를 분석의 대상으로 삼겠다.

> ⑤ 바로 그 때문에 그것[원성실성]은 의타기와 별개의 것도 아니고 같은 것도 아니다. [諸行은] 無常性 등과 같다고 말한다. 이것[원성실성]이 보이지 않을 때 저것[의타기성]이 보이지 않는다.[116]

⑤는 의타기와 원성실성의 관계를 설명하고 있다. 인용에 의하면 무분별지와 원성실성이 동일한 상태가 된 후, 즉 무분별지가 유식성에 머무른 뒤에야 비로소 의타기성을 의타기성으로 안다. 분별하는 識이 智로 변화하여 자기의 본질(法性)과 하나가 되면, 자아 중심적·인간 중심적으로 개념 분별하는 분별된 상태는 사라진다. 분별된 상태가 사라지는 찰나, 그 찰나가 바로 무분별지가 유식성에 머물 때이고, 無分別智와 유식성이 하나가 된 때이다. 그런 出世間을 매개로 해서만 조건적

---

115) 竹村牧男, 「依他起性と圓成實性」, 『唯識三性說の研究』(東京: 春秋社, 1995), pp.485-491. 이 논문은 『해심밀경』, 「勝義諦相品」 第二안에 의타기성과 원성실성의 관계가 不一 不異관계로 서술되어 있음을 논증하면서 『해심밀경』, 『중변분별론』, 『유식삼십론』 모두 의타기성과 원성실성의 관계에 대해 동일한 관점을 취한다고 본다. 또 『섭대승론무성석』도 원설실성·진여를 제법의 共相으로 이해하고 있다고 기술한다.

116) Triṃś p.40. "ata eva sa naivātnyo nānanyaḥ paratamtrataḥ / anityatādivad vācyo nādṛṣṭe'smin sa dṛśyate" 이에 대해 안혜는 원성실성은 의타기의 법성(paratantra-dharmatā)이라고 주석하며, 諸行과 無常性, 苦性, 無我性이 不一不異라고 주석한다. 즉 의타기를 제행, 유위법으로 보고 그것과 무아성[원성실성] 등은 不一不異 관계로 해석한다. 호법도 『성유식론』 46b, "云何二性非異非一, 如彼無常無我等性. 無常等性與行等法 異應彼法非無常等. 不異此應非彼共相, 由斯喻顯此圓成實與彼依他非一非異, 法與法性理必應然."이라고 본다. 즉 호법도 無常性 등을 共相이라고 정의한다.

생기를 조건적 생기로 아는 世間 後得智가 現前하고, 거듭 무분별지를 체험하면서 무경(無境)을 안다고 한다.

그러면, "원성실성이 의타기성과 별개의 것도 아니고 같은 것도 아니다."라고 하는 것은 무엇을 의미하는 것일까? 이 의문은 MABh 1-13d을 통해 해결된다. 변계소집성을 떠난 상태라는 전제로 의타기성과 원성실성은 각각 별개의 것도 아니고 같은 것도 아니라는 논의를 개진한다. 그 주장은 다음과 같다.

> ⑥ [空性은] 비존재에 대한 분별과 별개의 것도 아니고 같은 것도 아닌 특징을 [가진]다.//13d//
> ⑥-1 [비존재에 대한 分別인 의타기성과 空性이] 별개의 것이라고 한다면, 法과 法性은 별개의 것이 되므로 오류이다. [諸行인 의타기는] 無常性(anityatā)과 苦性[등의 보편적 특성이 無常한 법과 苦인 법을 떠나서 별개로 존재하는 것이 아닌 것]과 같다. [의타기성과 空性이] 같은 것이라면, 청정을 대상(所緣)으로 하는 지혜(智)는 존재하지 않을 것이고, 보편적 특성(sāmānyalakṣaṇa, 共相)은 [존재하지 않을 것이다.] 이것에 의해 그 동일성과 차이성을 떠난 [空性의] 특징이 해명되었다.[117]

---

117) MABh 1-13. pp.22-23. 연생법과 연기와의 관계 즉, 유위법과 무위의 관계를 부파불교까지는 인과의 구조로 논하고 있다. 유위법의 소멸이 곧 열반 혹은 무위라고 표현하는 방식 때문이다. 그러나 대승인 유식 사상에 이르러서는 연생법과 연기와의 관계를 법과 법성으로 놓고서 법성만을 궁극적 실재로 보면서 양자의 관계를 不一不異로 본다. 유식은 궁극적 실재를 경험한 보살의 입장에서 진리를 설명한다. 예를 들면 '유식'이라는 용어 자체가 초지 이상의 보살들의 진리 경험 내용이라는 의미에서이다. 반면 중국불교의 특징을 온전히 드러내는 『대승기신론』의 경우 불성, 진여를 변화 생멸 너머에 있는 초월적 실재로 이해하는 경향이 짙고, 현상을 드러내는 불멸의 기체로 이해하는 성향이 짙다. 따라서 오온 십이처 십팔계의 구조 속에서 진여인 共相이 어떻게 자리잡고 있는가를 축으로 보면 대승 유식 사상과 기신론 사상은 유사한 용어들을 사용하지만 구조의 틀이 완연히 다르다.
유식 사상은 법과 법성의 관계를 不一不異로 이해하고 법성을 공상으로 보는데,

⑥-1에서 세친은 "법이 법성, 의타기성이 원성실성과 별개의 것" 또 양자가 "같은 것이라면"이라는 조건을 통해서 법과 법성의 관계를 설명하고 있다. 법과 법성의 관계 고찰이 가능한 논리적 조건은 '법과 법의 共相'이라는 것이다. 共相이란 無常性(anityatā), 苦性(duḥkhatā), 無我性(anātmatā)을 말한다.

『중변분별론석』 1-13d는 '유식성'의 정의 탐색에 귀중한 정보를 제공한다. 즉, 비존재에 대한 분별(abhūtaparikalpa, 虛妄分別)인 의타기성과 空性인 원성실성과의 관계는 '법과 법성'의 관계이다. 특히 세친은 법과 법성의 관계를 법과 법의 共相로 놓고 이 양자의 관계를 논한다.

진여는 유정에게 항상 십팔계 법의 共相으로 존재하지만, 그것을 자기 본질로 아는 상태는 오직 변계소집이 걷힌 이후이다. 따라서 共相의 존재와 그것에 대한 자각의 물음은 차원이 다르다. '법과 법의 공상은 별개의 것도 아니고, 같은 것도 아니다.'라는 주장에서 '별개의 것이 아니다'라는 측면은 양자의 존재 측면을 설명한 것이고, '같은 것도 아니'라는 측면은 共相의 인식 측면에 초점을 둔 것이라고 할 수 있다. 양자가 별개가 아니다(不異, 不離)라는 것은 법과 법의 공상이 존재한다는 차원에서만 가능하다. 즉 둘은 존재하되, 둘은 서로 不離의 관계로서 존재한다. 만일 諸行이 무상성과 같다면, 유위법인 諸行은 무위라는 자기모순에 빠진다. 같은 것이 아니다(不一, 不卽)라는 것은 법과 법의 공상을 취하는 인식 주관이 다르다는 것을 의미한다. 즉 의타기성에서 의식의 대상과 무분별지의 대상이 다르다. 의식은 法, 무분별지는 법의 共相과 관계한다. 그런데 만일 양자의 대상이 같다고 한다면, 心相續으로서의 개체는 항상 불변의 지혜의 상태이거나 분별의 상태로만

이런 이해를 따라가면 유식 사상과 기신론의 극적 차이를 볼 수 있을 것이다.

있을 것이다. 따라서 법과 법의 共相은 각각 존재하되 不離의 관계이고, 각각 주관의 작용은 분별하는 識과 무분별의 智라는 차이가 있다.

원성실성·유식성·공성·법성이 유식성과 동의어이고, 법성·공성이 共相이라는 주장을 통해서 유식성과 공상이 동의어라는 것을 取意할 수 있다. 즉 의타기인 諸行은 有爲法이고, 그것은 無常性, 苦性, 無我性이라는 보편적 특징을 가지고 있다. 이런 맥락에서 법의 共相이 유식성·공성·법성이다. 유위법의 共相이 無常性, 苦性, 無我性이기 때문에 무상성, 고성, 무아성은 원성실성·진여·유식성·공성이라는 결론에 이른다. 따라서 유위법과 법의 共相의 관계는 유식과 유식성, 법과 법성, 의타기성과 원성실성의 관계로 표현 가능하다.

세친은 『중변분별론석』에서 共相을 다음과 같이 정의한다.

> 법은 法界(dharmadhatū)를 벗어나서는 존재하지 않기 때문에 [법계 그 자체가] 共相인 것이다. 이것이 그것에 대해 전도가 없는 것이다. /5-19/
> 법무아를 떠나서 그 어떤 법도 존재하지 않는다. 그러므로 법계는 일체법에 대한 共相이다.[118)]

위의 인용에 의하면 일체법[유위법]의 共相이 法界이다. 세친은 『섭대승론석』에서 "이 중 遍行이란 의미에 관해서는 법계가 두루한다(sarvatraga, 遍行)[는 의미이]다. 왜냐하면 어떠한 법도 無我를 본질로 하지 않는 것은 없다."[119)]고 본다. 이처럼 세친은 法界와 空性과 共相이 동의어라는 관점을 취하므로 유위법의 공상이 법계가 된다.

비존재의 존재에서 '존재'가 法의 共相을 뜻하므로, 진여·공성·유식

---

118) MABh p.67.
119) MSBh P Li 204a3. D Ri 168b2-3.

성이 법의 共相이라는 주장은 유식이 緣生法이라는 것을 함의한다. 변계소집성의 법은 없지만 의타기한 법은 존재한다. 범부가 의타기한 法을 실체적 존재(artha)로 오인하는 실체적 사유 상태[변계소집성], 즉 소취·능취인 변계소집성이 사라질 때, 염오의 18계인 의타기는 청정의 상태로 전환된다. 분별된 法이 사라진다는 것이 생기한 법의 부정을 의미하지 않는다. 염오의 상태가 청정으로 바뀌면서 청정한 의타기한 법의 共相이 現行하는데[120] 세친은 이것을 法界라고 표현한다. 비존재가 사라질 때만 共相은 智의 대상이 될 수 있다. 공상이 법의 共相이고, 이것이 무분별지의 대상이 될 때, 이때 法은 변계소집된 法無我의 법이 아니라, 청정한 의타기의 法이다. 따라서 무분별지와 共相이 하나가 되었을 때, 初地의 상태에서부터 共相은 法界라는 새로운 명칭을 얻게 된다. 즉 법계는 번뇌가 없는 연생법, 청정의 의타기한 법의 共相에만 적용되는 명칭이다.

위의 인용들로부터 唯識性이 唯識인 연생법의 보편적 특징인 無常性, 苦性, 無我性이라는 것을 추론하였다. 이제 다른 각도에서 법의 共相이 어떤 방식으로 법과 관계하는지를 고찰해 보도록 하겠다. 『중변분별론석』 1-1에서 다음과 같이 서술하고 있다.

> ⑦ 비존재에 대한 분별(abhūtaparikalpa)이 있다. 거기(비존재에 대한 분별)에 둘(소취와 능취)은 없다. 그러나 여기(비존재에 대한 분별)에 공성(śūnyatā)이 있다. 거기(공성)에도 그것(의타기성)은 있다.//1//

120) 변계소집이 사라지고, 법의 공상인 진여가 생기하는 장면의 묘사는 다음에 있다. MSA.XIX.53. MSA.XIX.54의 게송인데 이것은 MS에도 인용된다. 이 게송에 대한 세친의 주석 MSABh.XIX.54.1과 MS9-3의 주석은 동일한 의미를 띤다. 즉 '비존재의 artha인 nimitta는 드러나지 않고 진실의 artha인 진여가 드러난다.' 변계소집은 현행하지 않고, 진여는 현행한다는 의미이다. MS2-32D는 양자가 동시에 일어난다고 설명한다.

⑦-1 여기에서 비존재에 대한 분별(ābhūtaparikalpa)[인 의타기]는 취하는 것(grāhaka, 能取)과 취해져야만 하는 것(grāhya, 所取)에 대한 분별이다. 둘은 소취와 능취이다. 공성은 비존재에 대한 분별[인 의타기성]이 소취와 능취의 상태[인 변계소집]을 결여해 있는 상태(rahitatā)이다. 거기에도 그것은 있다란 [공성에] 비존재에 대한 분별[이 있다는 것을 말한다.]
어떤 [A]에 무엇[B]가 없을 때 그것[인 B]는 그것[A]에 대해 空이다라고 하는 것처럼 있는 그대로(yathābhūta) 관찰한다(samanupaśyati). 다른 한편 여기 [A]에 남겨진 것[avaśiṣṭa, C]가 있을 때, 그것[C]는 여기[A]에 존재한다고 있는 그대로 안다. 이것이 전도되지 않은 空性의 특징이 나타난 것이다.[121]

인용문 ⑦-1의 A는 의타기성을, B는 변계소집성을, C는 원성실성을 비유한 것이다. 변계소집성의 소취·능취가 사라진 상태가 그대로 원성실성은 아니다. 만일 변계소집이 사라진 상태가 그대로 원성실성이라면, 의타기성과 원성실성은 동일하다는 오류를 가진다. 따라서 변계소집된 법이 존재하지 않는 상태가 있다는 차원에서 '비존재의 존재', 그중 '존재'는 共相이고 空性이다.

A에 B는 없지만(空), 'A에 남겨진 것[avaśiṣṭa C]'[122]는 있다. 그 C를 共相이라고도 하고, 空性이라고도 지칭한다. 분별된 연생법이 사라지고 남은 것이 A라는 연생법의 共相이다. 이것은 소취·능취로서 개념화한 분별된 상태가 사라지면, 연생법의 공통된 특질만 본다는 것이다. 따라서 A에 C가 있다는 것은 '法에 空性'이, '의타기성에 원성실성'이, '유식에 유식성'이 있다는 뜻이다. 유위법이 유위법의 보편적 특징

121) MABh 1-1, pp.17-18.
122) 남겨진 것(avaśiṣṭa)에 대한 기존의 연구는 長尾雅人, 「空性に於ける余れるもの」, 『中觀唯識』(東京: 岩波書店, 1978), 542-560쪽이다.

을 가지고 있는 사태를 'A에 C가 있다.'라고 한다. 따라서 '의타기한 법에 공성이 있다'라는 위의 진술은 '의타기한 법에 共相이 있다.'로 바꿔 표현할 수 있다. 한편, 共相은 법을 떠난 共相이 아니기 때문에 C에 A가 있다는 주장이 성립된다. 이때의 A는 변계소집된 것이 아니라, 청정의 의타기이다. 염오의 의타기인 변계소집성이 청정의 의타기성으로 전환될 때만, 그때만 법의 共相은 현행한다. 그래서 共相 진여는 분별하는 識의 인식 대상이 아니라, 무분별한 智의 대상이 된다.

세친은 법과 共相과의 관계를 'A에 C가 있고, C에 A가 있다.'라고 진술한다. 법을 떠난 共相이 있을 수 없고, 공상은 법이 있어야만 존재하므로 A에 C가 있고, C에 A가 있다는 설명이 가능하다. 『중변분별론석』 1-13d가 의타기성과 원성실성의 관계를 법과 共相으로 설명했다면, 위의 인용은 의타기성과 원성실성의 관계를 공과 공성의 관계로 설명할 뿐이다.

그런데 여기서 주목하고자 하는 것은 세친이 空性을 존재 차원만이 아닌 지혜의 차원으로도 이해한다는 점이다. 세친은 공성을 존재의 상태, 인식의 상태로 설명한다. 무분별지인 般若는 대상인 共相과 하나된 것이므로 이 상태는 당연히 존재와 인식이 전환된 상태이다. 의식은 자신이 조건에 의해 생기한 법임에도 불구하고 개념적 작용으로 인해 자신을 포함한 18계 각각을 실체적 존재로 오인한다. 이 착각이 벗겨져서 십팔계 각각의 공통적 특징에 머무는 상태, 그것이 유정의 轉依 상태이다. A에 C가 있음을 아는 무분별지의 상태가 空性·共相의 상태이다. 따라서 중관 사상이 空性 그 자체만을 논했다면, 유식 사상은 空性을 인식의 차원으로까지 끌어올려서 논했다고 볼 수 있다.[123] 그래서

123) 이종철, 「論疏의 전통에서 본 불교철학의 자기 이해」, 『철학사와 철학』, 철학

"[청정한 의타기한] A에 있는 C를 있는 그대로 아는 것이 空性을 아는 것"이라고 표현한다.

한편, 『중변분별론석』 1-2의 게송은 법과 共相과의 관계를 有爲와 無爲의 관계로 풀어낸다.

> ⑧ 그러므로 일체[법]은 空도 아니고 그리고 不空도 아니라고 설한다. 존재하는 것(sattva)이기 때문에, 존재하지 않는 것(asattva)이기 때문에 그리고 존재하는 것이기 때문에 그것은 中道이다.
> ⑧-1 [게송에서] 空이 아니다라는 것은 空性(śūnyatā) 때문에, 그리고 비존재에 대한 분별 때문에 [不空이라고 말하는 것이다.] 그리고 不空도 아니다라는 것은 能取와 所取의 兩者때문에 [不空도 아니라고 말하는 것이다.] 일체(sarvaṃ)란 비존재에 대한 분별이라고 불리는 일체의 有爲[법]과 空性이라 불리는 無爲[를 말한다.] 존재하기 때문에(sattvād)라는 것은 비존재에 대한 분별이 [존재하므로], 비존재하기 때문에(asattvad)라는 것은 둘(능취, 소취)이 [없기 때문에] 그리고 존재하기 때문에(sattvād)란 비존재에 대한 분별에 空性이 있기 때문에, 그리고 거기[空性]에 비존재에 대한 분별이 [있기 때문이다.] [그리고 그것은 中道이다]라는 것은 一切가 전적으로(aikānta) 空도 아니고 한결같이 不空도 아니므로 [中道이다.] 이처럼 이것은 『prajñāpāramita經』에서 "일체[법]은 空도 아니고 不空도 아니다"라고 [말하는] 구절과 일치한다.[124)]

위의 인용에 의하면, 비존재에 대한 분별인 의타기성은 有爲法이고 원성실성인 空性은 無爲이다. 세친이 ⑦-1에서 의타기와 원성실성의 관계를 "의타기성에 공성이 있고, 공성에 의타기가 있다."는 논지로 법과 법의 공상과의 관계를 주장했다면, ⑧-1에서는 법과 共相의 관계

과 현실사, 1999, pp.79-110.
124) MABh 1-2, p.18.

를 空과 空性의 관계로 설명한 것뿐이다.

'법과 共相의 관계'를 여기에 재배치 시켜서 이해하면 '유위법인 의타기성 안에 무위인 원성실성이 있다.'는 주장이 성립한다. 이 주장을 통해서 '무위가 共相, 眞如, 唯識性'이라는 것이 논증되었다. 세친에게 '유위에 무위가 있고, 무위에 유위가 있다.'는 표현은 법에 법의 共相이 있다는 표현의 다름 아니다. 이것을 『유식삼십송』 22, 『중변분별론석』 13d의 표현으로 고치면 '유위법과 무위는 별개의 것도 아니고 같은 것도 아니다.'가 된다. 법과 법의 共相은 의타기성과 원성실성, 유식과 유식성, 유위법과 무위로 기술할 수 있고, 양자의 관계는 不一不異·不卽不異로 압축된다.

나아가 '항상 그렇게 존재한다'는 眞如의 정의를 여기에 비추어 재해석하면 '무위는 항상 유위법과 별개의 것이 아닌 共相으로 존재한다.'이다. 유식과 유식성의 관계가 유위법과 유위법의 共相과의 관계이므로, 무분별지의 대상(artha)은 無常性, 苦性, 無我性이 된다는 논리가 성립한다.

그러면 '비존재의 존재'와 'A에 C가 있다'는 설명 차이는 무엇을 말하는가? ①~④-1까지는 "[人·法의]비존재의 존재"라는 표현구로 원성실성, 유식성을 드러낸다. 소취와 능취, 법무아의 개념을 이용해서 유식성을 나타내는 것은 '변계소집과 원성실성의 관계'에 주목한 표현이라고 할 수 있다. 반면 ⑤-1~⑧-1까지는 "A에 C가 있다", 'A와 C는 별개가 아니다.'라는 표현구를 이용하여 원성실성을 표현하고 있다. 이러한 표현구는 '(청정한)의타기성과 원성실성의 관계'에 주목한 표현이라고 할 수 있다. 따라서 두 부류의 차이점은 唯識性을 어디에 놓고 설명하는가의 차이에 따른 것이라고 볼 수 있다.

'비존재의 존재'의 표현구는 주로 無分別智의 측면에서 설명했다면, 'A에 C가 있다'는 표현구는 존재와 인식의 측면[125]에서 共相을 다루었다고 볼 수 있다. 그러므로 두 가지 표현 양식을 하나로 표현하면, '변계소집성이 사라지는 순간, 染汚의 의타기가 淸淨의 의타기로 전환된 때이고, 그때 공상은 現行하여 무분별지의 대상이 된다. 무분별지의 대상이 되는 공상은 無漏 의타기한 법의 공상이다.'[126]

한편, 『섭대승론석』 9-3의 3, 4 게송은 '법과 법의 共相'과의 관계를 윤회와 해탈의 관계로 설명한다.

> ⑩ 윤회와 열반에서 동일하다고 보는 지혜가 생기한다면, 그때 그것에 의해 윤회야말로 열반이라고 [안다.] 그러므로 열반을 버리지 않고 버리지 않는 것도 아니다. 그러므로 열반을 얻는 것도 아니고 얻지 않는 것도 아니다.
>
> ⑩-1 윤회(saṃsāra)와 열반(nirvāṇa)에서 [양자가] 동일하다고 보는 지혜가 생기할 때란 생사에서 그리고 열반에서 동일한 智가 발생하는 것이다. 두 가지[생사와 열반]에 차별이 없기 때문이다. 그때에 있어서란 [동시일] 그때를 의미한다. 또 왜 이 두 가지가 동일한가? 잡염(saṃkleśa)들을 생사[윤회]라고 이름하고, 잡염[의 분별된 법]의 무아

125) 법에 법의 共相이 있다는 것과 그것을 아는 차원은 다르다. 법의 공상은 늘 존재하지만, 그 공상을 아는 것은 삼매 상태에서이고, 존재의 염오성이 사라질 때이다. 즉 智의 대상이 되는 순간, 그 법은 염오가 아닌 청정이고 이 순간이 轉依의 순간이다. 공상이 존재한다는 차원에서 유식 사상은 진여를 염오/청정으로 구분하거나 空性을 두 가지(MABh1-16ab), 세 가지(3-3, 3-7) 등으로 나눈다. 예컨대 변계소집된 상태에서의 共相은 염오의 眞如, 空性으로 존재한다. 반면 무분별지의 대상인 共相, 眞如, 空性, 唯識性은 청정한 법의 공상이다. 따라서 공상의 존재 차원과 인식 차원은 다르게 이해해야 한다고 본다.

126) 『성유식론』에서 『중변분별론』게송 1-1, 1-2를 인용한다. 즉 "我와 [변계소집된] 法은 비존재이나, 空[性]과 [의타기한]識(vijñapti)은 비존재가 아니다."라고 한다. 이 게송을 "雜染分의 의타기에 의거해서 설한 것이다. 실상에 근거한다면 淸淨分의 의타기는 있다."라고 해석한다. 『성유식론』39b.

를 본질로 하는 것을 열반이라고 이름한다. 보살은 제법무아를 완전히 이해하여 [유위의 윤회와 무위의 열반이] 동일하다고 보는 지혜가 생겨서 諸法의 無自性을 본다. [그러므로 보살은] 모든 생사[윤회]가 열반이다[라고 안다.] 이[생사윤회] 중에서 적정 즉 열반을 보기 때문이다. …[하략]…127)

⑩-1에 의하면 생사윤회가 의타기이고, 열반은 법의 공상, 즉 無我性이다. 이에 따라 생사윤회와 열반의 관계는 의타기한 생멸법과 법의 共相관계로 재정립된다. 법의 共相이 열반이기 때문에, 열반은 생사와 분리된 것이 아닌 不卽不離이다.

위의 주장은 열반을 생사윤회 세계 너머에 있는 것으로 보는 실체적 사유, 열반을 어떤 실체적 존재로 상정하는 태도에 대한 비판이라고 볼 수 있다. 변화 세계 너머에 다른 절대의 해탈 세계가 있고 그것을 획득의 대상으로 본다면, 生死는 생사이고 열반은 열반일 뿐이다. 그러면 윤회는 극복의 대상이 되고 해탈은 얻어야만 하는 대상으로 전락해 버린다. 이것은 궁극의 실재인 共相이 이 세간의 삶과 유리된 것으로 있다면, 초월적 한 상태라면 무상한 이 삶 밖에서 불멸의 실체를 찾아야 한다는 것을 비판한 것이라 볼 수 있다. 궁극적으로 윤회 또한 개념적 존재에 불과하다. 해탈과 윤회라는 쌍은 인식 구조틀 개념이 지어낸 것이기 때문이다.

유식 사상은 궁극적 실재, 그 진리를 연생한 법과 독립된 것으로 보지 않는다. 삶의 진실성이 이 삶 밖에 있다면, 그 진실성은 이 삶과 무관하여 진실성은 진실성이 아니게 된다. 도리어 변화하는 이 삶, 그 찰

127) 이 부분은 티베트 역이 결락되어 있어서 현장 역을 번역하였다. (H)『攝大乘論釋』370a. (PC) 249a25-249b14. (DC) 321b18-29.

나의 무상성이 진실성이라면 찰나 삶 또한 진실하다.

실상의 측면에서 보면, 생멸하는 법의 무상성, 무아성인 共相이 '해탈'이고, 해탈의 구현은 연생법의 공상, 진여와 하나된 상태에서 이루어진다. 이에 대한 적절한 표현을 안혜는 "의타기한 법들의 眞如만을 보기 때문에(paratantradharmāṇāṃ tathatāmātradarśanāt)"[128]라고 한다. 원성실성·共相을 보는 것, 이러한 경험은 바로 의타기 자체인 개체의 心相續에서 일어나는 사건이므로 열반 체험은 저 초월의 세계가 아니라 생사 변화하는 세계 안에서의 일이다. 이 찰나 현전한 一念이 無常, 無我임을 아는 것, 忘念임을 아는 것, 이것이 열반이라는 뜻이다. 이 현전일념 밖에 열반이 있다는 것이 아니다.

이제까지 무분별지의 대상인 진여를 '비존재의 존재'로 규정할 때, 비존재란 人·法의 비존재를 뜻하고, '존재'란 법의 共相이라는 것을 고찰했다. 고찰 과정에서 유식성을 '비존재의 존재'라고 표현하는 것 외에 '의타기성에 공성이 있다'는 표현구가 있음을 알았다.

유식성·원성실성이 法의 共相이라는 주장은 唯識·依他起性이 緣生法이라는 것을 전제한 것이며, 동시에 법과 공상과의 관계가 유식과 유식성, 의타기성과 원성실성, 법과 법성, 유위와 무위, 공과 공성의 관계라는 것도 알게 되었다.

유식성이란 연생법인 유식의 공상임을 살펴보았다. 그 공상과 무분별지가 하나가 된 상태는 바로 출세간의 상태이고 전의의 상태이고 자기 본질을 아는 상태이다. 여기서 '안다'는 것은 이원적 상태가 아니라, 무분별지 자체가 진여이고 진여가 무분별지 자체라는 것을 뜻한다고

128) Triṃś p.41.

볼 수 있다. 왜냐하면 존재 그 자체의 본질에 주하는 상태는 대상화되는 상태가 아니기 때문이다. 대상화되지 않는 상태, 그 출세간의 상태는 離言의 상태이면서 동시에 無心의 心의 상태이다.

2) 유식과 삼성(三性)

이제 삼성과 유식의 관계를 살펴보자. 삼성은 무엇에 대한 삼성일까? 유식과 유식성을 법과 법성의 관계로 이해함에 따라서 三性이 연생법의 세 가지 상태라는 것도 추론 가능한데, 『섭대승론석』 2-32C에 대한 세친의 주석은 "저 생기식을 특징으로 하는 [가진] 법들은 相과 見을 가진 vijñapti를 그 본질로 한다고 하는 것은 저 vijñapti는 有相과 有見을 본질로 한다는 의미이다. 그것들[法의] 특징은 세 종류이다. 소의를 특징으로 한다는 것은 의타기상이다. 그와 같이 이 설명은 세 종류의 svabhāva(三性)의 특질을 설명하는 것이다. 이것들은 게송에서 의미를 드러냈다. 有相과 有見[을 가진 vijñapti]에 의해 저 세 가지 특징이라고 게송에서 말한 대로 설명해야 한다."[129]이다.

즉 三性은 아뢰야식을 조건으로 생기한 생기식인 연생법을 중심으로 펼쳐지는 것들이다. 생기식은 "相見을 가진 vijñapti"를 본질로 하며 그 생기식은 세 가지 상태[trisvabhāva, 三性]로 구분된다. 즉 所依는 의타기를, 분별된 것(parikalpita)은 遍計所執을, 法性은 원성실성을 가리키는 용어이다.

한편 『유식이십론』에서[130] 唯識의 정의에 나타난 바처럼, 유식은 "오

---

129) MSBh P Li 185b6-186a1. D Ri 155a2-4.
130) Vrimś p.3.

직 vijñapti뿐이고 artha가 없는 상태"와 "vijñapti가 artha로 나타난 상태"로 구분된다. 여기서 의타기성이 유식이라는 정의를 보면 vijñapti뿐이고 artha가 없는 상태는 후득지의 지혜로서 의타기를 의타기로 아는 상태를 뜻한다. 이때 『섭대승론석』에 나타난 변계소집성의 정의는 『유식이십론』에서 'vijñapti가 비존재의 artha로 나타난 상태'와 맞물린다는 것을 알 수 있다.

의타기성와 변계소집성의 정의를 볼 때 유식 사상가들은 연생법을 '유식(오직 vijñapti뿐인 사태와 vijñapti가 artha로 나타난 사태)'과 '의타기성(염오와 청정)'으로 재해석하였다는 것을 추론할 수 있다. 『섭대승론』 2-18이 이러한 해석을 지지하는데 세친의 주석은 다음과 같다.

> [본문에서] 잡염과 청정이 성립하지 않는 의타기라고 하는 것은 왜냐하면 이처럼 의타기가 분별일 때는 잡염[인 有漏가] 되고, 무분별일 때에는 청정[의 無漏]가 된다. 이 두 가지 말[즉 잡염과 청정]이 하나의 대상에 작용되는 것은 성립하지 않는다. [그러므로 의타기라고 한다.][131)]

위의 인용에 의하면, 의타기성은 두 상태로 구분된다. 예컨대 어떤 한 상태는 청정이면서 염오일 수 없다. 즉 '식상속으로서의 개체인 나'는 범부이면서 성자일 수 없다. 의타기성 자체는 有爲이지만 有漏와 無漏의 차원이 있다. 염오종자로부터 생기한 것은 유루이고 청정의 상태가 무루이다.

그러므로 유루의 의타기성은 범부의 인식 상황인 변계소집성을, 무루의 의타기성은 vijñapti를 vijñapti로 아는 성자의 後得智를 의미한다. 따

---

131) MSBh 2-18 P Li 175b2-4. D Ri 148a3-5.

라서 세친은 연생법을 '의타기성'과 '유식'이라는 용어로 설명했으며, 연생법을 범부와 성자의 차원으로 구별했다. 아뢰야식의 명언종자로부터 생기한 연생법을 중심으로 삼성이 전개되는 도식을 간략하게 그려 보자.

<table>
<tr><td rowspan="3">緣生法
唯識
依他起性</td><td colspan="2">변계소집성: vijñapti가 artha로 나타난 상태, 染汚의 의타기성. 有爲法이면서 有漏, 비존재, 有漏 분별의 意識, 凡夫</td></tr>
<tr><td colspan="2">의타기성: vijñapti를 vijñapti로 보는 상태인 唯識, 청정의 의타기성. 有爲法이면서 無漏, 존재, 無漏분별의 世間 後得智, 菩薩</td></tr>
<tr><td>緣生法
의 共相</td><td>원성실성·唯識性·法界·無爲, 비존재의 존재, 出世間 無分別智, 菩薩</td></tr>
</table>

따라서 유정의 존재와 인식의 세 가지 상태인 삼성설은 변계소집[염오의 의타기성] ⇒ 원성실성[유식성] ⇒ 청정의 의타기[唯識無境]으로 변화 가능성을 담은 주장이고, 삼성의 논리 설명 주체는 유식성을 경험한 성자이다. 변계소집된 법이 없다는 것을 아는 사태는 이 사태를 벗어난 경지에서만 가능하기 때문이다.

그러면 왜 三性 중 의타기성을 染淨의 차원으로 배분한 기본적인 이유는 무엇일까? 유식 사상가들은 왜 연생법을 두 차원으로 본 것일까? 이는 세친이 流轉門과 還滅門의 근거를 연생법인 의타기에 두었기 때문이라고 생각한다. 현재 이 찰나의 生은 과거 경험의 습관적 종자로부터 생기한 연생법이며, 그것이 변계소집인 한에서 의타기는 유전문이고, 의타기를 의타기로 보는 한에서 의타기는 환멸문으로 열려진다. 요컨대 과거 습관적 경향성인 종자의 顯現을 실재 그 자체라고 착각하는 한, 삶의 순환성은 이어지고[유전문], 현현이 현현일 줄 알면, 순환의 고리는 끊어진다[환멸문]고 이해했기 때문이다.

유식성을 眞如·圓成實性·法性·法界·共相·空性의 동의어로 보는 근거가 무엇인가를 분석하는 과정에서 그것들이 법의 共相에 대한 다양한 표현들이라는 것을 알게 되었다.

고찰 결과는 다음과 같이 정리할 수 있다.

첫째, 의타기성은 존재(有爲의 有)하고 변계소집은 비존재(無)하고, 원성실성은 존재(無爲의 有)한다. 비존재의 존재(abhāvasya bhāva)에서 abhāva(無)는 人·法의 비존재를, bhāva(有)는 緣生法의 共相을 뜻한다. 또한 유식성은 비존재를 본질(svabhāva)로 하는데, 본질이 共相이다. 무분별지의 대상이 법의 共相이라고 할 경우, 이때의 '法'은 청정한 의타기의 법이다. 따라서 唯識性이란 염오의 의타기성[변계소집성]이 청정의 의타기로 전환되었을 때, 現行하는 緣生法의 共相이다. 이때의 共相은 인식과 존재의 전환을 이룬 轉依의 상태이다.

둘째, 유식성이 '법의 共相'이라는 주장은 유식의 識(vijñapti)이 緣生한 法(dharma)이고 의타기한 존재(bhāva)라는 것을 전제한다. 따라서 유식과 유식성의 관계는 법과 법성, 의타기성과 원성실성, 유위와 무위, 공과 공성의 관계이다.

셋째, 無爲를 有爲의 소멸로 이해하여 유위와 무위를 因果관계로 이해한 그룹과 달리 유식 사상가들은 유위와 무위를 법과 共相관계로 이해했다. 그들은 유위와 무위의 관계에 대한 기존 해석을 法과 法의 共相의 관계로 전환시켰다. 그래서 열반을 초월적 세계에 대한 경험이 아니라 생멸하는 현상의 共相을 보는 것으로 이해했기 때문에 윤회와 열반은 不二가 된다.

넷째, 유식 혹은 의타기성이란 '연생법'에 대한 유식 사상가들의 재해석이다. 이들은 연생법을 唯識 혹은 의타기성으로 놓고, 그것을 두 차원[범부와 성자]으로 설명한다.

3. 1부 정리

유식(vijñaptimātra, 唯識)에 대한 기존의 정의 즉 식을 의식으로 이해한 "표상뿐이며 대상은 없다(唯識無境)"라는 해석을 검토해 보았다. 식(vijñapti, 識)과 유(mātra, 唯)가 지시하는 artha라는 개념을 추적하는 도중, 뜻밖에도 현장은 artha를 『유식이십론』에서는 모두 外境/境으로, 『섭대승론석』에서는 義로 번역했음을 보았다. 동시에 무경(viṣayābhāva, 無境)은 분별 인식하는 식과 대응되는 개념이 아니라, 청정세간후득지에 의해 현현하는 사태임을 알게 되었다.

연구 결과 다음과 같은 결론에 이르렀다. 과거 무수한 경험의 잔재, 그 습관적 경향성(종자)을 가진 아뢰야식이 있고, 이것은 매 찰나 십팔계인 상속인 개체와 인과 관계에 있다. 이런 맥락에서 유식 사상은 기존 전통의 緣生法이라는 용어를 의타기성, 유식이라는 용어로 재해석하였다. 세친은 연생한 '法(dharma)', 생기한 '識(vijñapti)', 의타기한 '존재(bhāva)'를 동의어로 보았다.

과거 업의 영향권에 놓여 있는 범부는 조건에 의해 생긴 십팔계로서의 자신을 물론 인식 대상된 것들을 모두 실체적 존재(artha)로 인식하고 행동한다. 즉 인식하는 주관으로서의 식이나 그 대상 모두 아뢰야식이 드러낸 것인데 인식은 대상을 마치 객체로서 인식하는 착각을 범한다. 이것이 범부의 인식 활동이다. 초지에 이르러야 대상을 과거 업의 재현으로 보고, 더 깊어지면 그것 또한 없어져서 지혜로 업이라는 필터 없이 있는 그대로 생멸을 본다. 세친에 의하면 십팔계는 의타기한 법(vijñapti)이지만 범부는 緣生한 18계를 연생으로 보지 못하고 비연생의 실체(artha)로 착각한다. 세친은 artha를 "조건 없이 생긴 실체(ātman)"로 규정하고, 이 실체적 존재(artha=ātman)를 언어의 구성물, 인식의 착각으로 환원시킨다. 따라서 유식 사상은 존재의 생성이나 인식의 차원에서 실체를 부정하였다.

성자의 진리 설명에 나오는 唯識無境의 원어는 조건에 의해 생기한 식뿐 artha는 없다는 것으로 『섭대승론』의 한역어를 따른다면 唯識無義이다. 즉, 오직 조건에 의해 생기한 법뿐이며 인식상에서도 의타기한 법을 실체적 존재(artha)로 보지 않는다. 이것을 唯識無義라고 한다. 거듭거듭 무분별지를 경험하면서 조건을 산출하는 아뢰야식이 소멸하거나 능력 없는 종자들로만 있다면 경을 드러내지 않는 사태가 생기하는데 이때가 바로 무경(viṣayābhāva, 無境)이 되는 후득지 상태이다.

습관적 성향으로 인해 개념적 사유를 하며 '나'라는 일인칭의 사유를 하는 상태가 범부의 상태이다. 이 상태를 조건적 생기의 법(vijñapti)을 실체적 존재로 오인한 분별의 상태, 염오된 의타기성[변계소집성]이라 부른다.

따라서 유식 사상은 식의 대상을 부정한 것이 아니라, 소연을 실체적 존재로 인식한 상황을 부정한 것, 세계를 보는 그 '눈'의 오류를 부정한 것이다. 비록 삼계가 개념 분별의 상태일지라도 그것을 넘어서기 위해서는 분별의 긍정적 차원을 발휘해야 한다. 이 수행을 거쳐서 무분별지와 진여와 하나가 될 때가 열반의 상태이고 이것이 離言의 유식성, 자기 본질에 머무는 상태[유식성, 원성실성]이다. 이것을 지나야 비로소 자신이 의타기한 존재라는 지혜가 생긴다. 그때, 자신이 보는 대로 대상이 존재하는 것이 아니라, 心象을 투사한 것이라는 자각이 매 찰나 현전한다. 업이 드러낸 소연을 대상에 투사하지 않는 실존(無義)이 성자의 삶이다. 三性은 존재와 인식을 분리한 주장이 아니라, 실존 삶의 근거와 그 변환의 가능성, 그 결과를 설명한 것이므로 존재와 인식을 함께 이해한 이론이다. 요컨대 삼성설은 유정의 존재/인식의 전환을 설명한 사상이다.

인간 존재이자 인식 구조인 18계는 습관적 경향성의 결과로서의 조건에 의해 생긴 존재이나, 의식은 18계 전체를 개념화하여 실체적 존재로 오인하여 나의 것으로 만든다. '나'라고 생각하는 '나'의 정체성조차도 내가 의식하는 망상의 나일 뿐이다. 유정의 고통은 의식 상태를 실체적으로 존재한다고 믿는다는 데 있다.

실체적 존재로 인식하는 상황이 사라질 때, 대상만이 아니라 보는 주관역시 망상이므로 양자가 사라질 때, 바로 그때 자기의 본질과 하나가 되는 상태가 된다. 이것을 유식성, 원성실성, 공성, 진여, 공상, 법계, 법성라고 부른다. 특히 그 본질을 진여, 공상(sāmanyalakṣaṇa, 共相)이라 하는데 이것은 유위법의 공통적 특질인 무상성·고성·무아성의 異名이다.

일련의 수행 과정을 통해서 無常을 無常으로 아는(慧)것이 아니라, 無常과 특수한 앎(慧)이 하나가 되는 상태에 이르는데 그때 비로소 유정의 삶, 자아 중심적 삶은 종식하게 된다, 이것을 유식 사상은 무분별지와 共相이 하나가 된다고 표현한다. 따라서 유식이란 오직 조건에 의해 생기한 현상뿐 그 어디에도 보고 듣고 생각하는 자아는 없으며(人無我), 찰나 생멸하는 그 현상들조차도 우리가 인식하는 언어적 대상이 되지 않는다(法無我)는 것이다.

2부

의식의 자기 변환과 다양한 정신 상태

〔2부 개요〕

인간 이해의 시각은 진화론적 혹은 생화학적, 신학적 등으로 구분될 수 있지만 유식 사상은 철저하게 경험주의적 입장에 서 있다. 일상 의식이 아닌 止觀이라는 메타 의식을 체험한 경험에 서서 인간에 대해 서술한다. 이러한 이해의 근저에는 인간의 원초적 감정인 고통, 그 불만족에 대한 인식이 뚜렷하게 자리 잡고 있다.

유식 사상은 인간을 인식론적 구조 안에서의 존재, 즉 18계로 이해한다. 일상적 앎의 불안정성과 대비되는 특수한 앎이 있는데 일상적 앎의 과정을 집중적으로 관찰해 나가면 자기 자신(18계)에 대한 올바른 앎인 지혜가 생기한다고 본다. 삼계유식을 주장하는 이들에게 있어 보이는 것(境, 所緣)이 무상(無常)할 뿐만 아니라, 보는 것(識)조차도 무상하다면 보는 주관이 三界인 한, 무상을 개념으로 파악할 것이다. 그러면 생멸의 무상을 어떻게 알게 되는가? 무상에 대한 앎은 대상을 아는 앎과 같은 형태의 앎인가?

세친에 의하면 이 찰나의 삶은 조건에 의해 생멸하는 상태이며 나아가 육체와 정신을 가진 유정은 18계라는 차원으로 존재한다. 자아(pudgala)가 존재하지 않지만(人無我) 개념적 사유를 하는 한 범부는 '나'라는 일인칭 사유를 한다. 의식은 의식 전체 활동을 '내가'라는 사유 틀로 만들어 내기 때문에 경험에 대한 진술 자체는 '나'라는 일인칭의 개념이 필터화한 것에 불과하다. 유식 사상가들에 의하면 일상 의식 상태는 '내가'라는 개념적 사유 상태이며, 유정의 현 존재 삶의 연속은 모두 희론 때문이다. 그래서 이 삶을 뛰어넘는 유일의 길은 희론을 넘어서는 것, 즉 일체의 생각을 쉬는, 놓아 버리는 길이다.

유식 사상가들은 유정의 인식/존재 상태를 네 가지로 분류한다. 즉, 일상 의식 상태, 지관 수행[加行位止觀 修行] 상태, 열반 상태, 열반이라는 선정에서 나온 후의 후득지 상태이다. 이러한 구분의 중심에 놓인 것이 언어 작용의 문제이다. 세친의 『섭대승론석』에서는 有情의 정신 상태를 언어 작용이 있는 분별의 상태와 언어 작용이 소멸한 무분별지의 상태로 구분한다. 또 언어 작용이 있는 분별의 상태는 세간의 有漏 분별 상태와 후득지의 無漏 지혜분별 상태로 나뉜다. 즉, 정신 상태는 의식의 有漏 분별[遍計所執性]⇒ 가행위 止觀⇒ 무분별지[圓成實性]⇒ 無漏 지혜분별[依他起性]인 후득지로 이행하면서 질적으로 변화한다.

개념적으로 분별된 상태인 변계소집의 정신 상태는 변화가 가능하다. 일련의 수행을 통해서 업에 의해 경험을 경험하는 범부의 정신 상태는 변화한다. 그렇다면, 심상속으로서의 '한' 개체의 변화 가능성은 논리적으로 어디에 있는 것일까? 그것은 의식의 자기 변환에 있다. 의식과 함께 동반되는 不定심소의 하나인 심(vitarka, 尋)과 사(vicāra, 伺)의 작용이 질적 변화를 일으킨다. 심사의 기능이 어떠한가에 따라서 유정은 범부의 상태 혹은 보살의 상태로 나뉜다.

'나'라는 생각을 생기시키던 尋伺의 기능은 止觀 상태에서 관찰 도구인 지혜(慧)와 반응(cetanā, 思)으로 변화한다. 즉 見道 직전의 가행위

止觀수행에서 관찰(尋思)하는 기능은 바로 尋伺라는 심소가 한다. 변계소집이 개념화·실체화 과정이었다면 유식 지관 수행은 개념화·실체화를 관찰하는 것이라고 볼 수 있다.

예컨대 세간 상태인 범부의 분별 상태, 지관 수행 상태, 후득지의 상태는 모두 보는 것(見)과 보이는 대상(相)이라는 이원화의 상태를 이룬다. 이들은 심(vitarka, 尋)과 사(vicāra, 伺)라는 심리적 현상의 작용을 모두 가지고 있지만, 尋伺가 어떻게 기능을 하는가에 따라 이들의 상태는 질적 차이를 드러낼 뿐이다. 尋伺는 변계소집의 과정뿐만이 아니라 변계소집을 벗겨 내는 수행 단계에서 특수한 慧思로 작용하고, 후득지에서도 작용을 한다. 이것은 범부의 일상 의식 상태, 지관 수행 상태, 보살의 정신 상태(후득지)에서 言語의 기능[132]이 작용한다는 것을 의미한다.

2部에서는 조건적 생기를 실체적 존재로 오인하는 변계소집의 과정과 변계소집을 벗겨서 열반이 되기까지의 가행위 지관 상태에서의 정

---

132) MS 2-16에 관한 小谷信千代의 연구 논문은 無性 釋을 중심으로 하고 있으며(小谷信千代, 「唯識思想における意識とことば」, 『佛教學セミナー』 73, 大谷大學佛教學會, 2001, pp.1-24.), 竹村牧男는 무착의 『攝大乘論』을 중심으로 분석하고 있다.(竹村牧男, 「認識科程と言語」, 『唯識三性說の研究』, 春秋社, 1995, pp.287-322.) 위의 두 논문은 의식과 언어 문제를 다루지만 지각 작용(想)과 尋伺가 어떻게 연결되는가는 고찰하고 있지 않다. 한편, 김성철, 「초기 유가행파의 무분별지 연구」, 동국대 박사논문, 2004, p.81과 MS에 대한 長尾雅人 『攝大乘論 和譯と注解』에서는 尋伺라는 심소가 가행무분별지에서의 관찰(paryeṣaṇā, 尋思)과 동일한 개념임을 보였으나, 양자의 관계를 밝히지 않았다. 본 논문은 위의 연구를 토대로 不定심소인 尋伺의 세 차원을 고찰했다. 그리고 언어에 대한 분석을 시도한 논문은 다음과 같다,
이종철, 「와수반두의 언어관」, 『哲學論究』23, 1996, pp.23-62. ; 横山宏一, 「佛教の言語觀(Ⅰ) -名義を中心として-」, 『三藏集 第三輯』, 大同出版社, 1978, pp.109-116. ; 横山宏一, 「佛教の言語觀(Ⅱ) -名義を中心として-」, 『三藏集 第三輯』, 大同出版社, 1978, pp.117-124. ; 小谷信千代, 「有部の言語觀」, 『アビダルマ佛教とインド思想』(加藤純章博士還甲記念論集), 春秋社, 2000, pp.35-49.

신, 즉 염오의 의타기인 변계소집이 어떤 구조 때문에 청정의 의타기인 유식 그리고 無境으로 바뀌는지를 고찰할 것이다.

다른 한편 止觀수행에서 무분별지로 이행되어 후득지가 현전하는 현상은 정신에서만 벌어지는 사건인가에 의문을 제기하고자 한다. 의문은 轉依라는 현상이 열반, 무분별지가 진여와 하나된 상태에 발생하는 것인데 여기서 의지처(āśraya, 所依)는 단순히 정신만을 가리키는 것인가? 연생법 자체가 아뢰야식을 조건으로 생기한 것이라면 相 無相으로 인식 대상이 변화하고 識이 智로 변화한다면, 18계의 틀 안에서 六根은 어떻게 변화하는가에 대한 의문 때문에 所依가 무엇인지를 고찰할 것이다. 根, 그 根의 특수한 변화를 境으로 보는 시각에 의하면 식의 변화는 근의 변화에 종속되어 있다고 보기 때문이다. 후득지에서 無境이라는 현상은 境인 所緣의 비존재와 연결되는데 이것이 구체적으로 무엇을 의미하는지를 탐색하고자 한다. 이를 통해 연생법의 共相인 唯識性의 체험을 매개로 십팔계 자체가 생멸하는 것을 안다는 것이 心身의 변화, 즉 주관으로서의 마음은 이미 육체와 함께하는 마음임을 밝힐 것이다.

개념적 분별 작용을 하는 의식이 어떻게 자기 변환을 이루어 이원화의 상태이되 개념적 분별 작용을 하지 않는 지혜, 즉 有漏 분별(vikalpa)하는 식(vi−jñāna)이 어떻게 무분별(nir−vikalpa)의 지(jñāna), 無漏 분별의 후득智(jñāna)로 전환되는가를 고찰해 보도록 하겠다.

이러한 탐색은 너와 나의 구별, '나'라는 생각이 의식 내에서 벌어지는 판단일 뿐이나 개체의 공상인 無常·無我와 하나 되는 경험이 개체의식을 벗어나게 한다는 것을 드러낼 것이다.

Ⅰ. 실체적 사유[遍計所執性]

존재하는 것들은 과연 우리가 인식하는 방식대로 존재하는 것일까? 우리는 지각된 대상들이 지각한 대로 존재한다고 믿으며, 지각 대상의 객관적 존재 혹은 그 사태를 전혀 의심하지 않는다. 유식 사상에 의하면 지각할 때 외부 세계에 대한 직접적 지각이 일어나는 것으로 인식해서 그것을 참이라 믿지만, 사실은 진실로 속고 있다는 것이다.[133] 지각 대상은 지각하는 대로 존재하지도 않고 객관적 실체도 가지지 않는 방

133) 최근의 인지 과학이나 뇌 과학 연구에서도 인지적 편향에 관한 다양한 연구 결과를 보여주고 있다. 이러한 연구는 의식의 기원, 의식의 생물학적 탐구, 감각/감정과 지각의 문제, 몸과 마음, 자아, 보이는 세상의 문제 등을 다루고 있다. 『보이지 않는 고릴라』(크리스토퍼 차브리스, 김명철 역, 김영사, 2011), 『생각에 관한 생각』(대니엘 카너먼, 이진원 역, 김영사, 2012), 『만들어진 생각 만들어진 행동』(애덤 알터, 김호영 역, 알키, 2014), 『믿음의 탄생』(마이클 셔머, 김소희 역, 지식갤러리, 2012), 『생각의 함정』(사오유예, 이예원 역, 씽크뱅크, 2011), 『내 머릿속에서 무슨 일이 벌어지고 있을까』(김대식, 문학동네, 2014), 『마음의 과학』(스티븐 핑거, 존 브록만, 이한음 역, 와이즈베리, 2012), 『라마찬드란 박사의 두뇌 실험실』(빌라야누르 라마찬드란, 샌드라 블레이크스리, 신상규 역, 바다출판사, 2007), 『새로운 무의식』(레오나르드 믈로디노프, 김명남 역, 까치, 2013), 『뇌 속의 신체지도』(샌드라 블레이크슬리, 매슈 블레이크슬리, 정병선 역, 이다미디어, 2011), 『왜 인간인가』(마이클 가자니가, 박인균 역, 추수밭, 2009), 『뇌로부터의 자유』(마이클 가자니가, 박인균 역, 추수밭, 2012), 『스피노자의 뇌』(안토니오 다마지오, 임지원 역, 사이언스북스, 2007), 『우연한 마음』(데이비드 J. 린든, 김한영 역, 시스테마, 2009), 『감정의 분자』(캔더스 B. 퍼트, 김미선 역, 시스테마, 2009), 『케넥톰, 뇌의 지도』(승현준, 신상규 역, 김영사, 2014) 등이 있다.

식으로 존재하며, 일체의 생각이나 판단은 모두 자신의 의식에서 벌어지는 사건일 뿐이라는 것이다. 대상, 대상을 보는 주관 역시 과거 경험을 가진 아뢰야식이 드러낸 것에 불과하기 때문이다. 적극적으로 이것을 밀고 나가면, 경험되는 어떤 것을 실재라고 받아들이는 삶이 범부의 삶이다.

유식 사상은 지각 대상 자체가 아닌 지각 방식에 문제를 제기하면서 지각 대상이 무엇인지를 규명하고, 범부의 경험 세계 자체를 언어 분별의 세계라고 규정한다. 일상 의식 상태는 언어로 대상을 분별하며 분별된 대상이 실재 존재 그 자체라고 믿는 지각의 오류 상태이다. 개념으로 파악한 지각 대상이 실체적 존재라고 오인하기 때문이다. 이것이 범부의 정신 상태, 분별된 상태[遍計所執]이다.

인도 철학과 불교 내부에서도 개념과 대상 사이의 문제를 둘러싸고 많은 논의가 제기되어 왔는데,[134] 특히 대승불교에 이르러서는 언어를 희론(prapañca, 戲論)으로 보고, 희론이 지멸된 상태를 열반이라고 규정한다.[135]

여기서는 실체적 사유의 과정이 어떻게 일어나는지를 고찰할 것이다. 조건에 의해 생기하는 현상(無我)으로 비실체적 존재일 뿐이라면, 의식상에서 어느 때 '나'라는 일인칭의 분별이 일어나는지, 어떤 연유로 일체의 의식 상태가 '자아의식'인 에고의 상태인지, 의식의 판단 과정에서 언제 조건적 생기를 실체적 존재로 오인하는지를 고찰해 보도록 하

134) 개념실재론을 주장하는 바이세시카학파와 개념의 실유를 주장하는 불교 내부의 학파도 있다. 畝部後也, 「インド言語思想行における〈言語=名稱論〉批判」, 『佛教學セミナー』 67, 1998. 아상가 틸라카라트네, 공만식·정유진 역, 『열반 그리고 표현불가능성』, 씨아이알, 2007. Bhikkhu Nānananda, 『Concept and Reality』, BPS, 1986.

135) MMK 18-5.

자. 이러한 연구는 의식 과정의 관찰 자체가 그 상태를 벗어나게 한다는 것을 함의하기 때문이다.

1. 세간의 의식(意識)

1) 의식의 다양한 상태들과 존재론적 위치

세친에 의하면 현실 삶의 구조는 과거 경험의 습관적 경향성을 에너지(bīja, 종자)의 형태로 가진 아뢰야식을 조건으로 생기한 것이다. 이 찰나 존재 및 인식의 상황은 과거 경험의 영향을 조건으로 생기한 것이다. 윤회계의 한 계열인 인간의 의식 상태는 과거 습관적 경향성(śakti, 功能)이 드러난 상태이고, 이것이 18계이다.

유식 사상은 언어로 분별하는 의식 상태를 도출시킨 무의식으로서의 아뢰야식을 상정한다. 아뢰야식은 경험의 집적체로서 언어가능성이자 행위의 결과인 습관적 경향성을 특수한 잠재적 에너지(śakti) 형태로 가지고 있는 무의식 상태를 말한다. 일상 언어 활동 아래 그 언어의 의미 생성체를 지닌 아뢰야식이 있고, 언어 활동과 그 의미를 생성하는 경험적 경향성의 축적인 아뢰야식은 그 에너지로서의 종자(bīja)가 발현된 의식 상태와 서로 동시에 영향을 주고받으면서 존재한다. 말하자면, 세간 의식 상태, 분별 의식 상태는 소프트웨어 프로그램처럼 業으로 입력된 방향으로 작용할 뿐이다.

그러면, 유식 사상에서는 의식, 의식의 상태를 어떻게 보는 것일까? 현대적 의미에서 의식은 인식의 과정 및 그 결과를 포함하는 용어로 사용된다. 대상에 대한 추리, 예측, 기억, 추상, 감각, 감정 등을 나타내는 모든 정신 작용을 총칭하는 용어이다. 그러나 유식 사상에 의하면 의식은 의식 그 자체와 그에 동반되는 다양한 심리적 현상(心所)들의 작용으로 이루어져 있다. 의식이 작용할 때 의식과 그에 동반되는 다양한 심리적 현상이 생기한다. 의식 그 자체만으로는 대상에 대한 앎이 이루어지지 않으며, 다양한 심소들은 의식 자체의 작용 없이 움직이지 않는다.[136] 유식 사상은 감각(vedanā, 受)이나 지각 작용(saṃjñā, 想) 등을 의식의 특수한 상태로 보는 것이 아니라, 의식이 감수/지각 작용 등과 동시적으로 상응(saṃprayoga, 相應)한다는 입장에 서 있다. 즉 의식과 그에 동반되는 심소들은 동시에 동일한 대상에 대해 작용한다.

의식 상태는 다양한 심리 작용으로 이루어진 사회로 볼 수 있다. 의식은 다섯 부류의 심소[137]를 동반하는데, 그중 識에 반드시 동반되는 보편적 심리적 현상을 遍行이라 한다. 변행이란 근경식의 접촉(sparśa,

136) 아비달마불교에 이르러서는 정신 활동인 識受想行의 관계를 識→受→想→行으로 보는 차제생기설과 識(心)↔受想行(心所)으로 보는 상응설로 나뉘었다. 유식은 상응설을 주장한다. 심(citta)과 심소(cetasika)의 관계에 대한 상응(saṃprayoga)설과 차제생기설에 대한 연구는 다음과 같다.
이종철, 「식의 生起와 인식주체: 불교와 인식론」, 『동서양인식이론』, 한국정신문화연구원, 1999, pp.209-258. ; 加藤純章, 「心の構造」, 『經量部の研究』, 春秋社, 1989, pp.198-228. ; 吉元信行, 「心理的基礎概念の分析」, 『アビダルマ思想』, 法藏館, 1982, pp.188-228. ; 水野弘元, 「瑜伽行派の心心所相應說」, 『パーリ佛教を中心とした佛教の心識論』, ピタカ, 1978, pp.827-846.

137) 의식 작용과 함께 동반되는 심리적 현상들은 다음과 같이 분류된다. 항상 식에 동반되는 변행(sarvatraga, 遍行), 특정한 대상에 정해져 있되 한 가지 씩만 생기하는 별경(viniyata, 別境), 건전한 상태(kuśala, 善), 불건전한 상태(kleśa, 煩惱), 수번뇌(upakleśa)등이 있다.
변행 심소 중 식(vijñāna, 識)은 단지 대상을 식별하는 작용을 하며, 수(vedanā, 受)는 육체적 감각과 정신적 감정의 작용을 말하며, 상(saṃjñā, 想)은 지각 작용(perception)을 말한다. 대상에 대해 관계 맺는 방식이 바로 대상의 상(nimitta, 相)을 취하는 것이므로 이 想을 '지각 작용'으로 번역할 것이다. 유식 사상에서 識과 想의 차이는 분명하다. 의식이 대상 그 자체만을 보는 작용, 자체만을 식별하는 작용을 하지만, 想은 마음속에 떠오른 대상의 차별적 특징을 취하는 작용을 한다. 따라서 의식 그 자체는 보는 작용, 想은 지각 작용이라고 해석했다.

觸), 대상에 대한 육체적 감각/정신적 감정의 감수 작용(vedanā, 受), 대상에 대한 지각 작용(saṃjñā, 想), 대상에 의식 전반을 기울이게 하는 작용(manaskāra, 作意), 대상에 대한 능동적 반응 작용(cetanā, 思)[138]을 말한다. 파노라마처럼 펼쳐서 본다면 한 찰나의 상태에는 아뢰야식, 意根, 意識, 변행의 심리 현상이 기본적으로 반드시 작용한다.

유식 사상에 의하면 의식의 상태는 다양하다. 예를 들어 '분노(krodha)'가 지배적인 심리 상태라면 적어도 아뢰야식, 의근, 의식, 변행의 심리적 현상, 분노라는 심리적 현상이 동시에 생기한 상태이다. 이 현상은 어떤 조건에 의해 생기한 것이며, 그 현상은 아뢰야식에 의존되어 있다. '분노'가 지배적인 이 순간은 어떤 과거 경험의 잔재/영향이 집적한 경향성인 아뢰야식에 의해 드러난 것에 불과하다. 어떤 음악을 들었을 때, 우리 마음은 반응을 한다. 지금 듣는 그 소리에 반응하는 것이 아니라 마음속에 떠오른 영상(相), 투사된 객체에 반응하는 것이다. 이렇게 과거가 현재에 놓인다. 그러나 만일 마음이 한 대상에만 집중된(ekāgratā, 心一境) 선정(samādhi)이라는 심리적 현상이 의식과 상응한다면 이때는 아뢰야식, 의근, 遍行, 별경심소로서의 심일경, 관찰(尋思) 등이 동반된 상태이다. 이 상태에서는 떠오른 영상을 투사시키지 않고 대상만을 단지 관찰한다. 이렇게 의식 상태는 수평적으로 볼 때, 다양한 심리적 현상들과의 결합으로 이루어져 있을 뿐이다.

의식 상태를 수직적으로 볼 때도, 욕망의 상태인 欲界, 禪定의 상태인 色界(선정 중 육체적 작용인 身根의 영향을 받는 상태)와 無色界(육체적 작용이 멈추고 일부 정신적 작용만 있는 상태)가 있다. 즉 비선정

---

138) 넓은 의미에서 行에 속하는데, 思(cetanā)라는 심소는 대상(想)에 대해 능동적 반응을 한다.

과 선정의 깊이에 따라 동반되는 심리적 현상들이 있다. 분노가 있는 심리적 상태, 열등한 상태, 하나의 대상에 집중된 상태, 대상에 대한 앎이 분명한 상태, 지각 작용만이 있는 상태 등이 그것이다. 의식 상태의 다양성이란 어떤 심리적 현상을 동반하느냐의 차이에 기인한다. 이런 의식 상태의 기저에는 의식이 감지하기 어려운 무의식의 상태, 엄밀하게 말하면 이런 의식 상태를 도출시킨 무의식의 상태가 있다. 의식은 다양한 작용을 하면서 동시에 작용의 결과를 아뢰야식에 둔다. 과거의 영향력이 이 찰나를 규정하고 이 찰나는 다시 아뢰야식에 영향력을 준다. 의식이 어떤 심리적 현상을 동반하느냐에 따라 아뢰야식의 경향성 강도는 강화되거나 약화된다. 그래서 의식 상태의 변화는 의식 상태를 도출시킨 아뢰야식의 변화와 동시에 작용한다.

그렇다면 心相續에서 마음은 어떻게 흘러가는 것일까. 과거 경험의 경향성을 지닌 아뢰야식, 그 경향성의 결과를 생기시키는 종자를 가진 아뢰야식은 특수한 변화(轉變)를 한다. 종자라는 에너지가 특수한 변화를 한 것이고, 이 상태가 바로 이 찰나의 18계이다. 업(karma, 業)을 선두로 해서 차례로 일어나는 마음의 생기가 종자의 특수한 변화인 '나'의 의식 상태이다. 즉 마음을 흘러가게 하는 것은 업의 본질인 반응(cetanā, 思)이다. 자각이 없는 한, 이 業의 순환은 이 의식 상태에서 아뢰야식과 함께 이루어진다. 지금 이 한 찰나 의식의 존재 상태에는 다겁의 生이 녹아 있다. 그래서 자각하지 않는 한, 범부의 '이 찰나' 의식의 존재 상태는 과거에 다름 아니다.

불교에서의 의식 상태는 이렇게 종적으로도 횡적으로도 다양하다. 그렇다면 이러한 심리적 현상이 설명하는 바는 무엇일까? 욕망이 주도적 기능을 하는 욕계의 의식 상태와 달리 대상에 대한 집중의 깊이, 心

身의 관계의 깊이에 따른 색계와 무색계의 상태가 있다. 즉 선정의 깊이에 따라 각각의 의식 상태는 그에 준하는 심리적 현상을 동반한다. 이러한 진술은 심리적 현상의 다양한 분리를 경험한 자들의 이해 판단이다. 다양한 심소들의 점층적 분리를 경험한 자들의 분석이라는 뜻이다.[139] 사실 의식의 다양한 측면에 대한 설명은 의식의 집중 상태와 그 깊이에 따라 관찰되는 심리적 현상이 달랐다는 관찰의 반증이며, 이것은 집중 상태와 관찰의 깊이에 따라서 의식에 동반되는 심소들이 다르다는 것을 말한다.

따라서 불교에서 의식에 동반되는 심리적 현상들에 대한 기술은 집중과 관찰의 심화에 따른 것이라고 할 수 있다. 또한 이런 기술은 無常한 의식 상태의 진정한 변화 가능성을 보여준다. 우리가 긍정적 심소(특히 別境)[140] 작용을 강화해 나가면, 대상에 대해 있는 그대로의 앎(慧)이 가능해진다는 것을 말한다. 慧란 識이 변환되어 생기한 것이 아니다. 즉 식의 변환이란 십팔계 중에서 분별하는 識 기능 대신 慧라는 기능이 강화되고 일상화된다는 것을 의미한다.

그러므로 심리적 현상의 다양한 종류에 대한 설명은 의식 상태의 질적 변환과 관계가 있다. 이것은 우리가 괴로움을 '겪는' 상태나 이 괴로움을 '벗어난' 상태가 의식의 흐름에서 어떤 심소들이 일어나는가에 따른 것이며, 윤회와 열반의 가능성은 의식 작용이 어떤 심리적 현상을 동반하느냐에 따라 달라진다는 것을 가리킨다.

---

139) 예컨대 색계 선정에서 각각의 禪支마다 동반되는 심소가 다르다. 다른 이유에 대한 논리적 설명이다.

140) 별경의 심소들 각각이 동시 생기는 아닌데, 이것은 지관의 상태가 각각 대상을 달리한다는 것을 의미한다. 念이 定을 이끌고, 定은 慧를 이끌지만 定과 慧의 심소만이 동일 대상을 가진다.

그런데 여기서 한 가지 의문이 생긴다. 의식 상태는 지극히 주관적이다. 그런데 어떻게 주관적 심리 상태들을 나타내는 심리적 현상들에 대한 객관적 진술이 가능할까? 이러한 의문은 자신이 자신의 마음을 관찰한다는 것이 어떻게 가능하며, 열반을 획득했다는 스스로의 자각(自內證)이 어떻게 가능한가와 연결된다. 또한 유식 사상에 의하면 의식 상태는 전적으로 언어 작용의 상태인데, 언어 작용을 하는 심소가 어떻게 언어 작용의 대상을 관찰할 수 있을까? 예컨대 번뇌로 물든 의식 상태의 경우, 보는 작용이나 보이는 대상 모두 망상에 불과한데 어떻게 스스로 번뇌에서 벗어났으며 자신이 깨달았다는 자각이 가능한가 하는 의문과 연결된다.[141)]

불교는 의식 상태의 多層상태, 즉 종적으로 횡적으로 다양성을 보임

141) 『섭대승론』의 가행위 수행 방법은 기존 불교처럼 번뇌가 수행 대상이 되지 않는다. 견도직전의 준비 단계에 해당하는 가행위의 수행 방법은 名과 義, 그 자체와 그것들의 無常을 보는 것이다. 이때의 名義는 문훈습된 붓다의 가르침이 작의되어 나타난 名義이다. 법계에서 흘러나온 경전 등을 들은 후, 그것을 내재화시켜서 경청한 내용을 직접 경험화하는 작업이다. 예를 들면, 작의된 대상 또한 명칭화되지 않는다는 것을 직접 체험하는 것으로 붓다의 가르침인 문자나 그 의미조차도 비유적 표현이라는 것을 자각해 나가는 것이다. 이것은 새로운 유형의 대승 聲聞僧의 수행이라고도 부를 수 있는데, 이는 붓다의 말씀을 듣고 깨닫는 것이 아니라, 직접 진리를 경험하는 차원이라고 할 수 있기 때문이다.
대승불교권에서는 궁극적 실재를 법이 아닌, 법성·진여·공성으로 보는데 그 이면에는 삼계가 거짓이라는 판단이 깔려 있다. 예컨대 일념인 망념을 없앤다는 것 자체가 또 다른 망념의 상태이기 때문에, 선불교의 경우 '話頭'라는 도구적 망상을 가지고 불성/공성에 이르도록 한다. 다른 방법으로는 現前 一念 밖에 또 다른 초월적 세계가 있는 것이 아니므로 현전 일념이 망념인 줄 알고 그 생각을 내려놓게 하는 것이다. 일념의 放下, 그 찰나가 열반이라는 것이다. 『원각경』에서는, "居一切時 不起妄念 於諸妄心 亦不息滅, 住妄想境 不加了知, 於無了知 不辨眞實"이라고도 한다. 비유하자면 한 찰나 일념이 떠오르면 무의식적으로 貪이나 嗔의 방식으로 반응한다. 이때 그 일념으로부터 도망치거나 다른 생각을 하지 않고 그 일념의 변화 전 과정을 지켜보는 것이다.

으로써 객관적 관찰의 상태와 그에 대한 진술이 가능하다고 본다. 심소의 설명과 그에 따른 止觀 수행에 의하면, 심리적 상태에 대한 객관적 관찰의 상태가 있고 그 진술이 가능하다. 의식의 상태는 산란한 상태가 아닌 집중의 상태라는 것임을 전제한 것이다. 즉 의식의 상태가 산란하지 않고 한 대상에만 집중되어(心一境) 있다면, 객관적 관찰의 가능성이 확보된다. 심리적 현상 중 별경의 심소가 강화된 상태, 즉 심일경이 지배적인 상태에 이르면 그 대상을 관찰하는 작용(慧)이 다음 찰나에 생기한다. 이것이 바로 지관이 이루어진 상태를 말하며 이러한 의식의 상태에서만 진정한 대상 관찰이 가능하다. 자신이 자신의 심리적 현상을 객관적으로 관찰하게 된다.

지관 상태에서 대상에 대한 명료한 앎, 객관적 관찰은 물론이고 주객 소멸의 경지를 경험한 후에 그것에 대한 관찰도 가능하다는 것은 心相續의 한 개체에게 그런 심리적 현상이 존재한다는 것을 말한다. 따라서 의식의 다양한 상태 중, 주관적 상태이지만 객관적 관찰이 가능한 상태가 있다는 것이 이것을 말한다. 객관적 관찰이 가능한 상태는 색계 이상의 선정 상태와 무분별지의 선정에서 출정한 후에만 가능한 것이다. 지관 상태에서 대상 관찰이라는 객관적 상태가 가능하며, 지관 수행에서는 관찰 지혜의 힘으로 의식의 질적 변환 상태를 일으킨다. 이것은 객관적 관찰이 가능하다는 것을 의미한다.[142)]

---

142) 어떻게 '번뇌가 다 했음을 아는 智(kşayajñāna, 盡智)', '더 이상의 탄생이 없음을 아는 智(anutpādajñāna, 無生智)'를 가지게 되며, 자신이 깨달았다는 것을 어떻게 아는가? 즉 주관적 체험이 아닌 객관적 체험과 진술이 가능한 것은 무엇 때문인가? 어떻게 자신의 주관적 심리 상태를 관찰할 수 있는가, 라는 질문이 가능하다.
일반적으로 나를 대상화시켜서 반성/분석을 하는 순간에도 의식은 자기 정체성을 지닌 채 반성/분석한다고 한다. 이때 바라보는 대상으로 머물지 않는 자

비선정 상태에서 대상 관찰은 불가능하다. 즉 과거 업의 재생산, 프로그래밍화된 업의 현현에 불과한 의식 상태에서의 객관적 관찰은 불가능하다. 일상적 의식에서 반성이란 의식의 다른 측면을 보는 것에 불과하기 때문이다. 산란한 상태에서는 마음속에 떠오른 대상의 相을 실재적 객체로 보면서 相을 대상화시킬 기제가 없기 때문이다. 그러므로 당연히 대상에 습관적으로 반응할 뿐이다. 그러나 한 대상에만 의식이 집중된 상태에서는 관찰하는 작용, 簡擇이라는 지혜, 관찰 분별이라는 지혜가 생기한다. 이런 객관적 관찰과 달리 무분별지에서 出定한 후인 후득지 상태에서는 현관(abhisamaya, 現觀)이라는 자각이 생기고 그것에 대한 상세한 관찰도 가능하다. 집중의 깊이와 관찰의 예리함에 따라, 종국에는 관찰하는 의식의 특정 상태조차 사라진 무분별지의 선정에서 나온 후에 '그' 체험에 대한 객관적 관찰이 가능하게 된다. 유식 사상은 이렇게 열반 체험 전의 加行位 상태 그리고 체험 후에도 객관적 관찰이 가능함을 주장한다.

불교는 다양한 심리적 현상의 생기를 통해서 객관적 관찰이 가능하다는 것을 보여준다. 따라서 우리의 심리 상태, 혹은 그 경험은 지극히 주관적이지만, 지관 상태에 동반되는 심소들로 인해 객관적 관찰 상태를 유지, 경험할 수 있다. 그래서 지관 수행에서 객관적 관찰이 가능하고 이것의 진술이 가능하다는 것은 의식과 심소들의 설명으로 가능하다는 것을 말한다.

이것은 어떻게 자신이 자신의 마음을 관찰할 수 있고, 어떻게 그 관

아, 자기 정체성을 순수 자아라 할 수 있다. 유식 사상은 대상화되지 않는 순수자아란 개념적 착각에 불과한 것으로 보고, 그런 자아나 실체적 존재를 전제하지 않고도 정신의 객관적 상태를 가질 수 있다고 한다. 의식에 동반되는 관찰이라는 심소로 인해 의식에 대한 객관적 체험과 진술이 가능하다고 한다.

찰로써 질적으로 전혀 다른 차원을 경험할 수 있으며, 어떻게 現前이나 법신의 접촉이라는 독특한 정신 상태를 경험할 수 있는가에 대한 대답을 가능케 한다. 또한 無常한 의식 상태는 선험적 자아나 의식의 정체성을 설정하지 않고도 識相續의 개체가 자신의 의식 상태를 객관적으로 관찰할 수 있다는 것을 보여준다.

물론 객관적 관찰 상태의 깊이는 다르다. 예컨대 十地의 상태를 고려할 때, 각각의 상태 혹은 단계(地)마다 각각의 관찰 대상과 관찰 상태의 깊이가 달라진다는 것을 추론할 수 있다. 일상에서도 관찰자의 의도에 따라 관찰 내용인 해석이 달라질 수 있고, 경험에 대한 이해가 달라질 때 그 경험 주체에 대한 이해도 달라진다.

다른 한편 수행에서 경험의 과정이 비논리적·직관적이라면, 그 경험에 대한 진술은 비논리적이고 직관적일 수 없다. 왜냐하면 지각의 관찰은 시간의 논리에 따라 평면화되고, 언어 표현 자체가 인과적 양식을 따르고, 사적 차원의 경험은 보편의 원리 속에서 진술되기 때문이다. 따라서 경험자의 이해 위치도가 어디에 있느냐에 따라 경험에 대한 해석은 다양하게 달라질 수 있다.

그러나 그럼에도 불구하고 선정 상태에서는 객관적 상태의 유지가 가능하다. 의식 자체는 다양한 심소를 동반함으로써 자신의 작용을 하므로, 의식은 아뢰야식과 달리 다양한 심소를 동반한다는 점에서 열반의 가능성은 의식의 활동에 따른 것이다. 다양한 심리적 현상 중 집중과 관찰이라는 독특한 의식 상태를 강화시켜 나가면 질적으로 다른 변화된 의식 상태의 경험이 가능하고 그로 인해 자신을 규정짓고, 자신이 규정하는 습관적 경향성인 업으로부터 벗어날 수 있다. 불교는 습관적 경향성이 드러낸 콤플렉스인 의식 상태가 습관적 경향성으로부터 벗어날 수 있는 가능 근거를 의식에 동반되는 다양한 심소의 기능에 두었다. 이것이 바로 자신이 자신의 마음을 관찰할 수 있는 토대가 의식 작용에 있다는 것을 뜻한다.

그러므로 불교에서 의식 상태에 대한 다양한 진술은 無常하며 無我인 心相續에서 찰나 생멸하며 비실체적 마음이지만 자신의 심리 상태를 객관적으로 관찰할 수 있다는 것을 시사한다.

그렇다면 다양한 의식 상태는 어떻게 가능한 것인가? 유식 사상에 의하면 이 찰나의 의식 상태는 행위의 결과들이 쌓여서 형성된 경향성, 무의식이라 부를 수 있는 아뢰야식을 조건으로 생기한 상태에 불과하다. 또 이 의식 상태는 순수 정신적 차원이 아니라, 육체적 기관이자 능력인 6根과 밀접한 관계에 있다. 유식 사상은 의식 상태, 의식 생기에 대해 다각도로 설명한다. 이것은 의식의 생기를 다양한 측면에서 접근할 수 있다는 것을 의미한다. 여기서는 세 가지 측면에서 고찰해보겠다.

첫째, 의식의 생기 조건에 관한 측면이다. 『섭대승론』 2-16을 보면 다음과 같은 진술이 나온다.

> 의식이 두루 분별하는 것(parikalpa, 能遍計)이고, [의식은] 분별을 가진 것이기 때문이다. 그 [의식]은 자신의 名言에 의한 훈습을 [결과로 한] 종자로부터 생기한 것이며 또 모든 식(vijñapti)의 명언에 의한 훈습을 [결과로 한] 종자로 인해서 생기한 것이다. 그러므로 의식은 무한한 행상을 가지고 생기하고 일체에 대해서 분별하므로 遍計한다. …[하략]… [143)]

이에 대해 직접적 주석은 하지 않으나 의식이 분별 주체라는 점을

143) MS 2-16.

다음과 같이 설명한다.

> [의식이] 두루 분별하는 것(parikalpa, 遍計)은 어떻게 변계(parikalpa)하는가라고 하는 것은 의식이 遍計하는 것 중이라고 하는 것은 [의식이] 의타기에 대해서 변계하는 것이다. 어떤 행상에 의해서 변계하는가라고 그것을 가르친 것이 [다음과 같다.]…[하략]… 144)

위의 인용에 따르면 의식이 분별의 기능을 하며, 그 분별의 범위는 의타기한 법, 즉 두루(pari)는 자신을 포함한 의타가한 법들이다. 의식은 의식 자체의 선험적 언어 종자인 名言熏習種子에서 생긴 것이며, 아뢰야식이 지닌 세 가지 종자 중 명언훈습 종자에 의해 생기한 것이다. 즉 의식은 자신의 명언종자로부터 그리고 언어/언어 의미 가능성이자 잠재적 에너지(śakti, 功能)를 가진 아뢰야식의 명언훈습종자로부터 생기한 것이다. 즉 현재의 의식 상태는 의식 그 자체에서, 그리고 아뢰야식에서 생기한 것이다.

이것은 이 찰나 의식 상태의 발생 근원지를 말하는 것인데 무엇을 의미하는 것일까? 『삼십송석』의 안혜 주석을 통해서 단서를 얻을 수 있다. 전생의 업에 의해 이끌린 이생의 생존이 다했을 때, 즉 현재의 생존을 견인한 과거 업이 다 작용했다면, 현재와 다른 衆同分이라는 생명체에서 아뢰야식을 생기하게 한다. 다른 중동분에서 생기했다는 것은 바로 '현재의 生'을 말하는 것인데 이것은 이 과거 습관적 경향성을 가진 아뢰야식 안에 異熟의 잠재적 경향성의 습기와 等流의 습기가 함께 있다는 것을 의미한다.

因轉變이란 아뢰야식에서 이숙습기(vipākavāsanā, 異熟習氣)와 등류

144) MSBh P Li 175b8-176a1. D Ri 147b4-5. (H) 341b.

습기(niṣyandavāsanā, 等流習氣)가 증장하는 것이다. 果轉變이란 전생업의 견인이 원만할 때 이숙습기가 생기해서 다른 중동분에서 아뢰야식이 현행하는 것이며, 등류습기가 생기해서 전식과 염오의가 아뢰야식으로부터 현행하는 것이다. 그중에서 善과 不善의 생기식[轉識]은 아뢰야식 속에 이숙습기와 등류습기를 놓고 無記의 생기식과 염오의는 등류습기만을 [아뢰야식 속에] 놓는다.[145)]

위의 안혜의 설명에 의하면 현재 생의 규정은 異熟識인 아뢰야식에 있지만, 현재의 생, 나아가 이 찰나 의식 상태는 기본적으로 이숙식의 영향과 그 이숙식과 함께 있던 등류습기로 인해 생기한 것이다. 아뢰야식 안에는 전적으로 다른 결과를 가지는 이숙습기와 동일한 결과를 가지는 등류습기가 있다. 이 찰나의 의식은 일차적으로 이숙습기의 틀 안에서 생기하지만 다른 한편으로는 이숙습기 안에 놓인 등류습기에 의해 규정된다. 그러므로 의식은 이숙습기와 등류습기로 된 것이라는 의미에서 '등류인 이상 자기의 명언종자로부터, 이숙인 이상 이숙인 명언종자로부터 생기한' 존재이다. 즉 의식은 등류로서의 자기 명언종자와 이숙으로서의 명언종자로부터 생기한 것이다. 의식은 善, 惡으로 구분되지 않는 無記로도 작용한다고 보는 판단 때문이라고 추론해 볼 수 있다. 한편 이 '현재 생'에서 볼 때 의식 자체는 아뢰야식의 지배 하에서 작용하므로, 의식 작용은 과거의 경향성, 의근이라는 잠재적 성향, 에너지에 종속되어 있어서 개인의 독특한 경험은 습기라는 경향성의 형태로 간직되어 있다가 지금 이 찰나의 생을 규정한다. 이때 의식의 활동, 의식 상태는 과거의 독특한 경험적 패턴이 남긴 습기의 드러남이다. 무의식으로서의 아뢰야식이 산출한 콤플렉스라 할 수 있다.

145) Vrimś p.15. 『成唯識論』 7b-c.

둘째, 의식과 의근(manas, 意根)과의 관계이다. 이것은 유식 사상을 유식 사상이게 하는 결정적 근거가 된다. 결론적으로 의식은 의근의 지배력에 이끌린 식이다. 六識界는 육근을 원인으로 해서 생기한다고 보기 때문이다. 『섭대승론』 1-6에 대한 세친의 해석은 이를 잘 보여준다.

> 첫 번째[意]에 근거해서는 [현행식이] 발생하고 두 번째[意]에 근거해서 [현행식이] 번뇌에 의해 염오된다고 하는데 직전에 멸한 식을 意(manas) 라고 이름하는 것에 의해서 일체의 식이 생기할 기회를 줌으로써 발생하는 근거이다. 두 번째는 雜染시키는 것이다. 善心안에서도 또한 내가 존재한다는 [생각이] 생기기 때문이다. …[중략]… 등무간(manantara)과 [자아를] 생각(samanantra)하므로 의(manas, 意)가 두 종류라고 하는 것 중 이 중 [앞에서 말한 識이란] 대상을 취하는 의미 때문에 識이라고 한다. 이런 [識이 생기할] 처소(skab, 處所)를 준다는 의미로 첫 번째 [의미의] 意[가 성립하고] 我 등을 집착하여 잡염의 의미가 성립되므로 두 번째의 번뇌를 가진 意가 성립된다.[146]

위의 인용에 의하면, 染汚意인 의근은 識 생기의 원인으로 작용을 하면서 동시에 그 識을 염오케 하는 기능도 한다. 등무간연을 조건으로 생기하며 그 의식 전체를 '나'라는 것으로 염오케 한다. 즉 6識은 의근을 원인으로 해서 생기하고, 염오의에 의해 생기 자체가 자아 중심적으로 물들어 버린다. 염오의는 결국 자아 중심적 관점을 취하는 작용을 말한다. 그러면, 염오의인 의근이란 무엇일까? 세친에 의하면 명언종자로부터 생긴 염오의는 유신견(satkāya dṛṣṭi, 有身見)의 번뇌를 가지고 있는 것이며 아애종자로부터 생긴 것은 아견(ātmandṛṣṭi, 我見)이다. 『섭대승론』 1-58에 의하면 "염오의는 유신견의 힘으로 인해 아뢰야식

146) MSBh P Li 150b5-150b8. D Ri 128a7-128b3.

에 '나'라는 습기를 훈습시킨다."고 한다. 즉 아애훈습[종자]은 염오의인 有身見부터 생기한 것으로 아뢰야식을 자신으로 여기는 종자를 말한다. 즉 세친은 훈습의 세 종류를 설명하는 부분에서 유신견과 我見의 차이를 다음과 같이 설명한다.

> 이 세 종류의 훈습의 구별에 의해서라고 하는 것은 [다음과 같다]. 그 중 명언훈습의 구별이란 '眼'이라 명명하는 異熟識의 훈습은 眼을 성립하게 하는 원인이 된다. 성립되고 이숙[인]안에서 생겨났다고 말하는 그 眼은 '眼'이라는 名言을 원인으로 해서 생기한다. 耳 등의 일체의 명언 대상에 대해서도 사정이 마찬가지라고 하는 것이 이 [명언훈습의]구별이다. 我見훈습의 구별이란 有身見의 지배하에 놓인 染污意가 아뢰야식에 대해 '나'라는 습기를 훈습시킨 것이다. 그[染污意]로 인해서 자신과 타인이라는 구별이 생긴다. …[하략]…[147)]

위의 인용에 의하면, 자타를 구별하는 我見熏習은 명언종자의 有身見에 의해 생겼다. 이것은 有身見이 我見에 선행한다는 것을 말한다. 我見에서 我는 有身 즉, 몸이 있음을 말하는 것으로 '나'라는 생각(我見)은 공간적 물질의 형태를 띤 몸을 '나'로 인식하는 견해를 말한다. 이것은 명언종자로부터 我見종자가 산출된다는 것을 뜻한다. 명언종자로부터 생기한 염오의는 네 가지 번뇌(유신견, 아견, 아애, 무지)를 동반하지만 아애종자는 我見만을 생기시킨다.[148)] 네 가지 번뇌 중 有身見으로부터 '나'라는 습기의 산물인 我見이 생기한다. 따라서 '내가 존재한다, 오근인 몸을 가지고 있다, 라고 여기는 맹목적인 형이상학적 견해(유신견)'가 아뢰야식을 자신으로 여기는 '아견'을 생기시킨다. 그러므

---

147) MSBh P Li 168b6-169a2. D Ri 142a6-142b1. (H) 336c.
148) Triṃś p.23. 안혜는 삼십송6cd 주석에서 我見을 有身見과 동의어로 본다.

로 아견이란 나인 아뢰야식과 너의 아뢰야식을 구별하는, 나아가 "구별(bye brag)의 소의(āśraya, 所依)"라는 견해로서 나와 남을 구별 짓는 것이다. 유신견의 단계에서 단지 내가 존재한다는 차원의 자아 중심성을 가지고 있다면, 아견은 '나'라는 것, 즉 나와 타자를 구별 짓는 생각이다. 이 아견은 나와 타인을 가르는 작용을 한다.

유신견이 내 몸을 중심으로 내가 존재한다는 생각이라면, 유신견이란 자아 중심적 생각이라고 볼 수 있다. 반면 아견은 나 이외의 모든 존재를 배타적으로 설정하는 견해라는 의미가 된다. '몸을 가지고 있다는 생각'으로부터 생긴 아견은 나 이외의 모든 존재들과 배타적 관계를 만들어낸다. 그러므로 아견에서 생긴 自他는 인간 영역만이 아닌 다른 생명체도 포함된다.

我見은 유신견과 달리 인간 중심적 사유로서, 나와 아귀, 축생 등의 타인을 가르는 배타적 심리 현상이라 해석할 수 있다. 그러므로 유신견은 인간계 안에서의 배타적 관계를, 아견은 인간 외의 다른 유정안에서의 배타적 관계를 말한다고 볼 수 있다. 이런 맥락에서 染汚意로서 유신견과 아견은 인간과 인간 이외의 모든 유정과의 경계를 긋는다. 염오의로부터 생긴 것이 아견이고 이 아견종자를 의근으로 볼 때, 염오의인 의근은 '자아 중심적·인간 중심적' 성향이고 힘이다. 자아 중심적 사유는 인간 중심적 사유로 확대되는데, 육도 윤회하는 모든 생명체 중 인간이라는 유정의 자아 중심적 사유는 결국 다른 생명체의 배제를 가진 사유이다. 즉 유신견, 아견이 모두 의근으로 작용하는 한, 유정의 인식은 자기 이해, 인간 이해에 갇혀버린다. 이를 통해 의식이 아는 만큼, 그만큼 모른다는 논리가 성립된다.

이처럼 유식 사상은 아비달마의 이해와 달리 의근 외에 염오의가 설정되고, 그에 따라서 의식은 염오의인 의근에 의해 생기의 측면만이 아니라 염오의 성질까지 규정받는다.

한편, '분노의 심리적 상태'에 놓여 있다가 다음 찰나에 '즐거운 심리 상태'로 변화했다고 가정해 보자. 이런 사태가 어떻게 가능한 것일까? 어떻게 성질이 질적으로 다른 상태에 놓일 수 있을까? 의식을 중심으로 고찰해 보면, 이 찰나 의식 상태의 生起 조건과 내용(성질) 조건으로 나누어 볼 수 있다. 아비달마에 의하면, 이 찰나 의식 상태의 생기는 전 찰나 의식계가 等無間緣으로 이 찰나에 의근으로 된다. 직전에 멸한 의식[계]가 의근이 된다. 즉 이 찰나의 의근은 전 찰나의 의식[계]이다. 근경식이 접촉할 때 근은 전 찰나 의식계가 된다는 논리이다. 그러나 분노 상태에 있다가 즐거운 마음 상태로 변화하는 의식 상태의 성질 혹은 내용성은 등무간연과 증상과의 관계가 아니다. 지금 생기한 이 의식 상태의 성질을 결정하는 것은 득(prāpti, 得)과 비득(aprāpti, 非得)이다. 분노 상태 직후에 즐거운 상태가 생기 가능한 것은 그 즐거운 마음을 모으는 득의 작용과 분노 상태가 생기는 것을 방해하는 비득의 작용이라고 본다. 득은 心不相應行法으로 심리적 현상의 하나이다.

그러나 유식 사상은 의식 생기의 조건으로 등무간연은 인정하되, 等無間緣으로 오는 의근 외에 네 가지 번뇌를 동반하는 染汚意를 의근에 첨가한다. 아비달마에서 번뇌 심소였던 '有身見'이 유식 사상에 이르면 일체 의식의 상태를 자아 중심적 의식 상태로 만드는 기제로 작용한다. 유식 사상은 의식 상태의 성질을 규정하는 근거를 아뢰야식의 종자에 둔다. 아비달마불교와 달리 유식 사상은 의식의 생기 조건을 등무간연과 자아 중심적 작용을 하는 염오의에 둔다. 따라서 유식 사상은 의식 상태의 성질을 아뢰야식에 둠으로써, 이 찰나에 분노의 상태에 있다가 다음 찰나에 질적으로 전혀 다른 심리 상태로 변화를 설명해 낸다. 그러므로 현재 이 찰나 의식의 생기, 그 심리 상태는 전 찰나의 영향이 아닌 아뢰야식에 기인한다. 의식의 생기, 그 기원을 아뢰야식과 연결시킴으로써 의식 상태가 찰나마다 다르게 변화 가능하다는 것을 설명할 수 있게 되었다.

한편 의식의 존재는 수동적이다. 의식의 생기는 의근에 종속되어 있으므로 의식의 작용은 의근의 방향성에 놓여 있다. 의식 상태는 결국 자아의식(染汚意)의 상태에 불과하다. 그래서 그 어떤 의식 상태의 판단도 모두 자아의식(ego)일 뿐이다. 염오의가 의근이라는 유식 사상에 의하면 에고가 의식 전체를 가로지르고, 의식의 내용은 모두 에고의 작용이다. 의식의 변환은 에고와 유가행자들의 심리 상태에 대한 예리한 분석이 이러한 해석을 낳은 것이라 할 수 있다. 또한 이러한 분석의 배경에는 不善한 마음의 상태만이 아니라 선한 상태에서도 자아 중심적 사유를 하고 있다는 유가수행자들의 철저한 관찰이 있었다고 유추해 볼 수 있다.

셋째, 의식과 대상과의 관계에 초점을 맞추어 의식의 生起를 고찰해 보자. 불교 기본의 인식 구조에 따르면 "根과 境에 의해서 識이 있다."고 한다. 이런 표현 양식에 의하면 식/의식의 생기는 경(所緣, 相)에 의존해 있다. 즉 識은 根과 境을 조건으로 해야만 생기한다는 것을 의미하는데 『섭대승론』의 설명이 이 사태를 잘 드러낸다.

즉 의식은 분별[149)]을 가진 것이며, 또 모든 vijñapti로서 나타난 것

149) 분별(vikalpa)은 현장의 역어인데, 판단을 의미한다. 판단은 언어의 허구(戱論)에 지나지 않으며, 업과 번뇌는 판단으로부터 생기한다는 주장은 대승불교의 기본 전제이다.

에 의해서 생기된 것이기 때문이다.[150]

세친의 주석은 다음과 같다.

> 하나의 [의근]인 vijñaptimātra인 것에도 논리적 구조상 한 부분은 갖가지로 생기하고, 두 번째는 마찬가지로 能取가 된다. 또 의식에 의해 능취이기 때문에, 그 때문에 眼[根]등의 vijñapti부터 法[경인 vijñapti]에 이르기까지 일체가 그것[육식]의 상(nimitta, 相)이 되고, 의식(manovijñāna)[의 vijñapti가] 마찬가지로 見(dṛṣṭi)이라고 알아야 한다. 意識이 바로 원인이라고도 말한다. [의식은 대상이] 결정되어 있지 않기 때문이다. 또 다른 [五識]들은 경(viṣaya, 境)이 정해져 있기 때문에, 분별이 없기 때문이다. 그러므로 [의식은] 분별을 가지고 있는 [것이고] 저것[의식]은 見이다. 그것[의식]이 見이라면 vijñaptimātra로서 성립한다.[151]

무착과 세친의 설명에 의하면 의근은 5根과 육경과 5識을 대상(相)으로 가지고 있다. 그렇다면 왜 의근이 지닌 相이 의식의 원인(nimitta)으로 작용하는 것일까? 이것은 '根과 境에 의해서 識이 생기한다'에 대한 유식 사상의 재해석으로 볼 수 있다. 이것은 境(相)과 識(見)의 관계에서 識이 境에 의존해 있다는 것을 의미한다. 일상적 차원에서 보면 의식 대상(相)과 의식(見)은 동시 생기이지만 집중의 상태를 통해 보면, 이 양자의 소멸/정지의 순서가 다르다. 예컨대, 見道에 이르기 직전 所取인 대상이 사라지고 나서야 能取, 즉 대상을 보는 想의 작용이 소멸한다. 즉 見으로서의 識의 소멸은 相으로서의 境인 所緣의 소멸에 의해서만 가능하다. 所取인 대상의 소멸이 있어야 비로소 能取의 소멸이

150) MS 2-11.
151) MSBh P Li 172b2- 173a5. D Ri 145a4-145b4.

있다. 이것은 境이 보는 식(見, 識)을 장악하고 있다는 것을 의미한다. 말하자면 식의 작용 또한 대상에 의해 규정된다는 것을 뜻하며, 대상 지향적 의식은 대상이 없으면 작용하지 않는다는 것을 의미한다.

따라서 '근경에 의해서 識이 생기한다'는 것을 거꾸로 보면 境이 사라지면 識이 사라진다는 의미이다. 유식 사상에서 세간 의식의 마지막 상태를 능취의 想작용이 사라진 것으로 보는 것이 이러한 해석을 도출시켰다고 볼 수 있다. 그러므로 의식은 의근에 의해 규정되면서 동시에 相을 원인으로 한다. 즉 相(nimitta, 因相)의 측면에서 볼 때 의식의 출생은 소연인 相에 딸려 있다.

이상에서 고찰해 본 것처럼 유식 사상에서는 다양한 의식 상태가 가능한 근거를 아뢰야식, 意根, 所緣에 둔다. 의식은 종자로부터 생기한 것이고, 육근을 원인으로 한 것이며, 대상에 의해 생기한다. 이런 측면에서 의식의 대상은 法境만이 아니라 5根과 6境과 前5識이 된다.

지금 이 찰나 의식 상태, 심리적 상황, 실존은 상속의 특수한 변화 상태, 경험의 경향성이 남긴 종자의 현세화된 상태에 지나지 않는다. 이 종자의 드러난 상태인 18계는 경험의 경향성의 집적인 아뢰야식과 동시적 관계에 있으므로 범부의 의식 상태, 의식의 기능은 수동적 위치에 놓여 있다는 것을 의미한다. 따라서 심리 상태에 대한 자각이 없는 한, 이 수동적 의식 상태는 과거가 재현된 현재의 찰나에 불과하며, 그 어떤 특정의 습관적 경향성을 강화시켜 갈 뿐이다.

2) 의식의 기능들

그러면, 의식은 어떻게 대상과 관계를 맺을까? 의식의 기능을 살펴본 후에 기능이 어떻게 작용하는지 고찰해 보도록 하자. 의식은 대상

지향적 성질, 즉 대상에 대한 작용을 지니고 있다. 그런 識(vijñāna)의 기능/작용은 다양한 용어들, 즉 식별(vijñapti, 了別), 식(vijñāna, 識), 파악(upalabdhi, 得)이라는 표현과 봄(dṛṣṭi, 見), 分別(vikalpa), 行相(ākāra), 분별을 가진 것(vikalpin), 두루 분별함(parikalpa, 遍計)으로 표현된다.

『섭대승론석』에 나타나는 의식의 용어는 다음의 세 종류로 분류할 수 있다.

① 대상을 각각 識別(viṣayaprativijñapti)하므로 식(vijñāna)이다. 識別(vijñapti, 了別), 識(vijñāna), 파악(upalabdhi, 得)이라는 용어가 이에 해당한다.

② 의식은 대상을 보는 작용을 한다. 그것이 봄(dṛṣṭi, 見), 行相(ākāra)이다.

③ 의식은 분별 작용을 한다. 분별(vikalpa), 분별을 가진 것(vikalpin), 두루 분별함(parikalpa)이라는 용어가 이에 해당된다.

이를 중심으로 차례대로 고찰해 보도록 하겠다.

첫째, '대상을 알기 때문에 식(vijñāna)'이라는 정의는 의식에만 적용되는 것이 아니라 식 일반의 정의이다. 『구사론』에 의하면 識蘊은 "대상에 대한 識別(vijñapti, 了別)이고, 파악(upalabdhi, 得)이다.[152] 『섭대승론』에서도 "대상(viṣaya)을 식별하므로 識이다."[153]라는 정의를 유지하고 있다. 識은 각각을 식별한다(vijñāṇam prativijñaptiḥ)는 것이다. 또 다른 형태의 識에 대한 정의는 "알기 때문에 식이다(vijānātīti

152) AKBh(E) p.17. 『구사론』에서도 식의 정의를 식별(vijñapti)과 파악(upalabdhi)으로 보고 있다. "viṣayaṃ viṣayaṃ prati vijñaptir upalabdhir vijñānaskandha ity ucyate."

153) MS 1-6.

vijñānam)."[154]이다. 말하자면 '식은 대상(viṣaya)을 안다(vijñānaṃ viṣayaṃvijñānati)'이다.

세친은 『유식삼십송』 2ab에서는 6식을 vijñaptirviṣayasya(了別境[識])[155]으로 보고 있다. 대상의 識別이 육식의 작용이라고 본 것이다. 또 한편 6식을 설명하는 틀 안에서는 대상을 파악한다(viṣayayopalabdhiḥ sā)(8bc)라고 한다. 이것은 식의 작용인 식별(vijñapti)을 파악(upalabdhi)으로 환치시켜 식의 정의를 '대상(viṣaya)을 파악하는 것'으로 설명하고 있다. 『유식삼십송』 3ab에서 "그것[아뢰야식]은 완전하게 인식되지 않는 執受와 處의 識別(vijñapti)을 가지고 있다."고 정의한다. 『섭대승론석』과 『유식삼십송』에서 세친은 식의 작용을 vijñapti, vijñāna, upalabhi로 사용하고 있다. 식은 境(viṣaya)을 파악(upalabdhi)할 때, 이미 개념적으로 파악한다. 의식은 이미 개념적 작용을 하는 것이므로 『섭대승론』에서 대상 파악은 개념적 파악을 의미한다.

『삼십송석』에서 안혜는 2ab를 "色 등[성향미촉법]의 境이 각각 현현하기 때문에 안식 등 여섯 종류의 식은 境을 식별한다(vijñapti)."[156]라고 주석하고 8bc에서는 "제 삼은 여섯 종류의 viṣaya를 파악하는 것이다."라고 주석한다. 안혜는 파악(upalabdhi)을 取(grahaṇa), 획득(pratipatti)으로도 이해하고 있다. 또한 그는 아뢰야식에서의 識의 정의를 알기 때문에 識(vijñānatīti vijñānam)으로 취하는 것으로 보아서 안혜는 식의

154) 識(vijñāna)에 대한 연구는 다음과 같다. 이종철, 「vijñāna의 논변」, 『불교학연구』 1, 2000. ; 室寺義仁, 「ヴァスバンドゥによる「識」理解 -『五蘊論』を中心として」, 『アビダルマ佛教とインド思想』(加藤純章博士還甲記念論集), 春秋社, 2000, pp.167-180.

155) Triṃś p.18.

156) Triṃś p.24. "rūpādiviṣayapratyavabhāsatvāt cakṣuradivijñānaṃ ṣaṭprakāramapi viṣayavijñaptiḥ"

기능으로서 vijñāna와 vijñapti, upalabdhi를 동의어로 취급하고 있다는 것을 알 수 있다.[157)]

둘째, 아뢰야식과 6식에서의 識에 대해 『섭대승론』에서는 봄(dṛṣṭi, 見)이라는 정의도 사용하고 있다. 이때의 봄은 六識에 해당된다. 그러나 의식 그 자체와 의식에 동반되는 심소가 대상에 대한 작용을 할 때 보는 작용이 각각 다르다. 의식과 심소는 각각 대상에 대해 보는 行相인 작용을 달리한다. 의식은 대상 그 자체(svabhāva)만을, 심소는 그 대상의 차별상(viśeṣa)만을 보는 기능을 각각 담당한다. 의식은 대상 그 자체만을 보고, 동반되는 다양한 심리적 현상(심소)은 각각 대상의 차이만을 보는 작용을 한다.[158)] 의식이나 그 심소는 각각 대상에 대한 작용(ākāra, 行相)을 달리하기 때문이다.

대상 그 자체와 대상의 차이를 보는 작용이 다르다고 할 때 구체적으로 무엇을 말하는 것일까? 『섭대승론』 2-18에 의하면 "변계소집에 두 종류가 있다. 첫째, 자체를 변계소집하는 것(svabhāvaparikalpa)이고, 둘째, 자체의 차별상을 변계소집하는 것(viśeṣaparikalapa)[인 두 종류]에 의해 변계소집되기 때문이다."이다. 즉 대상을 보는 행상이 곧 분별인데 이에 대한 세친의 이해는 다음과 같다.

---

157) 『삼십송』 3ab를 호법은 다음과 같이 정의하고 있다.
『成唯識論』 10a, "了謂了別, 卽是行相, 識以了別爲行相故"; 26a, "謂於六境了別名識"; 26b, "次言了境爲性相者, 雙顯六識自性行相. 識以了境爲自性故. 卽復用彼爲行相故. 由斯兼釋所立別名. 能了別境名爲識故."

158) MABh 1-8cd. p.20. 이 중 識은 artha를 보는 것이나 그 심소들(caitasa)은 그 [artha의] 차이(viśeṣa)를 [보는 것이다(atrārtha-dṛṣṭir vijñānaṃ tad-viśeṣe tu caitasāḥ)]에 대해 세친은 "이 중 식은 artha만을 보는 것이며 artha의 viśeṣa를 보는 것은 vedanā(受) 등의 심소들이다(tatrārtha-mātre dṛṣṭir vijñānaṃ arthaviśeṣe dṛṣṭiś caitasā vedanādayah)"라고 주석한다.

[자체(svabhāva)에 대한 변계소집과 차별상(viśeṣa)에 대한 변계소집이라고 하는 것 중에서] 자체에 대한 변계소집이란 眼[根] 등에 대해서 眼 자체 등을 변계소집하는 것이다. 차별상에 대한 변계소집이란 즉 바로 그것[眼]들의 자체가 無常[과 常]이라는 차별에 의해서 변계소집하는 것이다.[159]

위의 인용을 통해서 대상 그 자체와 그것의 차별상에 대한 차이가 무엇을 의미하는지를 알게 되었다. 의식과 의식에 동반되는 심소들은 대상에 대한 분별을 달리 한다. 대상 그 자체를 보는 작용은 의식의 작용이고, 그 대상의 차별의 모습을 보는 작용은 심소의 작용이다.

예를 들면 眼이 의식의 대상이 될 때 의식 그 자체는 대상만을 본다면 심소는 그 眼의 특징인 無常과 常의 차별을 본다. 그러므로 식과 심소는 대상에 대해 각각의 행상이 다른데, 이것은 유식 사상의 특징을 정확히 보여준다. 아비달마에서는 의식과 심소는 대상에 대한 작용의 다섯 가지 측면에서 相應한다고 보나, 유식에 이르러서는 네 가지 측면에서 상응한다고 본다. 그 차이는 行相의 차이이다. 예컨대 아비달마적 이해에 따르면 의식이 대상의 파랑을 볼 때 심소 또한 그 파랑을 함께 보는 것이다.

그러나 『섭대승론』에 의하면 의식은 대상 그 자체만을 보는 작용이고 지각 작용(想)을 하는 심소는 그 대상의 구체적 차별을 빨강이 아니라 파랑이라고 규정해 내는 작용을 하는데, 이 작용이 바로 행상이다. 이때 식과 심소의 행상에 차이가 있다고 보는 것이다. 따라서 의식의 행상은 대상 그 자체를 보는 작용을 하며 심소로서의 受想 등의 행상은 그 대상의 차별적 특징을 각각 보는(見) 작용을 한다. 이것은 보

---

159) MSBh P Li 176b4-5. D Ri 148a4-6. (H) 342a.

는 작용으로서의 행상은 대상에게 있는 것이 아니라 의식이 가지고 있는 것, 그것도 언어적으로 규정되어 있는 행상이라는 것을 의미한다.

셋째, 분별(vikalpa) 측면이다. 『섭대승론』 2-15B와 2-16A[160]를 통해서 의식의 분별 기능, 분별의 의미, 분별이 顚倒를 일으키는 원인이라는 측면, 분별의 도구가 무엇인지를 고찰해 보자.

1. 만일 변계소집이 그것[의타기]을 소의로 해서 비존재의 artha가 [실재하는 것처럼] 나타나는 것이라면, 그것은 어떻게 변계소집이고, 왜 변계소집이라고 하는가? 무량한 行相을 가진 분별(parikalpa, 遍計)인 의식이 전도를 낳는 원인이므로 변계소집이라고 한다. 자신의 특질(svalakṣaṇa, 自相)이 존재하지 않고, 분별(parikalpa, 遍計)만으로 [개념으로] 파악(upalabdhi)하므로 변계소집이라고 한다.[161]

1-1. 그것[의타기]을 소의로 해서라고 하는 것은 [앞서]말한 의타기인 唯識(vijñaptimātra)에 근거해서이다. 비존재의 artha라고 하는 것은 [artha는] 존재하지 않는다(abhāva)는 뜻이다. [artha가 실재하는 것처럼] 나타난다(顯現)고 하는 것은 artha를 [실재하는 것처럼 개념으로] 파악(upalabdhi)한다는 것이다. 그것은 어떻게라고 하는 것과 왜라고 하는 둘은 바로 앞에서 말한 것과 같다. 무량한 행상을 가진 [의식]이라고 하는 것은 일체의 경(viṣaya, 境)을 소연으로 하는 의식이다. 분별(parikalpa, 遍計)[인 의식]이라고 하는 것은 의식에 의해 분별된 것(parikalpita, 변계소집)이다. 顚倒를 낳는 원인(nimitta)이라고 하는 것은 소연(ālambana)의 본성으로서 전도를 낳는 원인이 되는 것이다. 自相이 없다고 하는 것은 그 자체가 없다는 것이다. 분별(parikalpa)뿐이란 착각(bhrānty)인 識(vijñāna)만으로 파악한다는 것이다.[162]

---

160) 편의상 A/B로 나누어 분석을 하고자 한다.
161) MS 2-15B.
162) MSBh P Li 175b1-6. D Ri 147a7-147b2. (H) 341a.

2. 또 분별(parikalpa, 能遍計)이 있고 분별되어야만 하는 것(parikalpya, 所遍計)이 있을 때, 분별된 상태(parikalpita svabhāva, 遍計所執性)가 있다. 이 중에서 무엇이 분별하는 것이고, 무엇이 분별되어야만 하는 것이고, 무엇이 분별된 상태인가?
의식이 분별(parikalpa, 遍計)하는 것인데, [의식이] 분별을 가진 것(vikalpin)이기 때문이다. 그 [의식은] 자신의 명언에 의한 훈습[의 결과인 자기] 종자로부터 생긴 것이고, 일체 vijñapti의 명언에 의한 훈습[의 결과인] 종자로부터 생긴 것이다. 그러므로 [두 가지 측면에서 생기한 것이므로] 무량한 행상인 [의식은] 분별(vikalpa)로서 생기하고, 일체(sarvatra)에서 분별(kalpa)에 의해 분별하기 (parikalpayati) 때문에 분별(parikalpa)라고 한다. [무엇이 분별되어야만 하는가라고 할 때] 의타기상이 분별되어야만 하는 것(所遍計)이다. 또한 의타기상을 어떤 행상(ākarā)으로 [의식이] 분별할 때, 거기 [형상이] 이 거기 [의타기성]에 있어서 분별된 것(遍計所執性)이다. 어떤 형상으로란 '이처럼'이라는 뜻이다.[163)]

2-1. 또 분별(parikalpa)은 어떻게 분별하는 것인가라고 하는 것은 意識이, 분별(parikalpa, 能遍計)이라고 하는 의식이 의타기를 분별하는 것이다. 어떤 방식(行相)으로 분별하는가를 드러내기 위해서 [다음과 같이 설명한다.] 이름으로 소연을 취하라는 식으로 설한 것이다.

1과 2는 무착의 주장이고, 1-1과 2-1은 그에 대한 세친의 주석이다. 위의 인용이 의타기성과 변계소집성과의 관계를 서술한 것이다. 의타기인 의식이 대상을 개념적으로 파악하기 때문에 의타기 전체는 분별된 상태로 전락한다. 즉 유식인 의타기가 변계소집된다. 비존재의 artha를 존재하는 artha로 인식하는 것이 변계소집이다. 의식의 기능인 분별, 착각인 識만으로 대상을 개념적으로 파악하기 때문에 의타기는 분별된

163) MS 2-16A.

상태로 변화한다. 조건에 의해 생긴 vijñapti가 비존재의 artha로 나타난 상태가 다름 아닌 변계소집이다.

의식은 분별이고, 그러한 한에서 전도를 일으키는 원인이다. 이들을 통해서 보면, 의식은 자신이 의타기한 法임에도 불구하고 본질상 분별 작용을 일으킨다. 의식은 분별, 개념적 분별 작용 때문에 의타기한 vijñapti를 실체적 존재(artha)라고 개념적 파악을 한다. 이때 분별을 표현하는 용어로는 vikalpa(分別), prikapla(能遍計)/parikalpya(所遍計)가 있다. 이 용어들의 대극에 위치해 있는 용어가 nirvikalpa(無分別)이다. 의식은 분별 작용을 가진 것(parikalpin)이므로 의식이 분별할 때, 비존재에 대해 전도(abhūtaviparyāsa)를 일으키는 원인이다.

의식은 조건에 의해 생멸하는 vijñapti를 개념적으로 파악하여 존재하지 않는(abhūta, 虛妄) artha를 존재하는 것으로 인식하므로, 의식 전체는 비존재를 존재로 착각한 분별(abhūtaparikalpa, 虛妄分別)일 수밖에 없다.

그러면, 왜 의식의 작용이 분별 작용일까? 의식의 언어 작용 자체가 분별 작용이라고 볼 수 있다. 세친은 3-23B에 대한 주석에서 名言을 分別로 이해하는데 그 이면에는 무분별이 離言이라는 전제가 깔려 있다. 의식은 언어를 가지고 분별 작용을 일으키므로 의식의 상태란 언어로 분별된 상태에 불과하다. 분별은 대상에 대한 분별이므로, 분별의 적용 범위이자 대상 범위는 행상이 펼쳐지는 場인 18界 전체가 된다. 그러므로 분별(vikalpa)작용하는 의식은 pari(遍)-kalpa(計)가 된다. 의식은 분별(vikalpa)의 작용을 하지만, 분별 영역에 의해 parikalpa가 된다. 즉 분별인 의식 그 작용 범위가 십팔계 전체인 일체(sarvatra)이므로 parikalpa가 된다. 분별 작용과 분별 대상에 초점을 두면 의식의 작용은

pari-kalpa(能遍計)가 되고 분별의 범위는 parikalpya(所遍計)가 된다. 분별(能遍計)인 의식은 자신을 포함한 의타기 전제를 분별 대상(所遍計)로 삼는다.[164] 요컨대 동일한 의식의 작용을 칭하지만 분별(vikalpa)은 작용에 초점을 둔 것인 반면, parikalpa(能遍計)는 분별되는 범위에 초점을 둔 분별 작용을 의미하며, parikalpya(所遍計)는 분별되어야만 하는 범위에 초점을 둔 표현이라고 할 수 있다. 따라서 vikalpa는 분별 작용을, parikalpa는 분별 영역을, abhūtakalpa는 비존재를 존재로 오인한다는 측면에서 각각 의미론적 차이가 있다.

의식은 대상에 대한 행상 분별(ākāra vikalpa) 작용을 하는데, 行相이란 대상(ālmbana, 所緣)을 보는 활동이다. 대상을 보는 것이 분별이고, 보는 작용이 언어적 작용이며, 보는 행상인 분별은 의식 자체의 구조 때문에 발생한다. 의식 작용은 언어/개념 작용이므로, 대상을 볼 때 개념적으로 파악한다. 따라서 개념적 파악, 판단, 분별이란 타자의 배제를 통해서 대상을 보는 작용에 불과하다. 또 의식의 언어적 분별은 대상을 실체적 존재처럼 착각케 하는 성질, 거짓된 작용을 가지고 있다. 그러므로 의식이 분별 작용하는 한 의타기는 변계소집의 상태가 되므로, 변계소집성에로의 이행에 중심 기능을 하는 것은 의식이다.

분별하는 의식은 명언종자로부터 태어난 운명을 가지고 있어서 언어 작용을 한다. 따라서 언어 작용이 곧 분별 작용이라는 것은 대상을 보

---

164) 적어도 『섭대승론』과 『삼십송』에서의 의타기와 변계소집을 能所관계로 읽는 것은 타당하지 않다. 만일 能所로 읽는다면 원성실성의 정의는 무너진다. 소취가 소멸되고 난 후에 능취가 소멸된다고 한다. 이때 능소를 그런 방식으로 읽는다면 '변계소집이 사라지면 의타기성이 사라지고 그 후에 원성실성을 얻는다'는 해석이 된다. 그러나 원성실성이란 의타기 안의 변계소집이 소멸된 상태, 그 상태가 있음을 의미한다. 그러므로 의타기를 능(취)로, 변계소집을 소(취)로 이해하는 것은 오류다.

는 작용 자체가 이미 타자의 배제를 통한 자기 규정을 의미한다. 여기서 개념으로 대상의 이미지를 보는 순간, 다른 相을 배제한 것이므로, 개념 자체가 분별을 일으키므로 분별 자체는 이미 배제의 성격과 그에 따른 제한성을 가지고 있다. 따라서 조건에 의해 생기한 것을 의식이 개념화하는 순간, 오류가 발생하는 것이다. 사물이나 심리적 사태를 인식하게 하는 틀이 언어적 분별/판단이므로, 우리의 경험은 언어 틀로 주조되어 나타난 것에 불과하다.

그러므로 是非, 善惡, 苦樂 등 일체 판단은 '나'라는 자아의식에 기반을 둔 의식의 언어 작용일 뿐이다.

결론적으로 의식의 작용에 대한 기초적 정의는 ①에서 고찰한 것처럼 대상을 식별하고, 알고, 파악하는 작용이었다. 유식 사상에 이르러서 ②, ③의 기능이 부과되었다. 대상에 대한 작용으로서 보는 것(dṛṣṭi)은 행상이고 그 작용은 언어 작용이다. 언어 작용은 분별할 수밖에 없는 작용이므로 행상, 분별은 동의어가 된다. 따라서 ②와 ③은 언어로 대상과 관계 맺는 특징을 드러낸 것이라 할 수 있는데, 見이나 分別이라는 행상이 언어 작용이기 때문이다. 이를 미루어 전통적 해석인 ①을 유지하면서 ②, ③ 즉, 의식의 작용이 언어적 작용임을 설명하는 것이 유식적 기법이라고 할 수 있다. 그러나 기능상에서 식의 정의를 ①처럼 식별(vijñapti), 앎(vijñāna), 파악(upalabhi)으로 내리지만, 식의 기능적 내용을 이미 언어 작용으로 이해한 것이다. 결론적으로 유식 사상은 의식의 분별 기능을 개념분별로 이해한다.

의식의 기능적 측면을 볼 때 식별(vijñapti, 了別), 식(vijñāna, 識), 행상(ākāra, 行相), 분별(vilakpa, 分別), 봄(dṛṣṭi, 見)은 모두 동의어로서 대상에 대한 작용을 가리키는 표현들이다.

분별하는 의식, 그 분별을 무분별과 대비를 시켜볼 때 분별은 언어 사유이고 무분별은 離言으로 구별된다. 이를 통해 다른 차원의 인식이 가능하다는 것, 이와 대비되는 작용들이 있음을 엿볼 수 있다. 의식의 분별과 관련된 무분별지의 개념이 그것이다. 識에서 智로의 변환이란 식의 분별 상태에서 무분별의 상태로 전환되었다는 것을 의미한다.

식과 동반되는 심소 중 구체적 분별 작용은 想의 기능이다. 엄밀한 의미에서 대상과의 관계에서 識과 智의 구별보다는 식과 동반되는 심소들이 대상으로 삼은 상(nimitta, 相)과 무상(animitta, 無相)의 개념이 분별하는 識과 무분별지의 정의를 잘 드러낸다. 무분별지가 無相으로 행상을 삼는다는 것은 일상 의식이 相으로 행상을 삼는다는 것과 대비를 이룬다. 따라서 지각 작용 자체의 변화가 相에서 無相으로 변화하는 것이다. 즉 분별(vikalpa, 分別)의 의식(manovijñāna)과 무분별지(nirkalpajñāna, 無分別智)와의 대구를 통해서 알 수 있는 것은 想작용의 변화이다. 그러므로 相, 無相에 초점을 둘 때 언어 작용과 관련된 想작용의 변환, 이것이 중요한 위치를 차지한다.

2. 의식의 실체적 사유 과정

1) 지각 작용(saṃjñā, 想)과 尋伺[165]

이제 의타기한 vijñapti들이 변계소집되는 과정, 즉 조건에 의해 생멸하는 법(vijñapti)을 실체적 존재(artha)로 인식하는 과정을 고찰해 보도

165) 水野弘元, 「尋伺」, 『パーリ佛教を中心とした佛教の心識論』, ピタカ, 1978, pp.433-[illegible]3에는 아비달마부터 유식에 이르기까지 尋伺의 정의를 설명하고 있다.

록 하자. 이것은 역으로 범부의 상태를 벗어나는 과정과 밀접한 관계이다. 『섭대승론』 2-16은 의식과 그에 동반되는 심소들이 緣生法을 어떤 과정을 통해서 실체적 존재로 인식하는지를 설명한다. 조건적 생기인 의식 자체는 자신의 운명적인 분별 기능으로 인해 자신을 포함한 의타기 전체를 실체적 존재(artha)로 인식한다. 따라서 이 과정은 실체적 사유의 과정이라고 명명할 수 있는데, 이것은 범부의 의식 상태가 언어적 사유를 통해 형이상학적 사유를 도모한다는 것을 보여주기 때문이다. 우선 『섭대승론』 2-16을 분석해 보자.

> 또 분별(parikalpa)[인 의식]은 어떻게 분별하는 것인가? 무엇을 소연(ālambana)으로 하고, 무슨 相(nimitta)[166]을 취하고, 무엇을 고정시키고 어떻게 음성적 언어(vāc)를 일으키고 어떻게 언설을 하고 어떻게 증익해서 분별하는가.
> 이름[명칭]을 소연으로 하고, 의타기상에서 그 [이름·개념]을 상(nimitta, 相)으로 취하고, 그 [nimitta]를 보고 고정시키고, 종종의 伺(vitarka)로 말(vāc)을 일으키고, 보는 것 등의 4종의 언설에 의해서 일상적 언어행위(vyavahāra)를 하고, 비존재인 artha에 대해 존재한다고 增益한다. 이렇게 [의식은 이러한 방식으로] 분별한다.

이에 대한 세친의 해석은 다음과 같다.

> 또 분별(parikalpa, 遍計)[하는 의식]은 어떻게 분별(parikalpa)하는가라고 하는 것[중에서] 의식이 분별한다는 것은 [의식이] 의타기를 분별(parikalpa)하는 것[을 의미한]다. 어떤 방식(ākāra)으로 분별하는가를 드러내기 위해서 이름(nāman)을 所緣(ālambana)으로 취하고라는

166) nimitta(相)는 마음속에 떠오른 이미지를 말하며 影像(pratibimba)과 동의어로 사용된다. 이러한 相은 MS 3-6에 의하면 자연스럽게(svayam, 自然) 떠오르는(住)것인데, 이것은 선정 중에 눈앞(purata, 現前)에 주하는 相과 대비된다.

등으로 설한 것이다. 의타기상에서 [그 이름을] 그 相(nimitta)으로 취(udgrahaṇa)하고 라는 것은 의타기상에서 眼 등의 이름을 저 相으로 취하므로, 相으로 취하고 나서 분별하는 것이다.
[그 nimitta]를 보고서 그[nimitta]를 고정시킨다고 하는 것은 '이것은 이와 같다'는 相으로 相을 취하고 고정시킨다. 그것을 취한 相그대로 相자체를 취해서 고정하는 것이다. 다양한 심(vitarka, 尋)들에 의해 음성적 말(vāc)을 일으킨다고 하는 것에서 [취한 이미지를] 고정시킨 대로 괴로워하지 않을 때에도 세 종류의 분별(vikalpa)로 '나(nga)'라는 생각을 일으킨다. 見 등을 4種의 언설에 의해서 말한다고 하는 것은 듣기와 覺知한 대로 4종의 언설을 하고서 다른 사람과 이야기를 나누는 것이다. 비존재의 실체(artha)가 있다고 증익하는 것은 언설한 대로 비존재의 실체(artha)가 존재한다고 집착하기 때문이다.[167]

위의 인용은 의식과 심소들이 어떤 과정을 거치면서, 조건에 의해서 생기한 법(vijñapti)을 실체(artha)로 인식하는지를 자세하게 기술하고 있다. 의타기성을 의식이 어떤 영상으로 분별할 때, 즉 분별할 때 그 형상

167) MSBh P Li 175b8-176a6. D Ri 147b4-148a1.
"ji ltar mngon par zhen pas mi gnod pa yin na yang rnam par rtog pa gsum gyis nga kun nas 'byung bar byed do/"의 부분에 대한 한역은 다음과 같다.
(H) 341b. "釋曰. 爲欲顯示 由此品類能遍計度故. 又說緣名爲境等, 於依他起自性中取彼相貌者, 謂卽於此依他起中, 由眼等名取彼相貌, 由取彼相能遍計度. 由見執著者, 如所取相如是執著. 由尋起語者, 如所執著由語因尋而發語言. 由見聞等四種言說而起言說者, 如語所說見聞覺知四種言說與餘言說. 於無義中增益爲有者, 如所言說於無義中執有義故."
(PC) 178a7-187c10 중 187b24-187c1은 "先思量是非, 後時決判如我所見. 眼等諸根乃至識等諸心, 悉是實有所餘妄言, 由此見故意識 計度依他堅實起執已 論曰. 由覺觀言說緣起. 釋曰, 如自所執起覺觀, 思惟爲自計度, 或如自所執起覺觀言說令他計度."
(DC) 287c18-288a11 중 287a7-8은 "覺觀起言者, 如所執著以覺觀 爲因出言語故."
왜 이런 불일치의 현상이 일어나는 것일까? 번역 원전의 차이인가? 그러나 티베트 譯과 진제 역만이 取意의 측면에서 보면 의미의 일치점은 보인다. 필자는 이 부분에 대한 의문을 取意로 해소하였다.

이 변계소집이다. 의식 전체는 상(nimitta, 相), 마음속에 떠오른 영상(pratibimbha, 影像)을 所緣으로 삼는다. 이때 相 자체는 이미 언어적으로 구별 규정한 것이며 동시에 과거 경험의 축적인 마음으로서의 아뢰야식의 종자가 드러낸 것에 불과하다. 요컨대 식의 대상인 소연은 자신의 아뢰야식이 드러낸 것에 불과한 것이지 저 실재 자체가 가진 것은 아니다. 의식이 자신이 드러낸 소연인 영상을 대상 그 자체가 가지고 있다고 증익하는 과정을 6단계로 나누어 설명하고 있다.[168]

우선 세친의 주석을 중심으로 과정을 재조립하고, 보다 구체적으로 그 용어의 의미를 정리해 보자.

a) 이름·개념을 所緣으로 하여 개념을 nimitta으로 취한다. ⇒ 相을 개념으로 취하는 작용은 想의 기능이다. 즉 의타기한 것에서 개념을 相으로 취하고 나서 분별(parikalpa)한다. 즉 의식 자체의 구체적 분별 기능은 想의 작용이 개시한 이후이다.

b) nimitta를 보고 고정시킨다. ⇒ 相을 보는 것[169]이 相을 고정시키는(abhiniveśa) 행위이다.[170] 즉 相을 '이것은 이와 같다'라고 고정시키는

---

168) 초기불교에서 이러한 물음을 제기한 경전으로 『마두뻰디까 숫따(madhupindikasutta)』(MN I 108-114)가 있다. 양자 비교는 유식불교의 이해 지평이 어디에 뿌리를 두고 있는가를 탐색할 수 있는 토대가 된다. 차후의 연구과제로 남긴다. 법진, 『마두뻰디까 숫따(madhupindikasutta)』, 한가람, 2010.

169) 연구 결과에 의하면 無性은 이 단계에서의 見을 五種의 見인 번뇌로 이해한다. 小谷信千代, 「唯識思想における意識とことば」, 『佛教學セミナー』 73, 大谷大學佛教學會, 2001, pp.6-7.

170) abhiniveśa를 한역에서는 執着이라 한다. 그러나 여기에서는 abhiniveśa을 '고정시키는 작용'으로 해석할 것이다. 想은 마음속의 영상, 相을 취하는 작용으로, 그 相에 대해 '이것은 이와 같다'라고 파악하는 것이고 이것을 그대로 고정시켜 놓은 행위이다. 尋伺작용이 일어나기 전 그 상을 그대로 현전시켜 놓는 것을 abhiniveśa라고 이해했기 때문이다. 그래서 애착의 의미인 집착이 아니라, 대상을 고정시키는 행위로 번역한다. 심리적 집착 행위는 cetanā(思)의 단계에서 발생하는 것이므로 여기서의 abhiniveśa를 그 행위로 보는 것이 가능한가라

(abhiniveśa) 정신적 행위가 일어난다.

b-1. 그 相에 대해 尋伺작용을 한다. 尋伺는 음성적 언어(vāc)을 일으킨다. ⇒ '이것[相]은 이와 같다'라고 고정시키는 행위 자체를 세 종류의 分別(vikapa)로 본다. 이 분별로 '나(nga)'라는 생각이 일어난다고 본다. 분별의 행위 자체는 '나'라는 생각이 중심이 된 현상이다.

尋伺가 언설의 원인이 된다는 측면에 서면, 심사인 분별이 '나'라는 분별을 일으킨다는 뜻이다. 진제 번역에 따르면, 相을 취하고 난 후의 분별이 일어난다. 이 의식의 분별을 기점으로 '나'라는 생각이 일어난다. 想작용 후에 '나'라는 생각이 일어난다. 즉 그는 "자신이 [相을] 고정시킨 것에 따라서 覺觀(尋伺)을 일으키고, [그 일으킨 각관을] 생각해서 '나'라는 분별로 삼는다. 혹은 자신이 [相을] 고정시킨 것에 따라서 각관을 일으키고, [그 일으킨 각관을] 언설함으로써 '타인'에게 분별케 한다.(論曰. 由覺觀言說緣起. 釋曰,如自所執起覺觀, 思惟爲自計度, 或如自所執起覺觀言說令他計度.)" 티베트 역과 진제 역을 取意하면, 이 부분은 의식의 분별 과정에서 '나'라는 일인칭적 관점이 언제 생기하는가를 보여준다.

조건적 생기의 생멸(人無我)뿐임에도 불구하고 우리는 '나'라는 일인칭 사유를 한다. 想이 일어나고 그리고 심사라는 심리적 현상이 '내가'라는 생각을 일으킨다는 것이다. 無着이 다양한 尋伺를 원인으로 음성적 언어가 일어난다고 이해한 것을 세친은 세 종류의 분별, '나'라는 생각의 생기로 이해하였다. 세친은 음성적 언어(vāc)를 '나'라는 생각으로 이해하는데, 사실 발화는 이미 내 생각의 '발화'라는 뜻이다. 따라서 세 종류의 분별이자 판단이 곧 '나'라는 생각이고, '나'라는 생각이 중심이

는 의문에서 '고정'으로 번역하였다.

되어 분별 작용이 개시된다는 의미이다.

b-2. 4種의 언설로 인해서 일상적 언어 행위를 한다. ⇒ '나'라는 생각의 분별 판단이 중심이 되는데 이것은 개념이 영상을 취하고 그것을 자기화하기 시작한다는 뜻이다. 그래서 眼識이 보거나 耳識이 듣거나 鼻·舌·身識이 알거나 식별하는(見聞覺知) 육식활동이 개시한다는 것이다. 즉 '내'가 보고, 듣고, 맛보고, 식별한 대로 경험하고, 그것을 타자와 일상적 언어로 교환한다. 따라서 4종의 언설 행위, 육식활동의 가능성은 '나'라는 생각 때문에 가능하다. 의근의 염오의 성질로 '유신견'이 생기하지만 1인칭적 자아라는 관념은 분별의 작용이 일어날 때 생기한다고 이해할 수 있다.

b-3. 相을 육식 전체가 '나'라고 생각하고 '나'는 들었다, '나'는 이렇게 생각한다, 라는 것은 이미 相을 실체적 존재(artha=ātman)라고 부풀린 처사이다. artha는 비존재인데도 떠오른 相에 대해 분별 작용이 일어나는 순간, 그 자체를 '나'는 실체적 존재라고 생각하고 타인과 그것을 나눈다. 심사인 분별은 '나'라는 사유와 '타자'와의 소통을 가능하게 만든다. 그러므로 타자와의 언설 행위 자체는 실체적 존재를 상정하기 때문에 가능하다는 역설을 담고 있다.

세친의 분석 과정을 통해서 이해할 수 있는 것은 영상인 相(nimitta)은 이미 그 자체가 개념화된 것이지만 의식은 그것을 실체적 존재(artha)로 인식한다는 것을 알았다. 세친은 일체의 견문각지를 희론(prapañca, 戲論)으로 보므로[171] 의식 개념적 분별 상태는 희론 상태에

171) MS 10-7의 해석이다. (H) 372c. "論曰. 應知法身由幾佛法之所攝持, 略由六種, 五由言說. 謂轉一切見聞覺知言說戲論, 得令一切有情心喜辯說智自在故." MS 8-19에서는 무분별지를 무희론지로 본다.

불과함과 동시에 비존재를 존재로 인식하는 착각의 상태이다.

그러면, 이렇게 분별된 상태는 구체적으로 무엇인가? 『섭대승론』 2-15의 주석에서 세친은 '비존재의 artha가 나타난 상태', 그 증익을 "존재하지 않는 artha가 존재하는 것처럼 나타난다(pratibhāsa)"고 한다. 그럼, '나타난다'의 의미는 무엇일까? 한역에서 顯現으로 번역되는 이것은 'A처럼 나타난다(似A顯現)'를 의미하는데, 이것은 무엇을 말하는 것일까? 세친은 '나타난다'를 '개념적으로 파악한다(upalambha, upalabdhi, 可得)'로 해석한다. 즉 개념적 파악이 '顯現'의 의미이다. 바꾸어 말하면, 자연스럽게 무의식적으로 떠오른 심상인 영상을 영상으로 규정할 때, 즉 개념으로 포착할 때가 바로 그 vijñapti를 artha로 인식한 상태이다. 이것은 'vijñapti가 artha로 나타난다'고 표현한 것으로 조건적 생기를 실체적 존재로 오인한 상태이다.

따라서 조건에 의해 생기한 vijñapti, 의식의 대상인 영상을 想작용이 개념으로 취하고 난 뒤에 나라는 판단의 중심이 생기한다. 그 연후에 육식활동이 일어나서 타자와의 소통이 가능하다. 의식이 개념으로 분별한다는 것 자체가 개념으로 포착된 相이 이미 존재하지 않는 artha가 존재하는 것처럼 파악된 상태라는 의미이다.

의식의 언어 작용 자체가 실체적 존재를 상정한다는 것이 유식 사상의 주장이다. 따라서 변계소집성이란 개념적으로 사유된 상태, 실체적 존재를 가정한 전도의 상태, 범부의 인식 상태를 말한다. 개념의 분별작용은 이미 '나'라는 생각의 작용이므로 개념적 사유란 唯我的 사유, 실체적 사유에 불과하다.[172)]

172) 개념의 의미 자체가 사회적 동의를 통해 성립했다는 측면에서 보면 변계소집의 상태가 '唯我的 사유'라는 판단은 그릇된 것일 수도 있다. 그러나 그 의미

세친의 해석에서 주목하고 싶은 것은 첫째, '想작용이 있고 나서 나라는 생각 판단의 작용이 개시'한다는 점이다. 물론 이들은 동시생기이지만, 想이 먼저 두드러진 작용을 한다는 점이다. 둘째, 전통적 해석에 의하면 尋伺 이후에 발화가 가능하다. 세친은 尋伺라는 심리적 현상을 분별 작용, 육식의 분별 작용으로 보고, 분별이 '나'라는 생각을 일으킨다고 이해한다. 즉 그는 분별 작용이 곧 '나'라는 생각에 기초한 분별이라는 것이다. '나'라는 개념이 생긴다는 것은 '이것[相]이 무엇이다'라고 할 때의 이것[相]을 '나는 보았고', '나는 들었고' 등의 분별 작용이 일어난다는 것을 말한다. 말하자면 "내가"라는 주어 중심적 관점에서 6식 활동이 일어나는 것이고, 그 후에 '내가' 경험한 사태를 타자와 이야기한다.

일상 세계는 언설의 세계이다. 그것은 심상속이 일인칭적 관점으로 경험하기 때문이며, 이것으로 인해 타자와의 언설이 가능하다는 의미이다. 일상 인식 상태는 개념적인 실체 사유 상태이고, 동시에 '내' 관점에서 취해진 해석의 상태이다. 18계인 심상속으로의 개체의 현실은 모두 개념/관념의 현실임에도 불구하고 우리는 모두 실제의 것으로 받아들이고 사는 환경에 놓여 있다. 스스로 속박된 윤회계에 놓여 있다고 착각하는 어리석음을 우리는 안고 사는 것이다.

모든 6식의 작용에 '내가'라는 일인칭적 관점을 취하게 되는 근본적 이유를 세친은 尋伺, 즉 세 종류의 분별[173]로 이해하고 있다. 즉 분별을 원인으로 음성적 언어(vāc), '나'라는 생각이 일어난 것으로 보는 세

의 생성 측면이 아니라 의미론적 측면에서 범부의 사유 체제를 유아적 사유라고 명명할 수 있다.

173) MSbh에서는 이 세 가지 분별이 무엇인지를 설명하고 있지 않다. 다만 세친은 『俱舍論』에서 세 가지 분별을 計度분별, 隨念분별, 自性분별이라 하였다.

친의 이해는 주목된다. 이러한 이해의 배경을 고찰하기 위해 相을 파악하는 지각 작용(samjñā, 想)의 정의를 보자. 앞에서 살펴본 『섭대승론』 2-16B에서는 지각 작용이 곧 언어 작용임을 밝히고 있으며, 구체적 일상 언어까지 想과 연결시키고 있다. 이 지각 작용과 개념과의 관계, 즉 지각 작용과 名句文과 尋伺의 관계는 주목된다. 유식 사상은 지각 작용이 언어와 관계한다고 보므로, 지각 작용의 분석은 유식 사상의 특징을 잘 드러낸다.[174] 특히 『섭대승론』 2-16의 주석에서 세친은 분별화 과정에서 제일 먼저 기능을 하는 것을 想작용으로 보았다. 이 想작용 이후에 육식 자체의 기능들이 발휘한다고 보기 때문에 유식 사상에서 想의 탐색은 중요한 역할을 할 것이다.

『섭대승론석』에 의하면[175] "相을 취하는 것으로 想이라 이름한다. 名身 등 [句身, 文身]으로 그 相을 취한다."라고 한다. 따라서 세친은 相을 취하는 작용, 그 도구를 名句文으로 이해한다. 『섭대승론』 2-16에서 相을 개념적으로 취한다는 것이 이것을 말한다. 세친은 『섭대승론석』에서 想작용에 언어 작용을 부과했다. 지각 작용의 작용(행상)은 대상을 A가 아니고 B라고 규정해 내는 작용이다. 의식은 대상 그 자체(svabhāva)를 보고 식별하지만, 想 등의 심소는 대상 그 자체의 차별

---

174) 유식에 이르러 想의 작용, 그 작용의 도구를 언어로 본다. 의타기가 명언종자로부터 생기한 것이기 때문이다. 想이 언어 작용을 일으키는 원인이 아니라, 想작용 자체를 언어 작용으로 이해한 것이다.

175) MS 10-5는 법신의 자재를 설명하는 부분이다. 오온의 전환 중 想蘊을 설명하는 부분이다. 이 부분은 MSBh에 결락되어 있으므로 한역으로 제시하겠다. (H) 372a. "由轉想蘊依故, 得於名身句身文身辯說自在. 以能取相故 名爲想, 由名身等能取其相. 轉染想蘊, 還得如是淸淨想蘊." 이 부분은 출세간지를 얻고 수도를 한 九地의 상태에서 성인은 변설이 자재하고 언설이 자재하다고 설명하는 부분에 나온다. 이런 이해를 보면 유식 사상은 지각 작용 자체의 문제가 아니라, 지각 작용의 기능에 문제를 둔 것임을 알 수 있다.

(viśeṣa)을 보는(dṛṣṭi) 작용을 하는 것이므로, 지각 작용은 대상이 지닌 차별적 相을 파악한다. 차별적 특징으로 파악하는 작용 자체는 다른 相의 배제 작용이다. 세친은 『대승오온론』에서 想을 "경(viṣaya, 境)에서 다양한 相(nimitta)을 취하는 것이다."[176]로 정의한다. 이에 대해 안혜는 『삼십송석』에서 다음의 정의를 제시한다.

> 想이란 대상의 相(nimitta)을 파악하는 것(udgrahaṇātmikā)이다. 대상(viṣaya)이란 所緣(ālambana)이다. 相이란 그것[대상]의 차별(viśeṣa)인 청색(nīla)이고, 황색(pīta) 등의 소연을 한정하는(vyavasthā) 요인(kāraṇa)이다. 그것[相]을 파악하는 것이란 이것은 청색이지 황색이 아니라고 규정하는 것(nirūpaṇa)이다.[177]

호법은 다음과 같이 규정한다.

> 想이란 境(viṣaya)에 있어서 像(nimitta)을 취하는 것을 특징으로 하며, 다양한 名言을 시설하는 것이[想]의 작용이다. 요컨대 境의 구분(分齊)의 nimitta를 설정(安立)해야만 비로소 갖가지 명언을 일으킨다.[178]

想이란 境에서 심상을 취한다는 것인데, 그 특정의 '相'은 다른 '相'의 배제를 통해 규정된 것이다. 세친, 안혜, 호법 모두는 빨강이지 파랑이 아니라고 규정(nirūpaṇa)하는 것이 곧 지각 작용이라고 보는데 그 규정 작용 자체를 언어가 담당한다는 것에 동의한다.[179] 의식이 떠오른

176) 『大乘五蘊論』 848b.

177) Vriṃś p.21.

178) 『成唯識論』 11c23. "想謂於境取像爲性, 施設種種名言爲業, 謂要安立境分齊相方能隨起種種名言". 호법은 '구분해야 비로소 언어 작용이 가능하다'는 표현을 쓴다. 지각 작용하는 것 자체가 언어 작용이라는 것을 의미하지 않는 듯하지만, 구분하고 언어 작용하는 것 모두는 想으로 본 것이 분명하다.

179) 『大乘五蘊論』 848b 云何想蘊,謂於境界取種種相.

어떤 '것'을 지각하는 순간, 그 相은 다른 것의 배제를 통해 규정된 것이다. 즉 相을 취하는 심리적 행위 자체가 相을 개념으로 규정한 것이다.

그런데 想이란 境(viṣaya)인 所緣에서 相인 影像을 취하는 것인데 유식 사상은 왜 想을 중심으로 의식의 분별된 상태를 설명하는가? 想의 위치는 어떠한 것인가? 변행심소는 동시 생기이지만, 시간적 배열의 비유를 들자면 수(修)가 생기는 토대는 촉(觸)이다. 그런데 유식은 想 중심으로 설명을 개진한다. 受想, 즉 감각/감정의 작용과 지각 작용의 이론적 전후관계 설명은 두 가지이다.[180] 즉 受想의 생기 전후에 대해 受→想, 想→受로 보는 견해가 가능하다.

아뢰야식이 공업과 사업의 종자를 가지고 있다면, 이 찰나 18계 또한 종자의 현현에 지나지 않는다. 논리적으로 근경식의 접촉이 일어나고 감각(육체적 정신적 감각/감정(vedanā))이 생기한다면, 그것은 순수하게 '나의 것'으로 되기 이전의 것이다. 감각/감정이 비개인적 차원의 것이라면 두려움, 공포감이라는 원시적 감정은 인류의 유전적 감정이라는 논리가 성립된다.

업을 재생산하는 틀은 그 감각을 相으로 놓고 개념적 미세 언어 본능인 尋伺로 분별할 때 비로소 그것이 나의 것으로 화한다. 감각/감정을 이미지화하는 습관성이 반복 부팅되는 것이다. 思의 작용으로 인해 개념화된 영상을 탐과 진의 방식으로 반응할 때, 업의 반복이 완성되

이에 대한 안혜의 주석[『大乘廣五蘊論』 851b. "云何想蘊.謂能增勝, 取諸境相.增勝取者, 謂勝力能取. 如大力者,說名勝力"]도 『삼십송』 주석과 동일하다. 안혜는 여기서 규정하는 도구가 언어라는 것을 밝히고 있지 않지만, 『대승광오온론』을 감안하면 언어로 파악한다는 것을 상식으로 본 듯하다.

180) 오늘날 受想의 전후 관계를 想→受로 보는 수행 그룹이 있다. S.N. Goenkha와 Buddhadasa의 이해가 그것이다. 특히 후자는 어떤 수준까지는 受·想·思이지만 향상되면 想·受·思로 된다고 한다.

는 것이다. 생각, 견해 그 자체는 고통이 아니다. 생각의 기저에 그 고통 등의 감각/감정이 있을 뿐이며, 그 고통은 언어화된 현상일 뿐이다.

『섭대승론석』에 의하면, 세간 의식의 마지막 상태에서 멸하는 것이 想작용이다. 대상인 所取가 사라진 후에야 能取인 想작용이 멸한다고 한다.[181] 이렇게 세간과 출세간을 가르는 길목에 想작용이 서 있다. 출세간지인 무분별지가 無相인 것을 고려하면, 세간/출세간은 想작용과 분명 관계가 있다. 유식 사상은 想작용이 세간 의식에서 마지막 찰나에 소멸한다는 입장에서 想을 중심으로 세간 의식 상태를 설명했다고 추론할 수 있다. 출세간의 무분별지가 離言상태라는 점을 보면, 언어 작용이 想과 관련되는 것을 알 수 있고, 그에 따라 세간의 마지막 찰나에 언어 작용의 지멸을 논리적으로 설명할 수 있다. 이를 통해 추론해 보면, 대승유가 수행자 그룹은 止觀의 심도 깊은 상태, 二禪 이상의 상태에서도 언어 작용이 일어나고 있다는 자각이 있었을 것이다. 이들은 아비달마불교와 달리 지각 작용이 언어 작용이라는 논리를 펴고 있기 때문이다.

이제 지각 작용과 언어 기능인 尋伺와의 관계를 고찰해 보자. 대상에 대한 相을 구별해 내는 기능은 지각 작용이며, 그 작용의 도구는 名句文이다. 지각 작용과 언어 기능과 연결되는 부분은 名句文[182]이 언어적 활동을 하고, 그 명구문이 음성적 언어(vāc)로 인해 생기한다는 부

181) MS 3-17과 3-13.
182) 대승유식의 명구문에 대한 논의는 名詮自性 句詮差別 文卽是字 爲二所依이다. 개념(nāman, 名)은 대상 그 자체를, 문장들인 句는 그 대상이 지닌 차별적 특징, 즉 형용사 등을 말한다. 이 名句는 글자/음소에 의존한다는 입장이다. 즉 언어 활동의 총칭은 이 명구문으로 통합된다. 『大乘五蘊論』 849c, 『大乘廣五蘊論』 854b, 음성과 명구문의 관계는 『成唯識論』 06b5.

분이다.[183] 즉 음성적 언어(vāc)의 動因은 尋伺이고, 지각 작용은 名句文, 음성적 언어, 尋伺로까지 관련되어 있다. 그러므로 "이미지를 취하는 것으로 想이라 이름한다. 名身 등[句身, 文身]으로 그 相을 취한다."라는 세친의 진술과 "尋伺 ⇒ 음성적 언어(vāc) ⇒ 名句文"이라는 도식에 의해, 想이 尋伺와 모종의 관계가 있음을 알 수 있다. 즉 想작용의 近因이 尋伺가 되므로 개념으로 相을 파악해 낸다는 이해가 가능하다. 발화적 언어 작용(vāc)과 심사의 관계에 관한 이해는 다음의 인용이 잘 보여준다.

> 세존께서 "모든 身行이 멸하고, 모든 語行이 멸하고, 모든 意行이 멸한다."라고 말씀하신다. 이 중 신행이란 入出하는 호흡을 말하고, 그 어행이란 尋伺의 작용을 말한다. 그 의행이란 思와 想 등을 말한다. 尋伺가 멸하면 말은 일어나지 않는 것처럼 의[행] 또한 그러하다. [思想이 멸하면 의행도 멸한다]. …[하략]… [184]

위의 인용은 語行이 멸하고, 身行이 멸하고, 意行이 멸하는 것에 대한 설명이다. 이에 따르면 發化的 언어 작용, 모든 언어 작용을 하게 하는 것은 尋伺이다. 尋伺가 멸하는 상태에서는 語行이 일어나지 않는다. 심사의 소멸이 語行의 소멸이지만, 語行의 소멸이 곧 想작용에서의 名句 소멸은 아니다. 유식 사상에 의하면 심사가 멸해도 명구문이라는 작용이 멸하는 것은 아니다. 왜냐하면 想작용의 상태, 즉 意行의 상태에서는 음성적 언어는 없지만 언어 작용이 일어나고 있기 때문

183) 名句文과 음성적 언어(vāc)인 소리(śabda)에 관한 유부, 경량부, 유식의 논의를 정리한 부분은 竹村牧男, 「言語の存在論的性格」, 『唯識三性説の研究』, 春秋社, 1995, pp.185-209 참조.

184) MS 1-53. 이 부분은 멸진정의 상태에서 識이 있다고 할 때 그 식은 의식이 아니라, 아뢰야식이라는 논증을 펴는 부분이다. 『섭대승론석』 335b.

이다. 앞에서 살펴본 『섭대승론』 2-16은 이와 관련된 내용이다. 유식 사상은 語行이 사라져도 心行만 있는 의식 상태에서도 언어 작용이 일어나고 있다고 보는 입장을 취한다. 尋伺의 작용이 생기한 후에 발화가 생기하므로 이 尋伺는 語行에만 속하지 않고 心行에도 속하는 것이다. 따라서 심행만 있는 상태에서도 미세한 언어 활동이 있다고 본 것, 想작용이 언어 작용이라는 것은 유식 사상의 혁명적 통찰이라고 볼 수 있다.[185]

不定심사인 尋(vitarka)과 伺(vicāra)는 말 그대로 작용이 한가지로 정해져 있지 않는 심소이다. 尋伺는 변계소집 과정에서도, 가행위에서도, 후득지에서도 質을 달리해서 작용 가능한 심소이다. 특히 『섭대승론』 2-16에 대한 주석에서 세친은 심사를 세 종류의 분별(vikalpa)과 동일한 의미로 사용한다. 변계소집되는 과정에서의 작용하는 尋伺는 世俗諦로서의 언어 작용이다. 심사는 분별로서 음성적 언어의 動因이다. 즉 相을 相으로 흘러 보내지 않고 고정시키는 순간이 바로 육식이 대상을 분별하는 순간이고 이 순간이 '나'라는 생각으로 대상을 판단하는 순간이다. 음성적 언어 행위를 가능하게 하는 것, '나'라는 생각을 생기시키는 심소가 바로 尋伺이다. 심사는 의식상에 떠오른 이미지, 개념으로 규정된 相을 습관적 언어 본능으로 발설하게 하는 기능을 할 뿐이다. 분별의 작용으로 '나'라는 일인칭 관점이 생기므로, 일상 범부의 의사 소통 행위는 물론이고 개념적 사유 작용을 가능하게 하는 것이 尋伺의 작용, 육식의 분별 작용이라고 볼 수 있다.

---

185) 아비달마불교에서는 語行을 尋伺의 작용에 두었지만, 유식 사상은 語行을 想의 작용으로 해석하였다. 그런 연유로 '尋伺'라는 단어 자체만 가지고 유부와 유식 사상의 四禪을 비교하기 어렵다.

想작용에 이미 언어 분별 작용이 개입되어 있으므로 지각 자체로는 생멸의 상태를 포착하지 못한다. 왜냐하면 선험적 언어의 틀로, 相을 언어적으로 보기 때문이다. 따라서 언어란 相에 대한 개념적 파악에 불과하므로, 도리어 있는 그대로 보는 것을 방해한다. 지각하는 것 자체가 이미 과거 프로그래밍화된 언어로 대상의 相만을 취하는 것이다. 즉 의식이 대상을 보는 것 자체가 개념적으로 규격화시키고 조건화시키는 행위이다. 세친에게 주목해야 할 부분은 尋伺로 인해 음성적 언어가 발화될 때, 그때 '나'라는 생각이 일어난다는 점이다. 세친이 변계소집되는 과정 중 尋伺의 단계에서 '내가'라는 관념이 생기하고 그 분별들을 나의 것으로 만든다고 보는 점은 왜 유식의 지관 수행에서 尋伺의 기능을 중요하게 보는가와 깊은 관련이 있다.

범부의 의식 상태는 이미 자아 중심적 분별의 상태이다. 染汚意에 의한 자아 중심적 작용에 의해 자아의식이 생기했을 뿐만 아니라, 의식 자체의 활동에서도 이미 '나'라는 일인칭적 생각이 일어나기 때문이다.

또한 유식 사상은 다양한 정신, 다양한 스펙트럼의 의식 상태를 개념적 사유 태도와 관련지어서 설명하고 있는데 이는 기존의 아비달마 불교와 달리 정신 활동이 '개념적 작용'이라는 발견에 있다고 볼 수 있다. 이것은 일상 세간 의식이 이원성을 투사하고, 현상을 자아 중심적으로 보는 '상대적 정신 상태'일 뿐이라는 의미한다.

특히 『섭대승론』 2-16의 진술은 유식 사상이 가진 언어에 대한 이해를 드러낸다. 의식의 분별은 실체적 존재를 가정하는 약점이 있다. 이러한 의식의 언어 활동 기저에는 의미체를 생성해 내는 아뢰야식의 명언 종자가 있다. 그래서 유식의 수행은 언어와 관련된 것으로 집약된다. 예를 들면 마음속에 떠오른 영상을 안다고 할 때 아는 방식은 언어를 통해 아는 것이고, 의식은 영상을 포착한 개념이 대상 그 자체라고 분별한다. 따라서 개념과 그 지시 대상이 동일하다고 판단하는 일상 의식 상태에서 경험된 '현실'이란 과거의 반복에 불과하다. 자신이 '만들었던' 相에 반응하는 것에 불과하기 때문에 범부는 경험을 경험할 뿐이다. 지각 작용이 대상을 언어적으로 규정해 내는 것은 대상을 일반화하면서 본다는 것이다. 그래서 범부의 의식 상태, 그의 심리적 현실은 개념적으로 재조립된 '분별뿐인 상태(parikalpamātra)'이다.

의식과 그에 동반되는 심소들은 생멸하는 대상을 언어로 고정하고 구획하고 재단하며 분별한다. 범부는 자기 업이 생산해 낸 대상의 影像에 맞춰 춤추는 삶을 사는, 허위의식을 가지고 생명감 없이 사는 자들이다. 그러나 相은 우연적으로 생기하는 것이 아니라, 전 찰나까지의 무수한 경험의 부산물로서 조건에 의해 필연적으로 생긴 것이다. 따라서 의식의 상태란 과거 경험의 경향성이 드러낸 相에 대한 다양한 작용들일 뿐이며, 무의식인 아뢰야식에 수동적 기능만을 할 뿐이다.

요컨대 범부의 의식 상태는 '나'라는 가상의 생각을 중심으로 펼쳐지는 개념적 사유의 상태이다. 그래서 범부의 生은 스스로 고달픈, 그러나 너무나 진지하게 서글픈 코미디인지도 모른다.

이제 우리는 역으로 왜 개념과 지시 대상이 우연적인가, 그리고 그 논리가 무엇인가를 물어보자.

2) 일체법과 언어의 관계

유식 사상은 조건에 의해 생긴 유위법이든 무위이든 그것은 언표 대상이 아니라고 한다. 그러면 왜 범부는 어떤 연유로 '개념'을 사용하는가? 개념(명칭·이름)은 어떤 존재일까? 유식 사상은 개념의 발생 자체에 문제를 제기하면서 개념의 실재성을 부정한다. 우리가 세간적 차원에서 십팔계니, 受니, 色이니 하는 것은 모두 언어적으로 假稱된 것이다. 말하자면, 조건에 의해 생기한 vijñapti는 불가언이나, 일상 언설 세계의 습관적 구조 때문에 그것을 가유(prajñapti sat, 假有)라고 하며, 色·受라는 표현은 비유적 표현(upācara, 假說)이라고 한다. 한편 승의 제로서의 유식성, 진여 등도 불가언의 대상이다.

그러면, 이제 연생법이 왜 언표 대상이 되지 않는지를 고찰해 보자.[186] 유식 사상은 세간의 언어 사용을 긍정적 차원으로 이해한다. 예컨대 진리 획득의 노정에 戒定慧가 있다. 도덕적 특질을 드러내는 언어에 대한 고찰로서의 正語와 不妄語 등이 있다. 그리고 聞思修의 수행 중 聞, 이것은 진리의 경청인데 진리는 적어도 언어를 매개로 전달된다. 또 四攝法 중에 愛語가 있다. 이렇게 유식 사상은 자신을 보호하는 도덕적 특질의 상태에서 타자와의 소통에 언어 사용의 긍정성을 인정한다. 그러나 유식 사상은 사회적 소통으로서의 언어 사용보다는 의식 상태가 개념으로 실체적 존재를 가정한다는 측면에 서서 언어의 부정적 기능을 폭로한다. 유식 사상에서의 언어 문제는 단순한 의사소통,

186) 개념만이 아니라 지시 대상도 실제로 존재한다고 보는 입장은 인도 철학과 불교 내부에 있지만, 소쉬르의 언어 철학은 불교와 유사성이 있다. 그러나 언어에 대한 기본적 차이는 개념과 그 의미에 대한 차이에 기인한다. 소쉬르에 의하면, 기호의 시니피에(signifie, 의미)는 그 대상에 의해 결정되는 것이 아니라 다른 기호와의 관계로부터 나온다. 예를 들어 '오징어'라는 기호는 실제로 존재하는 오징어에 의해 기호를 획득한 것이 아니라, '문어' 등 다른 기호와의 차이로 인해 의미를 지니게 되는 것이다.
그러나 세친은 개념과 개념의 차이를 들여오지 않고 개념에 더 천착하는 태도를 보인다. 즉 개념은 문자에 의해 형성된 것이면서 음성적 언어이다. 음성적 언어가 습관화되어 '의미'가 생긴 것이다. 문자의 결합인 개념이 습관적으로 형성된 것, 그것이 '의미'이다. 의미의 有無는 습관적으로 통용되고 있는가의 여부에 따른다. 개념이란 단지 사회적인 습관에 의해서 통용되는 개념에 불과하며, 개념의 '의미'는 사회 구성원의 임의적이고 자의적인 습관의 형성물이다.

도덕성의 문제가 아니라 명칭과 지시 대상을 동일시하는 사유의 문제로 이어진다.

일상 의식에서 대상에 대한 앎은 언어를 통해서 이루어진다. 실체적 사유를 하는 한, 언어 질서가 세계 질서를 조성한다. 언어의 분별이 곧 세계의 분별로 이어지기 때문이다. 그래서 범부가 경험하는 현실/세계란 언어로 구획하고 재단하고 분별한 '현실'에 불과하다. 동시에 의근은 그 구획하고 구분한 것을 내 것으로 만들어버린다. 따라서 '내'가 경험하는 현실은 언어로 비존재를 존재로 분별한 현실에 지나지 않으며, 분별된 현실에 대한 인식은 자기 중심성을 벗어나지 못한다.

또한 각도를 달리해서 볼 때 우리의 언어 구조가 변화 생멸하는 이 현상세계를 포착해 낼 수가 없다. 개념은 동일하지 않은 것을 동일하게 만듦으로써 생성된다. 예컨대 한 나무 가지에는 많은 나뭇잎들이 있다. 그 잎들의 모양 색깔 크기는 각기 다르다. 그러나 우리의 개념은 개별적 차이를 무시하고 나뭇잎이라는 틀로 일반화시키므로, 개념적 사유로는 있는 그대로의 나뭇잎 자체를 보지 못한다. 나뭇잎은 일반적 개념의 틀 안에서만 재단되고 파악된 것으로 우리에게 보인다. 그래서 언어의 분별로는 있는 그대로를 보지 못한다.

다른 한편 의식의 기능은 언어의 식별, 분별(vikapla)의 작용이며 의식의 구조 자체는 대상을 대극, 兩價로만 판단하고 경험한다. 즉 나/너, 여성/남성, 선/악, 미/추, 생사/해탈, 옳음/그름, 범부/성자 등의 분별은 대극으로, 분별하는 의식 구조의 문제이다. 의식 자체는 분별의 방식으로 작용할 뿐이다. 예컨대 의식의 분별 도구인 언어 작용은 타자의 배제를 통해서, 즉 '여성'은 '남성'이라는 규정을 통해서, 是는 非라는 규정을 통해서 작용한다. 의식 자체는 개념으로 대상을 양극화시켜서 경험하는데, 이것은 다른 표현으로 하면 타자의 배제를 통해서 대상을 규정한다는 의미이다. 그러므로 무의식적으로 암암리에 선호하는 善, 是, 열반 등은 그 대극의 관계에 놓인 개념과 함께 개념적으로 구획된 것에 지나지 않는 허구이다. 조건에 의해 생긴 vijñapti는 개념의 대상이 되지 않기 때문에 선악, 미추, 시비 등은 개념상의 존재들이다.

특히 유식 사상에서는 개념과 지시 대상의 관계를 우연적 관계로 보는데 그러한 판단은 개념 형성의 기원과 개념의 의미 발생 기원의 천착을 통해서 이루어진다. 언어에 대한 이해의 기본은 名句文이다. 이것들의 관계는 '名詮自性 句詮差別 文卽是字 爲二所依'[187]로 압축된다. 音素인 문자(vyanjñana)는 개념(名)과 문장(句)의 근원(所依)이 되며, 名句文이라는 언어 활동은 음성적 언어(vāc)의 외화에 지나지 않는다. 유식 사상은 음성적 언어(vāc, 語/聲)가 명구문을 드러낸다는 입장에 서 있다. 개념의 근원을 음소, 음절, 문자의 조합에 둘 때, 개념과 개념이 지닌 의미에 대한 유식 사상의 설명은 언어의 이해에 다른 시각을 던져 준다. 유식 사상은 개념과 개념의 의미 생성에 회의적 입장을 취한다. 개념의 기원도 우연적이므로 名·義 또한 절대적 실재가 아니며, 개념과 지시 대상과의 관계도 필연적 관계가 아니라는 입장에 서 있다. 개념 자체는 음성적 언어의 반복적 행위에 의해 사회적 동의로 생긴 것이기 때문이다. 그러므로 세친은 vijñapti에 대한 일체의 개념은 우연적으로 발생한 것이므로 개념은 연생법의 본질이 될 수 없다고 본다. 그래서 세친은 '조건에 의해 생긴 vijñapti는 언표 대상이 아니다'라는 입장에 선다.

『중변분별론석』 5-14에서 세친은 글자(vyañjana, 文/字), 그 글자들

187) 『成唯識論』 6c.

의 조합이 개념(nāma, 名)이며, 그 개념의 의미(의미 있는 대상)는 우연적일 뿐임을 밝히고 있다. 즉 『중변분별론』의 "결합하고 있으므로, 습관이 되어 있으므로, 또 결합되어 있지 않으므로, 습관이 되어 있지 않으므로, 의미가 있는 것도 있고, 없는 것도 있다. 이것이 문자(음절)에 대해 전도가 없는 것이다."라는 구절을 세친은 다음과 같이 풀이하고 있다.

> 음절(문자)들이 결합되어 있을 때 그것을 발음함에 의해 또 "이것의 개념은 이렇다."라고 하는 식으로 습관적이기(saṃstatva) 때문에 의미 있는 것이 된다. 그것의 반대는 의미가 없는 것이다. 이와 같이 본다면 음절(문자)에 관한 전도는 없다고 알아야만 한다.[188]

세친의 이해에 의하면, 문자들이 결합된 것 그것의 반복적 발음에 의해서 개념이 생기고, 그 개념이 그렇게 습관적으로 사용되어 '의미(artha, 義)'가 얻어진다. 말하자면 문자의 결합이 개념이고, 그 음절의 조합인 개념을 소리 내어 반복적으로 발음함에 의해 그 개념/이름은 어떠하다는 습관적 이해가 생긴 것이며, 그렇게 '의미'를 획득한다. 그리고 개념적 의미는 그대로 인식 대상으로서의 객체가 된다.

문자의 결합이 개념이고 개념이 지닌 의미가 습관적일 뿐이라면, 의미란 발음된 음성의 반복, 반복적 동의에 의해 생기한 현상에 불과하다. 음성적 언어(vāc)가 명구문이라는 언어 활동을 야기한다는 진술을 기억하면, 음성이란 교환적 차원의 언어 활동이므로 음성의 반복적 동의란 사회적으로 합의된 것을 의미한다. 개념의 생기에 대한 이러한 통찰은 『섭대승론』 8-7에 대한 주석에서도 잘 드러난다. 『섭대승론』의 설

---

188) MABh 5-14, p.65.

명은 다음과 같다.

1. 결합(saṃyogika, 相應)으로 된 것을 본질로 하고, [artha가] 분별된 것이고 그것을 떠나 별도로 [artha가] 있는 것이 아니다. 문자가 서로서로 결합하기 때문에 artha는 그 결합으로부터 생기한다.
2. 말(abhidāna, 能詮)이 없으면 말이 드러낸 것(abhidheya, 所詮) [artha]에 대한 앎은 발생하지 않는다. [능전과 소전은] 모순되기 때문에 말에 [artha에 대한 앎]이 있는 것은 아니다. 그러므로 모든 [법]은 不可言이다.[189)]

세친의 주석은 다음과 같다.

1-1. 만일 일체법이 不可言이라면 [범부는] 무엇에 대해 분별하는가? 결합으로부터 생기한 것을 본질로 하고, 대상(artha)으로서 그[분별 대상]과 다른 [artha가] 있는 것이 아니다. 그러므로 그[분별 대상]과 다른 것이 있는 것이 아니다. 만일 어째서 그런가 하면 그것이 성립함을 [게송 1cd에서 말한다.] 즉 음절(문자)이 서로서로 결합하기 때문에 결합으로부터 그 의미[인 대상]이 생기한[다고 한]다. 각각의 음절(vyañjana, 문자)들이 동시에 말해서 [생긴] 의미가 [음절의] 결합으로부터 생기한 대상인 것이다.[190)] 만일 眼(cakṣus, cak+ṣu)이라고 하는 것처럼 [음절이] 서로 끊이지 않고 연속적으로 [발화된] 말(abhidāna)의 의미는 이처럼 [음절의] 결합으로부터 생기하고, 이것이 분별의 [대상]이 된다.
2-1. 일체법은 不可言이라고 설한 것은 무엇으로 증명되는가? [다음의 게송2와] 같다. 말이 없다면, 말의 지시 대상(artha)에 대한 앎은 생기하지 않는다. [말 없이도 지시 대상에 대한 앎이 생기한다고 한다면] 말을 이해하지 못하므로 말의 지시 대상이 있어도 그것에 대한

189) MS 8-7.
190) 음절, 의미, 대상이 된다.

앎은 생기하지 않는다. 만일 말이 [있어야만] 말의 대상에 대한 앎이 [생기한다고 하면 다음과 같은 현상이 생기한다.] [말과 말의 지시 대상은] 모순이기 때문에 말[에 대한 앎은 없다고 한다.] 말과 말의 지시 대상은 서로 다른 특징이 있기 때문에 모순이다. 말과 말의 지시 대상은 [불가언이다.] 그러므로 모든 [법]은 不可言이[라고 한다.] 말과 말의 지시 대상은 그[모순] 때문에 불가언[이라는 의미]가 성립된다는 의미이다.[191)]

위의 인용은 조건에 의해 생긴 法이 不可言·不可說이라는 것을 두 측면에서 제시하는데, 세친의 주장을 정리하면 다음과 같다.

첫째, 조건에 의해 생기한 법들은 언어 표현 대상이 되지 않는다(不可言). 『중변분별론』에서 말한 것처럼 개념의 출생 자체가 우연적이기 때문이다. 말하자면 위의 인용은 개념이 우연적 산물이라면 "그렇다면 우리들의 언어적 분별이나 판단은 무엇을 대상으로 성립하는 것"인가에 대한 물음에서 출발한다. 개념(nāman, 名)의 의미가 문자의 반복적 발음에 기인한다는 것을 살펴보았듯이, 문자의 결합은 名句이다. 문자의 반복적 발음에 의해 개념이 의미를 지니게 되는데 그 의미있는 것을 의식은 대상인 객체로 본다. 즉 문자가 결합되어 개념이 형성되지만, 분별 의식은 그 개념을 대상으로 삼는다. 모든 개념은 의미를 가지고 있고, 그 의미가 대상(artha)이 된다. 그러므로 대상은 문자의 결합에서 생긴 것에 불과하다. 즉 일상 의식의 분별은 문자와 개념을 본질로 한 대상에 대한 인식이다.

둘째, 개념과 지시 대상의 사이를 규명할 때 앎(mati)이라는 기능은 어디에 있는가를 중심으로 법의 불가언을 말하고 있다. 능전

191) MSBh P Li 214a1-7. D Ri 176a6-176b3. (H) 364c.

(abhidhāna, 能詮)이란 말 언어 명칭을 말하며, 소전(abhidheya, 所詮)이란 말이 가리키는 지시 대상을 말한다. 세친은 이 관계가 우연적 관계[192]라고 폭로하면서 勝義 차원에서 법은 불가언이라고 규정한다.

결론적으로 세친은 개념의 발생이 우연적이므로, 조건에 의해 생긴 vijñapti에 대한 개념 자체도 우연적일 뿐 본질인 것이 아니고, 개념과 지시 대상의 관계도 우연적 관계이다. 따라서 개념은 연생한 vijñapti와 본질의 관계가 아니므로 vijñapti는 언표 대상이 되지 않는다.

의타기한 vijñapti가 불가언이라면, 범부의 의식 상태에서 '의미', '가치', '욕망'의 구조는 어떠한가? 범부가 언어를 통해서만 대상에 대한 앎을 가진다고 할 때, 어떤 대상에 대한 앎이 의미 있는 언어를 통해서만 가능하다고 규정한다면, 의미는 사회적 차원에서 형성되는 것이며 그 의미의 확보는 가치와 맞물린다. 의미는 지극히 자의적이며, 의미 규정은 사회적 습관에 따른 동의일 뿐이다. 이것은 의미 생성의 자의성, 사회성을 말하는 것으로 절대적 가치를 지닌 의미는 없다는 것을 드러낸다. 따라서 세간 언어 활동으로서의 언어가 내포한 의미란 사회 구성원들의 동의에 의해 생기한 것에 불과한 것이다. 즉 의미는 우연적이고 가변적 특징을 지닌 것이므로, 그 의미가 담지한 가치 또한 가변적이고 우연적이다. 의미의 가치도 사회 구성원의 반복적 동의에 의해 형성된 것에 불과하다. 말하자면 유식 사상은 개념이 글자/음소의 반복적 습관과 그에 따른 사회의 반복적 동의, 사회 구성원들의 우연적 합의에 의해 생성되었다고 본다. 이것은 절대적 가치/절대적 세계의 부정이며 가치의 전복을 의미한다.

---

192) MS 2-24에서는 名·義 관계에 대한 논의를 통해 양자의 우연성을 설명한다. MSBh P Li D Ri 150a3-150b5.

이런 맥락에 서면 언어적 분별로 이루어진 '相續인 나'의 일상 의식 상태는 순수하게 私的인 상태가 아니라 부조리하게도 '사회적 의미와 가치로 규정된 사태'에 불과하다. 사회적 동의에 지나지 않는 가치는 욕망과 관계한다. 즉 욕망하게 하는 가치가 사회적 동의라는 것은 의미와 가치와 욕망이 실질적으로 '내' 의미와 가치와 욕망이 아니라 사회적 동의에 귀속되어 있는 의미이고 가치이고 욕망이라는 뜻이다.

따라서 세간의 범부가 애지중지 여기는 '생각', '생각함', '생각의 중요함'이라는 '사유'와 그에 따른 '의미와 가치', '生의 가치'는 그 범부의 '것'이 아니라, 타자들의 '것'에 불과하다. 즉 범부인 '나의' 생각은 역설적으로 순수하게 범부 그 자신의 것이 아니게 된다. 또한 언어로 이루어진 '생각'이란 언어의 오류들이며, '생각함'이란 자연스런 언어 작용의 재부팅이며, '생각의 중요함'은 비존재를 존재로 오인하는 반복된 오류에 불과하고, '의미와 가치'는 사회적 동의에 귀속되어 타자화된 의미이고 가치일 뿐이다. 그래서 범부가 가지는 자아의식의 힘인 '내가 존재한다'는 有身見 또한 기본적으로 사회적 합의에 의해 도출된 허위의 자아 존중감에 불과하다.

유식 사상에서 말하는 범부는 삶의 진정성에서 소외된 삶, 진실로 자신의 삶을 살지 않고 사회적 가치에 매몰되어 사는 有情이므로 '내가 안다'라고 하는 것 자체가 오류인 삶이 된다.

한편 의식의 언어 분별 작용이 오류라는 판단은 언어 분별이 없는 정신 상태가 있다는 판단에서 나온 것이다. 세속제의 차원과 달리 언어 작용의 지멸 상태, 희론이 적멸한 상태인 출세간의 진리(勝義諦)가 있다. 이것은 범부의 의식 상태 또한 절대적 상태가 아닌 가변의 상태, 상대적인 상태라는 것을 말한다. 주객으로 분리되어 있는 정신 작용이 소멸된 상태, 즉 존재의 본질[원성실성, 유식성, 무분별지, 법성]에 있는 차원은 언어로 표현할 수 없으며(anabhilāpya, 不可言), 사변의 대상이 아니다(acintya, 不可思議).

왜 不可言·不可說이며, 不可言의 의미는 무엇일까? 표현 불가능함이라는 측면에서 보자. 원성실성/무분별지에 있는 그 상태는 이미 心行이 소멸하고 분별 의식이 사라져 언어가 지멸된 상태이다. 무분별지 상태는 언어 작용이 끊긴 상태이다. 말하자면 유식성에 안주한 상태, 존재의 본질(法性)에 머무르는 그 찰나는 離言의 상태이다. 바로 그 상태는 말이 끊긴, 불가언의 상태로 경험 자체가 離言의 상태라는 것이다. 동시에 그것, 그 상태에 대한 언설 또한 불가언·불가설이고, 그 자체에 대한 언어 표현은 불가능하다. 그 자체에 대한 표현이 불가능한 이유는 그 상태는 언어적 사유의 대상이 아니기(acintya) 때문이다. 이처럼 유식은 의식의 언어적 분별을 말하지만, 분별이 소멸된 상태도 언명한다. 이 불가설의 경지는 유식 사상이 지향하는 경지이고 상태이다.

결론적으로 세친은 名과 義의 관계에서 이 양자가 필연적이지 않다는 논증을 통해 名과 義의 비실재성을 논증하며, 조건에 의해 생긴 vijñapti는 불가언이라는 입장을 취한다. 세친은 지각 작용의 오류를 언어 문제로 취급하여 언어 분석을 통해 지각의 오류, 허구성을 보여준다. 따라서 세친은 범부의 의식 상태가 오류인 근거를 개념적 사유에 두었다.

이러한 결론을 통해 볼 때, 범부들의 언어 소통에서는 실체적 사고방식이 건강한 삶처럼 보이지만 실체적 사고를 하는 한 우리는 도리어 허위/허상의 세계에 사는 셈이다. 그 힘이 너무나 강렬해서 우리는 다르게 존재할 수 있다는 생각을 전혀 못한다. 범부는 스스로 만든 허구 속에 갇혀 살면서 자신이 구별해 낸 是非의 가치, 통속적 가치에 따라 喜怒哀樂하면서 산다. 자신의 의식 내용에 춤 출 뿐이다. 주관적 識의 작용이 이원적 가치로 작용하는 한, 일상 의식이 실체적 존재를 상정하는 기능으로 작용하는 한, 범부에게 그 모든 것이 의식 자체가 지닌 한계의 부산물이라는 판단은 생기하지 않을 것이다. 또 범부인 내가 아는 '나'라는 것은 개념의 필터를 통해 형성된 허구의 '나'이기 때문에 삶 자체가 갈등일 수밖에 없다. 그 갈등을 성실하게 전적으로 수용하는 자만이 그 개념에 눈길을 주면서 그 상태를 벗어날 수 있을 것이다.

이제까지 어떤 과정을 거치면서 의식은 아뢰야식이라는 경향성의 집적이 드러낸 소연인 영상을 실체적 존재로 파악하는지, 그 과정을 살펴보았다. 세친이 파악한 범부의 비선정 의식 상태는 다음과 같이 정리할 수 있다.

첫째, 변계소집은 개념적 사유 상태, 비존재를 존재로 오인하여, 조건에 의해 생긴 법[依他起性]을 실체적 존재로 인식한 상태를 말한다.

변계소집의 상태란 개념적 사유의 상태인데 이것은 존재하지 않는 실체를 존재하는 것처럼 개념화한다는 것을 뜻한다. 즉 조건적 생기를 실체적 존재로 인식하는 상태가 범부의 사유 상태이다.

둘째, 개념으로 영상을 파악해 낸다. 즉, 개념이 영상이다.

셋째, 想작용이 생기한 후에 육식의 작용이 일어난다. 尋伺라는 분별은 내가 그것을 본다, 듣는다는 행위로 만든다.

넷째, '내가' 라는 일인칭적 관점은 육식계의 활동이며 이것을 토대로 나는 '나는 들었다', '나는 안다'라는 방식으로 타자와 언어 활동을 한다. 이러한 과정은 조건에 의해 생긴 vijñapti를 실체적 존재(artha)로 증익한 과정이다.

다섯째, 조건에 의해 생기한 vijñapti는 언표 대상이 아니다. 왜냐하면 개념 자체가 사회적 동의에 의해 생기한 것으로, 개념과 vijñapti와는 비본질적 관계이기 때문이다. 일상 세계에서 경험하는 그 모든 것은 의식상에서의 경험이며, 판단이고 동시에 자아의식의 작용 결과일 뿐이다. 그 의식 작용이 언어적 판단 상황인데 이것이 바로 범부의 정신세계이다.

세친은 『유식삼십송』에서 우리의 언어 표현을 비유적 표현 혹은 은유적 표현(upacāra, 假說)이라고 천명한다. 조건에 의해 생기한 식(vijñapti)은 不可言이고, 개념은 문자/음절에서 생기한 것으로서 사회적 동의에서 획득된 것이다. vijñapti라는 존재는 不可言으로 개념과 비본질적 관계에 놓여 있지만, 우리는 언어를 사용한다. 개념에 대응하는 존재가 있어서 언어 사용을 하는 것이 아니기 때문에 그 사태를 세친은 '비유적 표현'이라고 한다.

Ⅱ. 비실체적 사유로의 전환 과정(止觀修行의 정신 상태)

범부는 의식과 함께 작용하는 심리 현상의 하나인 尋伺라는 작용으로 인해 판단과 '나'라는 1인칭 자아 중심적 개념의 의식 세계에 있다.

분별된 범부의 의식 상태는 불가언의 緣生법을 실체적 존재(ātman)라고 개념적으로 파악한 상태이다. 이런 맥락에 서면 외견상 실재하는 듯 보이는 저 세계, 내가 경험하는 것은 반복적인 심리적 현실일 뿐이며 과거 무수한 경험의 현재적 투사이다. 의식은 습관적 성향대로 보기 때문에 과거는 그대로 현재에 투사되며, 현재는 늘 과거가 되며, 과거는 미래를 삼킨다. 또 개체의 흐름(saṃtāna, 相續)이 마주하는 것은 특정의 의도와 목적에 의해 구성된 것, 내 업의 결과에 의해 구성된 것이다. 그러므로 확실한 사실처럼 보이는 것 또한 어떤 해석의 틀 내에서 동의한 사항들에 지나지 않으며, 업력이 프로그래밍화한 것의 재생산일 뿐이다. 相續인 한 '개체'가 마주하는 세계는 자신이 지각하는 심리적 현실의 세계이며 업력대로 경험하는 분별된 세계이나, 이 또한 可變의 세계이다. 업력이 빚어낸 '이 지각된 현실' 세계로부터의 탈출이 가능한 세계이기도 하다.

그렇다면 자아의식인 염오의는 어떻게 해야 변화하는가? 존재와 의식 상태가 망념이며 따라서 찰나 현전하는 망념의 상태를 어떻게 해야 벗어날 수 있는가? 일상 의식을 '나'라는 일인칭적 사유로 이끈 尋伺라는 작용은 지관 수행에서 어떻게 작용하는 것일까? 경험의 영향력[vāsanā, 習氣]의 결과이자 잠재적 힘·에너지(śakti)인 종자의 현세화가 이 찰나 분별된 상태라는 자각은 어떻게 가능할까? 내 마음속에 떠오른 相, 집중 상태에서 떠오른 相이 과거 경험이 빚어낸 결과, 혹은 의도적 작의에 의해 생기한 것에 지나지 않는다는 자각이 어떻게 가능한가? 분별된 상태라는 자각은 분별 없는 상태(無分別智)의 경험을 통해서나 가능하다. 무분별지의 경험은 어떤 통로로 이루어지는가? 범부의 실체적 존재를 상정하는 사유 상태는 어떤 과정, 어떤 방법을 통해서 변화하는가?

유식 사상에 의하면 有情인 인간 존재와 그 일상 의식 상태는 카르마(karma, 業)의 결과이며, 그래서 가변(可變)의 상태이다. 어린이 놀이터 시소처럼 반복되는 굴레로부터 벗어나는 방법 중의 하나가 '자신을 보는 것'이다. 의식은 경험만을 경험할 뿐인 사태이기 때문에 '세간의 실존에 대한 이해'를 위한 거울이 필요하다.

유식 사상은 거울의 기능을 하는 것이 깨달은 자들의 말씀인 經典의 청취라고 본다. 진리의 경청은 의식의 주관적 변형을 촉진하면서 세간 의식 상태의 과정을 자각케 하는 요인으로 작용한다. 새로운 관점의 영향을 바탕으로 의식이 어떻게 작용하는지를 관찰하면, 의식 상태의 한계와 그 결과를 자각할 수 있는데, 이것을 止觀 수행이라고 한다. 개념화를 멈추면서 무의식적 습관으로 행해지는 정신적 이미지化에 말려들지 않게 하는 훈련이 바로 지관 수행이다.

유식 사상에 따르면 자각의 과정은 염오의 성질이 아닌 질적으로 전혀 다른 성질의 계발에 의해서 가능하다. 無明이라는 어둠의 제거는 그 어둠의 부재인 빛으로만 가능한 것이다. 계발이 이루어지도록 돕는 助力因으로 善根力의 지지를 든다. 예컨대 뒤로 물러서는 마음이 생길 때 자신을 격려하기, 게으름 피우지 않고 止觀 수행하기, 육바라밀을 행하기 등[193]이 있다. 그러나 무엇보다도 상속의 질적 변화는 聞·思·修를 통해 확보된다고 본다. 새로운 빛, 새로운 거울로써 진리 경청과 그 경험의 축적인 聞熏習(śrutavāsanā)의 유입이 요구된다. 요컨대 염오의 제거는 경청이라는 對治에 의해서 가능하다. 대치하는 것(pratipakṣa, 能治)과 대치되는 것(vipakṣa, 所治)의 관계는 이진법의 구조이며, 제3의 절대적 기준으로 번뇌 제거가 이루어지지 않는다는 것이다.

예를 들어 '고통'에 대한 자각이 고통에 대한 치유의 첫 단계일 것이며, 자각한 후에야 비로소 고통이 환영임을 알게 되는 것처럼 고통을 고통으로 자각하는 과정이 필요하다. 세친에 의하면 분별된 상태(遍計所執)를 벗어나기 위해서는 새로운 학습, 진리에 대한 경청이 필요하다. 존재의 변환을 이루기 위해서, 자신의 이해 속에 닫힌 반복적 굴레를 벗어나기 위해서, 습관적 경향성의 강화를 벗어나기 위해서, 업의 순환을 벗어나기 위해서는 자신을 비추는 거울, 즉 진리에 대한 聽聞이 필요한데 이것은 '관점'의 변화를 낳는다. 진리의 경청, 그 반복적 청취에 의해 축적된 聞熏習은 진리의 맹목적 청취가 아니다.

진리의 경청인 문훈습이 원인이 되어 如理作意인 意言을 낳으며, 이것으로 相續인 유정의 변화 기틀은 조성된다. 자신의 본질(共相)과 하나 되는 것, 唯識性을 증득하는 도정에 놓인 것이 聞思修수행이다. 특히 加行位의 止觀수행은 개념으로부터의 분리를 관찰하는 수행이라고 할 수 있다. 의식과 染汚意가 개념으로 대상을 파악하고 그것을 실체

193) MS 3-4, MS 3-5.

적 존재라고 착각하는, 바로 그것이 유식 수행의 대상이다. 유식 사상에 있어 수행 대상이 지니는 의미는 구부러진 그곳이 바로 펴지는 곳이라는 뜻을 함의하고 있다.

진리에 대한 聽聞은 반복적 연습을 통한 새로운 관점의 이해이고, 그 이해는 변화와 성숙을 꾀하게 한다. 진리 경청의 또 다른 기능은 번뇌를 제거하는 것인데, 이것은 붓다가 될 수 있는 근거를 마련하는 場이 된다. 그래서 범부와 성자의 이정표가 되는 見道의 획득, 무분별지의 획득이 문훈습과 意言을 토대로 해서 일어난다고 본다. 이것을 보여주는 구절은 『섭대승론』 8-4이다.

> 모든 보살에게 무분별지의 근원(nidāna)이 되는 것은 문훈습과 [意]言인 如理作意이다.

세친의 주석은 다음과 같다.

> 어떤 원인으로 [무분별지가] 발생하는가를 게송으로 가르친 것이다. 보살들의 무분별지의 근원은 문훈습과 [意]言이라고 하는 것 등에서 다른 사람이 가르치는 것을 들었으므로 [문]훈습이[라고 한]다. [문]훈습을 원인으로 하므로 意言作意[라고 한]다. 그것[의언작의]를 如理作意라고 한다.[194]

위의 인용을 통해서 무분별지인 解脫智 및 견도의 획득 원인이 문훈습과 의언이라는 것을 알 수 있다. 이제부터 문훈습종자와 의언의 부분을 나누어서 고찰해 보도록 하겠다.

---

194) MSBh P Li 213b1-3. D Ri 175b7-176a2. (H) 364b.
이하 MSBh의 8장은 김성철의 『섭대승론 증상혜학분 연구』, 씨아이알, 2008 텍스트 교정을 따른다.

1. 문훈습종자(śrutavāsanābīja, 聞熏習種子)

어째서 문훈습, 여리작의로서의 의언이 무분별지를 깨닫는 원인이 되는가? 『섭대승론』 3-1의 표현에 주목해 보자.

> 이상처럼 알아야만 할 것들의 특징(所知相)의 설명을 마쳤지만, 그 所知相에의 오입은 어떻게 생각해야만 하는가? 그것은 多聞에 의해 훈습된 의지처(āśraya)는 아뢰야식으로서 생각할 수 있는 것은 아니지만 아뢰야식과 동일하게 [깨달음의 종자가] 되는 것이다. 즉 가르침과 그 의미로서 생기하는 방식으로서 所取할 事처럼, 그것을 보는 것을 동반한 의언(manojalpa, 意言)인 것, 그것은 여리작의(yoniśomanaskāra)에 속하지만 그것의 [종자가 되는 것]이다.[195)]

세친의 주석은 다음과 같다.

> 所知相에의 오입의 다른 의미도 [다음과 같다.] 多聞에 의해 훈습된 의지처라는 것은 대승[법]을 수습한 自體(ātmabhāva)[를 말한다.] 아뢰야식에 포함되지 않는다고 하는 것과 아뢰야식처럼 [이 종자 또한] 여리작의에 포함되는 종자인 것이라는 것은 아뢰야식이 잡염법들의 종자인 것처럼 [문훈습도] 청정법의 원인이라는 의미이다. 여리작의에 포함된다는 것에 대해서는 見을 가진 의언[인 여리작의이기도 하고], 여리작의로부터 가르침과 의미로 나타나는 원인인 것이다. 所取의 事처럼 [나타난다]는 것은 色 등 [六境]과 같이 나타난다는 의미이다. 보는 것을 가지고 있다는 것은 見으로 나타난다는 것을 말한다. 이 [두 가지]가 바로 相見을 가진 vijñāna로서 성립한다.[196)]

위의 인용에 의하면 三性의 깨달음은 문훈습종자와 관계한다. 특히

195) MS 3-1.
196) MSBh P Li 191b8 -192a6. D Ri 159b2-5. (H) 349b.

위의 주석은 문훈습종자와 의언에 관한 많은 정보를 제공한다. 정리하면 첫째, 아뢰야식이 잡염의 종자인 것처럼 문훈습은 청정법의 종자이다. 둘째, 문훈습의 所依, 즉 훈습되는 곳은 自體이다. 셋째, '相見을 가진 vijñāna'가 意言이고 여리작의이다.

범부가 業의 순환성을 벗어나기 위한 첫걸음은 대승의 가르침을 경청하는 것인데, 이런 경청의 행위 자체는 청정한 법을 낳는 원인이 된다. 개체로 하여금 질적으로 다른 새로운 흐름으로 들어서게 하는 것은 진리의 경청이다. 세친은 문훈습의 종자에서 종자(bīja)를 원인(hetu)으로 해석하고, 문훈습으로 생긴 의언을 종자로 규정하고 있다. 청정종자가 훈습되는 의지처(āśraya)는 6根이 아니라 윤회하는 자체(ātmabhāva, 自體), 즉 識相續이라고 한다. 훈습되는 곳은 육근일 수 없다. 왜냐하면 육근은 아뢰야식과 관계하며, 이미 염오의 상태이기 때문이다. 따라서 이 육근 외에 有支種子도 가진 識相續을 말한다고 할 수 있다.

그렇다면 염오종자와 청정종자가 어떤 방식으로 존재하는지, 그것이 의미하는 바가 무엇인지, 대치는 어떤 작용을 낳는 것인지 등의 의문을 제기할 수 있다. 우선 대승법의 정의, 염오종자와 청정종자의 대치 구도 방식이 무엇을 말하는지부터 살펴보자. 이에 대한 물음은 다음에서 잘 설명되고 있다. 『섭대승론』 1-45에서는 다음과 같이 언급하고 있다.

> 그러나 일체의 종자를 가진 이숙식은 잡염(saṃkleśa, 雜染)의 원인이다. 그것[이숙식]이 어떻게 그것[이숙식]을 대치하는 것으로서 출세간심의 종자일 수 있는가? 또 출세간[의 청정한] 마음은 아직 경험하지 않은 것이며, 따라서 그것[인 출세간심의 종자]로부터의 훈습은 실로 존재하지 않는다. [그러나] 그 훈습이 없다면 [출세간심은] 어떤 종자

로부터 생기는가를 설명할 필요가 있다.

그것은 가장 청정한 법계로부터 흘러나온(suviśuddhadharmadhātuniśyanda, 最淸淨法界等流) 정문훈습을 종자로 해서 생기는 것이다.[197]

세친의 주석은 다음과 같다.

또 일체 종자를 가진 이숙식이 잡염의 원인이라면 그것[이숙식]의 대치인 출세간심의 종자와 [잡염의 종자가] 어떻게 공재(rung, 共在)하는가라는 것 중에서 바로 이숙식이 所治의 원인이 될 때 能治의 원인과 함께 공재할 수 없다[는 것을 말한다.] 출세간심이 쌓이지 않았다라고 하는 것과 저[출세간심]이 먼저[이전에] 훈습되지 않았기 때문에[라는 것과] 그 [출세간심의] 훈습이 없다고 하는 것 중에서 그 출세간심의 훈습이 없다는 것에 대해 의심(the tshom)의 여지가 없다[는 것을 말한다.] 가장 청정한 법계로부터 흘러나온(最淸淨法界等流) 문에 의한 훈습종자로부터 그것[출세간심]이 생기한다고 하는 것 중에서 [대승은] 聲聞 등과 구별이 있다는 것이다. [聲聞의 법계와 구별되는 것이] 가장 청정한 법계로부터 흘러나온 문훈습이[라고 이름한다.] 왜냐하면 가장 청정한 법계는 [번뇌의] 잡염과 所知의 장애(āvaraṇa)를 완전히 끊은 것이기 때문이다. 가장 청정한 법계란 즉, 가르쳐준 법인데 그 흘러나온(niṣyanda, 等流) [법문]은 契經 등이고, 법계로부터 흘러나온 契經 등을 듣는다는 것이 법계[로부터] 흘러나온 [것을] 듣는 것이다. 저 문훈습은 법계로부터 흘러나온 문훈습[을 말한다.] 혹은 듣는 것 자체가 훈습인데, 문훈습은 아뢰야식에 머무는 원인을 가진 것이고, 그것[문훈습]으로부터 출세간심이 발생한다.[198]

세친은 가장 청정한 법계로부터 흘러나온(suviśuddhadharmadhātuniś

197) MS 1-45.
198) MSBh P Li 162b3-163a2. D Ri 137b2-7. (H) 333c.

yanda, 最淸淨法界等流) 문훈습을 다음과 같이 풀이하고 있다. '가장 청정한 법계'는 성문의 법계와 달리 대승의 법계이며, 대승법계는 번뇌라는 장애(煩惱障)와 알아야할 것에 대한 장애(所知障)를 끊은 佛世尊의 法界이다. 그리고 '흘러나온 것(niśyanda, 等流)', 법계로부터 흘러나온 것은 계경 등의 12분교, 대승의 가르침이다.[199] 따라서 '문훈습'은 법계에서 흘러나온 대승의 경전 등을 듣는 것이다.

범부가 새로운 인간으로의 질적 전환을 이루어내기 위해서는 가장 지극한 인간, 극한의 인간인 붓다의 말씀을 듣는 것이다. 이러한 해석을 통해서 볼 때, 대승법의 경청이라는 원인 없이는 세간의 범부는 出世間心의 결과를 얻지 못한다. 출세간심은 대승법에 대한 문훈습으로부터 생기하기 때문이다. 요컨대 붓다가 되기 위해서는 대승법에 대한 학습이 절대적 조건이 된다.

유식 사상에서의 법계, 특히 붓다의 법계로부터 흘러나온 바가 대승의 경전이다. 따라서 범부가 청취할 내용은 대승의 법문, 가장 청정한 법계로부터 흘러나온(最淸淨法界所流) 12분교의 가르침이다. 세친은 문훈습을 두 가지로 해석하고 있다. 문(śrutā, 聞)과 훈습(vāsanā, 熏習) 사이의 格에 대한 해석이다. 첫째가 들음으로 인해 생기한 현상이 훈습이고, 둘째는 듣는 행위가 곧 훈습이라는 것이다. 청정한 법계로부터 흘러나온 붓다의 가르침을 正聞하여 훈습된 것이 문훈습이다. 문훈습은 출세간의 청정한 마음을 생기시키는 원인 즉 종자가 된다. 이것은 청취를 통한 12분교의 반복적 학습이 새로운 관점을 생기시킨다는 의미라고 이해할 수 있다.

---

199) 대승 경전은 경전의 권위를 법계에 두고 있는데, 유식 사상도 그 계열에 서 있음을 알 수 있다.

그러면 올바르게 청취한다는 것은 무엇일까? 범부의 의식 상태에서의 正聞은 불가능하다. 왜냐하면 염오의가 작동되는 한, 있는 그대로의 청취가 아니라 자기 의식 수준에 따라 이해할 것이므로 청정을 훈습하는 것은 불가능하기 때문이다. 즉 세간심이 염오의 상태인데 번뇌에 물든 세간의 마음을 가진 상속인 내가 어떻게 출세간의 마음을 가질 수 있는가? 말하자면 이숙식인 아뢰야식은 염오인데 어떻게 청정한 마음이 거기에 훈습되어 종자로서 保持될 수 있는가이다. 세간의 마음은 청정심을 경험하지 못하므로 분별된 염오의 의식 상태에서는 이 청정심이 존재한다고 볼 수 없기 때문이다.

염오종자의 현행인 십팔계는 염오 상태이기 때문에 청정을 경험할 수 없다. 어떻게 출세간의 청정한 마음을 일으키거나 일어나게 하겠는가? 이러한 주장의 배경에는 출세간심 또한 훈습으로 생기한다는 전제가 있다. 이것은 실체적으로 존재하는 청정종자를 부정하는 것으로 볼 수 있다. 만일 원인 없이 생긴 출세간의 청정종자가 염오의 마음과 함께 있다면, 세간의 염오는 그것을 경험해야 한다. 그러나 세간의 마음으로는 출세간의 마음을 경험하지 못한다. 그것이 존재한다 해도 세간의 마음은 출세간의 마음을 경험할 수 없고, 경험되지 않는다는 주장이다. 따라서 세간의 염오의 마음 상태에서는 출세간의 마음 상태를 경험할 수가 없으므로 출세간심의 생기를 위한 새로운 종자 심기, 훈습이 필요하다. 그러므로 문훈습(śrutāvāsanā)은 대승의 가르침을 듣고 들어서 훈습된 에너지 형태의 종자이고 이것이 출세간심을 일으키는 기능을 한다는 것이다.[200)]

200) 그런데 청정한 법계로부터 흘러나온 가르침이 왜 청청하다는 것일까. 이 질문에 대한 답이 MS 2-26이다. MSBh P Li 180a6-180b2에서 설명하고 있다.

의근 자체는 이미 번뇌에 물든 상태이고, 동시에 의식이 작용할 때 번뇌로서 작용한다. 그렇다면 염오종자와 청정종자는 어떤 구조로 존재하는 것일까? 염오와 청정의 관계는 대치의 관계가 되는데 어떠한 방식으로 대치가 이루어지는 것일까? 이에 대한 세친의 견해는 다음과 같다.

> 諸佛의 깨달음에 의존해서 이 문훈습이 [한 종류의] 소의(āśraya, 所依)에서 생기한다고 하는 것은 바로 가장 청정한 법계로부터 흘러나온 [문훈습을 말하며,] 소의에서(rten nas) [생기한다]라고 하는 것은 상속(rgyud, saṃtana, 相續)으로부터 생기한다[는 것을 의미한다.] 그것은 [이숙식 안에] 함께 공재(sahasthānayoga, 共在)하여 마치 물과 우유처럼, 동일 본성일지라도 생기한다. [잡염의] 아뢰야식에는 아니다. 그러므로 [문훈습은] 아뢰야식을 대치하는 것이다.[201]

문훈습종자는 이숙식과의 共在, 즉 함께 머무는 형식을 취한다. 왜냐하면 문훈습의 의지처가 바로 相續하는 개체 존재이기 때문이다. 다른 개체에서 문훈습이 생기하는 것이 아니다. 즉 업의 소멸은 그 업을 가능하게 만든 토대에서만 가능하다. 아뢰야식이 가진 종자는 모두 염오의 종자이다. 청정의 종자는 아뢰야식이 아닌 다른 곳, 즉 세친은 청정이 훈습되는 所依를 '자체(ātmabhāva)', '상속(saṃtāti)'이라고 표현한다. 공간적으로 이미지화시키면 개체 안(상속/자체)에는 염오종자 외에 다르게 훈습되는 종자의 생기가 가능하다. 그 방식은 우유와 물이 함께 존재하는 방식과 유사하다. 염오와 청정의 종자가 우유나 물처럼 이숙식 안에 함께 공재하지만 그 공재의 방식은 대치하는 것과 대치되는 것의 방식이다. 대치는 어떤 환경에서 이루어지는 것일까? 무착은 다음

201) MSBh P Li 163a4-6. D Ri 138a2-3. (H) 334a.

과 같이 설명한다.

> 또 어떻게 해서 아뢰야식은 물과 우유가 [共在하는] 것처럼 아뢰야식이 아닌 [문훈습]과 공재하면서도 [염오종자가 점차 소멸해 가서] 완전히 없어져 버리는가? 비유하자면, 그것은 학(haṃsa, 鵝)이 물 안에 [있는] 우유를 마시는 것과 같다. 또 비유하자면, 세간의 욕망을 이탈해가면 비선정(非等引地)에 속하는 훈습이 점차 감소하고 선정에 속하는 훈습이 점차 증대해가서 [드디어] 의지처의 변화가 있는 것과 같다.[202)]

이에 대한 세친의 주석은 다음과 같다.

> 아뢰야식이 아뢰야식 아닌 것과 [같은 곳에서] 공재하는(lhan cig gnas pa) 것처럼 생기한다. 이것도 학(haṃsa)이 물과 우유를 구별해서 마시는 것처럼이란 비유(dpe)를 든 것이다. 또 세간의 욕구들이 없어져 갈 때, 동일한 아뢰야식 안에 [있는] 비선정 상태(bhūmi)의 번뇌 훈습이 줄어드는 것과 선정 상태에서의 선한 [법의] 훈습이 증장해서 의지처의 전환(轉依)이 발생한다.[203)]

이들에 의하면, 共在하는 방식은 소멸과 증대의 방식이다. 염오의 종자는 소멸하면서 청정의 문훈습종자가 증대하는데, 이 사태에 대한 비유가 물과 우유의 예이다. 학이 번뇌인 물과 청정인 우유가 섞여 있는데도 우유를 잘 마시는 것처럼, 지혜로운 수행자는 번뇌를 소멸하면서 청정을 증대시켜 나간다. 수행자가 세간의 욕망을 이탈해갈 때, 아뢰야식 안의 번뇌는 제거되고 선법은 증장된다. 아뢰야식 안에는 번뇌인 물과 청정인 우유가 공재한다. 염오도 조건에 의해 생성 소멸하는

---

202) MS 1-49.
203) MSBh P Li 166b6-8. D Ri 140b5-7. (H) 334b.

것이듯, 청정종자 또한 생멸하는 방식으로 증대해간다. 청정의 종자도 스스로 존재하는 실체적 본유의 종자가 아니다. 법신의 종자도 차차 증대한다고 보기 때문이다.

그러나 이 공재의 방식이 들어설 수 있는 것은 일상 의식 상태가 아닌 선정 상태에서라는 표현에 주목할 필요가 있다. 염오종자와 청정종자의 대치 구도 방식이 가능한 상태는 선정 상태이다. 공재의 방식은 선정 상태에서의 공재 방식이고, 그런 조건하에서만 염오종자가 줄어들고 청정종자가 증장한다는 것이다.

아뢰야식 안에 비선정의 번뇌는 소멸되고 선정의 선법인 청정이 증대한다. 그런데 염오가 소멸되어 가면서 청정이 증대해가는 것, 그것이 轉依가 일어나는 방식이다. 문훈습종자가 점차적으로 증가하고, 아뢰야식의 염오 종자가 소멸하는 것, 그래서 소의(āśraya)가 변화하는(parāvṛtti) 현상이 일어난다.[204] 대치의 관계가 바로 전환의 관계로 이어지는데 공재의 방식, 대치의 방식은 轉依의 전제들이다. 훈습되는 곳은 상속 혹은 자체이므로 이 훈습이 상속하여 아뢰야식 안에 주재하여 출세간심을 생기시켜서 종국에는 전환이 이루어진다.

문훈습종자는 *法身*종자(dharmakāyabīja)이고 해탈의 원인이 된다. 그 종자는 세간의 상태에 있지만 출세간심의 종자가 되며, 아직 출세간심이 생기하지 않았지만 악업을 소멸하고 대치하는 기능을 한다. 예를 들면 진리의 말을 듣는 순간 나쁜 생각이 일어나지 않으며, 진리의 말을 듣는 순간 과거의 경험이 다른 방식으로 이해되고, 그 사태에 대한 다양한 이해 방식이 생기하게 되어서 상황에 대한 반응적 태도가 이전과 다르게 되는 경우를 말하는 듯하다. 이렇게 문훈습종자는 *法身*의

204) MS 1-48.

종자가 되고 해탈의 원인이 된다. 왜냐하면 문훈습은 개체 변화 즉, 轉依를 가져오게 하기 때문이다. 그러면, 세간의 범부에게 법신은 어떤 것일까?

> 세간에 있어도 초학보살은 법신에 포함된다고 보아야 한다고 하는 것 중에서 초보자(초학, byang =las dang po)란 異生을 말한다. 법신에 포함된다는 것은 이것의 원인이라는 것이다.[205)]

세친에 의하면, 초보자가 대승의 법문을 들을 때 그는 아직 世間心에 놓여 있는 상태이다. 그러나 그 문훈습종자는 미래에 출세간심에 대한 종자로 기능할 것이다. 진리에 대한 경청으로부터 출세간심의 종자는 자란다. 비록 세간심의 상태에 있지만 초보자인 범부도 진리에 대한 경청을 통해서 법신의 씨앗을 심을 수 있다. 종자는 출세간에 대한 원인으로 작용하고, 법신이 되는 종자로서의 기능을 한다. 따라서 문훈습종자는 단순한 청취가 아니라, 악업 생성을 막고 선업 증대를 하는 대치 기능을 한다. 그 결과 문훈습종자는 법계로부터 흘러나온 法身종자이면서 동시에 법신이라는 결과를 가져온다. 무지가 원인 없이 생기한 것이 아니듯이 무지 제거의 가능성도 또한 원인 없이 생기지 않는다. 새로운 학습으로서 진리에 대한 경청의 축적이 새로운 경향성으로 드러나고, 그 경향성은 깨달음의 종자가 된다.

문훈습종자와 관련하여 두 가지 문제를 제기할 수 있다. 첫째 만일 법신의 종자인 문훈습종자가 無爲로서 존재한다면, '문훈습종자' 자체는 성립하지 않는다.[206)] 왜냐하면 무위이면서 훈습종자라는 표현은 모

---

205) MSBh P Li 163b3-5. D Ri 138a7. (H) 334b.
206) 『成唯識論』 9a7-9b7을 통해 호법은 本有無漏種子를 인정하고 있다는 것을 알 수 있다. 그런데 호법이 이해하는 本有無漏種子에서 '本有'의 의미는 과연

순이기 때문이다. 無爲는 조건에 의하지 않고 존재하는 것이므로 무위가 조건에 의해 영향을 받고 多聞에 의해 증장하는 것은 있을 수 없다. 무위의 종자가 훈습된다는 것 자체는 자신이 무위라는 것을 스스로 부정하는 것이다. 따라서 문훈습종자가 무위의 무루종자라면, 훈습은 성립되지 않는다. 이를 통해 세친은 무위의 무루종자를 인정하지 않았음을 알 수 있다. 그는 문훈습을 有爲의 무루종자로 본 것이다. 연기와 연생법은 결국 조건에 의해 생기하는 존재 방식과 그 존재를 말하는 것이므로 원인 없이 그 자체로서 존재하는 청정의 무위종자는 존재할 수 없다. 설사 그 청정의 종자가 내재한다 해도 염오는 그것을 경험해내지 못하므로 무의미한 존재일 뿐이다.

둘째, 진리에 대한 경청이 선정 상태에서 일어난다고 하는데 고도의 집중 상태인 선정 상태에서 어떻게 타자의 말을 들을 수 있을까? 가행위의 단계에서 가르침과 그 의미를 관찰 대상으로 놓는 경우, 그때는 이미 선정 상태이다. 예컨대 색계 선정 상태라면 5識은 일어나지 않는다. 그런데 어떻게 진리의 경청이 일어난다는 것일까? 당대의 학자들에게는 공유된 상식이었는지 모르지만, 현재로서는 그것에 관한 記述이

무엇일까. 기존 연구대로 '本有'를 '無爲'로 해석하는 것이 타당할까. 엄밀한 의미에서 종자가 유루인가 무루인가를 묻는 것과 유위인가 무위인가를 묻는 것은 전혀 다른 차원의 질문이다. 만일 '本有'를 무위로 해석한다면 호법이 말하는 이것과 연기, 연생법의 주장과 어긋난다. 조건에 의해 만들어지지 않은 종자가 훈습이라는 조건을 필요로 한다는 것 자체가 모순이기 때문이며, 종자는 현행할 수 없기 때문이다. 또한 유식 사상에서 無爲는 진여, 법성, 유식성이고, 이것이 緣生法의 共相를 의미한다. 따라서 호법은 有爲 無漏종자를 말하는 것이지, 無爲 無漏종자를 말하는 것은 아니라고 할 수 있다.

9a. "然本有種亦由熏習 令其增盛 方能得果 故說內種定有熏習. 其聞熏習非唯有漏. 聞正法時 亦熏本有無漏種子 令漸增盛展轉 乃至生出世心 故亦說此名聞熏習."

8b. "無漏種生亦由熏習, 說聞熏習聞淨法界等流正法而熏起故. 是出世心種子性故, 有情本來種姓差別, 不由無漏種子有無. 但依有障無障建立."

없어서 알 수가 없다. 다만 세친의 주장에 따라 대치의 방식이 禪定 상태에서 생기한다는 점에 서서 이 문제를 추론하면, 선정 상태에서 예전에 들은 바의 내용을 관찰 대상으로 놓는 것이다. 즉 문훈습된 가르침과 그 내용이 자연스러운 作意를 통해서 관찰 대상이 되는 상태이다.

반복적인 청문으로 개체적 번뇌의 집산지인 의근은 변화를 이루어낸다. 즉 대승법을 듣는 행위는 번뇌의 소멸도 동반하므로 염오의의 질적 변화는 가능하며, 그 변화는 대승의 가르침을 관찰 대상으로 놓는다고 볼 수 있다. 비선정의 번뇌 훈습이 감소하고 선정의 선법이 증대하여 존재의 근본적 전환[轉依]이 이루어지는데 그것이 가능한 토대는 선정 상태라는 것이 이를 지지한다. 왜냐하면 어떤 한 대상에의 집중 자체가 대상에 대한 반복적 반응인 업의 순환을 멈추게 하기 때문이다. 대치, 전의는 선정 상태에서 이루어지는 사건들이다. 그래서 지관수행을 통해 相續의 변화가 가능한데, 그것은 번뇌의 소멸과 청정종자의 증대라는 방식으로 이루어진다. 지관의 상태에서 과거 경향성으로서의 나쁜 잔재의 생기는 제거된다고 보므로, 번뇌의 소멸과 청정종자의 증대는 성립한다. 따라서 전의는 변화이며 그 토대는 염오종자의 소멸과 청정종자의 증장이다.

그렇다면, 유식 사상에서 문훈습종자를 통해 轉依를 제시하는 의의는 무엇일까? 구원 혹은 실재를 보는 방식이 선천적으로 구유되어 있다면, 俱有를 드러내는 방식으로서의 수행 설명이 필요할 것이다. 만일 종자가 무위로 내재한다면, 내재가 드러나는 수행 방식이 필요하다. 그러나 轉依 자체는 선험적 구유의 드러남이라는 형식이 아닌, 질적 변화를 통해 증장해 나가는 것이다. 따라서 전환은 경청과 여리작의를 통해 질적 변화를 점층적으로 증장해 나가는 방식으로서, 비실체적 사유의 실천 양식이라고 할 수 있다.

위의 설명을 통해 보듯이 염오의 종자를 지닌 아뢰야식의 소멸과 법계의 증득이 한 개체인 상속 안에서 어떻게 이루어지는가에 대한 유식 사상의 설명 고리에는 진리의 경청으로 인한 문훈습종자가 놓여 있다.

2. 지관 수행에서의 의언(意言)[207]과 관찰 심사(尋伺)

이제 『섭대승론』 8-2에 따라서 무분별지의 근원인 의언(manojalpa, 意言)의 개념을 고찰해 보자. 세친이 이해한 意言은 무엇일까?

연구 결과에 의하면 의언은 의식이다.[208] 이 연구 결과대로 의언이

207) 都眞雄, 「意言(manojalpa)について」, 『印度學佛敎學硏究』 55-1, 2005, pp.466-464에 의하면 세친의 저서 중 意言 尋伺라는 용어를 사용한 곳은 『大乘五蘊論』, 『六門敎授習定論』 1권(大正31, No. 1607)이다.
특히 『六門敎授習定論』은 尋伺를 선정과 연계시키고 있다. 774a. "有依謂是三定, 一有尋有伺定, 二無尋唯伺定, 三無尋無伺定. 修定人者, 謂能修習奢摩他毘缽舍那"라는 진술이 보인다. 세 가지 선정 상태를 尋伺의 有無로 나누지만, 동시에 선정을 닦는 사람을 止觀수행자라고 정의한다. 또 776b. "釋曰, 次明有依, 諸修定者, 必有依託. 謂依三, 定說尋求等. 言尋求者, 顯是有尋, 旣言有尋, 准知有伺. 言細察者, 顯無尋唯伺. 意言無者, 欲顯無尋無伺, 尋伺皆以意言爲性. 此據奢摩他法 明其定義, 說無異緣等. 此明無差異義, 但緣其字而心得住."라고 한다. 따라서 기존의 이해에 의하면, 四禪定 중 有尋有伺의 상태, 無尋有伺의 상태, 無尋無伺의 삼매 상태가 있다. 즉 第二禪定은 無尋無伺이다. 따라서 위의 意言이 없는 상태를 無尋無伺라고 보는 『六門敎授習定論』에 의하면 제2 선정 이전까지만 의언이 있다는 것이다.
유식 사상의 경우, 의언의 심사를 慧와 思의 작용으로 이해한다. 특히 유식 사상은 想의 작용에도 언어가 개입되어 있다고 하며, 의식 활동 자체가 언어 활동이라고 본다. 이런 입장이라면 尋伺의 작용이 멸한 第三, 第四의 경우 이때의 心所작용은 무엇을 의미하는가라는 의문이 생긴다. 尋伺의 정의 자체를 초기불교의 선정 기준에 따르는 것이 가능한가? 만일 이러한 논리라면, 第二 - 第四 선정까지의 언어적 의식 활동은 어떻게 되는가?라는 의문이 든다. 여기서는 문제의식으로 둔다.

208) 연구 결과에 의하면 의언은 『유가사지론』 보살지와 『대승장엄경론』, 『대승아비달마집론』에 보이는 四尋思 四如實遍智와 『대승장엄경론』, 『중변분별론』,

의식이라면, 청정한 법의 종자인 의언이 어떻게 염오의 성질을 지닌 의식일 수 있을까? 즉 듣는 기능을 하는 耳識과 의식은 아뢰야식과 동시적 연기 상태에 있으며 염오의에 의해 염오의 성질을 띠고 있다. 이런 의식을 의언으로 해석한다면 의식은 염오의 성질이 있는 것인데 어떻게 청정법의 원인을 낳는다고 볼 수 있는가?

따라서 意言자체를 意識과 同値로 보는 시각에 몇 가지 논리적 비판을 가할 수 있다.

첫째, 의언은 대승법을 반복적으로 들은 훈습을 원인으로 생기한 것이다. 문훈습되는 곳은 耳識도 아니고 意識도 아닌 識相續 자체이다. 따라서 문훈습이 원인이 되어 생기한 意言 또한 耳識이나 意識과는 질적으로 다른 성질이어야만 한다. 의식은 염오종자로부터 생기한 것이지만 의언은 청정종자, 법신의 종자이기 때문에 의식을 意言으로 해석하는 것은 무리이다.

둘째, 만일 의언이 의식이라고 한다면 단지 대상을 보는 작용을 깨닫는다는 오류가 발생한다. 의식은 분별 기능을 하며, 그 의식 작용은 의근에 의해 규정되어 있는데 스스로 존재할 힘도 없는 의식에 오입한다는 것은 무엇일까?

셋째, 의언이라는 용어는 관찰 尋伺를 설명하는 부분에서 등장하는 용어로서 심일경의 삼매 상태와 관련되어 있다. 이때는 이미 분별하는

『대승아비달마집론』의 入無相方便相, 이 양자를 통합하는 매개적 역할을 하는 개념이라고 한다. 아래의 연구 결과에 의하면 의언은 의식이다.
早島 理, 「唯識の實踐」, 『講座 大乘佛教8, 唯識思想』, 春秋社, pp.145-176. ; 김성철, 『초기 유가행파의 무분별지 연구』, 동국대 박사학위논문, 2004, pp. 35-36, p.88. ; 小谷信千代, 「瑜伽行における法の修習」, 『大乘莊嚴經論の研究』, 文榮堂, 1984, p.113. ; 長尾雅人, 『攝大乘論 和譯と注解』 下, pp.5-9. 특히 注4는 의언이라는 용어가 어디에 사용되고 있는지를 자세히 언급하고 있다.

의식과 함께 작용하는 尋伺의 기능이 변화된 상태이다. 따라서 의언을 의식으로 규정하는 것은 오류이다.

따라서 필자는 의언이란 의식을 지칭하는 것이 아니라는 입장에 서 있다. 이제부터 그것을 논증하겠다.

『섭대승론』 3-1의 주석에 의하면 "所取의 事처럼 [나타난다]는 것은 色 등[六境]과 같이 나타난다는 의미이다. 보는 것(見)을 가지고 있다는 것은 見으로 나타난다는 것을 말한다. 이[두 가지]가 바로 相見을 가지고 있는 vijñāna로서 성립한다."이다. 세친에 의하면, 意言은 '敎法과 그 의미(義)를 相으로, 그것을 보는 것을 見으로 가지고 있는 vijñāna'이다.

『섭대승론』 3-3 에서도 다음과 같이 설명하고 있다.

> 어디에 오입하는가? 대승의 가르침이 인연이 돼서 일어나고, 見을 동반하고 가르침과 그 의미로서 나타나는 의언 그 자체에 [오입한다.] 信解行地와 見道와 修道와 究竟道에 오입한다. 즉 일체유식이 설해졌을 때 [신해행지에서는] 그것에 대한 믿음이 있고, [견도에서는] 여실하게 통효하고, [수도에서는] 모든 장애의 대치가 되는 것을 수습하고, [궁극도에서는] 전혀 장애가 없는 것이 되기 때문이다.[209)]

무착도 意言을 "見(drśana, sadṛṣṭi)과 가르침(dharma)과 [그] 의미(artha)[인 相]으로서 현현하는", 즉 相見을 의언이 가지고 있다고 본다. 『섭대승론』 3-1에서 相見을 가진 vijñāna라는 표현과 동일 의미로 사용하고 있음을 알 수 있다. 見이라는 보는 주관(能所)과 相(가르침과 그 의미, 所取)으로 나타나는 것이 의언이다. 이에 대한 세친의 주석은 다

209) MS 3-3.

음과 같다.

> 이와 같은 방법(ākāra)으로 오입하고 근거를 가르치기 위해 말한 것이다. 의언(manojalpa)은 意의 분별(yid kyi rnam par rtog pa, manovikalpa)이다. 이 [의언]은 대승법을 원인으로 해서 생긴 것이고, 또 바로 그것에서 의언의 차이(bye brsg)에 의해서도 오입하는 것은
> ① 깊은 확신으로 행하는 地(adhimukti caryā bhūmi, 勝解行地)에 오입하기 때문이다. 왜냐하면 '일체법이 유식이다'라는 것을 듣고 깊은 확신(信解)으로 행하는 단계가 생겨서 이것[깊은 확신으로 행하는 상태를 가진 사람들]은 거기에 오입한다고 말한다.
> ② 그는 어떻게 見道에 오입하는가를 설명하기 위해 [다음과 같이 말한다.] [게송에서]이치에 따라 그것을 이해하는(如理通達) 것이라고 하는 것은 그 의언을 이치에 따라 잘 이해하는 것이다. 즉, 교법도 없고, [그] 의미도 없고, 소취도 없고 능취도 없다는 것에 따라(jiltar, yathāvat) 의언을 잘 이해하는 것(rtogs pa, prativedha)이다.
> ③ 修道에 오입하는 것을 가르치기 위해서 [다음과 같이 말한다.] 일체의 장애의 대치를 修習(sgom pa, bhāvanā)하는 것이라고 하는 것은 [교법도 없고, 그 의미도 없고, 소취도 없고, 능취도 없다, 라는 것에 따라 의언을] 잘 이해(通達)한 그것을 반복(goms pa, abhyāsa)하는 것이다. 그러므로 그 無分別 등에 의해서도 그것을 잘 이해한 것에 의해서 장애를 제거하는 것이다.
> ④ 그는 구경도에 오입하는 것을 가르치기 위해서 [다음과 같이 말한다.] 장애가 없어졌기 때문에, 라고 하는 것은 가장 청정한 지혜의 상태에서 가장 미세한 장애도 없다는 것이다. 이것이 구경도에 오입하는 것이다.[210)]

위의 인용에서 의언을 오입 대상이라는 표현에 주목해 보자. 오입 대

---

210) MSBh P Li 192b1-8. D Ri 160a1-5. (H) 349c.

상은 의언 자체이고, 출세간지부터 수도, 구경도에 이르기까지 오입해야 하는 것이 의언이지만 각각 수준을 달리할 뿐이다.

『섭대승론』 3-1과 3-3에 의하면 의언은 "相見을 가진 것이며, 동시에 오입 대상"이다. 또한 『섭대승론』 3-7에서는 오입 수단, 방법을 관찰(見)이라고 한다.

위를 미루어 볼 때 의언은 "相見을 가진 vijñāna"로서, 相은 教法과 교법의 의미를, 見은 관찰 尋伺를 뜻한다. 동시에 相見을 가진 vijñāna인 의언은 오입 대상이다. 이때 見은 의언의 오입 수단이 되고, 의언 자체는 오입 대상이라는 논리가 성립한다.

그런데 의언이 오입 수단이자 방법이라는 부분에 초점을 두면, 의언이 意識이라고 주장할 소지가 있다. 대상 관찰(見)하는 尋伺는 주관의 측면이며, 이것이 오입의 방법이기 때문이다. 그러나 의언의 見이 의식을 가리킨다고 볼 수 없다. 왜냐하면 의언의 발동은 선정 상태에서 생기한 것이고 이미 문훈습에 의해 대상이 教法과 그 의미로 나타난 것이며, 이때의 見 또한 선정 상태에서 드러난 慧思이기 때문에 의언의 見은 의식이라고 정의할 수 없다. 즉 의언의 見은 尋伺중 慧思의 기능을 한다. 분별 의식에서 尋伺는 분별로서 vijñapti를 artha로 증익하는 것이라면, 지관 상태에서의 尋伺는 관찰이고 慧思이기 때문에 의언이 의식이라는 주장은 성립되지 않는다. 따라서 종전의 연구대로 의언의 見측면을 강조해서 의언이 의식이라는 해석은 모순이다.

그런데 주목을 끄는 것은 『섭대승론』 2-11과 『섭대승론』 2-32C의 주석에서 세친은 '相見을 가진 vijñapti'라는 표현을 사용하는데 의언을 '相見을 가진 vijñāna'라고 표현한다는 점이다.[211] 필자는 이 부분에 주

211) 相見을 가진 vijñāna라고 할 경우, 이때의 vijñāna는 주관의 識이 아니라, 연생

목하면서 意言의 정의를 탐색하고자 한다.

세친은 의언(manojalpa)을 意分別(manovikalpa)로 이해한다. jalpa와 vikalpa를 동의어로 보는데 이때의 분별(vikalpa)은 무루의 분별이다. 왜냐하면 의언은 이미 문훈습에 의해 생긴 선정 상태에서의 의언이기 때문이다. 言(jalpa)은 √jalpa에서 파생된 명사형으로 '말함', '이야기함'을 의미한다. 그러면, 의언에서 意(manas)는 무엇을 칭하는 것일까? 예컨대 안혜는 『삼십송석』에서 의언(manojalpa)을 다음과 같이 정의하고 있다.

> 의언(manojalpa)은 의[근](manas)에서의 말(jalpa)이다. 말하는 것(jalpa)과 같은 것이 jalpa이다. jalpa는 대상에 대해 이야기함(kathana)이다.[212]

문훈습이라는 들음 자체는 언어적 행위로 인해 발생한 것이므로 이 의언이 '언어', '잠재적 언어능력'이라고 보는 것은 당연하다. 세친이 의언(manojalpa)을 의분별(manovikalpa),[213] 사유(saṃkapa, 思惟),[214] 여리

법으로서의 vijñāna를 말한다. 세친은 『삽십송』에서 vijñaptimātra라는 표현과 vijñānamātratva(게송28)를 혼용해서 사용한다.

212) Trṃś p.32. "manaso jalpo manojalpaḥ/jalpa iva jalpaḥ/jalpo 'rthakathanam/"
『삼십송』의 게송 27에서 artha인 소취가 사라진 뒤에 능취인 마음(관찰 대상)이 남아 있다면 이것이 유식성에 안주한 것인가에 대한 게송이다. 이것은 유식이라는 것조차 개념적 파악이 있는 상태이므로 무엇인가를 전면에 세워두는 것, 그것은 유식성에 안주하는 것이 아니라고 한다. 이때 "sthāpayannagrataḥ"에서의 agrata를 abhimukham으로 보고, sthāpayanna를 "athā śrutaṃ manasā(들은 대로 의(manas)에 [세운다]"로 해석하고 있다. 안혜의 이러한 이해는 문훈습한 것을 의근에다 세운다는 의미가 된다. 따라서 jalpa는 의근에서의 jalpa이고 의언(manojalpa)은 문훈습된 의근으로 이해했다고 볼 수 있다.
게송 27에 대한 호법의 이해는 『성유식론』 49a23-49c14이나 意言해석은 보이지 않는다.

213) MS 3-3.

214) MSA에서는 正思惟(saṃkalpa)로 이해하고 있다. manojalpa는 성자의 정신 상

작의(yoniśomanaskāra, 如理作意)와 동의어로 볼 때, 그 의미는 見의 측면에서이다. 相見에서 相은 교법과 그 의미를 뜻하므로 分別, 여리작의는 見의 측면에 해당한다고 볼 수 있다.

相見을 가진 것이 의언이라고 할 때, 의언 자체가 오입의 대상이면서 동시에 오입 수단, 방법이 의언의 見측면이라는 주장에 따라서 의언이 문훈습에 의해 생긴 선정 상태에서의 無漏 의근이라는 주장을 논증해 보도록 하겠다. 의근이 의언임을 지지하는 3-17의 게송을 보도록 하자.

> 또 『유가분별론』에 [現觀에 대한] 가르침인 두 가지 게송이 있다. 선정에 든 보살은 [선정 상태에서] 영상(pratibimba)이 意[근](manas)에 불과하다고 본다. 그리고 실체적 존재(artha)라는 想(saṃjñā)을 제거하여 [모든 것은] 자기의 想(sva saṃjñā)에 불과하다는 것을 확실히 본다(avadhārayati).[1][215]

세친의 주석은 다음과 같다.

> 진여에 오입하기 위한 가르침에 대한 게송이 있다. [선정에 있는 보살이] 影像(pratibimba)이 意(manas)[에 불과하다고] 본다고 하는 것 중에서 가르침과 의미로 나타나는 영상은 意(manas)라고 관찰하는 것이다. 누가 관찰하는가? 보살이다. 무엇에 의해서인가? 선정(saṃdhi)에 들어간[상태]에서이다. artha라는 想(samjñā)도 소멸시키고 [모든 것은] 자기의 想(saṃjñā)이라고 관찰한다고 하는 것은 이 [선정의 상태]에서는 artha라는 想(saṃjñā)도 버려서 자신의 意야말로 가르침과 의미로 나타난다고 확실히 본다는 뜻이다. …[하략]…[216]

태에서도 언어 작용이 있음을 드러내는 용어로서 jalpa는 '잠재적 언어능력'이라 말할 수 있다.

215) MS 3-17. 호법도 『成唯識論』49b28-49c18에서 이 게송을 인용하여 가행위에 배대시킨다.

216) MSBh P Li 197a4-7. D Ri 163b1-3. (H) 353b.

위의 게송은 가행도의 지관 상태에 대한 기술이다. 게송을 주목하는 것은 관찰 대상의 근원지를 설명한 부분 때문이다. 세친은 교법과 의미로 나타난 것을 相, 影像으로 보고, 이것이 의근(manas)에서 나온 것이라고 본다. 相이 교법과 의미라는 표현이라고 보면 意根은 청정한 의근, 즉 意言임이 분명하다. 위의 게송은 선정 상태에서의 의근, 즉 염오성이 사라진 의근이 의언이라는 것을 보여준다. 또한 그 영상인 교법과 의미가 의근이라고 관찰(見)한다는 주장에 미루어 볼 때도 이때의 의근은 선정 상태에서의 의근인 의언이다. 의언의 相見이 교법/의미와 관찰이라는 세친의 진술 때문이다.

의근은 염오의 상태로 변계소집의 사태와 관련된다면, 의언은 청정한 법계로부터 흘러나온 진리에의 경청(문훈습)을 원인으로 해서 생긴 청정한 의근을 말한다고 할 수 있다. 즉 의언이 '有相有見(sanimittadṛṣṭi)의 vijñāna'라고 할 때, 그때는 염오의 의근과 달리 문훈습종자로 인해 생기한 청정한 상태를 말한다.

염오의 의근과 청정한 의언의 차이점은 相과 見의 질적 차이이다. 의근의 경우 相이 개념적으로 파악한 相(nimitta)이라면, 의언의 경우는 문훈습에 의해 생긴 가르침(dharma, 教)과 가르침의 의미(artha, 義)이고 見은 관찰 심사이다. 그리고 見의 작용을 보면 의식은 대상을 식별하나, 의언의 見은 간택/택법이라는 관찰적 지혜로 작용한다. 문훈습종자로 인해 생긴 의언종자의 상태는 청정한 상태를 전제한 것이므로 이미 가르침에 대한 내용이 대상으로 나타날 수 있을 만큼 수습된 상황임을 말한다. 따라서 所知相에서는 의근이라고 표현한 바가 여기서는 의언으로 전환되었음을 알 수 있다.

염오의 의근과 청정의 의언의 차이점은 첫째, 비선정과 선정의 차이이다. 선정 상태에서 의언의 측면은 증대하고 염오의 측면은 소멸되어 간다고 보아 비선정의 의근은 기능이 소멸되어 간다고 할 수 있다. 따라서 전자는 염오이고 후자는 청정이라는 점이 보다 분명해진다. 둘째, 양자의 공통적 특징은 언어적 존재라는 데 있다. 양자는 모두 이원적 태도를 지니고 있지만, 범부의 염오 상태에서는 비존재를 실체적 존재(artha)로, 의언의 상태에서는 대상을 있는 그대로 관찰하는 기능이 있다. 이원화 상태이지만 유루의 분별과 무루의 분별이라는 차이가 있다. 따라서 의근은 문훈습종자에 의해 어느 정도 개량된 상태이고, 이미 등류의 법문이 의근에 뿌리를 내린 상태에서 가르침과 그 의미가 대상으로 나타난 상태이다. 집중된 상태에서 작용하는 심사(尋伺)가 그 가르침과 의미를 보는 것이므로 의언은 새롭게 생기한 의근이라고 할 수 있다.

이제 '相見을 가진 vijñapti'와 '相見을 가진 vijñāna'라는 표현을 통해서 의언이 의근임을 논증하겠다. 『유식이십론』에서 "육내처인 根은 종자이고 이 종자가 육외처인 境을 현현시킨다."고 한다. 즉 根과 境은 종자와 종자의 현현이다. 다른 한편 『섭대승론』 2-11에서 세친은 根이 境識을 가지고 있다고 주장한다. 따라서 『섭대승론』 2-32C에서 "相見을 가진 vijñapti"라고 할 때, 그 vijñapti는 根을 말한다. 五根을 가진 것(dehin)을 염오의로 보는 세친에 의하면 五根은 또다시 意根으로 수렴된다. 따라서 십팔계의 구도 안에서 相見을 가진 것은 육근이며 나아가 意根이라는 논리가 성립한다.[217)]

『섭대승론』 3-1에 의하면 의언을 "相見을 가진 vijñāna"라고 한다. 변계소집의 상태에서 相은 무의식적으로 떠오른 영상이고 그것을 보는 見은 의식이다. 반면, 의언은 청정법계로부터 흘러나온 12분교를 반복

217) 자세한 논증은 2部- Ⅲ, 1, 1) "소의(āśraya)와 근경식 구조"에서 다룰 것이다.

적으로 들은 훈습에 의해 생기한 법신의 종자이고 무분별지 생기의 근원이다. 止觀이 이루어진 상태에서의 相은 문훈습에 의해 생긴 教法과 그 의미이고, 見은 그것을 관찰하는 무루의 慧思이다. 見으로서의 의식이 개념적 유루 분별이라면, 見으로서의 관찰 기능을 하는 慧思는 무루의 분별이다. 相見을 가진 六根, 의근은 가행위 수행부터는 무루의 의근 즉, 의언이 된다. 『섭대승론』 3-3은 의언의 질적 차이를 세우고 있는데 신해행지, 견도, 수도, 구경도에서의 의언의 차이가 그것이다. 이것은 가행위부터 구경도에 이르기까지 염오의로서의 의근은 기능을 하지 않거나 존재하지 않는다. 이것은 염오의가 번뇌 없는 무루의 의언, 그 무루분별의 의언으로 변화되었음을 뜻하는데, 염오의는 사라지는 것이 아니라, 무루로 변화하는 것이라고 볼 수 있다.

이제부터는 의언은 의식이 아니라, 청정해진 주관의 측면(見)임을 논증해 보도록 하겠다. 오입 수단으로서의 '意言의 見'은 단순히 대상을 보는 차원이 아니라, 보는 기능 자체가 尋伺와 연결된다. 의언이 지관 상태에서 발생된 것이므로 이때의 尋伺는 범부의 비선정 상태에서의 尋伺기능과 전혀 다르다. 그러므로 見으로서의 의언은 오입의 방법으로서의 기능을 한다. 『섭대승론』 3-7은 가행위(prayogamārga, 加行位) 수행, 즉 선정 상태에서의 尋伺에 대해 풍부한 정보를 제공한다.

> 무엇에 의해 어떻게 오입하는가? 문훈습이 원인이 되어 여리작의에 포함되고, 法과 義로 나타나는 有見의 意言에 의한다. 네 가지 관찰(paryeṣaṇā, 尋思)에 의해서이다. 즉 명칭과 지시 대상(artha)과 자체와 차별상(svabhāvaviśeṣa)과의 가립(prajñapti, 假立), 이들 네 가지에 대한 관찰에 의한다. 그리고 4종류의 있는 그대로의 앎(yathabhūtaparijñā, 如實遍智), 즉 명칭과 지시 대상과 자체와 차별상

과의 假立을 있는 그대로 아는 지혜에 의해서이다, [如實하게] 그것들[네 가지]가 모두 不可得하다는 것을 [알기] 때문이다.

유식에 오입하기 위해서 수행에 전념하는 보살은 문자(vyañjana, 文字)와 의미(artha)로 나타나는 의언에서, 文字[에 의한] 명칭은 意言일 뿐이라고 推求, 문자 위에 세워지는 지시 대상(artha)도 또 의언에 불과하다고 추구하고, 그 명칭과 [artha]는 자체로서도 차별상으로서도 설정된 것에 불과하다고 추구한다. [다음에] 만일 의언뿐이라고 본다면 명칭도 지시 대상도 개념적으로 파악되지 않고(anupalambha, 不可得), 자체와 차별상도 [개념적으로 파악되지 않고] 자체와 차별상의 설정을 가진 지시 대상의 차별상도 개념적으로 파악되지 않는다[는 것을 여실하게 안다.] 이처럼 四種의 관찰과 사종의 如實遍智에 의해서 문자와 의미로 나타난 의언에서 유식성(vijñaptimātratā)에 오입한다.[218)]

이에 대한 세친의 주석은 다음과 같다.

무엇에 의해 [와] 어떻게 오입하는가는 말해야 한다. 이 중 문훈습의 원인에 의해서 생기한 것이란 문훈습을 잘 수순해서 [생기한 것을 말한다.] 어디에 오입하는가는 앞[3-3]에서 말한 것이고, 여기서는 [의언이] 대승[법]의 훈습에 의해 생기한 것이므로 원성실성에 포함된다[219)]고 알아야 한다.

또 어떻게 오입하는가[의 오입 방법]을 드러내기 위해서 [다음과 같이 말한다.] 즉 [오입 방법은] 4종의 관찰(paryeṣanā, 四種尋思)[은] 그것을 드러낸 것이 [즉] 명칭(nāman, 名)과 지시 대상(artha, 義)과 자체(svabhāva, 自性) 등을 말하고, 그것들[4종 관찰 대상]에 의해서 여실변지(yathābhūta parijñāna, 如實遍智)를 요약해서 [드러냈다.] 명칭

---

218) MS 3-7.

219) 세친은 의언을 훈습에 의해 생긴 것이므로 원성실성이라고 정의한다. 이때의 원성실성은 유위·무루의 원성실성을 말한다. 따라서 이 문장 또한 의언은 의식이 아니라는 것을 반증한다.

과 지시 대상과 자체와 차별상(viśeṣa, 差別)의 假立(prañapti)[220]과 [명칭과 지시 대상 각각에 대한] 자체와 차별상[의 假立]에 대해 如實遍智한다는 것 중에서 자체와 차별상도 假立이라고 [如實遍智하는 것이다.] 명칭[의] 차별상의 假立이 불가득이라는 의미이다. 불가득(anupalambha, 不可得)이란 이 명칭의 자체와 [명칭의] 차별상이 단지 假立이라고 관찰(vicāra, 推求)하는 것이다. 만일 그렇다고 [관찰한다면] 명칭의 자체와 [명칭의] 차별상이 존재하지 않으므로 명칭의 자체가 단지 假立이라는 것으로 파악된다. 또 관찰(推求)[일 때에만] 관찰(paryeṣaṇā, 尋思)[이 성립] 한다. 만일 [사종의 관찰 대상이] 不可得이[라는 것을 안다면 이것이] 如實遍智이다.[221]

『섭대승론』 3-7의 주석에 의하면 意言은 오입 대상이자 수단이다. 위의 인용에서 볼 수 있는 것처럼 가행위의 수행은 범부의 의식 상태를 뒤집어보는 과정, 즉 범부의 의식 상태가 실체적 사유 과정이었다면 가행위의 수행 과정은 실체적 사유 과정을 벗겨 내는 것이다. 말하자면 유식 수행은 범부의 미혹한 현실 그 자체의 긍정에서 출발하는 수행이라고 볼 수 있다.

위의 인용에 의하면 의언의 相은 敎法의 의미이고, 見은 관찰이다. 다른 표현으로 하면 관찰 대상인 相은 교법과 교법의 의미(義), 그것들 자체와 차별상이고, 見은 관찰 심사이다. 교법과 의미인 相인 소연과 관찰하는 見을 가진 것이 의언이다. 이 見은 깨달음에 이르는 방법이자 수단이므로, 見을 오입 수단으로 해서 의언 자체를 깨닫는 것이다. 예

220) 현장은 prajñapti를 假立으로 번역한다. 이것은 네 가지 관찰 대상이 모두 '언어적·개념적으로 설정'된다는 뜻이다. 유식 사상에 의하면 이것은 단지 이름뿐이라는 유명론을 의미하지 않고, 조건에 의해 생긴 법은 언표 대상이 아니라는 것을 의미한다. 유위법은 모두 假名이고, 假有(prajñapti sat)는 불가언의 법이지만, 비유적 표현으로 명칭할 뿐이다.

221) MSBh P Li 194a3-194b1. D Ri 161a4-161b1. (H) 351a-b.

컨대 관찰을 하면 종국에 如實遍智에 이르러서 마지막 찰나에 想이 소멸한다. 想이 소멸하는 순간, 연생법의 共相인 유식성이 현행하고, 번뇌의 의타기는 청정의 의타기로 소멸한다. 즉 人法의 비존재가 완전히 사라진다는 것이다.

그러면, 가행위에서의 관찰하는 대상(相)과 방법(見)을 분석해 보자. 즉 가행위 지관 상태에서의 관찰 대상은 개념(nāman, 名), 개념의 지시 대상(vastu, artha), 자체(svabhāva, 自性), 차별상(viṣeśa, 差別)이다.[222]

---

222) MS 3-7은 유가행파의 가행위 수행, 그 단계에서의 관찰 대상이 무엇인지를 보여주는 중요한 부분이다. 특히 연구 결과에 의하면 관찰 대상에 대한 이론적 변이 과정을 잘 보여주는 부분이다. 그래서 많은 학자들이 가행위에서 관찰 대상에 대한 문제를 여러 각도에서 연구해 왔다. 즉 각각의 논서들에는 四尋思 중 네 가지의 관계를 어떻게 보느냐는 입장들이 있다. 그러면, 세친의 경우 네 가지 관찰 대상은 무엇인가?
"yang dag pa ji lta ba bzhin du yongs su shes pa zhei ste/ ming dang/ dyons dang/ ngo bo nyang dag / khyad par du btags pa dang/ ngo bo nyid dang/ khyad par yang dag pa ji lta bas bzhin du yongs su shes pa rnams kyis 'jug ste/"
長尾雅人은 MS(下) p.28에서 위의 재인용 부분을 "사종의 如實遍智, 즉 名과 事와 자체와 특징과의 가립(prajñapti)을 [자체와 특징의] 여실변지에 의한다"라고 번역하면서 p.32 注6 에서 왜 T 본론과 T-Bh에서 다시 ngo bo nyid dang/ khyad par라는 것을 왜 부과했는가, 왜 T-Bh에서 관찰 대상을 6개로 본 것인가에 대한 의문을 제시한다. 한역에서는 이 ngo bo nyid dang/ khyad par의 부분이 없다. (H) "及由四種如實遍智, 謂由名事自性差別假立 如實遍智"이다. 長尾雅人의 이러한 의문에 하나의 대안이 있다. 세친의 주석을 통해서 대안을 구할 수 있다. 즉 세친은 名과 義와 자체와 차별상을 모두 假立으로 보고 있으며, svabhāva와 viṣeśa를 名과 義의 양자에도 걸고 있다. 말하자면 名 자체와 名의 차별상, 義 자체와 義의 차별상이 모두 假立이라고 본 것이다. 따라서 長尾雅人이 5, 6번째로 지적한 svabhāva와 viśeṣa는 名과 義에 걸리는 것으로 봐야 한다. 즉 여실변지는 4종이므로 "명칭과 지시 대상과 자체와 차별상의 가립(prañapti, 假立)과 [명칭과 지시 대상 각각에 대한] 자체와 차별상[의 가립]에 따라 如實遍智한다."라고 번역을 하면 관찰 대상은 넷이 된다. 이렇게 번역을 하면 관찰 대상 네 가지와 네 가지의 如實遍智의 의미가 산다. 그래서 여기서는 세친이 가립을 名과 事 모두에 걸고 있다는 점에 주목해서 위처럼 번역을 시도했다. 앞의 네 가지는 네 가지 관찰 대상이고, ngo bo nyid dang/ khyad par는 뒤의 여실변지를 가리키는 부분으로 해석을 했다.
호법은 『成唯識論』 49b, "四尋思者, 尋思 名義自性差別假有實無, 如實遍知

개념 자체(svabhāva)와 개념의 차별상(viśeṣa), 개념의 지시 대상 자체와 그 차별상, 이 네 가지가 모두 언어적으로 설정(prajñapti, 假立)된 것이라고 관찰하는 것이다. 여기서 차별상이란 개념과 지시 대상의 無常, 苦, 無我라고 관찰하는 것이다. 예를 들면, 개념 자체를 現前시켜 놓고서 이것이 개념적 설정(假立)임을 관찰하는 것이다. 관찰의 결과, 네 가지 모두 개념적 설정이라고 알게 되는데, 이것을 여실변지((yathābhūta parijñāna, 如實遍智)라고 한다. 如實遍智란 있는 그대로 네 가지 대상이 개념적으로 파악 불가능하다(不可得)는 것을 아는 지혜이다. 교법과 그 의미는 나의 인식 상태에서 개념적 존재이고 그 개념의 의미이다. 의언이 지닌 相은 名, 義, 自性, 差別이고 그것을 관찰하는 尋伺가 見이다.

네 가지 대상은 모두 의언에 의해 생기한 것이므로, 명칭과 대상의 존재 방식은 말에 의해 생기된 것에 불과하다.[223] 소취의 相이 사라지면 능취의 見이 사라지는데 이것은 相見을 가진 의언에 오입하는 것이다. 相見이 사라지는 자체는 무루의 의언이 사라지는 것이기 때문이다.

대상이 사라지면 대상을 보는 주관이 사라진다고 할 때, 왜 이것이 유식에 오입하는 것일까? 왜 가행위 마지막 단계에서 주관 또한 사라지면 무분별지가 된다는 것일까? 『섭대승론』 2-32C에서 "相見을 가진 vijñapti"를 중심으로 三性이 펼쳐진다는 부분을 기억해 보자. 상견을 가진 의근, 나아가 가행위 수행에서 가르침과 교설을 相으로 하고 見을 심사로 가진 의언은 見의 소멸과 함께 그 기능을 못한다. 즉 소취와 능취가 사라진다는 것은 그것을 드러낸 종자인 의언이 작용이 정지된 상

此四離識及識非有名如實智, 名義相異故別尋求., 二二相同故合思察"라고 이해하고 있다.

223) MS 3-18에서는 artha의 존재 방식(gati)은 말(jalpa)로부터 생기한 것으로 본다.

태라는 것이다. 이때 의언 또한 사라지면서 共相인 유식성이 현현한다는 것이다. 마지막 찰나에 남은 이원 상태는 결국 自相이 남은 상태여서 이 양자 소멸을 유명한 표현인 入無相方便이라고 한다.

그러면, 네 가지의 관찰 대상(相)을 어떻게 '관찰(見)'한다는 것일까? 관찰이라고 번역한 용어는 尋思(tshol pa, paryeṣnā)를 말한다. 尋思는 尋(vitarka, 尋求)과 伺(vicāra, 伺察)의 두 종류이다. 不定심소인 尋伺 중 尋은 尋求(paryeṣaka)를, 伺는 推求(pratyavekṣka)를 가리킨다. 尋伺라는 관찰 자체는 대상을 '이것은 무엇인가', '이것은 무엇이다'라고 판단(nirūpana)하는 현상인데, 尋과 伺의 차이는 대상에 대한 관찰의 거침과 미세함의 정도 차이에 있다. 이때 세밀한 관찰(推求)인 伺(vicāra)가 있어야만 尋思인 관찰이 비로소 완성된다. 세친은 名義의 우연성을 관찰하는 부분에서 "止觀으로 인해 관찰(paryeṣanā)이라고 이름한다."고 언명하고 있고,[224] "선정 상태에서 판단 혹은 규정(nirūpana, 推求)을 관찰(paryeṣaka, 尋求)이다"라고 정의 내리고 있다. 그러므로 관찰은 선정 상태에서만 발생하는 현상이다.

즉 가행위 지관 수행에서 관찰 대상은 명칭과 그 지시 대상, 각각의 자체와 차별상이고, 관찰 주관은 尋伺이다. 둘 다 개념적이기는 하지만 尋伺는 대상에 대해 예리한 작용을 하여, 관찰 대상이 모두 개념적인 것들이어서 파악되지 않는다는 것을 알게 한다. 이 사태가 如實遍智이다.

유식 사상에 의하면 조건에 의해 생긴 모든 것은 개념의 대상이 아니다. 그럼 어떻게 개념의 상태를 벗어나서 개념과의 동일시를 벗어난

224) MS 3-16 첫 번째 게송에 대한 세친의 주석이다. 이를 통해 관찰은 지관 상태에서의 관찰임을 알 수 있다. (H) 353b. "釋曰, 將入眞觀故說二頌. 名事互爲客其性應尋思者, 謂名於事爲客事於名爲客, 非稱彼體故. 由定而觀故名尋思."

단 말인가?

그렇다면 관찰로서의 尋伺는 무엇을 의미하는 것일까? 세친의 경우, 意言과 尋伺가 연결시켜서 설명하는 문헌의 하나가 『대승오온론』이다. 여기서 세친은 다음과 같이 진술하고 있다.

> 尋(vitarka)이란 무엇인가? 관찰(paryeṣaka, 尋求)하는 意[根](manas)의 [見에 해당하는] 분별(samkapa)이다. 특수한 慧(prajñā)와 思(cetanā)이며 마음의 거친 상태를 그 특징으로 한다. 伺(vicāra)란 무엇인가. 伺[察](pratyavekṣaka, 推求)하는 意의 분별이며 특수한 慧와 思이며 마음의 미세한 상태를 그 특징으로 한다.[225]

위의 인용을 보면 意言은 意[根](manas)의 思惟(saṃkapa)이다. 意言의 상태에서만 관찰(paryeṣaka)하는 尋과 伺의 심소가 기능을 한다. 가행위에서 尋伺는 지관 상태에서의 尋伺이기 때문에 尋伺라는 관찰을 '특수한 慧思'라고 한다. 왜 관찰하는 심사를 특수한 慧思라고 명명하는 것일까? 意言, 尋思, 慧思에 대해 풍부한 정보를 제공하는 안혜와 호법의 설명을 보도록 하자. 우선 『삼십송석』 중 안혜의 주석을 보자.

> 심(vitarka)이란 무엇인가? 관찰(paryeṣaka, 尋求)하는 의언(manojalpa, 意言)이며 특수한 혜(prajñā, 慧)와 사(cetanā, 思)이다. 관찰이란 '이것은 무엇인가'하고 판단(nirūpaṇa)을 내리려는 행상이 생기하는 것이다. 의언(manojalpa)이란 의근(manas, 意根)의 언어 작용, 언어 능력(jalpa)이다. jalpa는 말하려는 것이며 jalpa는 대상(artha)에 대해 말하는 것(kathana)이다. 특수한 혜와 思[중] 思는 마음이 발동하는 것을 그 특징으로 하며 혜란 공덕과 과실을 변별하는 행상이므로 이것들[慧思]의 힘에 의해서 마음이 생기하기 때문이다. …[중략]… 그

225) 『大乘五蘊論』 849b.

> 것[尋]은 마음의 거친 상태(audārika, 麤)이다. 거친 상태란 조약함(sthūlatā)이다. 오직 대상(vastu, 事)만을 관찰(paryeṣaṇā)하는 행상이기 때문이다.[226] 사(vicāra, 伺)에도 이런 이치가 있다고 봐야한다. 思 또한 특수한 慧思를 본질로 삼는 것이며, 伺察하는(pratyavekṣaka) 意言이다. 바로 以前[尋의 대상]이 된 것에 대해 그것은 이것이라고 판단(nirūpaṇa)을 내리기 때문이다. 그래서 마음의 세밀한 상태(sūkṣumatā, 細)이다. …[하략]…[227]

의언은 문훈습에 의해 생긴 청정의 意根에서의 언어 작용이며, 의언은 대상에 대해 말하는 것이다. 안혜와 호법의 尋伺의 정의[228]에는 별 차이가 없다. 호법에 의하면, 이때는 이미 無漏의 올바른 앎(正知) 상태이므로 대상 관찰은 무루의 관찰 작용이다. 예컨대 일상 의식 상태에서 尋伺는 발화적 언어 기능으로 적용한다. 즉 "尋伺 이후에 말(vāc)을 한다. 伺察하지 않고는 [말을 할 수가]없"[229]는 尋伺가 의식 분별 상태에서 본능적 언어 감각처럼 음성적 언어, '나'라는 관념으로 작용을 했다면, 선정 상태에서의 尋伺는 지혜로 변화한다. 즉 관찰은 언어적 관찰이기는 하지만, 특수한 慧思로 작용한다. 止觀 상태에서의 관찰은 있는 그대로의 앎(如實遍智)을 낳는 원인으로 작용한다. 관찰(paryeṣaka, paryeṣanā)의 정의는 심(vitarka, 尋)과 사(vicāra)라는 심소와 관계하는데, 이것은 不定심소로서의 尋伺가 지관 상태에서는 관찰 지혜로 변화한다는 것을 의미한다. 심사가 음성적 언어로만 연결되어 있지 않다는 것을 뜻한다.[230] 유식 사상은 기본적으로 열반을 제외한

226) (H) 849b28, 848c14.
227) Triṃś p.30a.
228) 『성유식론』 35c.
229) AKBh[P]p.61. 그리고 MS 2-16.
230) vitarka, vicāra에 관한 연구 논문은 다음과 같다.

일체의 인식 상태, 심지어 지관 상태에서도 미세한 언어 작용이 있다고 본다.

여기서 왜 관찰 방법이 의언과 관계하는지에 대해 살펴보자. 문훈습에 의해 생긴 의언은 순수한 언어 작용의 상태이나, 무루의 상태이다. 언어가 끊긴 무분별지의 상태에 들어가기 위해서는 방편으로 이 무루의 언어 작용 상태를 거쳐야 한다. 그래서 의언은 悟入의 대상이자, 오입하는 주관의 관찰적 기능도 한다. 즉 오입하는 방법이 곧 관찰에 의해서이다. 관찰에 의해서 오입한다고 할 경우, 그 관찰 방법인 작용이 가능한 것은 의언 때문이다. 의언이 相見을 가지고 있다고 할 때, 見인 관찰은 교법과 의미를 관찰 대상(相)으로 놓은 것이다. 즉 의언은 오입 수단으로서의 관찰이 된다. 왜냐하면, 가행위 상태는 의식 상태가 문훈습에 의해 의언의 상태로 전환되어 있기 때문이다.

의언은 청정의 의근이면서 相見을 가진 것이다. 이때의 相이 네 가지 관찰 대상이고 見은 특수한 尋伺이다. 세친이 尋伺를 정의하면서 尋을 "의언분별에서 관찰하는 것이며 특수한 慧思이다."라고 했던 부분을 상기해보자. 가행위 상태에서 떠오른 A라는 相(nimitta)은 이미 문훈습으로 인해 생긴 붓다의 가르침과 그 의미이다. 가르침과 의미는 이미 언어화된 것이다. 예를 들면 '無常'이라는 개념 자체와 차별상을 現前에 고정시키고 나서 尋이라는 심소가 그 대상 A에 대해 '이것은 무엇인가'라는 미세한 언어적 판단인 관찰 작용을 한다. 그 다음 찰나에 伺라는

渡邊文麿, 「vikappa, vitakka, vicāra: パーリ佛教を中心に」, 『佛教と異宗教』, 平樂寺書店, 1985, pp.168-173. ; 임승택, 「vitakka(尋) 개념의 수행론적 의의에 대한 고찰」, 『불교학연구』 12, 2005, pp.179-201. ; 水田惠純, 「尋求と伺察に關する論爭」, 『印度學佛教學研究』 29-2, 1981, pp.178-181. 이 논문은 有部의 尋伺 개념을 정리하고 있다. 都眞雄, 「『大乘莊嚴經論』長行の著者は誰か」, 『佛教學セミナー』 82, 2005, pp.20-35.

심소는 尋이 '무엇인가' 판단하려던 것을 '이것이 무엇이다'라고 확정 판단하는 작용을 한다. 판단 작용은 언어 작용인데, 이때는 이미 意言의 상태이기 때문이다. 즉 대상에 대해 "A는 무엇인가? A는 이것이다."라고 판단을 내린다고 할 때 그 판단의 도구는 미세 언어 작용이다. 왜냐하면 尋伺의 상태가 바로 "대상(artha)에 대해 말하는(kathana)" 상태이기 때문이다. 네 가지 대상을 현전시켜서 언어로 "이것이 무엇이다."라고 관찰하는 것이 바로 尋伺의 기능이다.

안혜는 尋과 伺를 각각 판단(nirūpaṇa)으로 통일시켜서 관찰이라는 공통 인자를 양자에 부과했지만, 판단이란 변별·구별(viveka)을 의미한다. 관찰 대상에 대해 구별해 내는 작용이 관찰 尋伺인데 문제는 왜 관찰 행위에 언어 작용을 첨가한 것일까? 이 상태는 문훈습과 여리작의에 의해서 기틀이 마련된 상태, 즉 문훈습과 여리작의에 의해 意言(manojalpa)이 활발하게 증장하는 예리한 상태이기 때문이다. 이때 개념은 대상에 대한 관찰 도구가 된다. 대상이 개념에 불과하다는 자각이 생기면서 개념 자체와 개념의 차별상이 개념에 불과하다는 것을 아는 如實遍智가 생기하는 것이다.

따라서 관찰이라는 심소에 대한 세친의 이해는 다음과 같이 정리할 수 있다.

첫째, 지관 상태에서 대상에 대해 판단하는 것이 관찰이다. 관찰 대상은 붓다의 가르침과 의미, 즉 가르침의 개념 자체와 개념의 차별상, 그 개념의 지시 대상 자체와 지시 대상의 차별상이다.

둘째, 尋伺란 意言이라는 상태에서 대상에 대해 판단하는 관찰을 말한다. 그러므로 尋伺란 의언 상태에서 대상에 대해 언어적으로 판단하는 관찰을 지칭한다.

셋째, 慧라는 별경심소와 思라는 변행심소가 가행위 지관 수행에서 관찰의 기능을 한다.

특수한 慧思는 지관 상태에서만 작용하는 尋伺를 말한다. 말하자면 尋伺라는 不定심소가 지관 상태에서는 別境, 遍行심소로써 기능한다는 의미이다. 그러면, 어째서 관찰 도구인 尋伺가 특수한 慧思와 연결되는가? 별경심소로서의 慧와 변행심소로서의 思가 왜 관찰과 연결되는 것인가? 이것이 의미하는 바는 무엇인가? 특히 선정 상태에서의 이 심리적 현상은 어떠한 것인지 세친의 『대승오온론』에 나타난 慧와 思의 정의를 살펴보자.

> 삼매(samādhi)란 관찰하는 대상에 대해 마음이 한 대상에로 모여 흩어지지 않게 하는 것을 본성으로 한다.[231)]
> 지혜란 무엇인가? 저 법의 간택을 본성으로 한다. 혹은 如里에 의해 형성된 것, 不如理에 의해 형성된 것, 둘 다 아닌 것에 형성된 것을 말한다.[232)]

지혜란 선정의 상태에서 발생하는 현상으로 止觀에서의 觀인 지혜를 말한다. 즉 대상에 대한 무루의 분별 지혜이다. 안혜의 주석은 위의 내용을 명료하게 설명한다.

> 삼매(samādhi)란 관찰할 대상(vastu)에 心一境하는 것이고, 관찰할 대상이란 [대상에 대해] 공덕(guṇa) 혹은 과실(doṣa)[에 의해 관찰할 것이다.] 심일경이란 하나의 소연을 가지는 것이며, 지혜(jñāna)의 의지처가 되는 작용을 한다. 마음이 삼매에 놓일 때 如實遍智하기 때문이다.[233)]

---

231) 『大乘五蘊論』 848c.
232) 『大乘五蘊論』 848c.
233) Triṃś p.26.

> 지혜(dhī, 慧)란 반야(prajñā)이다. 그것도 관찰 대상을 간택(pravicaya)하는 것을 특징으로 한다. 如理에 의해 형성된 것, 不如理에 의해 형성된 것, 또는 그 둘과 다르게 형성된 것들이다. 구별해 내기 때문에 간택이라고 한다. …[중략]… 그것[지혜]은 의심을 끊게 하는 작용을 한다.[234]

우리가 주목할 것은 如實遍智가 삼매 상태, 특히 心一境의 상태에서 생기하는 현상이라는 점이다. 삼매라는 행위 자체는 산만한 심리적 현상을 가라앉히면서 자아 중심적 경직성을 완화시키는 역할을 한다. 삼매는 경직성을 이완시키면서 대상에 대한 관찰을 유연하고 정직하게 만들어 놓는 기능을 한다. 말하자면, 선정(samādhi)의 상태는 의식이 한 대상에만 집중되어 있는 상태로서, 止(śamatha)의 상태이다. 마음이 집중에 놓여 있을(samāhite citte) 때에는, 대상을 있는 그대로 보는 관찰(vipaśyana), 지혜 작용이 생기하는데 이것이 止觀 수행이다.

따라서 지관 수행이란 심일경의 집중된 상태에서 네 가지[개념 자체와 개념의 차별상, 개념의 지시 대상 자체와 그 차별상]을 눈앞에 현전시켜 놓고서 그것을 관찰하는 것인데, 이때 관찰(尋思)하는 작용 자체가 특수한 慧思의 작용이다. 지관 상태에서는 관찰 대상과 관찰이라는 이원화 상태를 이루지만 일상 의식 상태와 달리 대상에 대한 객관적 관찰 자체가 가능하다. 그러므로 집중 행위를 기반으로 한 관찰과 그로 인해 생기하는 여실변지가 止觀에서 발생한다는 것은 의심의 여지가 없다. 삼매는 지혜 생기의 원인으로 작용하고, 관찰인 지혜(특수한 慧)도 삼매의 토대에서만 가능하다.

그러면, 관찰이 지관 상태에서 발생하는 것이라면, 이 관찰이 왜 지

---

234) Triṃś p.26.

혜와 관계하는지를 보자. 관찰인 尋伺는 A라는 대상을 고정시키고 나서 尋伺, 즉 관찰로 판단을 내린다. 대상에 대한 판단은 선정 상태에서 내린 판단이고, 이 판단이 지혜이다. 예컨대 관찰 대상인 개념 자체가 무엇인지를 명료하게 보는 작용이 지혜이다. 지혜란 간택, 구별(viveka)로 선정 상태에서 발생하는 인식의 형태를 말한다. 주관적 개념이 대상 그 자체라고 여기는 범부 의식과 달리 지관 상태에서의 무루분별은 대상이 개념에 불과하다는 것을 가려낸다. 즉 대상에 대한 擇法(vicaya)[235]의 기능이 지혜 자체이다. 이때 관찰하면 그 찰나 대상은 그 찰나의 지혜 작용과 함께 사라진다. 안혜는 慧의 설명에서 혜와 택법/간택(pravicaya)을 동의어로 놓고 있다. 그 대상에 대한 공덕과 과실을 변별하는 작용(行相)을 하는데 현상의 올바름과 그름의 차이를 아는 것, 의심의 제거, 지혜에 의해서 법들을 간택해서 확정을 얻는 작용을 하는 것이 선정에 기반을 둔 혜의 작용이다. 따라서 尋伺가 특수한 혜라는 것은 택법을 말하며, 이것은 집착 없이 대상이 무엇인가 판단을 내리려는 작용을 말한다. 즉 의식이 한 대상에 집중된 상태에서의 관찰하는 도구가 바로 尋伺이다.

지관 상태에서는 관찰 대상이 개념적 존재라고 알기 때문에, 개념과 그 지시 대상을 동일시할 수가 없다. 따라서 대상을 개념적 존재로 아는 것, 대상과 개념이 우연적임을 알고 개념으로부터 분리해 내는 작업이 관찰 지혜라고 한다.

그러면 왜 유식 사상은 尋伺라는 관찰 판단 작용을 어째서 특수한 思(cetanā)라는 변행심소와 연결시켰을까? 왜 尋伺를 관찰 지혜로 보

235) 칠각지 중의 택법(dharmma vicaya)은 진리에 맞는지 아닌지를 구별해 내는 작용을 한다.

면서 思라는 변행심소를 첨가했는가? 이것은 관찰 지혜가 무엇을 동반하는지를 보여주는 중요한 대목이다. 예컨대 受와 想의 작용은 수동적 작용이다. 이와 달리 대상에 대한 방향성을 능동적 작용으로 돌릴 수 있는 것은 思(cetanā)라는 심소이다. 受想의 작용은 수동적 작용이라서 바꿀 수 있는 것이 아니나, 오직 思인 능동적 작용만이 대상 관찰인 지혜와 함께 할 수 있다. 예컨대 識의 相續을 이어가는 것도 행(saṃkara, 行)인 思 때문에 가능하다. 그렇듯이 相續의 순환을 끊어 내는 것도 思 작용 때문에 가능하다. 업의 순환과 업의 소멸은 모두 思의 작용에서 비롯된다. 대승의 세친이 思의 작용을 어떻게 이해하는지 『대승오온론』을 통해서 보자.

> 사(cetanā, 思)는 무엇인가? [대상에의] 공덕과 과실과 둘이 아닌 것이다. 마음이 형성하는 것(造作)이고, 意[根]이 [움직이는 것]을 본질로 한다.[236]

이에 대한 안혜의 정의를 보자.

> 사(cetanā, 思)는 마음이 형성하는 것(abhisaṃskāra)이고 意 [manas]의 움직임(ceṣṭā)이다. 그것[思]이 있을 때 자석의 힘에 의해 쇠가 달려가듯 소연을 향해 앞으로 달려가듯이 움직이는 것이다.[237]

尋伺의 특수한 기능의 하나인 思의 작용은 業의 순환과 밀접하다. 예컨대 상속(saṃtāna, 相續)으로서의 아뢰야식은 끊임없이 생멸하며 변화해 나간다. 이 변화시켜 나가는 추동적인 힘은 무엇일까? 일상 의식 상태에서는 무의식적으로 떠오른 相, 과거 경험의 경향성이 자연스

236) 『大乘五蘊論』 848c.
237) Triṃś p.21.

럽게 드러낸 相을 개념화한다. 즉 그 相은 조건에 의해 생긴 것임에도 불구하고, 심상속의 흐름이 드러낸 것인 줄 모르고 대상 그 자체라고 여긴다. 어떤 X에 대한 판단이 생기면 그 판단 내용을 X가 가지고 있다고 여긴다. 일상 의식에서 개념적으로 규정하는 그 모든 것은 개념에 대한 반응이라고 명명할 수 있다.

세친에 의하면 思는 비개인적 감각/감정의 感受를 想작용이 영상화하는 것에 맹목적으로 반응한다. 좋다고 판단된 것은 끌어당기고(貪), 싫다고 판단된 것은 밀치는(痴)것, 그 반응(cetanā, 思)작용이 思이고, 이는 식 발생에 동반되는 보편적 현상이다. 예를 들면 思의 작용은 相에 대해 반응하는데, 그것이 바로 업의 순환이다. 요컨대 思라는 심소는 심상속을 흘러가게 하는 동인으로서, 意根의 움직임이며, 마음속에 떠오른 모든 것을 개념화하면서 나의 것으로 만드는 작용이다. 업의 순환은 思의 작용 때문에 일어난다.

지관 수행을 통한 분리의 경험이 없는 의식 상태를 영위한다면, 범부는 습관적 경향성이 남긴 영향력, 그 습관적 양상으로 움직인다. 과거 경험의 잠재적 힘인 경향성이 대상의 相을 드러낸 것임에도 불구하고 무비판적으로 그 相에 반응하는 것, 그 대상에 대해 달려가듯이 반응하는 것이 바로 思의 기능이다. 이 찰나의 相이 경험이 드러낸 것인 줄 모르고 그것에 반응하면서 그 순간에 드러낸 업의 습관적 경향성인 종자의 힘을 강화시킨다.

그러나 선정 상태에서는 대상에 집중되어 있고, 관찰이 유지되기 때문에 대상에 대한 습관적 반응을 달리한다. 지관 상태에서 명칭과 지시 대상을 모두 현전시켜 놓고 관찰함으로써 그 대상들이 모두 개념화된 것일 뿐이라는 자각, 즉 명료한 지혜가 생기한다. 관찰이 곧 지혜이기 때문에 대상에 대한 분별이 가능해진다. 이 지혜는 관찰 대상이 모두 개념화된 존재에 불과하다는 것을 알기 때문에 떠오른 개념을 실체화하지 않는다. 지혜로 인해 대상이 간택되면, 名義의 동일시는 일어나지 않으므로 습관적으로 반응하지 않는다. 그래서 업의 변화가 가능하다. 즉 지혜의 작용과 함께, 지관 상태에서 思의 기능이 바뀐다. 관찰 수행에서는 相에 대해 지혜의 힘으로 반응하지 않는다는 것을 의미한다. 지혜의 힘에 따른 思의 작용으로 순환의 고리가 약화된다.

아뢰야식도 네 가지 변행심소를 동반하기 때문에 의식 상태에서의 思의 작용은 항상 아뢰야식의 변화를 이끌어 낸다. 즉 思는 변행심소이기 때문에 思의 탈자동화 작용은 종자를 가진 아뢰야식의 변화를 유도한다. 지관을 통해 업의 순환적 고리, 업의 재생산을 끊어 내는 것, 능동적으로 작용을 바꿀 수 있는 것은 이 思의 작용이다. 그러므로 과거 업이 드러낸 相을 대상 그 자체로 여기는 증익의 단계를 行의 작용으로 볼 수도 있다.

지관 수행에서 관찰, 이것은 대상에 대한 간택의 지혜이고 그 지혜의 힘에 의해 업의 흐름은 변화해 간다. 지관 상태, 즉 특수한 慧와 思의 작용에 의해서만 실체적 사유를 하는 의식 상태는 변화해 나간다. 대상에 대한 지혜 관찰은 대상에 대해 습관적으로 반응하는 태도를 변화시키는 작용을 한다. 대상에 대한 올바른 관찰은 더 이상 실체적 집착의 번뇌를 산출시키지 않는다. 즉 집중이 동반된, 심일경 상태에서 관찰을 함으로써, 그리고 지혜 관찰이 이루어짐으로써, 대상에 대해 습관적으로 반응하는 業의 흐름은 차차 변화한다.

사실 이 문제는 선정 상태에서 왜 지혜는 번뇌를 제거하는가와 관계가 있다. 대상의 정체성을 알면, 그것에 대한 반응을 하지 않게 되기 때문에 번뇌의 재생산이 이루어지지 않는다. 엄밀한 의미에서 번뇌의 제거란 번뇌를 다시 산출하지 않는다는 의미이다.

따라서 과거 업의 현현인 相은 단지 조건에 의해 생긴 것이고, 개념에 불과하다고 판단하는 관찰이 지혜이고, 이 지혜 관찰로 인해 개념과 대상을 동일시하는 현상은 일어나지 않는다. 개념 자체를 실체시하는 오류, 즉 번뇌는 일어나지 않는다. 그러므로 쇠를 향해 달려가는 자석처럼, 대상인 相에 반응하던 작용은 이완되고 약화된다. 지혜 관찰과 함께 작용하는 思가 바로 그런 기능을 한다. 그래서 관찰 심사를 특별한 慧思라고 이름한다고 이해할 수 있다.

왜 유식 사상은 삼계유식, 삼계유심을 주창한 것일까? 수행상에서 이해해 보도록 하자. 가르침의 의미를 대상으로 놓았다 하자. 그 대상은 이미 이름화된, 대상이다. 그 대상이 불가언이라는 판단과 더불어 그 대상을 아는 관찰 측면조차도 개념이라는 것이다. 그런데 후자의 경우, 대상이 개념으로 파악이 안 된다는 것을 안다는 것은 보는 관찰 측면이 자신의 존재를 이미 아는 것을 전제한 것이다. 대상이 그것이고, 그것이 無常하다고 아는 그 관찰 또한 무상한 개념에 불과하다. 아는 것 자체가 기실 개념이므로 이것 또한 넘어서야 한다. 이것은 색계든 무색계든 모두가 무루이든 유루이든 분별임을 말한다. 따라서 개념으로 가칭된 것뿐이며 개념과 지시 대상이 동일하지 않으며 그것이 무상하다고 아는 것 자체 또한 분별이므로 자연히 소멸의 상태에 이른다.

일상 의식 상태에서는 지각한다는 것 자체가 이미 과거 프로그래밍화된 언어로 相을 재단하는 것이다. 변계소집되는 과정에서 尋伺라는 기능이 언어적 본능처럼 '나'라는 개념을 만드는 것이라면 선정 상태에서의 심사 작용은 세간의 尋伺 작용과 다르다. 말하자면 언어는 대상의 동일시를 추구하는 그런 부정성만 지니고 있는 것이 아니다. 언어 작용이 언어와 대상의 동일시를 파괴하는 기능으로 작용한다는 점에 언어의 진실성이 있다.[238] 유식 사상은 언어 자체보다 언어적 기능을 하는 심리적 현상들의 기능에 문제를 더 두었다고 볼 수 있다. 止觀 상태에서의 언어는 부정적인 기능을 하지 않고, 오히려 대상에 대한 관찰적 도구로 기능한다. 따라서 범부의 의식 상태에서 음성적 언어의 動因으로 작용하던 尋伺가 지관 상태에서는 대상 관찰의 도구가 되며, 지혜(慧)와 업의 순환을 알아채는 반응인 思의 기능으로 변한다. 그래서 이 관찰 尋伺는 있는 그대로의 아는 지혜 생성의 직접적 원인으로 작용한다.

이상에서 의언을 오입 대상이라는 측면과 오입 방법이라는 측면으로 나누어 고찰해 본 결과, 의언이란 문훈습에 의해 생긴 무루의 의근(manas)이고, 의언의 상태에서 심사의 관찰 작용이 慧思로 작용함을 알게 되었다. 따라서 유식 사상에 의하면 범부가 있는 그대로의 실상을 보기 위해서는 일정의 변환 장치가 필요하다. 즉 聞·思·修가 그것인데 이에 대한 세친의 주장은 다음과 같이 정리할 수 있다.

① 대승의 가르침인 12분교를 문훈습하지 않으면 법신을 얻지 못한다.

② 相見을 가진 vijñāna가 意言이다. 意言(manojalpa)은 문훈습종자로 생기한 것이고, 가행위 止觀 상태에서는 무루의 의근이다. 이때의 相은 문훈습으로 인해 생긴 影像으로 교법과 그 의미이고, 見은 관찰

238) 名·義가 동일하다고 보는 견해는 名·義가 다르다고 보는 견해만큼 닫힌 절대적 세계관을 취한다고 볼 수 있다. 유식은 名·義의 동일시와 달리 동일하지 않은 사태를 보임으로써 이 名과 義를 동일시한 세계가 절대세계가 아니라 상대적 세계의 하나임을 보여준다고 할 수 있다.

심사인 특수한 慧思이다.

③ 意言은 의[근](manas)에서의 말(jalpa)이다. jalpa는 문훈습에 의해 생기한 것이므로 언어 작용이다. 意言(manojalpa)은 지관 상태에서 意根(manas)의 언어 작용(jalpa)이다. 가행위부터 '나'라는 일인칭 사유의 구조는 생기하지 않고, 의근은 염오성이 사라지면서 무루의 의근이 된다. 의근은 이때부터 意言이라는 새 명칭을 받는다.

④ 따라서 의언은 오입 대상이며 오입 수단이다. 見이라는 관찰로 인해 능취의 소멸이 이루어지므로 見의 측면에서 의언은 오입 수단이기도 하다.

⑤ 지관 수행에서 尋伺는 특수한 관찰 지혜와 습관적 반응 체제인 업의 소멸, 종자의 질적 전환과 관계한다. 변계소집의 상태는 그대로 수행 대상이 된다. 따라서 유식 사상에서의 가행위 수행이란 초월적 지향, 인위적 조작이 아닌 범부의 변계소집 상태를 있는 그대로 인정하면서 관찰 대상으로 삼은 것이다.

망념은 망념으로 다스릴 수 없다. 그런 연유로 법문의 경청이 필요하고 그 경청이 쌓여서 자아의식의 염오의는 새롭게 변화하여 정사유의 상태가 된다. 그런 과정을 거쳐서 가르침의 내용을 현전시켜 놓고 언어와 지시 대상 사이의 맹목성을 간파해내면 그 다음에 共相과 하나가 되는 상태에 이른다는 것이다.

요컨대 범부 의식이 개념적 사유(可得)라면, 이 수행을 통해 조건에 의해 생긴 것들은 불가득(anupalambha, 不可得)하다, 즉 개념화되지 않는다고 자각하는 것이고, 이것을 如實遍智라고 한다. 즉 실체적 존재이든, 가르침이든 그 의미든 모두 언어로 명칭화된 존재라는 자각, 오직 조건에 의해 생기한 불가언의 vijñapti라고 아는 것이다. 이러한 방식으로 수행을 진전시켜 나가서 관찰이 다각도로 깊어질 때, 지혜의 힘으로 대상에 전복되지 않고, 대상에 반응하지 않음으로 인해서 대상이 사라지는 경험을 하게 된다. 다음 찰나에 관찰하는 작용이 사라지는 순간, 분별 의식은 무분별지로 바뀐다. 이 무분별지를 경험한 후에는 현실적 삶의 구조를 있는 그대로 알게 된다고 한다.

Ⅲ. 전의(轉依)와 보살의 정신 상태[淸淨世間後得智]

일상 의식이 실체적 사유를 한다는 판단은 유가수행자들의 직접적 경험에 따른 것이다. 이들 수행자는 지관 수행에서 관찰 대상인 이미지, 영상의 존재 근원을 물었고, 그것의 출처를 탐색하였다. 그 결과 소연인 대상은 업의 소산, 자아 중심적 에고와 실체적 사유에 있음을 알았다. 특히 유가 수행자들은 止觀상태에서 기존의 수행자 그룹과 다르게, 자신의 전존재를 관찰하고 해석한 자들이다. 그들은 우리의 정신 자체가 언어 작용이라는 자각을 가지고 있었고, 그 작용의 두 층[세간 인식과 출세간 인식]을 알고 있었다. 따라서 그들은 개념의 발생 기원을 추적해서 개념과 지시 대상이 우연적이며, 조건에 의해 생기한 연생법이 개념과 비본질적 관계라는 것을 해명했다. 그 결과, 이 그룹은 법과 법성이 모두 不可言이지만, 일상 세계에서는 언어 사용이 필요하다. 연생법은 언표 대상이 아니지만, 일상에서 사용하므로 이 연생법을 '비유적 표현'으로 표현했다. 유식 수행이 개념자체와 개념의 지시 대상 자체 등을 관찰 대상으로 삼은 이유는 정신 활동이 끊임없이 '개념으로 생각'한다는 자각에 있었다고 볼 수 있다.

따라서 분별 의식은 가행위 止觀 상태를 거쳐서 智로 변화하고, 無分別智가 연생법의 共相인 唯識性과 하나가 되는 상태를 거친다. 무분별지와 대상인 진여 혹은 유식성과의 관계에서 무분별지가 곧 진여이고 진여가 무분별지라고 할 수 있다. 무분별지가 대상을 본다고 하는 것, 무상(無相)으로 본다는 것 자체는 무분별지와 유식성이 하나된 상태이다.[239)]

그 후 무분별지는 無漏 분별인 후득지로 이행한다. 즉 소취와 능취의 이원화가 사라진 후 無心의 心은 열반을 체험한 이후에야 조건에 의해 생긴 vijñapti를 있는 그대로 보는 후득지에 이른다. 이때 유식성에 住하는 상태를 轉依(āśrayapārāvṛtti)라고 한다. 즉 후득지가 현전하는 사태는 轉依이후의 사건이다.

후득지에 이르러 境의 비존재(無境)를 안다고 하는 경우, 그것은 相에 대한 인식이 달라졌음을 의미한다. 즉 지관 수행을 거치면서 보는 것의 대상인 相은 無相, 相(無相)으로 변화한다. 또한 相의 변화만이 아니라, 대상을 보(見)는 識의 기능도 智로 변화한다. 이렇게 相(所緣)과 見(識)의 변화가 있다면, 18계의 구도 안에서 6근은 어떠한가? 앞에서 오근인 몸을 가지고 있다고 여기는 자아의식으로서의 에고(意根)가 가행위 단계에서는 無漏의 의근인 意言으로 바뀌었음을 살펴보았다. 이 章에서는 『유식이십론』에서 근을 종자로 보고 그 현현을 경으로 보는 입장에 서서 根의 변화를 다룰 것이다.

무착과 세친은 『섭대승론』 2-32B에서 "相見을 가진 vijñapti"인 연생법을 중심으로 三性을 전개시킨다. 필자는 십팔계의 根境識, 즉 "相見을 가진 vijñapti"라는 진술에서 'vijñapti'가 무엇을 가리키는가에 초점

239) 견성(見性)이란 性을 본다는 뜻이 아니고 性이 곧 見이고 견이 성이라는 뜻과 같다. 본다고 할 때, '본다'는 것은 주객의 이원화된 상황을 지시한 것이므로 성을 본다는 것은 이원화를 벗어난 출세간의 상태에 대한 해석은 아니다.

을 두었다. 18界는 유정의 존재와 인식의 틀이다. 따라서 識에서 智로의 변화는 相의 변화만이 아니라, 根의 변화를 전제한다. 예컨대 色身에서 法身으로의 전환은 존재 자체와 인식의 변화라고 볼 수 있다.

轉依에서의 所依가 무엇을 가리키는지를 규명한 뒤에, 전의를 이루어 후득지의 현전을 보는 보살의 인식 구조를 살피고, 그러한 보살이 지닌 덕목을 보고자 한다. 無境을 인식 내용으로 하는 보살의 사유는 어떻게 이루어지는가의 탐색과 연결된다. 또 이것은 우리 범부들과 대조를 이루는 삶의 구조를 가지기 때문에, 그리고 범부가 지향할 삶의 지향점이기 때문에 의의를 가진다고 볼 수 있다. 분별하는 의식이 자아중심적 사유, 개념적 사유 태도라면 지혜는 탈인격, 탈자아의 사유, 비개념적 사유이기 때문이다.

1. 유식성과 전의(āśrayaparāvṛtti, 轉依)의 구조

無分別智의 경험, 즉 열반 체험은 어떤 결과를 초래하는 것일까? 예컨대 번뇌의 소멸은 마음에서만 일어나는 것일까 아니면 몸의 변화도 초래하는가?

연구 결과에 의하면, 이러한 물음에 대한 논의가 부파불교 시대에 있었다고 한다.[240] 아비달마 교의에 의하면 有部는 몸과 마음을 구분해서 유루의 신체와 관계없이 마음만 정화되어 無漏가 된다고 하였고,

240) 加藤純章, 「有漏無漏の規定心と身體の關係」, 『經量部の研究』, 春秋社, 1989, pp.228-272. 부파불교 시대에서 『구사론』에 이르기까지 수행 후 심신의 변화에 대한 이론의 변화 흐름을 설명하고 있다. 특히 위의 논문은 수행에서의 '심신의 변화'를 다루면서, 몸과 번뇌의 상관관계를 논한 논서의 역사를 다룬다는 점에서 의의가 있다.

또 다른 그룹은 수행을 통해 번뇌를 멸한 사람은 마음만이 아니라 육체도 무루가 된다고 주장하였다. 가토우(加藤純章)에 의하면 『구사론』 안에는 수행이 진전됨에 따라 心身이 모두 바뀌고 드디어 번뇌를 끊으면 종래와는 전혀 다른 새로운 심신을 얻게 된다는 설이 있는데, 그 설이 經量部 혹은 세친의 설이라고 한다. 가토우는 변화하는 心身이 윤회의 토대 즉, 所依(āśraya)이고 이것이 종자설과 관련 있다는 것에 주목한다. 그래서 심신인 所依가 그대로 번뇌의 종자이고 소의가 번뇌의 종자가 아닐 때 소의는 청정하게 변화한다. 그 轉依의 주장은 종자설에 근거한다고 본다. 그래서 종자에 의해 유정의 상속이 특수하게 변화한다(saṃtatipariṇāmaviśeṣa, 相續轉變差別)고 본다. 번뇌는 종자의 형태로 심신(六根)에 있으며, 범부가 수행을 쌓아감에 따라 번뇌가 끊겨 성자가 된다. 수행 중에 생기는 지혜의 힘으로 번뇌 종자의 힘이 무력화되어 더 이상 번뇌가 생기지 않게 된다. 그렇다면 유식 사상에서는 심신의 변화를 어떻게 설명하는가?

세친이 이해한 轉依의 정의, 所依의 의미, 전의의 결과를 고찰해 보도록 하자. 『섭대승론석』 9-3[241]에 의하면, 智의 대상(artha)인 진여가 나타나고, 비존재이고 착각인 artha가 나타나지 않는 것이 전의이고 해탈이다. 이에 대해 세친은 "轉依란 이 [무분별지 선정] 상태에서 진실한 artha가 생기하고, 비진실한 artha는 현행하지 않는 것이며, 전의가 해탈(mokṣa)"이라고 한다. 轉依(āśrayaparāvṛtti)는 所依의 변화(āśrayasya paravṛtti)로서 변계소집성이 사라지고 진실의 대상(artha)인 眞如가 생

241) 세친의 MSBh 티베트본은 8-21 끝부분부터 10-28A까지 결락되어 있다. 따라서 轉依에 해당하는 부분은 한역 중 현장 역을 중심으로 놓고 다른 한역본과 비교를 하면서 번역을 할 것이다.

기한 상태이다. 따라서 무분별 선정 상태, 전의, 해탈은 모두 동의어가 된다.

그렇다면 이러한 사건이 개체 안에서 어떻게 일어나는가? MS 9-1은 이를 설명하고 있다.

> 이상처럼 지혜(增上慧)의 뛰어난 점을 이미 설명하였다. [장애] 제거의 뛰어난 점은 어떻게 보아야 하는가. 보살의 [장애] 제거는 열반에는 머무르지 않는다(apratiṣṭhita nirvāṇa, 無住涅槃). 잡염(saṃkleśa)을 버림과 함께 윤회(saṃsāra)는 버리지 않고, 소의[가 있고] 所依의 전환(āśrayaparāvṛtti, 轉依)인 것이 있다. 그중 윤회(saṃsāra)란 잡염(saṃkleśa)에 속하는 의타기성이고, 열반(nirvāṇa)이란 청정에 속하는 의타기성이다. [두 가지의] 소의가 있다는 것은 이들 두 부분인 것으로서의 의타기성 자체인 것이 [있다는 것이다.] [소의의] 전환이란 의타기성이 그 자체에 대한 대치가 일어날 때 염오분이 정지되어 청정분으로 전환되는 것이다.[242)]

세친의 주석은 다음과 같다

> 無住열반이다. 잡염은 버리고 생사는 버리지 않는 소의의 轉依라고 하는 것 중에서 전의란 轉依에 주할 때 번뇌를 수용하지 않고 생사도 버리지 않는다[는 것을 말한다.] 이것이 전의의 특징인가. 무엇이 생사인가. 의타기의 잡염 부분이 [생사]이다. 열반이란 무엇인가. 의타기의 청정부분이 [열반이다]. 무엇이 [전의에서의] 소의(āśraya)인가? [잡염과 청정의] 二分에 통하는 소의 자체를 말한다. 무엇이 전의인가. 이 [의타기에서] 대치가 일어날 때 잡염이 생기하지 않고 청정이 생기하는 것을 [전의]라고 한다.[243)]

---

242) MS 9-1.

243) 이 부분은 二分依他로 설명되는 부분이다. 이 이해는 MS 2-28의 이해와 맥을 같이 한다. MSBh P. Li 182b8-183a5. D.155a4-155b1은 삼성의 틀을 가지

위의 인용에 의하면 轉依에서 轉(pārāvṛtti, 전)은 잡염인 생사의 法이 사라지고 열반이 드러나는 것이며, 소의(āśraya, 所依)는 의타기 자체를 말한다. 따라서 전의는 '의타기인 소의가 변화한다'는 뜻으로 염오의 의타기에서 청정의 의타기로 전환되었다는 것이다. 잠염의 의타기인 변계소집이 사라지고, 청정의 의타기로 전환되었을 때, 그때 법의 共相인 열반이 생기한다. 청정한 의타기의 공상, 진여가 현행한다. 위의 인용은 所依의 측면, 의타기한 자체가 염오에서 청정으로 변화한 것을 의미한다. 『섭대승론』 9-3과 비교해 볼 때 전의는 염오분이 사라지고 청정분이 생기하는 사태, 그것이 염오에서 청정으로 변화를 말한다고 할 수 있다.

『섭대승론』 8-21에서는 무분별지와 반야바라밀을 동의어로 보면서 無住의 다섯 가지 방식을 설명하고 있는데 그중 하나가 무주처열반이다. 세친에 의하면 무주처열반(apratiṣthita nirvāṇa, 無住處涅槃)이란 열반에 머물지 않는 열반으로서, 열반에 머물지 않는 방식으로 머무는 열반을 말한다.[244] 즉 세친은 "반야바라밀에 머물지 않는 방식으로 머문다(mi gnas pa'i tshul gyis gnas)."를 "머물지 않음으로써 머무는 것(mi gnas pas gnas pa)"으로 정의하고 있다. 왜일까?

고 윤회와 해탈이 차이가 없다고 설명한다. 9-1에 대한 한역은 다음과 같다. (PC) 247a27-247b18. (DC) 311c18-23.

(H) 369a. "釋曰. 無住涅槃 以捨雜染 不捨生死 二所依止 轉依爲相者, 謂住此轉依時, 不容煩惱 不捨生死, 是此轉依相. 何者生死, 謂依他起雜染性分. 何者涅槃, 謂依他起淸淨性分. 何者依止, 謂通二分所依自性. 何者轉依, 謂卽此性對治生時, 捨雜染分 得淸淨分."

위 밑줄친 부분의 D판은 "二分故卽是彼依止, 轉依亦卽此中得成. 由此中對治起時, 染分不行淨分行故." 대치를 통해서 染인 의타기가 생기하지 않고, 淨인 의타기가 생기한다. 즉 전의는 대치를 통해서 일어나는 현상이다.

244) MS 8-21에서는 무분별지를 반야바라밀(prajñā prāmitā)과 동의어로 본다.

세간 사람은 윤회라는 극단에 머물고 성문은 열반이라는 극단에 머무는 것처럼, 보살은[그처럼 열반에] 머무르지 않는다. 이처럼 [성문처럼 열반에] 머물지 않음으로써 머무는 것이 합리적인 것으로 봐야 한다. …[하략]…245)

세친에 의하면, 무주처열반이란 생사 안에서의 열반 경험이다. 열반에 住處(pratiṣthita)한다는 것이 유식성에 住(sthita)한다는 의미로서, 무분별지와 열반, 유식성이 하나된 상태를 표현한 것이다. 생사윤회의 유위법의 共相인 열반에 주하는 상태가 무주처열반이다. 한역만을 본다면 세친은 無住處에서 無의 의미를 '번뇌도 수용하지 않되, 윤회의 생사하는 법은 버리지 않는다.'를 뜻한다. 번뇌인 분별된 법(法無我)은 버리되, 연생법인 생사윤회의 법은 버려지지 않는 것이기 때문이다. 생사인 청정의 의타기는 자신의 존재 자체이므로 버릴려야 버릴 수 없는 것이다. 무주처열반은 살아 있는 생명체에서 발생하는 사건이기 때문이다.

한편, 染淨이 의타기에 기반을 두고 있다는 설명에서 주목할 것은 '對治' 개념이다. "염오의 의타기 자체에 대치가 생기할 때"는 그런 대치의 환경이 성숙되다가, 능취와 소취가 소멸되는 그 어떤 시점에서 염오가 청정으로 전환된다는 것이다. 염오와 청정이 함께 아뢰야식에 共在하는 상태로 숙성되다가 염오가 사라지고 청정이 증장된 상태가 전의이다. 문훈습 부분에서도 고찰한 전의의 개념을 다시 상기해 보자. 『섭대승론』 1-49에 대한 주석에서 세친은 "또 세간의 욕망을 이탈해갈 때 하나의 아뢰야식 안에서 비선정의 번뇌 훈습은 점차 소멸해가고 선정의 부류인 善法의 훈습은 점차 증대해가서 轉依를 얻을 수 있는 것과

245) MS 8-21 다섯 측면에서 안주하지 않는 방식을 설명하는데 그중 생사와 열반에도 머물지 않는다는 표현은 세 번째이고, 이것에 대한 세친의 주석은 다음과 같다. MSBh P Li 220b8- 221a2. D Ri 181b3-5.

같다. 이 중 의지처의 전환이 이와 같음을 알아야 한다."라고 말하고 있다. 또한 『섭대승론』 1-48에서도 무착은 점차적 전의를 말하고 "所依가 모든 의미에서 전환되었을 때, 일체 종자를 가진 것으로서의 이숙식은 [염오의] 종자가 없어지고 또 이숙식 그 자체는 모든 의미에서 제거된다."고 한다.[246)]

전의란 의타기성 자체가 선정 상태에서 염오성이 사라져 청정한 의타기의 共相이 드러난 것이며, 지관 수행에서 지혜의 힘으로 번뇌가 점차 줄어들고 선법이 증대해져서, 그 어떤 임계점에서 共相이 완전히 드러난 상태를 말한다.

한편, 『섭대승론』 1-57 게송 1에 대한 세친의 주석은 전의에 대한 적절한 정보를 제공한다.

> [전의를 겨냥하는] 보살은 [선정에서] 선한 마음을 일으킬 때 [眼 등의] 오식은 끊어지고, 그 외의 것도 제거된다. 그 경우에 [만일 의식만이 있고, 아뢰야식이 존재하지 않는다면] 어떻게 마음의 전환을 이루는가?[247)]

다음은 이에 대한 세친의 주석이다.

> …[전략]…[게송에서] 마음이 어떻게 전환되는가 라고 하는 것은 일체 염오종자를 가진 아뢰야식의 종자가 없어진다(無種子)는 의미이다. …[하략]…[248)]

아뢰야식 자체는 無覆無記로서 그 자체는 중립적 성질의 것이다. 그러나 아뢰야식은 염오의 종자를 가지고 있는데, 그 종자가 없어지는 것

246) MS 1-48.
247) MS 1-57.
248) MSBh P Li 168a6-7. D Ri 141b7-142a1. (H) 336b.

을 마음의 전의라고 한다. 또한 『섭대승론』 1-48에서도 무착은 다음과 같이 진술한다.

> 문훈습이 法身의 종자이다. 아뢰야식과 共在하는 방식으로 존재한다. 점층적인 진전의 상태가 있다. 그것[문훈습종자가] 아뢰야식은 아니고 법신과 해탈심에 포함된다는 것은 下等에서 中等으로 중등에서 上等으로 점차적으로 [문훈습종자가] 증대한다. 그것에 따라 이숙식 쪽은 점차 감소하는 것이고 이처럼 전의한다. 소의가 모든 의미에서 전환되었을 때, 일체 종자를 가진 것으로서의 이숙식은 또 [염오의] 종자가 없는 것이 되고, 또 [이숙식 그 자체가] 모든 점에서 없어진다.249)

무착은 적극적으로 전의를 '종자가 없어지고 이숙식이 없어지는 것'으로 본다. 세친도 궁극의 전의를 '일체의 염오종자가 없어지는 것'으로 보고 이를 '마음의 전의'라고 한다. 즉 염오의 종자가 모두 없어지고 염오를 가진 이숙식이 사라지는 상태가 전의이다.

따라서 전의는 과거 업의 모든 경향성이 사라진 상태, 그 업의 견인을 이끄는 아뢰야식이 사라진 상태를 말한다.

1) 소의(āśraya, 所依)와 근경식의 구조

그러면, 전의에서 소의(依)는 무엇을 가리키는가?

『섭대승론』 8-2에 대한 주석에서 세친은 의(āśrayaparāvṛtti, 轉依)를 所依의 전환(āśrayasyaparāvṛtti), 즉 '의지처가 바뀐다.'로 이해한다. 의타기 자체가 염오의 상태에서 청정의 상태로 전환된 것이 전의이다. 기존

249) MS 1-48.

연구[250]도 『섭대승론』 8-2에서는 소의를 의타기로, 안혜는 『유식삼십송』 29에서 최종적인 전의(āśrayasya parāvṛtti)에서의 소의를 아뢰야식으로 이해하고 있다.

그러나 다른 각도에서 조명할 때, 所依자체를 아뢰야식이라 하든 의타기성이라 하든 그 의미치는 동일하다. 아뢰야식은 명언종자, 아애종자, 유지종자를 가진 識이다. 이 종자들을 조건으로 생기한 것이 의타기성이다. 그런 의미에서 소의는 아뢰야식이라고도 할 수 있고, 의타기성이라고도 할 수 있다. 아뢰야식과 의타기성은 동시 연기의 관계이므로 의타기라는 所依의 변화는 종자의 변화이기도 하고, 종자를 가진 아뢰야식의 변화이기도 하다. 따라서 所依를 종자를 가진 아뢰야식 혹은 의타기로 보는 것은 異質의 성격이 아니고, 이해 방점의 차이라고 볼 수 있다.

요컨대 아뢰야식의 종자 중 명언종자로 된 연생법, 아뢰야식의 명언종자에 의존한 의타기한 vijñapti 중 일부가 18界이다. 이때 명언종자, 아애종자로 된 18계, 그것은 유정의 구체적 실존을 말하며, 그 실존의 변화만이 有支종자의 변화를 주도한다. 즉 명언종자의 변화만이 윤회하는 5趣에서의 변화를 가져온다. 명언종자의 일부인 18계인 개체의 구체적 작용만이 업 순환과 관계하기 때문이다. 따라서 전의에서의 의지처는 아뢰야식, 의타기성, 나아가 의타기성 중 명언종자로 된 18계를

---

250) 高崎直道, 「轉依 - āśrayaparivṛtti とāśrayaparavṛtti」, 『日本佛教學會年報』 25, 1959, pp.89-110와 長尾雅人, 「『大乘莊嚴經論』における所依(āśraya)の語義」, 『中觀と唯識』, 岩波書店, 1978, pp.432-441에서는 『섭대승론』에서는 소의를 의타기로 보고, 『삼십송』에서는 이숙이고 일체종자를 가진 아뢰야식이라고 이해했다고 보았다. 한편 竹村牧男, 「轉依をめぐる諸問題」, 『唯識三性說の研究』, 春秋社, 1995, pp.527-533은 종자가 所依라고도 하고 과지분에서는 의타기로 본다는 입장에 서서 所依를 이해하고 있다.

가리킨다고 할 수 있다. 18계 중 구체적 변화의 유도는 관찰적 측면으로서의 주관인 見이 담당하기 때문에 소의를 18계로 보는 것은 타당하다.

그렇다면 열반 상태에서 相이 無相이 되고 識도 智로 변화한다면, 18계 중 6根은 어떠한가? 『섭대승론』 2-32C의 "연생법은 相見을 가진 vijñapti(sanimiitadṛṣtivijñapti)를 본질로 한다."라는 주장은 위의 질문에 적절한 통찰을 제공한다. 왜냐하면 18계인 根境識에서 相(境)과 見(識)이 바뀌었다는 것은 根과 모종의 관계가 있다는 것을 드러내기 때문이다. 相見에서 相은 境이고 識은 見이므로, 相見을 가진 vijñapti에서 'vijñapti'란 根을 지칭한다는 것을 추론할 수 있다.

그러므로 아뢰야식의 종자, 의타기성이 所依라는 의미를 확대시키면, 18계가 소의가 되고, 더 나아가 所依는 6근이라는 논리가 성립한다.[251] 더불어, 후득지에서 "境의 비존재"라는 현상은 전의를 이룬 뒤의 현상이기 때문에 境(所緣, 相)의 문제는 轉依의 사상과 깊은 관련이 있다.

『섭대승론』 2-2에 의하면, 아뢰야식의 명언종자로부터 연생한 법(vijñapti)은 18계를 이룬다. 『섭대승론』 2-11에서는 18계를 근이 경식을 가지고 있다고 논한다. 말하자면 5근은 5경과 5식을 가지고 있고, 5근을 가지고 있는(有身見 있는) 염오의인 의근은 6경과 6식을 가지고 있다. 다른 각도로 재편집하면, 『섭대승론』 2-32C에서 말하듯 三性은 見相(인 6경과 6식)을 가진 vijñapti을 중심으로 펼쳐진다. 『유식이십론』의 단계에서는 근인 종자가 경을 현현시킨다, 즉 근은 有境이라고 표현

251) 근경식의 관계에서 근이 경식을 장악하고 있고, 종국에 마음의 변화의 토대가 육근, 엄밀한 의미에서 의근인 자아의식이다.

한다. 문훈습되어 청정의 종자가 유입되면 의근인 염오의는 의언이 된다. 이것들을 바탕으로 근과 경식의 관계를 살펴보겠다.

『섭대승론』 2-10은 십팔계의 vijñapti들이 동시적으로 생기하는 사태를 설명하는데, 이에 대한 세친의 해석은 주목된다.

> 몸(五根)과 몸을 가진 것(染汚意)과 경험자(意根)의 세 가지 vijñapti들이 일체의 몸이라는 [vijñapti에서] 동시에 나타난다고 하는 것은 [세 가지 vijñapti가] 동시에 결합하여 생기한다[는 것을 말한다] 경험하는 것(upabhoga, 육식계)이란 [육근인 vijñapti를] 원인으로 한다[는 의미이다.][252)]

위의 인용은 18계가 어떻게 동시인가, 라는 질문을 통해서 6근과 6식의 관계를 설명하고 있다. 몸, 몸을 가진 染汚意, 의근인 6근이 生의 수용에 절대적 영향을 가진다고 본다.

그런데 6근에서 염오의와 의근의 분리를 설정한 것은 무슨 이유일까? 전통적 의미에서 전찰나의 의식이 의근이다. 그러나 유식 사상은 不共無明으로 항상 작용하는 염오의를 의근으로 설정한다. 의식은 항상 전찰나의 의식을 의근으로 삼으면서도 자아의식인 염오의를 의근으로 삼는다고 본다. 염오의는 실상에 대한 無知, 무지로 인해 실체적 자아가 존재한다는 선천적 편견(有身見), 편견에 의한 자만감(我慢), 비교적 관점에서 내가 남보다 낫다는 자만으로부터 생긴 나르시즘적 자아애(我愛)이다. 따라서 의식 활동이 있는 한 대상을 나, 나의 것으로 인

---

252) MSBh P Li 172b1-2. D Ri 135a5. (H) 339b. (DC)286a29 -286b03. upabhoga(nye bar spyod pa)를 한역에서는 所顯으로 번역하고 있다. 향유로서의 주관으로서의 육식계는 오근을 원인으로 생긴다고 이해했다. 오근의 장악은 의근이므로 육식계는 의근을 원인으로 한다는 논리가 깔려 있다고 볼 수 있다.

식하는 자아 중심적 작용은 생기한다. 특히 염오의는 명언종자로부터 생기한 vijñapti이면서 자타분별의 vijñapti로서 아애훈습종자로부터 생기한 것으로 보고 있다.

이것은 무엇을 의미하는가? 『유식삼십송』의 19게송에 대한 주석서에서는 아애훈습종자(아견훈습종자)를 능취로 보는데 이것이 염오의로 작용한다는 것을 의미한다. 만일 이 해석을 받아들인다면 자아 중심적 에너지인 염오의는 명언종자와 아견훈습종자로부터 생기한 것이 된다. 이것이, 무슨 의미일까? 다음과 같은 추론이 가능하다. 유정세간과 기세간이 모두 명언종자의 생기라는 맥락에 선다면 명언종자는 순수하게 私的인 업의 결과라고 할 수가 없다. 왜냐하면 명칭인 말은 사회적 다수의 동의에 의해 형성된 것이기 때문에 이러한 명칭에 의한 종자는 사적인 것이 될 수 없기 때문이다.

너와 나는 제 3자의 관찰적 시점에서 나온 것에 불과하다. 따라서 내가 존재한다는 형이상학적 생각(유신견)은 단순히 말에 의한 명칭에 불과한 것이 된다. 그러나 한편 피부로 경계를 나누어 나와 타자의 상속을 구분할 때 2인칭으로서의 '너'는 아견훈습종자로부터 생기한 것으로도 볼 수 있다. 제3자적 관점 외에 '나'라는 존재는 나를 배제한 '너'를 통해 이루어지기 때문에 명언종자라는 공통의 종자 외에 사적인 아애종자를 염오의에 넣을 수 있다.[253)]

위의 인용에서 필자가 주목한 것은 "六識界가 六根을 원인으로 한다."는 부분이다. 이것은 『섭대승론』 2-32C에서 "相見을 가진 vijñapti

---

253) MS 1-58에 의하면, 종자의 구별을 다음과 같이 하고 있다. 그중 "아견훈습종자란, 염오의인 유신견의 힘에 의하기 때문에 아뢰야식 안에 아집의 훈습이 생기한다. 이것을 원인으로 해서 자신을 아(我)로 여기고 나와 다른 것을 타인으로 여긴다"는 진술이 위의 추론을 가능케 한다.

를 본질로 한다."는 주장과 같은 맥락이다. 위의 인용을 뒤집으면 6근을 원인으로 해서 六識界가 생기한다는 논리가 성립한다. 이것은 6근을 중심으로 18계를 설명하는 것인데, 6경과 6식의 존재는 6근에 의해서만 가능하다는 주장이다. 즉 6근이 6식 생기의 원인이라는 주장은 "相見을 가진 vijñapti"에서 vijñapti가 6근이라는 것을 지지한다.

앞 장[254)]에서 '根이 境識을 가지고 있다.'는 논리를 살펴보았다. 즉 심상속의 특수한 변화(相續轉變差別)가 어떻게 일어나는가를 설명한 부분에서 세친은 "근이 종자이고, 근이라는 능력과 짝을 이루는 色聲香味觸이라는 外處는 종자의 현현"이라고 본다. 즉 안근이 색이라는 대상을 현현시킨다, 마치 존재하는 것처럼 나타낸다는 것을 의미한다. 따라서 근과 경은 각각 뛰어난 능력인 종자로서 존재하고 그 종자의 특수한 변화 상태로서 존재하는 것이 境이다. 이를 통해서 볼 때 根은 물질적 기관이라는 의미보다는 물질적 능력 śakti(공능), 인식 가능케 하는 물질적 능력이라고 볼 수 있다. 안근이라는 기관은 있지만 그 능력이 상실된 경우를 생각해 보면 가능한 이해라고 생각한다. 근과 경은 각각 실체적 존재, 스스로 자기 존재성을 가지고 존재하는 것이 아니라 조건에 의해 존재한다. 그 존재의 방식이 능력(śakti)과 능력의 생기(pratibhāsa)일 뿐이다. 종자와 현현의 방식으로 존재하는 10처, 이것으로부터 발생한 식은 실체적 존재를 설정하지 않고도 이 찰나의 존재를 설명한다. 즉 종자와 현현을 중심으로 종자를 眼處로, 현현을 色處로 보며, 이것에 의해 6식이 생기한다고 본다.

세친의 『유식이십론』에 의하면, 眼耳鼻舌身은 종자이고, 종자의 현현이 境이다. 즉 根과 境의 관계는 종자와 현현의 관계이다. 眼根이라

254) 1부 Ⅱ장 2. 2) 人無我와 法無我

는 vijñapti가 色이라는 境의 vijñapti를 현현시킨다. 종자의 특수한 변화로 인해 境이 존재한다. 『섭대승론석』에서는 종자를 가진 아뢰야식이 18계와 연기 관계에 있다고 보았다면 『유식이십론』에서는 종자를 오근으로 본 것이다. 종자를 가진 것이 아뢰야식이기 때문에 종자의 구체성은 오근에 있다고 본 것이다.

이를 통해서 볼 때 根은 물질적 기관이라는 의미보다는 물질적 능력(śakti, 功能), 인식 가능케 하는 물질적 성질의 능력이라고 볼 수 있다. 根인 능력이 어떤 조건을 만났을 때 그 능력이 변화되어 마치 境(viṣaya)으로 나타난다. 그 존재의 방식이 능력(śakti)과 능력의 생기(pratibhāsa)일 뿐이다. 종자와 현현에서 종자는 眼處, 현현은 色處가 된다. 결론적으로 세친은 『유식이십론』 게송 8, 9와 산문에서 공능(śakti)이며 뛰어난 능력(sāmartya viśesa)인 종자를 5근으로 본 것이다. 5근을 장악한 것이 염오의인 의근임을 기억한다면, 12처, 18계의 구도는 쉽게 보인다.

12처를 18계로 볼 때, 識인 見分이 그 境을 所緣으로 한다. 『유식이십론』의 십이처에 대한 이 주장을 18계로 보면 『섭대승론』 2-23C가 된다. 즉 根인 종자와 종자의 현현인 境이라는 구도를 18계로 보면 '根은 종자의 현현인 境인 相과 見인 識을 가진 vijñapti이다.'라는 해석이 가능하다. 이 부분을 호법도 『성유식론』에서도 인용하고 있는데, 다음과 같이 해석하고 있다.

> "세존께서 十二處가 성립하는 것을 [설명하기 위한] 의도로써 저 게송을 설했다. [세존은] 다섯 가지 vijñapti의 종자는 眼 등[의 耳鼻舌身]의 根이 되고, 다섯 가지 vijñapti의 相分은 색 등[聲香味觸]의 境이 된다[고 설하신다]. 그러므로 眼 등[根]이 다섯 종류의 vijñapti의

종자이다."[255]

『유식이십론』에 대한 호법의 위의 해석은 『성유식론』에서 말하는 相分에 대한 정보를 제공한다. 호법 또한 종자의 특수한 변화인 境을 相分이라고 정의하고 있다. 境이 의식의 대상인 所緣이기 때문이므로 호법이 말하는 相分이란 境, 所緣이다. 따라서 호법 또한 세친과 마찬가지로 5근이 相分과 見分을 가지고 있다는 논리를 가지고 있으며, 이것은 見分과 相分의 논의가 18계의 논의라는 것을 뜻한다. 호법도 종자의 특수한 변화가 이루어진 것이 5경이며, 5근과 5境은 동시에 생기한다고 본다.

종자를 根으로 보고, 종자의 현현을 경으로 보는 이유는 뭘까? 마음속에 자연스럽게 떠오른 영상은 과거 경험의 습관적 경향성인 종자, 그 종자인 根이 현현한 것이다. 그래서 대상을 본다고 할 경우, 그 대상은 저 사물 자체가 아니라 자기 마음속에 떠오른, 根이라는 과거 경험

---

255) 『成唯識論』19c1. "二十唯識伽他中言 識從自種生似境相而轉 爲成內外處佛說彼爲十. 彼頌意說 世尊爲成十二處故. 說五識種爲眼等根. 五識相分爲色等境. 故眼等根卽五識種."
이 구절을 통해 호법이 이해하는 상분과 견분의 개념이 무엇을 말하는지 고찰해 보자. 상분과 견분의 개념 고찰은 호법이 삼성론의 틀을 십팔계로 삼았다는 것을 보여주는 예가 되기 때문이다.
10a12 然有漏識自體生時. 皆似所緣能緣相現. 彼相應法應知亦爾. 似所緣相說名相分. 似能緣相說名見分." 위의 문장을 볼 때 相分이란 境·所緣이고, 見分인 行相은 識이 된다. 상분과 견분이 있는 이상 根은 당연한 전제이므로 호법의 見分/相分의 개념은 십팔계를 전제로 한 개념임을 알 수 있다.
따라서 대상(相分)과 대상을 보는 見分을 육식이 가지고 있다는 기존 연구 논리는 재고를 요한다. 육식이 견분이기 때문이다. 根이 종자이고 상이 현현이라는 세친의 논리에 서면, 그리고 상분이 식 탄생의 한 측면을 가지고 있다는 논리에 서면 근이 경과 식을 가지고 있다는 주장이 성립한다. 根境識의 구도에서 근이 경식을 가지고 있다는 18계의 관점에 섰을 때, 세친과 현장, 규기의 관점 차이가 어디에 있는가에 대한 연구가 요구된다.

의 경향성이 드러낸 영상을 보는 것이다. 범부에게 있는 그대로를 보지 못하는 근거가 六根에 있다. 우리는 경향성의 힘이자 경향적 습관적 패턴으로 대상을 볼 뿐이다.

세친에 의하면 6근이라는 능력, 경험적 경향성은 그에 맞는 대상으로서의 경(viṣaya)를 가지고 있다고 본다. 根은 有境이 되므로, 根境의 관계는 有境과 境이 된다. 유가행파로서의 세친은 有境인 根을 종자, 즉 능력(śakti)의 힘으로 이해하면서 종자가 특수한 변화를 할 때, 그때 그에 境이 나타난다고 본 것이다. 根이라는 능력이 발휘 가능한 범위가 境이고, 그것을 의식은 자신의 所緣으로 삼는다. 따라서 의식의 작용인 행상은 본래 根이 가지고 있다는 논리도 성립한다. 根이 지닌 경향성 종자의 능력이 차차 소멸되었을 때, 根이 드러낸 境인 相分이 사라진다. 즉 열반 체험 후 根의 염오성이 사라지므로 根이 지닌 境 또한 사라지므로 '境의 비존재(無境)'가 성립한다. 따라서 '境의 비존재'란 根이 지닌 염오성이 완전히 사라진, 후득지의 인식 상황을 말한다.

따라서 '相見을 가진 vijñapti가 삼성을 이룬다.'는 주장은 '根이라는 vijñapti가 相見을 가지고 있다.'는 논리와 연결된다. 즉 십팔계 각각은 vijñapti이지만, 이 vijñapti의 구도는 根이라는 vijñapti가 境과 識이라는 vijñapti를 가지고 있는 것이다. 境을 드러내는 종자인 根의 염오성이 제거되면, 종자가 境을 현현시키는 능력이 사라져서 境이 비존재하는 사태가 가능하다. 이것이 후득지의 상태로서 境의 비존재를 아는 상태가 된다. 根의 염오성이 사라지고 청정해질 때, 그때 根이라는 vijñapti의 共相이 현행한다는 논리가 성립한다.

그런데 왜 근(indriya, 根)을 種子, 경향성으로서의 힘(śakti, 功能)으로 이해한 것일까? 『섭대승론』에서는 종자를 根으로 본 이유를 직접적으로 설명하고 있지는 않다. 하나의 추론으로서 根과 種子의 개념을 살펴보자. 세친에 의하면 種子(bīja)는 뛰어난 공능(śaktiviśesa, sāmarthyaviśeṣa, 功能差別)이다. 무지에 의한 행위가 남긴 영향력, 그것은 어떤 형태로 있는가? 종자는 心相續에 과거 영향이 미래에 영향을 줄 공능(śakti)의 상태로 있다. 식전변(vijñānapariṇāma)이란 원인과 결과가 아뢰야識에서 일어난다는 것을 의미한다. 따라서 이 식상속의 변화란 원인과 결과가 변화하는 뜻이다. 그래서 근인 종자의 특수한 변화[원인]가 곧 境 [인 결과]이다.

공능인 종자의 특수한 변화 상태, 현현한 상태가 바로 境이라면, 작용, 능력, 공능이 미친 상태가 다름 아닌 境이 된다. 즉 현재 작용(kriya)을 가지고 있는 상태가 境이 된다.

> 根의 의미는 무엇인가? √id는 가장 뛰어난 힘을 가지고 있는 것을 의미한다. 그 계에 관해서 가장 힘이 뛰어난 것이 모든 근이다. 그러므로 增上力(ādhipatya)이 根의 의미이다. 뛰어난 작용이 根이다.[256)]

『순정리론』에 의하면 근의 어근을 √ind와 √indh로 본다. 근이란 뛰어난 작용을 가지고 있는 것이며, 뛰어난 작용(śaktiviśeṣa)이란 뛰어난 공능, 힘, 작용인 종자가 된다. 근은 뛰어난 작용을 가진 것이다. 근은 기관이라는 의미보다는 능력, 작용이라는 의미가 크다고 할 수 있다. 종자 또한 능력이고 작용이다. 이것이 의미하는 바는 무엇일까 왜 안근은 색을, 이근은 소리를 각각 가지고 있다고 본 것이며, 『섭대승론』에서는 의근이 십팔계 전체를 가지고 있다고 본 것일까. 그것이 의미하는

256) AKBh(P) p.38. 1.3-4 ; 李鍾徹, 『世親思想の研究 -「釋軌論」を中心として』, BIB 9, sankibo, 2001, p.199, 注100 참조.

바는 무엇일까.

> 어떤 것[A]에 대해 어떤 것[B]의 작용이 있을 때 어떤 것[A]은 [B의] 境이다. 심과 심소에 의해서 취해지는 것이 所緣이다.[257)]

根이 相分인 境을 가지고 있다는 논리에 따라서 위 문장을 다시 보면, 境은 根의 작용이 미친 바의 것이다. 境은 작용의 측면에서 볼 때, 근이 그 작용의 대상, 작용의 범위를 가지고 있는 셈이다. 따라서 그러한 境은 대상 그 자체가 지닌 것이 아니라, 根이 현현한 것이다. 根의 작용 범위를 境이 지니고 있다는 것의 또 다른 표현은 根이라는 종자의 힘이 드러낸 것이 境이라는 의미이다. 따라서 境과 所緣에 대한 세친의 설명을 유효하게 받아들인다면, 境은 根의 작용 대상이고 所緣은 인식 대상이다.

연구 결과에 의하면 오온·십이처·십팔계라는 원시 불교에 있어서 제법의 현상적 분류가 根 혹은 공능(śakti) 사상과 연결되어 5위 75법의 분류로 전개되었다고 한다. 말하자면 아비달마에서 설하는 제법 분류의 특색은 작용에 근거한다는 점에 있다. 아비달마에서 설하는 작용(kriya, kāritra)의 개념은 고대 인도 사상 일반에 통하는 śakti사상을 받아들인 것이다. 우주 질서를 세우는 śakti개념을 원시 불교에서는 根의 사상으로 받아들이고, 이것을 원시 불교에서는 作用의 개념으로 사용하고 있다.[258)]

하나의 추론이지만 종자의 개념을 śakti, sāmarthya로 이해하는 세친은 이 種子를 根과 동일한 의미로 사용했다고 볼 수 있다. 根이라는 종

---

257) AKBh(E), p.30. 1.11-12.
258) 吉元信行,「說一切有部'存在論の基盤」,『アビダルマ思想』, 法藏館, 소화 57, pp.113-164.

자, 그 능력(śakti)인 작용이 境을 가질 수 있다는 추론은 가능하다.

유식 사상은 이 찰나 작용을 가진 존재를 종자, 과보의 영향력을 보지한 것이 종자라는 설을 주장함으로써 根이 相見을 가지고 있다는 주장을 하기에 이르렀다고 추론해 볼 수 있다.

『구사론』에서도 有境(viṣyain)과 境(viṣaya)을 根과 境으로 보고 있다.[259] 이것이 의미하는 바는 무엇일까? 구사론에서 근을 有境이라고 하는 진술은 각각의 根이 그에 걸맞는 境을 가지고 있다고 한다는 것을 함의한다. 예를 들어 유식 사상으로 재편집하면, 인간의 오근의 능력은 동물의 능력과 다르다. 각각 선천적으로 물려받은 업종자인 유지종자가 다르기 때문이다. 根이 境을 가지고 있다는 논리는 6識의 차원에서 보면 인식의 한계이며 존재의 한계이다. 근이 가진 능력인 境만큼만 의식은 본다. 우리의 안근은 내 뒤통수를 보지 못하고, 눈으로는 자외선을 보지 못하며 인간의 청각 능력은 박쥐의 그것과 다르다. 즉 인간은 인간의 명언종자에 의해 그만큼의 기세간을 본다. 같은 자연 안에서 인간이 듣는 기세간 영역과 박쥐가 듣는 기세간 영역이 다르듯이 각각의 귀라는 능력, 작용이 미치는 境은 다르다. 따라서 범부의 인식이란 根을 통한 인식이므로 인식의 제한성은 물리적 육체나 그 능력에 제한을 받는다고 볼 수 있다. 유식 사상의 논리에 따라 根과 境의 관계를 본다면, 십이처와 십팔계는 단순한 인식의 물음이 아니라 존재의 물음이기도 하다.

다시 원점으로 가서 相見을 가진 vijñapti에서 그 vijñapti가 根을 가리킨다는 해석을 지지하는 『섭대승론』 2-11을 다시 보면서 분석해 보

259) 加藤純章, 「境と有境」, 『經量部の研究』, 春秋社, 1989, pp.271-284. ; 이종철, 「十二處考」, 『가산학보』 제6號, pp.188-201.

자. '根과 境識'의 관계에 대한 구체적 진술은 다음과 같다.

이 vijñapti들이 유식성(vijñaptimātratā)이라는 것은 어떻게 성립되는가? 요약하면 3종류에 의한다. [첫째] 그것뿐이라는 것에 의해 [비존재의] artha는 존재하지 않기 때문이다. [둘째] 둘인 것에 의한다. vijñpti는 相(nimitta)과 보는 것(dṛṣṭi, darsana, 見)을 가지고 있기 때문이다. [셋째] 종종인 것이 동시에 생기하고, 종종의 행상(ākāra, 行相)을 가지고 생기하기 때문이다.

왜냐하면, [첫째] 그 vijñpti들은 모두 [비존재인 ātman인] artha가 존재하지 않기 때문에 그것(vijñptimātra)뿐이다. [둘째] 眼[등의 감각기관의] vijñpti들은 色 등이 상(nimitta, 相)이고, 그것들의 [眼識 등의 vijñapti] 識이 보는 것(見)이다. 신식(kāyavijñāna, 身識)[의 vijñapti에 이르기까지] 보는 것처럼 [5根은] 相과 見을 가지고 있다. [셋째] 의근(manas)의 vijñpti는 眼[根의 vijñapti] 등을 처음으로 해서 法(5根, 5境, 5識, 法境)에 이르기까지의 일체의 vijñapti의 相을 가지고 있고, 의식(manovijñāna)vijñpti인 보는 것(見)을 가지고 있다. 즉 意識[이라는 vijñapti]은 분별인 것(vikalplatva)이고, 모든 vijñapti로 나타난 것에 의해 생겨났기 때문이다. [260]
여기에 하나의 게송이 있다.[261]
그것뿐(tanmātra)인 것, 둘인 것(dvaya), 종종의 것을 유가행자들은 증득하는 것을 바란다. 단지 마음(cittamātra)에 오입하여 그것[artha]를 여읠 때, 그것[마음]으로부터도 또한 [마음뿐이라는 것을 여읜다.]

이에 대한 세친의 해석은 다음과 같다.

---

260) 의식은 대상을 분별하는 작용을 가지고 있으며, 대상을 필요로 한다. 대상 없는 의식은 없다. 소취가 사라져야 능취가 사라지는 이유는 바로 이것 때문이다.
261) MS 2-11.

이 중 장행과 게송은 세 가지 특징으로 唯識이 성립함을 보여준다. [첫째] 장행 중에 유식에 의한다고 하는 것은 오직 vijñaptimātra이므로 일체는 vijñaptimātra이다. vijñaptimātra이고, artha는 존재하지 않음을 [드러낸 것이다].

[둘째] "두 가지인 것에 의한다."는 것은 하나의 [根이라는] vijñapti에 相과 見이 성립함에 의한다. 즉 하나의 [根이라는] vijñapti의 한 부분(cha)은 상(nimitta)으로 되고, [다른] 한 부분은 견(dṛṣṭi)이 된다. 眼[根 등의 五根] vijñapti는 이 두 가지에서 다양하게 성립한다. 말하자면 하나의 [眼根인] vijñapti 상에는 그와 마찬가지이다. 한 부분은 종종의 相으로서 나타나고, 다른 한 부분은 종종의 能取[인 五識] 로서 나타난다.

[셋째1] 만일 意根(manas)이라는 vijñapti에 근거하면, 眼根[의 vijñapti]에서부터 法[이라는 境의] vijñapti에 이르기까지 모든 vijñapti들이 相(nimitta)이 되고, 의식(manovijñāna)인 vijñapti가 보는 것(見)이 된다. 왜냐하면, [見인 작용을 하는] 意識은 분별하는 것이기 때문이다. 또, [의식은] 모든 vijñapti로서 나타나는(pratibhāsa) [行相]에 의해 생기된 것이기 때문이다.

[셋째2] 또 이 세 번째 중에서 意識인 vijñapti에 근거하면 種種의 것이 된다. 所取할 대상(ālambana)이 정해져 있지 않기 때문이다. 다른 나머지 식[인 전5식은] 대상이 결정되어 있기 때문이며, 분별이 없기 때문이다. 意識이 분별하기 때문에 오직 여기[意根]에서만 세 번째 종종의 相見이 성립된다. 그러므로 이 意[根인] vijñapti에서 유식이 성립된다.

게송 중에 그것뿐, 즉 artha가 없는 것에 오입해서, 그것뿐이다. 두 가지에 오입한다는 것은, 즉 [五根이라는] 相과 見을 가진 vijñapti에 [悟入하는 것이다]. 種種인 것에 오입한다는 것은, 즉 [意根인] 종종의

相을 가진 것으로 생하는 그 vijñapti에 오입하는 것이다. 유가행자들은 증득하는 것을 원한다는 瑜伽師들은 다음과 같이 원한다. 말하자면, 유심에 오입해서, 그것을 여읠 때, 그것들도 또 [여읜다]라고 말한다. 즉, 유심에 오입함으로써 artha가 없는 [유식]을 떠나는 것이 된다. 또 만일 소취의 artha가 없는데 어찌 능취할 마음[인 의식]이 있겠는가. [그래서] 그것뿐인 것, 두 가지인 것, 종종에인 것에 오입하게 되면, [그것이 유식에의 오입의] 원인이라는 것을 드러내는 의미이다.[262]

위의 인용에서 무착은 조건적 생기인 vijñapti가 실체적 존재(artha)가 아니라면, 유식성은 어떻게 성립하는가, 라고 묻는 것이다. 이에 세친은 세 가지를 중첩의 구조로 풀어낸다. 조건에 의해 생긴 의타기는 유식이다. 즉 그것뿐(vijñaptimātra)이라고 하는 것, 두 가지, 종종의 관계를 세친은 후자의 두 가지인 십팔계가 '唯識에 오입하는 원인'이라고 이해한다. 조건에 의해 생긴 의타기한 vijñapti 중, 후자의 두 가지는 명언종자로 생긴 십팔계의 vijñapti를 가리킨다.

세친의 『섭대승론석』의 설명 양식에 의하면, 다음과 같이 정리할 수 있다.

眼[根이라는] vijñapti는 色이라는 vijñapti인 境과 眼識이라는 vijñapti를 가지고 있다.[263]

---

262) MSBh P Li 172b2- 173a5. D Ri 145a4-145b4. (H) 339b.
이 부분에 대한 호법의 이해는 어떠한 것일까? 『成唯識論』46a. "遍計依斯妄執定實有無一異俱不俱等. 此二方名遍計所執. 諸聖教說唯量唯二唯種種. 皆名依他起故. 又相等四法十一識等論皆說爲依他起攝故."
위의 인용으로 미루어 보면 의타기는 두 가지 지혜(아마도 가행무분별지와 후득지)의 대상이나 원설실성은 성인의 지혜의 대상이다. 그는 유식, 둘, 종종을 의타기로 보고 있고 11가지 법도 의타기라는 표현을 한다. 이것으로 보아 호법 또한 견분 상분을 모두 의타기로 그것의 전도를 변계소집으로 본 것이다.

263) MS 2-11에 대한 연구는 竹村牧男, 『唯識三性説の研究』, 春秋社, 1995, pp. 83-86. 다케무라는 MS2-23C에서 相見을 가진 vijñapti라는 주장과 MS 2-11

즉, 18계 모두는 vijñapti이지만, 根이 境인 相分과 識인 見分을 가진 구도이다.[264] 세친은 『섭대승론』 2-32C, 2-11의 주석에서 "相見을 가진 vijñapti"에서 상견을 가진 vijñapti를 6근으로 설명하고 있으며, 『유식이십론』에서도 根인 종자가 境(相)을 현현시킨다고 표현하고 있다.

따라서 세친은 '根이 境과 識을 갖추고 있다'고 주장한다. 이로 미루어 보면 三性설은 18계, 그중 相見을 가진 육근을 중심으로 펼쳐지는 논리라는 것을 알 수 있다. 根이 境識을 가지고 있다는 것은 根 자체가 二分의 계기를 내재하고 있다는 뜻이며, 그 내재의 방식을 『유식이십론』의 표현으로 하면 종자와 현현이다.

위의 것을 정리하면 다음과 같다.

1. 그것뿐이다. → vijñapti들뿐이며, artha는 존재하지 않기 때문에 그것뿐이다. 조건에 의해 생긴 vijñapti들, 아뢰야식의 유지종자, 아애종자, 명언종자에 의해 생기한 vijñapti들은 artha로서 존재하지 않는다. 나머지 2, 3은 종자 중 명언종자로 된 18계를 설명한다.

2. 둘에 의해서이다. → 眼 등의 능력(이비설신)이라는 vijñapti는 相과 見을 구유하고 있다. 바꾸어 말하면 眼耳鼻舌身의 根은 각각 그에

의 동일한 의미라고 밝히고 있다. 根이라는 vijñapti가 色이라는 vijñapti인 境과 안식이라는 vijñapti인 識을 가지고 있다고 하지만 그는 이것이 유식 수행과 어떤 관련이 있는지는 밝히고 있지 않다.

264) 이것은 법상종에서의 삼분설·사분설의 의미를 고찰해 볼 수 있는 단서이다. 한역에서의 分의 의미와 세친이 사용한 分(cha)의 의미가 동일한 것인지는 검토해 봐야겠지만, 유식에서의 식이 연생법의 법을 의미하기 때문에 사분설 혹은 삼분설의 정의 자체는 검토해 봐야 할 것이다. 즉 견분인 주관으로서의 識과 상분인 대상으로서의 境/所緣은 根이 가지고 있다는 논리에 따르면 이것이 이분설이 된다고 볼 수도 있다. 더불어 『성유식론』에서 말하는 견분·상분 등의 정의도 재검토해 봐야 할 것이다.

걸맞는 색성향미촉의 相分과 眼識 등의 5식의 見分을 가지고 있다. 즉 5근은 5경인 상분과 5식인 견분을 가지고 있다.

3. 意根의 경우, 眼耳鼻舌身의 5근과 색·성·향·미·촉·법의 6경과 眼識·耳識·鼻識·舌識·身識의 5식과 의식의 대상인 法境의 16가지의 相을 가지고 있고, 의식이 이것을 보는 것(見)이다. 왜 의근은 16가지를 상분으로 가진다고 본 것일까? 이는 곧 의식의 대상을 말하는 것인데 왜 어째서 의식은 法境만이 아닌 5근과 5경, 5식도 대상으로 삼는다는 것일까?[265] 전5식이 무분별이고[266] 의식은 유분별이라고 할 때, 분별의 有無를 가르는 지점은 5근은 단일한 相見을 가지고 있는데 반해, 의근은 다양한 행상(ākara)을 가지고 생기한 것이라는 데 있다. 요컨대 의식은 所取할 것이 다양하다는 것이다. 바로 이 점에서 종종의 相見이 성립한다는 것이다. 眼根은 오직 色이라는 境만을 가지고 있는데 비해, 의근은 5근, 6경, 5식 등을 가지고 있다는 의미에서 의식은 有分別이라는 것이다.

위의 인용의 주장에 의하면, 6근에 오입한다는 것은 唯識에 오입한다는 뜻이다. 열반을 얻는 방법은 육근에 있다는 주장이다. 말하자면 根에 오입하는 것이 唯識性의 실현이다.[267] 이것은 범부의 18계, 그 세

265) 오근을 의근이 가지고 있다고 볼 때, 의근이 의식을 제외하고 나머지 16개는 자신의 대상으로 삼을 수 있다는 논리가 성립한다. 의근은 法境만을 가지고 있지 않다. 이것은 기존 아비달마불교와의 차이이다.

266) 前오식이 無分別이라고 할 때 이것을 진여를 대상으로 하는 무분별과 동일시하는 연구가 있다. 그러나 전오식의 무분별과 무분별지의 내용 자체는 다르다. 전오식은 대상이 정해져 있되, 相을 가진 분별이고, 무분별지는 無相이다. 또 전오식은 대상과 이원화된 상태이지만 무분별지는 이원화가 아닌 상태이다. 따라서 무분별이라는 명칭만으로 동일시하는 이해는 오류이다.

267) 의근인 염오의, 청정해진 의언이 오입 대상이라는 것은 윤회의 핵을 자아의식, 에고에 두었다고 볼 수 있다. 동시에 견상(見相)을 지닌 종자의 소멸 혹은 정지가 곧 그것의 無常性을 드러낸다는 것으로 이해할 수 있다.

간의 삶은 육체와 자아 중심성에 매여 있다는 것을 역설한다.

결론적으로 '相見을 가진 vijñapti'에서 vijñapti는 根을 말한다. 따라서 유식 사상은 根이 境(相分)과 識(見分)을 가지고 있다는 방식으로 18계를 재해석한다. 특히 염오의인 의근만으로도 18계는 성립한다. 意根은 相인 所緣(5근과 6경과 5식)과 의식인 見을 가지고 있는 셈이다. 세친에게 이런 논리가 가능한 근거는 5근을 가진 것(dehin)을 染汚意로 보았기 때문이다. 그래서 유식인 연생법에 오입이 '의근에 오입'이라고도 표현할 수 있다.

의근이 법경만이 아니라, 자신과 의식을 제외한 모든 법을 가지고 있다고 한다. 그 이유는 무엇일까? 선정에서 나오는 찰나 생기한 현상 중 가장 두드러진 작용을 하는 것이 의근이라는 경험적 진술이겠지만, 다른 각도에서 교리적으로 추론해 볼 수 있다. 예를 들어 의식의 기능이 멈추었을 때(깊은 잠에 빠지거나 졸도했을 때)전찰나 의식은 의근으로 가 버린 채 기능을 멈추고 있는 것이다. 다시 그 어떤 조건에 의해 의식이 생기할 때는 당연히 전찰나식인 의근은 생기할 것이다. 의근의 생기 없이 식의 생기가 없으므로, 염오의로서 의근과 그 의근이 드러낸 경과 그 경을 소연으로 하는 식이 발생할 것이다. 염오의인 의근을 유신견으로 이해하기 때문에 의근이 오근과 오경을 가진 것은 당연한 이해이며, 등무간연의 차원에서는 법경을 가지게 된다. 따라서 논리적으로도 의근이 의식을 제외한 것을 자신의 대상(相)으로 삼을 수 있다고 본다.

유식 사상의 이러한 주장은 염오의의 소멸, '나'라는 생각의 근원 탐구, 나아가 '나'라는 생각을 일으키게 하는 에고(염오의)를 기존 불교와 다르게 보기 때문이라고 할 수 있다. '나'라는 생각의 근원, 그 근원지를 아뢰야식에 두기 때문에 '나'라는 판단과 염오의에 대한 탐구가 기존 불교와의 차이점을 드러낸다고 볼 수 있다.

범부의 18계의 구도에서 意根이 相見을 가지고 있다는 논리가 가행위에서는 달라진다. 즉 변계소집의 상황에서 相見을 가진 vijñapti는 의근이 된다. 그러나 문훈습종자가 증대된 무루의 가행위 상태에서 相見을 가진 vijñāna는 의언(manojalpa, 意言)이다. 의언이 오입 대상이라는 측면에 서면, 의근이 유식에 오입이라는 표현은 참이 된다.

의근, 의언에 오입하는 것이 유식성인 진여를 증득하는 것이라는 주장은 '근이 相見을 가지고 있다.'는 주장을 전제한 것이다. 따라서 전의에서의 所依는 변계소집의 측면에서 보면 意根이 되고, 실질적 의미에서 본다면 意言이 된다. 무의식적으로 떠오른 相이 문훈습에 의해 教法과 의미로 바뀌고, 그것을 보는 見이 관찰 심사로 바뀔 때, 그때 염오의 의근은 청정의 의근인 의언으로 바뀐다.

이제까지 轉依에서 소의의 의미가 6근임을 논증했고, 相見을 가진 vijñapti가 6근이고, 수행 상에서는 相見을 가진 vijñāna가 의언임을 살펴보았다. 따라서 轉依에서의 의지처는 6근이고, 넓은 의미로는 명언종자로 된 18계 및 의타기성, 세 가지 종자를 가진 아뢰야식이라고 명명할 수 있다.

그렇다면 6근의 전환은 단 한 번에 이루어지는 것일까? 유식 사상에 의하면, 전의는 열반 상태에서 일어나는 사건이지만 일회적 사건이 아니라 점층적으로 완전하게 이루어진다고 한다. 유정의 변화는 점층적으로 변화해 간다는 것을 의미한다. 점층적 과정은 범부 ⇒ 가행위(지관상태) ⇒ 무분별지(무분별선정 상태) ⇒ 후득지(비선정 상태) ⇒ 가행위 ⇒ 무분별지 ⇒ 후득지로 거듭 반복되어 이어지면서 10地의 究竟道에 들어가서 붓다가 되고, 법신이 됨으로써 종결된다. 점층적 변화를 통한 전의의 단계는 각각 심도를 달리한다는 것이다. 『섭대승론』 9-2가 이것을 지지한다.

> 이 [所依의] 전환에는 간략히 六種이 있다. ① [번뇌와 번뇌의 대치를 순서로] 미약한 것을 증대시키는 전의, 이것은 믿음(adhimukti)을 지향함에 따라 [가르침을] 듣는 훈습[문훈습]이 [원인으로서 증대하여] 확립되기 때문이다. 또 [근소한 번뇌에 대해서도] 수치를 느끼는 사람에게 번뇌는 [미약한 것이고] 나타나도 극히 작을 뿐이든지 혹은 전혀 나타나지 않게 되기 때문이다. ② 완전한 이해에 의한 전의이다. 이것은 [보살의] 地에 이미 들어간 보살들의 [전의]이다. 즉 [初地부터] 六地에 이르는 사이 진실과 비진실(tattva atattva)이 나타나고 [나타나지 않는다]는 것이 현전(upasthā)하기 때문이다. ③ 수습에 의한 전의이다. 이것은 [더욱 향상된 보살들에게] 장애(āvaranā)를 동반한 사람들의 [전의]이다. 즉 [七地부터] 十地에 이르는 사이 [장애를 동반하고 있지만] 모든 相(nimitta)은 나타나지 않고, [無相인] 진실이 나타나기 때문이다. ④ 결과가 완전히 원만하게 됨에 따른 전의이다. 이것은 장애가 완전히 없어진 사람들[붓다들]의 전의이다. 즉 모든 相이 나타나지 않고 극히 청정한 진실이 나타나며 또한 모든 相에 대해서 자재를 얻기 때문이다. …[하략]…[268]

세친의 주석은 다음과 같다.

> 또 전의는 간략히 6종이 있다. ① [번뇌와 번뇌의 대치를 순서로] 미약한 것을 증대시키는 전의란 아뢰야식 안의 번뇌 훈습력을 감소(損滅)시키기 때문에, 저[번뇌를] 대치[하는 청정]의 공능(sāmathya)을 증익하기 때문에 전의를 얻는다고 말한다. [이것은 승혜(adhimukti)를 지향함에 따라 [가르침을] 듣는 훈습[문훈습]이 [원인으로서 증대하여] 확립되기 때문이란 勝解行地에 머물며 문훈습의 힘을 정립하

268) MS 9-2A.

기 때문에 이 전의라고 한다. 또 [근소한 번뇌에 대해서도] 수치를 느끼는 사람 등이란 이 [勝解行地] 계위에서 번뇌가 현행하면 깊게 수치심을 느끼거나, 혹은 [번뇌가] 조금 현행하거나 전혀 현행하지 않는다. ② 완전한 이해[통달위이자 견도인 初地]란 [初]지(bhūmi)의 상태에 들어갈 때 얻은 전의이다. 진실과 비진실(tattva atattva)에 있어서란 이 [初地의] 전의부터 六地까지 어떤 경우에는 진실의 [진여]가 나타나는 원인이 되고 혹 어떤 경우에는 지관[상태]를 나와서 비진실[인 nimitta]가 나타나는 원인이 되기도 한다. ③ 修習에 의한 전의이다. 아직 장애(āvaranā)를 동반해도, 라는 것은 알아야 할 것에 대한 장애(所知障)가 있다는 것을 말한다. 모든 相이 나타나지 않고, 등은 이 전의는 [七地부터] 十地까지 일체의 有相은 현현하지 않고 오직 無相의 진실만이 나타나는 것을 말한다. ④ 결과가 완전히 원만하게 됨에 따른 전의란 영원히 장애가 없는 것이란 일체의 장애가 없기 때문에 無障[碍]이라고 한다. 일체의 상이 나타나지 않고,란 일체의 장애가 없기 때문이다. 가장 청정한 진실만 나타나며, 라는 것은 이[장애가 없기] 때문이다. 일체의 [相]에서 자재를 얻는다, 라는 것은 이[가장 청정한 진실이 나타난다는 것]을 근거로 해서 相에 대한 자재함을 얻기 때문에 그가 바라는 대로 유정을 이롭게 한다. …[하략]…[269)]

위의 인용은 질적 차이에 따른 전의를 설명하고 있다.[270)] 이것은 『섭대승론』 3-3과 그에 대한 세친의 주석에서 의언에의 오입을 승해행지와 견도와 수도와 구경도에의 오입으로 설명한 양식과 동일 맥락이다. 즉 번뇌의 현행과 관련해서 전의를 설명하고 있다. 범부에서 10지 이후까지를 단계별로 나누어서 전의를 설명한다. 예를 들면 初地에서의 전의 상태와 6地에서의 전의 상태는 다르다. 위의 인용에서 설명하는 것

269) (PC) 247c12-248a28. (DC) 312a10-21. (H) 369b.
270) 호법의 『成唯識論』 54c01-54c21에서는 轉依의 단계를 六種으로 구분한다.

처럼, 선정 상태에서 나온 후득지 상태에서도 과거 경험이 빚어낸 相이 있으나 그 相에 대한 이해는 이전과 다르다. 즉 이것은 轉依 후와 다음 轉依 사이의 相의 상태가 다르다는 것을 뜻한다. 말하자면 地와 地사이에서 각각의 단계마다 수준별 이해가 있는데 이는 번뇌 소멸의 깊이에 따른다. 즉 이것은 후득지 상태에서도 다양한 이해의 스펙트럼이 있다는 것을 말한다. 相에 대한 관찰만이 상의 변화를 유도하므로 전의가 多層으로 펼쳐지는 질적 기준은 相의 상태에 따른다. 말하자면 번뇌의 현행인 相의 현현 상태에 따라 승해행지부터 10地까지가 가능하다.

견도를 얻은 후에도 거듭거듭 지관 수행을 해 나가면 선정 상태이든 비선정 상태에서든 有相이 아닌 無相으로 볼 수가 있다고 한다. 세친에 의하면 2地부터 6地까지의 경우 지관 상태를 벗어났을 때 비진실의 상(nimitta)이 나타난다고 한다. 말하자면 이때 6地의 수도 상태까지에서는 여전히 현생의 업이 아닌 과거 업의 영향력이 있다는 것이다.

그러므로 범부가 대승의 진리를 확고하게 이해하면서, 진리를 신뢰해 가고, 그의 수준에 따라서 반복적으로 진리를 경청하고, 지관 수행으로 자신의 변화를 도모하는 전 과정에서 중심이 되는 것은 '相'에 대한 이해라고 할 수 있다. 根인 종자, 그 능력이 드러낸 바가 경이기 때문에 6地까지는 업에 따른 종자들이 현행한다는 것이다. 각각의 轉依 후에 후득지 상태에서 나타난 相은 번뇌의 현행을 말한다. 이전 업의 발현으로 경험적 습관성의 힘이 여전이 남아 있기 때문이다.

즉 修道의 상태 중 6地까지는 비선정 상태에서도 相이 드러나지만, 7지부터는 선정이든 비선정이든 有相은 사라지고 無相이 된다. 7地부터는 일상 의식이든 선정 상태이든 相으로 드러날 종자가 없거나 능력없는 종자만 있을 뿐이다. 즉 전의는 根의 변화를 점층적으로 유도한다고 볼 수 있다.

전의의 多層은 초지보살이 보는 자기 이해와 칠지보살이 보는 자기 이해가 질적으로 다르다는 것을 보여준다. 각각의 상태에 상응하는 지혜가 있는데, 이것은 경험의 흔적이 드러내는 층들이 다르며, 그것을 보는 작용의 층들도 질적 차이가 있음을 드러낸 것이다. 범부나 성자들은 각각 자신의 경험도 다르고, 경험을 이해하는 방식도 다르다. 그 깊이의 차원은 상속의 業과 필연적인 관계를 가질 수밖에 없다. 그러므로 범부와 성자의 지혜의 多層은 세간이나 타물을 이해하는 방식이 전혀 다르다는 것을 보여준다. 성자들에게조차도 대상을 보는 이해의 눈은 이처럼 다양한 스펙트럼으로 나타난다.

후득지에서는 의타기를 의타기로 안다. vijñapti를 artha로 인식하는 변계소집의 상태는 열반 경험을 통해 사라졌다. 그 결과 후득지에서는 vijñapti를 vijñapti로 본다. 이때 根이 境識을 가지고 있기 때문에 根의 변화는 境인 相이 존재하지 않음을 드러낸다. 근이라는 번뇌의 종자가 相見을 가지고 있는데 根의 번뇌가 일차적으로 사라지면, 相은 나타나지 않는다. 그래서 후득지에서 無境이라는 사태가 현전한다. 『섭대승론』의 논리에 따르면 초지부터 6지까지는 오직 조건에 의해 생긴 法뿐(유식) 존재론적으로나 인식론적으로도 실체적 사유를 하지 않는 상태(唯識無義)이지만 7지부터는 근인 종자의 능력이 약화되거나 소멸되어 境이 사라져서 소연이 없는(無相) 상태, 즉 無境의 상태가 된다.

분별된 artha가 사라지면 의타기가 의타기로 보인다. 이때 의타기인 근경식의 구도는 근이 相見을 가지고 있는 구도이기 때문에 근의 염오가 사라지면 相도 당연히 사라진다.

따라서 유식 사상은 根의 작용 대상인 境의 존재 문제를 기존과 다르게 접근한다. 물음의 출발점은 지관 수행 상태에 나타난 소연의 존재, 그 존재의 근원에 있다. 예컨대 선정 중에 나타난 저 영상으로서의 소연, 그 소연의 존재를 생각해 보자. 의식의 관점에서 볼 때 돌연히 나타난 관찰 대상으로서의 소연인 영상은 과거 어릴 적 본 적이 있는 물건이나 경험일 수도 있고, 전혀 본 적도 들은 적도 없는 것일 수도 있으며, 집중의 상태에 따라 나타나는 부수적 현상일 수도 있고, 고도로 집중된 상태에서 작의된 것일 수도 있다. 그 소연은 어디서 온 것인가? 선정 중에 나타난, 눈을 감고(뜬 상태라도) 있는 중에 나타난 저 소연인 영상은 무엇인가?

유가행자들은 그 소연을 과거 경험으로서의 영향력, 그 잔재가 종자의 형태로 있다가 어떤 조건에 의해서 지금 드러난 것, 문훈습에 의해 자연스럽게 영상으로 나타나는 불의 가르침과 그 의미로 보았다. 보는 주관과 보이는 대상은 동시이지만, 양자는 根, 특히 意根(의언)에 종속되어 있다. 따라서 있는 그대로를 보기 위한 양식으로서 수행은 당연히 대상 관찰에 있다. 가행위 지관 상태에서의 영상이 의언이라고 관찰한다는 것 자체는 소연의 관찰을 통해서만 根의 변화를 유도할 수 있다는 것을 말한다.

역으로 보면, 일상 의식 차원에서 떠오른 영상, 상(nimitta, 相)은 투사이다. 어떤 사물이나 사태에 대한 영상은 6근, 경험의 습관적 경향성에 매여 있는 것을 뜻한다. 거칠게 말해서 영상은 저 X라는 대상의 것이 아니라, 내 업이 드러낸 바이다. 즉, 악은 보는 자의 눈에 있다고 말하는 것이다. 따라서 나의 판단이란 업의 색안경일 뿐이며, 세상을 보는 '눈이자 판단'은 습관적 방식, 습관적 경향성으로서의 눈의 외화이다. 우리가 주관적/객관적이라는 표현을 이용한다면, 모두 주관적일 뿐

중생계에서 '객관'이라는 것은 허망한 주관의 異名에 불과한 것이다.

의식 상태에서 자연스럽게 떠오르는 영상 즉, 언어로 포착한 저 존재의 분리를 경험하지 않은 한, 그것이 대상 그 자체라고 생각한다. 어떤 현상을 괴로움이라고 자각하는 것은 그 현상, 그 어떤 이미지를 고통이라는 개념으로 포착해 낸 것이다. 그 어떤 현상을 언어로 포착한 순간 우리는 고통이 존재한다고 생각한다. 그러나 고통이라는 대상과 그것을 아는 의식 자체는 이미 고통의 존재를 상정한 것이다. 그 어떤 현상은 언어적 대상이 아니라 그저 조건에 의해 생기하는 현상에 불과할 뿐이다. 열반 경험을 통과한 관점에서 볼 때 저 영상은 경험적 습관의 경향성인 종자, 意根이 드러낸 것을 개념으로 포착한 것에 불과하다는 것이다.

따라서 우리는 다음과 같이 정리할 수 있다.

첫째, 轉依에서 所依란 협의의 의미로 6근이다. 특히 5근을 가진 것이 意根이므로 소의가 의근을 가리킨다고도 볼 수 있다. 아뢰야식 종자의 생기가 의타기성이고, 의타기 중 명언종자로부터 생기한 것이 18계이다. 유식 사상가들은 기존의 불교와 달리 18계를 '有相有見의 根'으로 설명한다. 根인 종자가 境과 識을 현현시킨다.

특히 번뇌로서의 염오의는 5근을 가진 것(有身見)이므로 번뇌의 소멸은 종자인 根의 변화이다. 즉 相의 관찰을 통해서 根의 변화를 이끈다. 相見을 가진 染汚의 의근은 가행위 지관 상태에서 意言으로 변화한다. 염오의가 청정 무루 종자가 되어 의언이 되는데, 이때 의언은 相(교법과 의미)과 見(관찰 尋思)을 가진 것이다. 相인 소취가 사라지면 관찰 기능을 하던 능취의 想이 소멸하여 열반을 체험한다. 그러므로 유식성이라는 법의 共相의 체험은 유정의 존재와 인식은 변화를 의미한다. 십팔계에서 意根은 意言으로, 相은 無相으로, 識은 智로 변화하기 때문에 色身은 法身으로 가는 길에 들어선다.

따라서 轉依란 무분별 선정 상태에서 생기하는 현상으로 협의의 의미로 '六根의 변화'를 말한다. 이 육근의 변화는 모든 염오 종자의 변화를 이끌어 낸다. 따라서 轉依는 단순한 정신의 변화만이 아니라, 6근의 변화, 육체의 변화를 말한다. 이것은 역으로 보면 우리가 말하는 마음은 이미 육체에 기반을 둔, 육체화된 마음이라는 것을 말한다.[271)]

이를 바탕으로 이제부터는 유식 사상에서 '5근인 色'에 대한 다른 기술을 다각도로 살펴보자.

2) 번뇌로서의 몸(五根)

聖人과 범부, 즉 보살(bhodhisattva)과 중생(sattva)의 차이는 所依(āśraya)의 차이이다. 그 질적 차이는 범부는 인식 대상인 相(nimitta)을 조건적 생기가 아닌 실체적 존재[ātman=artha]로 인식하지만 무분별지의 無相(animitta)경험을 통해서 相은 비실체적 존재이고 종자에 의해 현현한 것이며, 비존재한다(無境)는 것으로 알 뿐이다. 소의인 眼·耳·鼻·舌·身·意의 6근의 변화가 인식의 차원을 변화시킨 것이다.

오근(heha)을 장악하고 있는 것(dehin)은 意根이다. 이때 眼·耳·鼻·舌·身인 오근은 有身根의 육체를 말한다. 세친은 『섭대승론석』에서 6근의 관계를 '5근이 몸이고 5근인 몸(deha)을 가지고 있는 것(dehin)이 染汚意'라고 한다. 즉 5근은 염오의를 기반으로 작용한다. 몸은 단순

---

271) 인지과학 분야에서 불교와 관련되어 체화된 마음을 다룬 글이 있다. 『몸의 인지과학』(프란시스 바렐라, 석봉래 역, 김영사, 2013), 「세친, 체화된 마음」, 『마음과 철학』(박창환, 서울대학교출판문화원, 2013) pp.91-114.

한 물질적 몸이 아니라, 업의 결과로서 선택된 결과이므로 번뇌와 깊은 관련이 있다. 따라서 번뇌로서의 色(rūpa), 몸과 아뢰야식의 관계, 根의 변화로서의 觸, 색계 선정에서 身根과 意識의 관계, 감각을 가지고 生起하는 十處종자[5근과 5경], 추중(dauṣṭhulya, 麤重) 종자로서의 根, 번뇌 소멸의 상징적 용어인 融解를 중심으로 해서 5근을 이해해 보도록 하겠다.

수행을 통해 6근의 변화가 이루어진다는 것은 인격의 전환이 몸의 변화와 함께하거나 전제된다는 것을 의미한다. 그리고 이것은 번뇌가 추상적이지 않고 구체적이라는 것을 의미한다. 그러면, 유식 사상은 有色根인 몸을 어떻게 이해하는 것일까? 행위의 결과가 어떤 형태로 존속하여 다음 찰나의 행위를 결정짓게 한다는 종자 이론은 행위가 남긴 영향력, 그 잠재적 경향성으로서의 번뇌는 종자의 형태로 상속을 결정짓는다는 것을 의미한다. 업의 결과로서 自體인 相續을 얻고, 그 상속은 육도 윤회 안에서 존재 형태(gati, 趣)를 취한다. 즉 업에 적합한 존재 형태, 그 6근을 가진다.

몸은 과거 경향성의 형태를 결과로 한 것이다. 수행을 통해 수행에서 생기한 지혜의 힘으로 번뇌 종자의 힘을 무력화할 수 있다. 번뇌인 종자의 현현인 影像의 관찰을 통해서 번뇌인 6근은 변화해 간다. 이런 각도에서 보면 몸은 단순한 물질이 아니다. 6근 자체가 업의 결과이지만 물질적 규정만을 띠지 않는다. 根을 통해 대상을 알고, 識의 작용이 根에 의해 규정된다는 유식 사상의 이해에 서면 5근인 몸은 단순한 물질이 아니다. 그러면, 色으로서의 몸은 무엇일까?

우리는 몸이 있음을 어떻게 아는 것일까? 몸을 아는 것은 느낌(감각)을 통해서이다. 그 감각이 보고하는 바를 경험하는 것은 의식이다. 이것은 몸을 지각 대상으로 이해한다는 것을 의미한다. 5근인 색(rūpa)은 물질 자체는 아니며, 그것 또한 조건에 의해 생멸 변화하며 지각을 통해서만 존재가 알려질 뿐이다. 우리는 육체를 경험하기 때문에 육체가 있음을 알 뿐이다. 몸은 몸을 알지 못한다. 감각적 성질인 몸은 스스로 자신을 알 능력이 없다. 대상을 아는 판단 능력을 根은 가지고 있지 않기 때문이다. 요컨대 몸을 아는 것은 마음(識)이다. 또 일상의 의식 상태에서 마음 또한 몸이 없으면 마음의 작용을 알 수 없다. 몸과 마음의 고리가 호흡이지만, 마음은 몸이 없으면[무색계를 빼고] 생각이나 느낌은 일어나지 않는다. 물론 의근 자체는 물리적 감각이 없어도 작용하지만, 욕계와 색계에서는 몸[身根]이 없으면 감각의 수용은 불가능하다. 특히 번뇌(추중)의 소멸 상징인 輕安이라는 현상은 법신 획득 전 단계까지 존재하는 것으로 인식하는 유식 사상에 의하면, 몸은 지각 대상이고, 수많은 습관적 경향성을 가진 번뇌의 덩어리이다.

느낌을 통해서 파악되는 몸은 무엇으로 되어 있는 것일까? 물질의 최소 단위인 極微가 우리의 신체라고 생각할 수 있으나, 色의 논의는 대부분 觸處(身處의 대상)에서 이루어진다. 色은 四大와 四大 所造로 정의하는데 이때 色은 四大種이 가진 堅濕煖動이라는 네 가지 성질을 말한다. 地·水·火·風에서 地의 요소는 딱딱함(堅)과 부드러움을, 水는 습기(濕)를, 火는 따뜻함(煖)과 차가움을, 風은 움직임(動)과 정지의 성질을 말한다. 우리가 느낌을 통해서 몸을 알 수 있는 이유는 바로 이런 四大 때문이다. 말하자면, 물질의 성질을 아는 방식이자 내 몸을 알 수 있는 근거는 色의 성질 때문이다.[272] 四大는 단순한 물질이 아니라, 감

272) 吉元信行, 「物質的基礎概念の分析」, 『アビダルマ思想』, 法藏館, 1982, pp.167-187.

각적 성질 즉 딱딱함이나 부드러움, 차가움이나 뜨거움이라는 성질이다. 그러므로 사대로 된 몸, 오근의 존재는 四大를 통해 알려진다. 불교는 감각적 성질을 가진 것을 사대로 보며, 이 사대는 항상 같이 존재하나 강도가 큰 것이 거칠게 자각될 뿐으로 이해한다. 단지, 色인 오근은 단순한 물질이 아니라 투명 청정한(prasāda) 色이다.

(1) 번뇌로서의 色

5근이 무엇인지를 풀 수 있는 단서의 하나가 色에 대한 세친의 이해이다. 먼저 MS 2-9에서 무착은 다음과 같이 언급한다.

> [아뢰야식으로부터 의타기한 11종의] vijñapti는 꿈과 같다는 것은 이미 설했다. 그[11개의 vijñapti 중] 眼識의 vijñapti가 단지 vijñaptimātra라는 것은 이해되지만, 眼등의 vijñapti는 [根으로서 육체이며] 물질적인 것(rūpin)인데 그것이 어떻게 vijñaptimātra라고 보는가? 그것들은 또 앞과 같이 교증과 이증에 의해 알아야만 한다.
>
> 그러나 그것들[rūpin]이 vijñaptimātra라면 어떻게 그것들이 물질성[rūpatva]으로서 나타나고, 앞뒤가 유사한 同質(tulya)로 견고하게(dṛḍha) 연속적으로 일어나는가? [물질적인 vijñapti는] 전도된 모든 염오법에 대한(saṃkleśādhiṣṭhāna) 원인(hetu)이 되기 때문이다. 만일 그렇지 않다면, artha가 없는 곳에서 artha가 있다는 전도된 생각은 일어나지 않을 것이며 만일 그것이 일어나지 않는다면, 번뇌장과 소지장이라는 염오도 없을 것이다. 그것[잡염]이 없다면, 청정한 것도 없다. 그러므로 이러한 형태로 [물질적] vijñapti가 생기하는 것이 이치에 맞다. 그것에 관한 게송으로 "착각의 원인과 착각 [그 자체]는 물질적인(rūpa) vijñapti와 비물질적인(ārūpa) vijñapti로 생각된다. [전자가] 없다면, 다른 것[후자]도 또한 없는 것이 된다."는 것이다.[273]

---

273) MS 2-9.

세친의 주석은 다음과 같다.

> 동질로 견고하게 연속적으로 생기하는가라고 하는 것 중에서 동질로란 유사하다('dra ba)라는 [의미이다.] 견고하게란[이 찰나만이 아니라] 다른 시간에서도 계속 존재하기 때문이다. [그러므로 모든 色인 vijñapti는 서로 유사하게 다른 시간에도 연속적으로 생기한다.] 전도 등에서 [이 等]에 [포함되는] 잡염법은 번뇌와 소지의 장애에 의해서라고 하는 것은 원인이 되기 때문이다. 所依라고 하는 것은 그것들[번뇌장과 소지장]이 원인 자체이다. [원인이] 다른 것으로 생기하게 될 때, artha가 없는데도 artha라는 마음이 전도된 방식으로 생기하지 않는다. [전도된 마음이] 없음으로써 번뇌장인 염오와 소지장인 염오가 생기지 않을 것이다. 바로 그 의미는 [다음의 게송[274]에서] 설명한다. 착각의 원인(bhrānti nimitta, 亂相)과 착각 [그 자체]는 차례대로 色이라는 識(rūpa vijñapti)과 非色이라는 vijñapti(arūpa vijñapti)이다. 이 중 색이라는 vijñapti는 착각의 원인이고, [착각의] 원인인 색이라는 vijñapti가 없다면 非色[인 名]인 vijñapti라는 결과 또한 없어야만 한다.[275]

위의 인용을 통해 유가행파로서의 무착과 세친이 이해한 色의 정의를 엿볼 수 있다. 첫째, 色(rūpa)이라는 vijñapti는 동질적으로 견고하게 생기하여 존재성을 얻는다는 것이다. 둘째, 이러한 정의 외에 眼·耳·鼻·舌·身이라는 識(vijñapti)이 물질적인 것(rūpin)이며, 5근은 번뇌장과 소지장의 원인이라는 점이다. 이것을 통해 유식 사상이 色(rūpa)을 이해하는 각도가 '염오', '번뇌'에 놓여 있다는 것을 알 수 있다. 즉 몸이라는 색(rūpin)이 번뇌의 원인이다. 色은 착각과 번뇌의 원인이고, 이 번

---

274) 이 게송은 MSA XI.24에도 나와 있으며, 호법도 『成唯識論』 39b21-39b26에서 이것을 인용하며 이 주장을 받아들인다.

275) MSBh P Li 172a4-71b1. D Ri 144b6-145a3. (H)339a.

뇌를 원인으로 非色인 識受想行이라는 결과가 생기한다. 말하자면 정신적 차원에서 벌어지는 잡염 번뇌는 몸인 5근을 원인으로 해서 생기한다는 것이다. 즉 나의 감각, 지각, 인식 상태는 모두 몸에 의존하고 있다. 한편, 色이라는 識(vijñapti)이 잡염의 원인이라는 주장은 잡염의 전환 가능성이 5근에 있다는 것을 의미한다.

따라서 번뇌장과 소지장의 원인으로서의 色인 5근은 실상을 거꾸로 보게 하는 착각의 원인이고, 번뇌의 결과인 非色을 존재하게 하는 원인으로 작용한다. 이러한 이해는 물질적인 몸이 번뇌라는 장애(번뇌장)와 三性이라는 자신의 존재와 인식에 대한 통찰을 가로막는 장애(소지장)의 소유자라는 것을 전제한다. 이렇게 물질적인 육체를 기반으로 해서 비존재의 실체(artha)를 증익하는 비물질적 현상인 생각이 일어난다는 주장은 색에서 번뇌가 증장한다는[276] 논리로 연결된다. 5근인 몸이 업의 결과이기 때문에 三界 중의 인간으로 주어졌다는 것 자체가 번뇌를 의미하지만, 유식 사상은 5근인 몸이 전도를 일으키는 원인이라고도 이해하고 있다.

따라서 5근은 물질, 물질적 성질을 넘어서 번뇌의 원인이며 수상행식을 낳는 원인이다. 6근이 대상인 영상(相)과 그것을 보는 識(見)의 이원화를 가지고 있다고 보는 유식 사상에 의하면, 5근이 번뇌인 이상, 보는 작용이나 보이는 대상은 모두 번뇌에 불과하다. 이로 인해 개 눈에는 똥만 보이고 붓다 눈에는 붓다만 보이는 논리, 즉 개체의 업 수준대로 세상을 볼 수밖에 없는 논리가 성립한다.

---

276) 加藤純章, 「有漏無漏の規定心と身體の關係」, 『經量部の研究』, 春秋社, 1989, pp.229-244. 특히 "色에서 번뇌를 증장한다"라는 衆賢의 말(『順正理論』, 大正29, p.331)을 인용하고 있다. 따라서 色에서 번뇌가 증장한다는 주장은 유식 사상에서도 이어지고 있다고 추론할 수 있다.

(2) 아타나식(ādānavijñāna, 阿陀那識)의 기능: 몸과 아뢰야식의 관계

5근이 생명체로서의 기능을 하는 것은 무엇 때문일까? 5근이 생명체로서의 기능을 유지하게끔 하는 것이 있다. 아뢰야식의 異名인 아타나식은 오근이 통합성 혹은 지속성을 유지하도록 돕는 기능을 한다. 아뢰야식은 과거 습관의 영향력을 가지고 있는 기능, 대상을 식별하는 기능도 발휘하지만, 5근을 살아 있는 생명으로서의 기능을 발휘하도록 돕는 기능도 한다.

우선, 몸과 아뢰야식의 관계를 조명해 보자. 이에 대한 이해의 단서를 제공하는 것은 무착의 기술이다.

> 왜 아타나識(ādānavijñāna)이라 하는가? 일체 有色의 根들(rūpaindrya, 有色根)을 집수(upādāna, 執受)하기 때문에 [육도 윤회하는 유정의 통일적인] 자체(lus, 自體)를 통합하는 所依이기 때문이다. 왜냐하면 생명이 다할 때까지 유색근들이 파괴되지 않고 집수된다. 또 다음 生이 묶일(pratisaṃdhibandha, 結生相續) 때 그[자체] 생성(abhinivṛtti)을 [아타나식이] 집수하기 때문에 자체를 취한다. 그러므로 그것이 아타나식이다.[277]

이에 대한 세친의 주석은 다음과 같다.

> ① 일체의 有色根을 원인(rgyu)이라고 하는 말은, 즉 생명이 상속할 때까지 등을 말하는데 眼 등의 有色根들이 아뢰야식에 의해 집수되지 않을 때는 죽은 시체처럼 푸르둥한 상태가 되므로 죽어서 [아뢰야식]과 분리되었을 때 이것들은 푸르둥한 등의 상태가 된다. 그러므로 [아뢰야식에 의해 유색근은] 집수된다. [아뢰야식에 의해] 집수되고 있는 동안 생명은 파괴되지 않는다.

---

277) MS 1-5.

> ② 일체의 lus(ātmabhāva, 自體)를 집수(upādana) 하는 소의이기 때문에도 아타나(adāna)에 [대한] 설명은 [다음과 같다.] [다음 생의] 상속을 묶을 때(pratisaṃdhibandha, 結生相續)에도 저것들[아타나식]이 [lus의] 생성을 쥐고 있다(pratisaṃdhi)는 것에 의해서도 설명된다. 왜냐하면 결생하는 것, 그(아타나식)에 의해 일체 자체(lus)의 생성(abhinivṛtti)을 집수함으로써 [lus는 기능을 발휘하도록] 보지된다. 아뢰야식에 일체의 자체(lus)의 습기가 住하기 때문이다. 이것들[일체 자체]가 생성[한다고 할 때 본문에서] 그것이 生成이라고 하는 바로 그 생성[을 의미한다.] 집수란 그것들[자체]의 생성을 집수하는 것이고, 그 집수하는 것은 자체를 생기시키게 된다. 이러한 [두 가지] 의미로 아뢰야식을 아타나식이라고 말한다.[278]

위의 인용에 의하면 유정의 개체가 생명으로서의 기능을 하는 것은 아타나식 때문이다. 세친은 집수(upādāna, 執受)를 원인으로 해석하는데, 5근의 통합성이나 지속성을 유지케 하는 작용을 집수(upādāna)라고 하고, 이 기능을 阿陀那識이 한다는 것이다. 이 찰나 아뢰야식의 기능 중의 하나는 몸이 생명으로서의 기능을 하는 것이다.

통합하는 기능을 한다고 할 때, 통합되는 대상은 무엇일까? 무착이나 세친은 집수 기능을 두 가지 측면에서 다루고 있다. 통합 유지가 적용되는 바는 현재 삶에서의 육체적 기관/능력(rūpīndrya)과 다음 찰나의 생을 막 받는 그 순간이다.

현재 생에서 유근신(rūpīndrya, 有根身)은 물질로 된 根(有色根)으로 眼·耳·鼻·舌·身이라는 다섯 가지 감각기관 혹은 그 능력을 말한다. 이러한 유신근이 부패되지 않고 파괴되지 않으면서 각각의 기능이 유지되는 것은 아타나식 때문인데, 이 識은 5근이 생리적 기능을 유지하

278) MSBh P Li 150a2-8. D Ri 127b7-128a5. (H) 325a.

며 물질적 기관 혹은 능력으로서 작용을 하게 만든다. 생명체로서 생존하는 동안 육체적 기능, 생리적 기능, 감각적으로 살아 있게 만드는 힘 혹은 그 기능의 가능을 담당한 것이 아뢰야식이다.

한편 후자의 경우 통합 대상은 육근이 아니라 자기 존재(lus ātmabhāva)인데 이것은 업의 결과로 받은 새로운 자기 존재, 새로운 생명이라는 의미이다. 현재 생의 물질적 능력은 5근을 말하며 이는 이미 번뇌로 점철된 것이나 자기 존재인 새 생명력을 받는 순간, 그 존재는 異熟의 상태로 선악이 아닌 無記의 상태이다. 자기 존재로서 업의 결과를 통합하여 새로운 생명체로서 통일을 이루게 하는 기능도 아타나식이 한다. 통합의 기제는 이 識인데 이미 새로운 생의 존속 기간까지도 이 識이 가지고 있다고 한다.[279] 막 태어날 때, 생명으로서 잉태되는 순간, 名色인 자체는 물질이나 비물질의 규정을 벗어난 상태라고 할 수 있다. 자기 존재로서의 새로운 생명체(ātmabhāva, 自體), 즉 지금의 시점을 두고 볼 때 업에 의해 미래의 생명체(ātmabhāva)가 현성(abhinirvṛtti, 現成)한다. 이때 아타나식은 자체의 상속을 묶고, 자체의 생성을 집수하고, 그리고 통합하는 기능을 한다. 자체의 집수 기능은 엄밀한 의미에서 생명체의 생성을 의미한다. 즉, 후자의 집수는 자체를 생성하는 집수의 의미이다. 상속이 생명체로서 기능을 하도록 통일적으로 묶어 내는 것이 結生相續識이다. 이것은 유근신이 해체되고, 다음 생을 막 받는 첫 찰나에 그 생명체를 생성시키고 통합한다는 의미이다.

자기 존재(ātmabhāva)는 아뢰야식 종자가 그에 걸맞는 능력을 가지

---

279) 『大乘五蘊論』 849c, "云何命根, 謂於衆同分中, 先業所引, 住時決定爲性. 云何衆同分, 謂諸有情自類相似爲性." 위의 진술을 통해 볼 때 중동분이 존속의 기간을 한정하는데, 이것은 태어날 때 생존 기간을 가지고 태어난다는 의미이다. 즉 종자의 존속 시간이 생존 기간이다.

고 육도 중 하나인 것에 들어설 때, 즉 업의 결과에 적합한 존재 상태(gati)를 취할 때 바로 그때의 생명체를 말한다. 육도 윤회하는 경우, 그에 적합한 존재 상태가 자체(ātmabhāva, 自體)인데 각각 행위의 결과에 따라 아귀, 축생, 인간 등을 받는다. 예컨대 업에 따라 오취(gati)의 차이가 나고, 그 차이에 의해서 존재 상태의 차이가 있다.[280] 이것은 단순한 色만이 아니라 名[정신]까지 포함된 것이다. 그러므로 존재하는 유정, 오취의 유정들은 말 그대로 아뢰야식으로서의 마음을 가진 존재들이다. 인간도 그 계열의 하나일 뿐이다.

현생에서 육체가 생명으로서 기능하는 것, 그 통합은 아뢰야식 때문에 가능한 것이며, 생과 생의 고리에서 次生을 결정지을 때, 그 신체(혹은 그것)를 통합 집수하는 것도 이 식 때문에 가능하다. 아뢰야식은 생과 생을 잇는 고리이며, 육체의 통일성을 유지시키는 기능을 한다. 집수는 통합의 작용이기에 심리적 성질로서의 집착이라기보다, 육체적인 생리적 기능 작용이다. 즉 아타나식은 유기적으로 통합해서 감각적 활동을 가능하게 하는 기능 작용을 한다. 불교 전통의 사유에 의하면 생명체가 생명으로서 존속하기 위해 필요한 것들이 있는데, 유식 사상은 생명체로서의 통합의 능력을 아뢰야식이 가지고 있다고 본다. 예를 들면 受想滅인 멸진정의 상태는 의식은 없지만 생명으로서 살아 있는 자

280) 세친이 『攝大乘論釋』에서 말하는 집수의 의미가 『삼십송』 3a에 나타나다. 그러나 안혜와 호법의 이해는 다르다. 안혜에 의하면 집수(upādi)=upādāna를 두 가지 측면에서 보고 있다. 1) 아뢰야식의 집수, 분별습기의 집수이다. 2) 다른 하나는 所依(āśraya)를 집수하는 것이다. 소의란 ātmabhāva이다. 근의 색과 명이다. 욕계와 색계에서는 명과 색(오근)을 집수하나, 무색계에서는 명만 집수한다. 이곳에서는 색이 습기의 상태에 있지 이숙의 상태에 있는 것이 아니라고 본다. 이러한 정황으로 볼 때 ātmabhāva는 식상속을 가리킨다.
『成唯識論』 10a15 "武內紹晃, 「唯識學論書における執受の二つの用例」, 『佛教と異宗教』, 1985, pp.267-278."가 있다.

에게 나타나는 현상이 있다. 생명력을 가지게 한 것이 바로 이 아뢰야식이라는 것이다. 이 살아있는 기간 동안 생명이 유지되는 것, 그 가능 근거도 아타나식이다. 아타나(ādāna)라는 것은 upa-dāna(取)에서 파생된 용어인데 집착이라는 심리적 차원뿐만 아니라, 물리적 생리적 차원에서의 통합을 말하는 것이다.

유식 사상에서 '몸'을 지칭하는 표현으로는 유색근(rūpīndriya, 有色根), 색신(rūpakāya, 色身), 그리고 色身 중의 하나인 신근(kāyaindrya, 身根), 몸(deha lus, 身)이 있다. 모두 물질적 성질로서의 몸을 가리키지만 유색근, 색신, 오색근(pañcarūpīndriya, 五色根)은 다섯 가지 감각적 능력, 청정한 물질(rūpa prasāda)인 五根이다. 그리고 오근 중의 하나인 신근(kāyaindriya, 身根)은 피부 전반만을 말한다. 身根은 所觸과 관련되어 있는데 身受心法에서의 身은 색계 선정에 비추어볼 때 身根을 말한다고 볼 수 있다. 自體(ātmabhāva)는 상속으로서의 개체 존재를 의미하고, 몸(deha, 身)은 自體로서의 현재의 5根인 몸을 말하는 듯하다. deha와 ātmabhāva를 lus로 번역하는 용례에 따라 lus를 상속으로서의 개체, 그리고 현재 5根으로서의 몸의 의미를 말한다고 볼 수 있다. 개체의 구체성의 기본이 지금 현재의 몸을 말한다고 이해했기 때문이다. 自體(lātmabhāva)는 五根보다 더 넓은 名色, 식의 相續을 의미하므로, 삼자의 포함 관계는 自體 〉 有色根=몸(身) 〉 신근이 된다고 불 수 있다.

(3) 근(根)의 변이(變異) 상태

'안다'고 할 경우, 안다는 것은 대상에 대해 '안다'는 것이다. 그렇다면 우리는 대상을 어떻게 아는가? 대상에 대해 아는 것이 어떻게 가능한가? 라는 질문이 가능하다. 불교에 의하면 근을 통해서 대상에 대한 경험이 형성된다. 이것은 육근에 의해 대상을 경험한다는 것을 의미한다. 예를 들어, '날씨가 춥다'라고 진술할 때, 그 앎은 신근의 접촉을 통해서만 가능한 것이다.

識이 대상을 아는 방식은 근에 의해서 가능하다. 일상 의식 상태에서 대상을 아는 방식이 육근을 통해서 아는 것인데 아는 작용과 6根은 어떤 형태로든지 관계가 조성되어야 한다. 불교 전통적 사유에 의하면 인식 성립의 기본 조건은 능력(根), 인식 대상(境), 식(識)이라는 法이 접촉(sparśa, 觸)해야만 한다. 이 세 가지의 접촉을 통해 대상에 대한 앎이 마련된다. 바꾸어 말하면 대상을 알기 위해 식과 그에 동반되는 심소들로 하여금 대상과 관계 맺게 해야 한다. 그것이 바로 접촉이라는 심리적 현상이다. 이 근경식의 접촉을 근거로 해서 대상에 대한 감각(vedanā, 受), 相을 취함(saṃjñā, 想), 또 그 相에 대한 반응(catanā, 思)을 비롯하여 다양한 심리적 현상들이 생기한다. 이 촉이라는 법은 識(아뢰야식, 의근, 식)에 동반되는 심리적 현상으로서 根·境·識을 접촉시키는 작용을 한다.

유식 사상은 根이라는 法이 相과 見을 가지고 있다고 하는데, 根境識은 어떤 방식으로 접촉한다는 것일까? 적어도 인식이 발생하려면 觸(sparśa)이라는 작용이 필요한데 이것을 어떻게 설명하고 있을까? 즉 根이 相見을 가지고 있다면 능력인 종자로서의 根은 어떤 형태로든지 현행하는 방식이 있어야 할 것이다. 根은 자신이 지닌 相見을 현현시키는 방식이 있어야 한다. 이것이 근이 境, 識과 접촉하는 방법이다. 그런데 『섭대승론』에는 이 정의를 고찰할 수 있는 단서가 적다. 따라서 『삼십송』에 대한 안혜와 호법의 주석을 통해서 촉의 정의를 살펴보자. 왜냐하면 觸의 개념은 유식 사상의 특징을 정확하게 보여주고 있기 때문이다. 우선 안혜의 주장을 살펴보자.

그 [다섯가지 遍行] 중 촉(sparśa)은 삼자[根境識]가 화합했을 때, 근(indrya)의 變異(vikāra)를 명확히 구별하는 것(pariccheda)이며, 感受(vedanā)의 의지처가 되는 작용을 가지고 있는 것이다. 根(indrya), 境(viṣaya), 識(vijñāna) 세 가지가 三者이다. 원인과 결과의 상태에서 [그것인 根境識이] 함께 있는 상태(samavasthāna)가 삼자의 화합(saṃnipāta)이다.

그것[삼자의 화합]이 있을 때, 그것[화합]과 동시에(samakāla) 樂과 苦 등의 감수에 따르는 근의 변이가 있어서 변이와 유사한 樂 등으로 감수하게 될 대상의 行相을 구별하는 것이 촉이다. 또 根을 樂과 苦 등의 원인이 되는 어떤 차이가 그것의 변이이다. 또 촉이 근의 변이와 유사하게 근을 감촉하거나, 또는 근에 의해 감촉되므로 촉이라 한다. 그러므로 [촉이란] 대상(viṣaya)의 변이를 식별하는 것을 본성으로 하지만 근의 변이를 식별하는 것이라 말한다. 감수의 의지처가 되는 것이 이것의 작용이다. 왜냐하면, 경전에서 "樂이 감수될 촉에 의지해서 樂이 생기한다는 것을 알아야 한다."고 말했기 때문이다.[281)]

호법의 주석은 다음과 같다.

촉이란 三[事가 和]合할 때, [根] 變異를 구별하는 것이다, 心과 心所로 하여금 대상(境)에 접촉하게 하는 것이며, 受想思 등의 심소의 의지처가 되는 작용을 한다. 근경식이 서로 따르므로(隨順) 和合이라고 이름한다. 촉은 저[根境識]에 의해 생기하고 그것[根境識]으로 하여금 화합케 한다. 그러므로 根境識의 和合을 설한다. 삼화합의 상태에서 모두 수순하여 심소를 생기시키는 능력(功能)이 있는 것을 變異(vikāra)라고 이름한다. 촉이 그것[화합]과 유사하게 생기하므로 [변이를] 구별(pariccheda)하는 것이라고 이름한다. 根의 變異하는 능력(力)

281) Trṃś p.20.

이 촉을 생기하게 할 때, 根은 境과 識보다 뛰어나다. 그러므로 『集論』 등에서 '단지 근의 변이를 구별할 뿐이다.'라고 말한다. 모든 심과 심소가 화합하여 모두 대상(境)에 접촉케 하는 것이 촉의 본질이다. 이미 수순해서 [근의 변이와] 유사하게(sadṛṣa) 심소를 생기하는 능력 때문에 受 등 [심소의] 의지처가 되는 작용을 한다. 『起盡經』에서 '受想行蘊의 일체가 모두 촉을 조건으로 한다.'라고 말했기 때문이다. 그러므로 識觸受 등은 둘, 셋, 넷의 화합을 원인으로 해서 생기한다고 말한다. 『유가사지론』에서 [촉이] 단지 受·想·思 등의 의지처가 된다고 설한 것은 思가 行蘊 중에서 가장 뛰어나기 때문에 思를 들어서 다른 것을 포함시킨 것이다. 『집론』 등에서 [촉이] 受의 의지처가 된다고 말하는 것은 촉이 受를 낳는데 [다른 심소들보다] 가장 가깝고 뛰어나기 때문이다. 촉의 소취의 可意 등의 모습과 수의 인식 대상이 순익 등과 매우 유사하므로 이끌어 내는 것이 가장 뛰어나기 때문이다. 그러나 촉의 자성은 實[有]이지 假有가 아니다. 六六法 중에서 심소의 자성이기 때문이며, 食에 포함되기 때문이며, [다른 심소의] 조건이 되기 때문이고, 受 등처럼 [촉은] 삼화합 그 자체는 아니다.[282)]

연구 성과에 의하면[283)] 根境識 이 세 가지의 화합으로 觸이라는 현상이 생기한다는 것이 有部說이다. 반면, 아함이나 Nikaya에서는 삼화합 자체가 촉이라는 주장을 한다. 또한 근의 변화가 촉이라는 주장도 있다. 이런 맥락에서 볼 때 위에서 인용한 안혜의 주장은 삼화합 자체가 촉이라는 후자 편에 속한다. 접촉이라는 현상은 식과 심소로 하여금 대상과 관계를 맺게 하며 대상에 대한 감수 즉, 수동적 차원에서 느낌의 생기 조건을 만든다. 물론 심소 또한 조건에 의해 생기한 法이다.

그런데 안혜가 삼화합 자체가 촉이라고 주장하는 데 반하여 호법은

282) 『成唯識論』 11b.

283) 水野弘元, 「觸」, 『パーリ佛教を中心とした佛教の心識論』, ピタカ, 1978, pp. 379-387.

삼화합에 의해 생기한 것이 촉이라는 입장를 취하는 듯하다. 이렇게 촉에 대한 이해는 다르지만 촉이라는 현상 자체에 대한 설명은 공통의 부분을 가지고 있다. 여기서는 촉을 '根(viṣaya)의 변이를 식별하는 것'으로 규정하는 부분에 초점을 두자.

境의 변이가 根의 변이이고, 이것을 식별하는 것이 촉이라고 한다. 즉 촉이 識에 동반되는 심소라는 것을 감안하면 根의 變異의 식별은 대상(viṣaya)의 변이를 식별하는 것이다. 識이 보는 대상(相)의 변화는 근의 변화 때문에 생기한 현상이다. 특히 호법은 심소를 생기시키는 능력을 근의 변이로 보고 있다.

촉이 "根(indriya)의 변이를 식별하는 작용", "境의 변이를 식별하는 작용"이라면 근(indriya)의 변이(vikāra)란 무엇인가? 근의 변이란 육근이라는 작용, 능력의 변화를 말하는데 왜, 어떻게 변화한다는 것일까? 이에 대한 대답은 『섭대승론』에서 찾을 수 있다.

세친은 『섭대승론석』에서 根이 境識을 가지고 있다고 본다. 이런 설명 구조에 의하면, 根의 변이는 境의 변이이다. 根의 변이가 일어나는 것은 境과 識의 변이이기 때문에 인식이 생기는 근의 변이를 필요로 한다. 그러므로 유식 사상에서 촉은 어떤 형태로든지 根의 변이가 필요하다. 根이 6근을 가지고 있기 때문에 根이라는 종자의 현현이 곧 근의 변이가 된다. 근·경·식이라는 法이 각각 실체적 존재라면 變異라는 작용은 불가능하다. 그러나 근과 경의 존재성을 종자와 그 현현으로 놓는 세친의 입장에 서면 境·識 생성의 기반은 根이 가지고 있는 것이다. 따라서 근이 경과 식을 생기시켰다는 주장에 선다면 根이 어떤 형태로든지 변화해야만 境과 識을 산출시킬 수 있다. 이때의 생기나 산출은 根이 만들어 낸 것에 불과하다.

또한 촉은 다른 심소 생기의 조건이 된다. 즉 感受의 원인이 되는 상태란 화합과 동시에 樂苦 등의 감수해야만 할 대상에 따르는 根의 변이가 있다는 것이다. 변이와 유사한 樂苦 등으로 감수하게 될 대상의 행상을 구별하는 것, 그것이 변이와 구별하는 것이다.

우리가 느끼는 육체적 감각/감정을 흔히 대상에 대한 감각/감정이라고 생각한다. 그러나 유식 사상에 의하면, 감각/감정의 상태 변화는 根의 변이이기 때문에 감각/감정은 대상이 아니라 근에 대한 감각/감정이라고 볼 수 있다. 결국 감각/감정이란 근의 變異에서 유래한 것이다. 따라서 감각/감정(vedanā)의 본질은 우리가 대상을 인식하는 방식에 의해 결정되는 것이며, 근본적으로는 자신의 육체나 의근의 감각/감정이라는 논리가 성립한다.

촉이라는 현상을 통해서 오근의 변화가 곧 의식 대상의 변화이며, 근의 변이가 그대로 감각/감정의 변이라는 것을 알 수 있다. 이것은 근이 경과 식을 가지고 있다는 논리로서 대상과 대상을 아는 앎은 근에 종속되어 있다는 것을 뜻한다.

(4) 신근(身根)과 의식(意識)

집중의 깊이가 있는 색계 선정의 상태에서 몸은 어떻게 존재하는 것일까? 색계 선정의 상태에서는 五識은 없고 의식만 존재한다. 전오식이 없어도 몸에서 감수 작용이 일어난다. 색계 선정의 상태에서는 감각 즉, 희열(prītyā, 喜)을 자각할 수 있다. 색계 선정에서는 身識은 없지만 身根은 존재한다고 본다. 왜냐하면 선정의 깊이를 드러내는 용어 중의 하나인 희열 현상이 2禪까지는 생기한다고 보기 때문이다. 『섭대승론석』에서는 일체의 소의[五根]에서 artha인 相이라는 影像과 分別인 見

이라는 영상이 생기한다고 주장한다. 즉 하나의 根이라는 vijñāna에 한 부분은 artha의 영상(相)이, 또 한 부분은 artha를 분별하는 것(見)이 생기한다. 이러한 주장은 '有相有見이 根'이라는 『섭대승론』 2-32C라는 주장과 일치한다. 『섭대승론』 2-12B의 부분을 분석해 보도록 하겠다.

> 무엇인가를 소의로 해서 [의식이] 생기할 때 그 [소의]는 종종의 행상을 가진 것으로서 생기하고 두 가지로 나타난다. 즉 artha로서 나타나는 것과 분별(vikalpa)로서 나타나는 것이 있다. 또 유색계(물질이 있는 세계(rūpidhātu) [욕계와 색계]에서 의식은 身根을 의지처로 삼은 것과 같다. 그 외의 물질적 감각(rūpīndriya)이 신을 의지로 한 것과 같이 [의식이] 생기할 때에도 모두 어떻든지 所觸을 파악하는 것으로 나타난다(sprṣṭavyagrāhakanirbhāsa). [그러므로 의식은 무감각, 무분별이 아니다.][284]

이 중 두 번째 것에 대한 세친의 설명은 다음과 같다.

> …[전략]… 色[界]에 있을 때 일체에서 所觸이 나타나기 때문이다[라는 것은] [色界의] 선정 상태(samāhita)에 있을 때 五識은 존재하지 않고 [色身(rūpakāya)] 안에서 感受(anubhava)가 생기하고, 그것과 다른 나머지 [色根인 眼耳鼻舌]이 몸(lus)에 의지하는 것처럼이라고 하는데 이[신근]은 다른 眼 등의 有色의 색근이 몸(lus)에 의지하기 때문인 것처럼[을 말한다.] 이들 根은 [몸에 의지하기 때문에] 자신의 所依[인 몸]에 이익과 손해를 주기 때문이다. 그처럼 여기서는 의식이 신근에 의지하는 것이므로 몸(lus)이라고 인정해야 한다.
> 또 다른 의미가 있다. 身根이 몸에 의지(āśrita)할 때 소촉인 외부의 조건(外緣)이 생기하면, 신근에도 소촉이 나타난다. 이것[소촉]이 일어날 때 자신의 소의인 몸(lus)에서 증익과 손해가 있는 것처럼, 그처럼

284) MS 2-12B.

의식도 신근에 의지하기 때문에 소촉이 나타나고, 그럼으로써 소의의 몸에 대해서 이익(anugraha)과 손해(upaghāta)가 있게 된다.[285)]

위의 인용을 통해서 볼 때 artha로 나타난 것은 相이고 분별로 나타난 것은 見을 말한다. 색계 선정 상태(samāhita)에서 5識이 없지만 몸(통합된 것으로서의 色根)에서 감수(anubhava, 感受)가 생기한다. 이때 오식은 없어도 身根은 있다. 감수를 아는 것은 5識이 아니라 6식과 관련된 것이다. 요컨대 5識은 작용하지 않지만 意識은 오근 중 신근에 의지하는 상태이다. 위의 인용에 의하면, 오근 중 眼耳鼻舌의 근들은 身에 의존해 있다. 이때의 몸은 상속으로서의 개체 존재 상태를 나타내는 아뢰야식 혹은 통합체로서 개체이다. 신근은 존재 자체 즉, 생명체로서의 통합체인 몸(lus)에 의존해 있다. 신체의 집수를 담당하는 것이 아뢰야식이기 때문에 신근이 편안(anugraha, 益)하면 그 생명체로서의 몸이 편안하다. 신근이 불안정 상태라면 의식 상태나 그 존재 상태도 불안정(upaghāta, 損)하다. 신근의 상태는 아뢰야식으로서의 마음, 이 찰나 정신 상태와도 상태를 같이 한다. 따라서 위의 인용은 신심의 안위는 함께 한다는 것을 보여주는 예라고 볼 수 있다.

아뢰야식인 마음, 종자로서의 오근인 몸, 나아가 境과 識을 가진 각각의 5근은 서로 상태를 함께 하는 것이라면, 이것은 양자가 연기라는 관계를 보여주는 또 다른 예라고 할 수 있다. 오근을 가지고 있다고 생각하는 염오의의 상태 또한 오근의 안위와도 관련된다고 볼 수 있다. 그렇다면 오근으로서의 몸은 단순한 몸이 아니라, 감각적인 것이 분명

---

285) MSBh P Li 173b5-174a3. D Ri 146a2. (H) 340.
lus를 kāya인 오근으로 이해한 용례에 따라 여기서의 lus를 오근인 몸으로 번역했다.

하다. 마음은 체화된 마음이고, 몸은 감각의 몸이기 때문에 수행은 몸과 마음의 변화, 즉 18계 존재 자체의 변화를 이끌어 내야 하는 것이다.

위의 인용과 관련되어 종자간의 관계를 생각해 보자. 예를 들어 아뢰야식이 가지고 있는 유지종자는 어떻게 변화하는가? 그 개체 존재의 존재 상태(趣)와 그 개체 존재의 共業 환경을 가지고 있는 유지종자는 어떻게 변화하는가? 윤회의 단절을 할 수 있는 종자는 유지종자가 직접 작용하는 것이 아니다. 18계 중 慧思라는 관찰심소가 관찰을 통해서 해탈 상태에 이르는데 이것들은 명언종자와 아애종자로 된 것들이다. 그렇다면 이 명언종자와 아애종자는 유지종자와 어떻게 관련을 맺는가? 몸으로 번역되는 lus는 광의의 의미로 존재 상태나 상속체를 지칭하므로 명언종자인 오근의 안위 상태가 유지종자의 안위를 이끈다고도 이해할 수 있다.

한편, 오근이 염오의인 의근에 종속되어 있고 근이 견상을 가지고 있다고 본다면, 오근인 육체는 의식 상태를 전면적으로 쥐고 있다는 것이고 선정 상태에서 신근의 기능은 상속체의 상태를 의지하므로 심상속 존재 자체의 변화를 함께 하는 것이 가능하다.

(5) 감각을 가지고 生起하는 종자(saveditotpādabīja): 內處의 종자

여기서는 감각을 가지고 생기하는 종자라는 측면에서 몸을 고찰해 보자. 인간만이 아니라, 윤회하는 유정들은 모두 감각으로서의 根을 가지고 있으며, 그러한 유정들의 生을 수용하는 공간이 자연으로서의 기세간이다. 감각을 가지고 생기하는 유정들 모두는 같은 기세간에 산다.[286] 동일 기세간에 살지만 유정들은 자신이 지닌 근만큼만 기세간에 대한 경험을 한다.

감각을 가지고 생기하는 종자의 설명에서 세친은 그 종자인 內處가 外處를 가지고 있다는 표현을 한다. 근(indrya)과 경(viṣaya)의 관계에서 境은 根의 영향력 하에 있는데 이것은 根이라는 능력과 작용이 선천적으로 대상의 활동 범위를 제한한다는 의미이다. 『유식이십론』의 게송 9에서 根이 종자라고 말하고, 그중 5處라는 물질적인 眼耳鼻舌身이 종자이며, 종자가 현현한 바가 5境(色聲香味觸)이라고 하였다. 이러한 세친의 설명에 주목하면서 육체로서의 오근이 단순한 물질이 아니라 감각을 가지고 있다는 주장을 살펴보자.

감각을 경험하는 문으로서의 능력이 감각을 가지고 生起하는 종자(saveditotpādabīja)이다. 식의 흐름(saṃtāna)으로서의 개체는 그것이 지각할 위치성에 매여 있다. 그 이유는 습관적 경향성의 집적인 종자로서의 6根(혹은 處, āyatana)이 의식의 한계를 부여하기 때문이다. 유정들 각각의 개체성의 차이를 규정하는 것은 根(處)의 차이이다.

아뢰야식이 處의 종자와 기세간의 종자를 가지고 있다는 것은 구체적으로 무엇을 함의하는 것인가? 『섭대승론』 1-60은 이러한 물음에 대답을 주고 있다.

> [각각의 사람에게] 共通인 것(sādhāraṇa)은 기세간의 종자(bhājanaklkabīja)이고, 공통이지 않은 것이란 각자 內處의 종자(pratyātmāyatanabīja)이다. 공통인 것은 감각 없이 생기하는 종자

286) 예를 들면 一水四見이 가능한 근거는 자연인 기세간 안에서 인간이 감수하는 능력과 동물이 감수하는 능력이 다르기 때문이다. 같은 기세간 안에 살면서 X라는 객체에 대해 인간은 '물'로, 지옥인은 '고름'으로 볼 뿐이다. 이것은 업에 의한 감각을 가진 종자, 그 根의 차이에서 기인한다.

(nirveditotpādabīja)이고, 공통이지 않은 것은 감각을 가지고 생기하는 종자(saveditotpādabīja)이다. 대치(pratipakṣa, 對治)가 일어날 때 그것에 의해 멸해지는 것은 대치해야만 하는 것(vipakṣa)으로서 공통이지 않은 것뿐이다. 그에 비해 공통인 것은 타인의 분별에 의해 보지되는 것(paravikalpaparigṛhīta)[이며 그것]에 대해서는 그것을 보는 것(見)의 청정만 있을 뿐…[하략]…287)

무착의 이해에 대한 세친의 해석은 다음과 같다.

이 중 아뢰야식이 일체 유정의 공통된 기세간(bhājana)의 원인이기 때문에 [기세간 종자는] 감각 없이 생기하는 종자이다. 또 공통으로 하지 않는 것이라고 하는 것은 아뢰야식이 각각의 色 등[의 外處]와 [내]처의 원인이라면, 이것은 감각을 가지고 생기하는 종자이다. 만일 그와 같은 행상을 가진 아뢰야식이 없다면, 일체 유정을 공통으로 수용(bhoga)하는 원인인 기세간이 없게 될 것이다. 마찬가지로 第二의 공통이지 않은 아뢰야식[의 종자]가 없다면, 유정세간(satvvaloka) 또한 성립되지 않는다. 그러므로 [유정세간은] 木처럼 감각 없이 생기하지 않을 것이다. [이것이 기세간이다.]288)

위의 인용에 의하면, 일체 유정이란 육도 윤회라는 생명체들을 말하는데 이 유정들은 모두 기세간의 종자를 공통으로 가지고 있다. 다만 각각의 유정이 공통되지 않은 종자를 가지고 있을 뿐이다. 유정들이 타자와 공유되지 않는 종자를 가지고 있다. 세친은 각별내처(pratyātmāyatama, 各別內處)를 둘, 즉 pratyātma를 色 등의 外處로, āyatana는 內處로 이해하고 있다. 또한 그는 十處가 감각을 가지고 생기하는 종자라고 해석한다. 감각을 가지고 생기하는 것이 5根(內處)과 5境

287) MS 1-60.
288) MSBh P Li 169b4-7. D Ri 143a1-3. (H) 337a.

(外處)이다.

각각의 유정들은 각각의 내처와 외처를 가지고 있다. 동물이든 인간이든 귀신이든 유정인 이상 각각의 근과 경을 가지고 있지만 이들 유정이라는 생명체는 공통의 수용(bhoga)공간인 器世間(bhājana)에서 산다.[289] 유정들이 공통으로 가지고 있는 것이 기세간이며 不共의 개별적 특징이 根·境이다. 인간의 경우, 공간인 기세간 또한 명언종자에 의해 생기한 法의 하나이므로, 이것들은 유정세간의 분별에 의해 유지되는 특징을 가지고 있다고 볼 수 있다. 기세간은 모든 유정을 수용하는 자연이므로, 유정이 개라면 그 개가 지닌 내처와 외처를 수용하는 자연공간이 기세간이다.

유정세간과 기세간은 질적 차이를 가지고 있는데 타자와 공유할 수 없는 종자는 감각에 동반하여 생기하는 종자(saveditotpādabīja)이며, 타자와 분별로써 공유되는 종자는 감각 없이 생기하는 종자(nirveditotpādabīja)이다. 기세간은 유정세간의 분별에 의해서 존립의 의의를 가지고, 그것은 유정세간이 공통으로 수용되는 분별 대상이 된다. 같은 기세간에 살지만 내처 종자들은 그들이 지닌 근에 의해 기세간에 대한 분별을 달리 할 뿐이다. 나와 타자의 구별은 역시 육처의 種子 차별이고, 나와 타자가 공통으로 묶일 수 있는 것은 자연에 대해 공통의 분별을 가지고 있는 것이다. 예를 들면 박쥐는 청각에서 인간보다 월등한 능력을 가지고 있다. 그러므로 박쥐들이 보는 자연이라는 현상은 인간의 그것과 다르다. 인간의 청각능력으로는 파악할 수 없는 세계를 박쥐는 경험하고 있는 것이다. 이로써 보건대 인간의 지각 場에는 들어오지 않으나 존재하는 것들이 얼마든지 있을 수 있다. 동일 기세

289) 생명체들을 수용(bhoga)하는 공간, 자연이 기세간이다.

간 안에 다양한 육도 중생이 사는데 인간은 6근에 의해 작용의 제한을 받을 뿐이다.

이러한 기세간의 설명을 통해 볼 때, 기세간인 자연을 인간 중심으로 사유할 이유는 애초에 없다. 아뢰야식의 종자는 육도 윤회하는 유정들이 모두 가지고 있고 인간은 그 영역의 하나일 뿐이다. 위의 인용은 유정세간과 기세간의 관계를 통해 유정들의 內·外의 處가 감각을 가지고 있는 것을 보여준다. 기세간 안의 개별성은 六根의 차이일 뿐이다. 기세간을 중심으로 보면 그 기세간에는 많은 유정들이 타자와 공유할 수 없는 각각의 업인 根을 가지고 있다는 것이다. 또한 감각을 가진 것이 육내처이고, 이것이 종자라면 우리의 육체는 단순한 육체가 아니라 감각 기능을 가진 것이다. 根이 감각을 가졌다는 것은 육근이 단순한 기관이 아님을 뜻한다. 즉 종자가 능력(śakti)이라면 근은 감각 능력을 말한다.

(6) 추중(dauṣṭhulya, 麤重)종자로서의 근(根)

이제까지 5근이 번뇌의 원인이며, 감각적 성질과 작용을 가지고 있음을 살펴보았다. 그러면, 오근이 번뇌의 근원지라면 번뇌는 구체적으로 어떻게 작용하는가? 번뇌란 구체적으로 무엇일까. 세친은 『유식삼십송』에서 '추중'이라는 용어를 사용하고 있다.

> 그것[유식성에 마음이 주하는 것]은 [윤회하는] 마음은 없는(acitta, 無心) [상태이며, 그것은 개념적으로 파악되는 것이] 아니다(anupalambha, 無得). 그리고 그것은 出世間智이며, 所依의 변화(轉依)이다. [번뇌장과 소지장]두 종류의 麤重[종자]를 끊었기 때문이다.[290]

---

290) Vriṃś p.43.

위의 인용은 見道의 성자들에서부터 법신을 증득한 성자들에 이르기까지 유식성에 마음을 둔다는 것의 특징을 고찰한 부분이다. 따라서 十地 이후에 법신[291]이 원만해진다고 하는데 그때까지 무심의 심이 될 때까지 두 종류의 번뇌는 남아 있다. 번뇌장과 소지장이 추중의 종자이다.

『섭대승론석』에서는 추중(dauṣṭhulyalakṣana, 麤重)과 경안(praśrabdhilakṣana, 輕安)이 종자로서 존재한다고 표현한다. 추중과 경안은 종자이다.

> 1. 또 [아뢰야식에는] 추중(dauṣṭhulyalakṣana, 麤重)의 특징과 경안(praśrabdhilakṣana, 輕安)의 특징이 있다. 추중의 특징이란 번뇌와 수번뇌의 종자이다. 경안의 특징은 有漏[번뇌를 가진 것(sāsrava)]이고, 善한(kuśaladharma) 종자이다. 만일 [이 둘이] 없다고 한다면, [업의 결과로서] 이숙된 의지처(vipakāśraya)에 [기민하게] 활동할 수 있는 능력이 없는(akarmaṇayatā) 경우와 그 능력이 있는(karmaṇayatā) 경우의 구별이 성립되지 않을 것이다.[292]

> 1-1. 추중의 특징이란 소의(āśraya, 所依)에 [능동적으로 기민하게] 활동할 수 없는 것을 말하고, 輕安의 특징은 소의에서 [능동적으로 기민하게] 활동할 수 있는 것을 말한다.[293]

1은 무착의 주장이고, 1-1은 그에 대한 세친의 주석이다. 위의 인용에 의하면 추중은 번뇌의 종자이다. 이 추중은 혼침을 말하고, 그 반대가 경안이다. 세친에 의하면, 麤重은 거칠고 무겁다는 의미로서 번뇌의 異名이다. 10地 이후에야 사라진다는 진술을 통해서 볼 때, 추중 번뇌

291) 법신을 얻는 마지막 전의에 대한 설명은 MS 10-4에 나온다. (H) 371c.
292) MS 1-61.
293) MSBh P Li 169b7-8. D Ri 143a3-4. (H) 337b.

는 다층적인 상태로 존재한다는 것을 추론할 수 있다.

예컨대 어떤 번뇌는 몇 번의 지혜 관찰의 힘으로 사라지지만 어떤 번뇌는 무수한 반복적 관찰의 힘에 의해서만 사라진다고 보기 때문인 듯하다. 추중종자의 소멸, 즉 번뇌의 소멸이라는 현상이 드러난 바가 경안(praśrabdhilakṣana, 輕安)이다. 유식 사상에 의하면, 禪定의 한 특징적 상태를 드러내는 輕安이라는 심리 현상은 추중번뇌 소멸의 표현이자 표시이다. 輕安의 상태가 곧 麤重의 부재이자 소멸의 상태이다.

말하자면 경안은 희열(prītyā, 喜)이라고 하는데 선정 상태에서 몸과 마음에 나타나는 현상이다. 육체적 느낌과 정신적 느낌이지만, 이 희열은 受蘊에 속하는 樂, 苦, 不苦不樂의 느낌(감정)과 달리 行蘊에 속한다고 본다. 그 이유는 이 희열이 번뇌 소멸의 표시이지 樂, 苦, 不苦不樂이 탐진치를 초래하는 것처럼 업의 재생산을 이끌지 않기 때문이라고 추론해 볼 수 있다.

한편, 추중과 경안의 특징은 堪能의 유무에 따른다. 감능이란 추중(dauṣṭhulya)을 akarmaṇayatā로 설명하고 있는데, 한역에서는 無堪能性, 無堪任性으로 번역하고 있다. 경안의 상태는 반대로 堪能性, 堪任性(karmaṇayatā)이다. 즉, 추중은 불편한, 부자유한 상태이고, 경안은 자유롭게 활동하는 상태이다. 추중이 번뇌의 종자라는 설명에 의하면, 이 추중은 소의가 자유롭게 활동할 수 있는 능력이 없다는 것이다. 다르게 표현하면, 소의에서 기민하게 능동적으로 활동할 수 있는 능력이 없다는 것이다. 이것은 무엇을 의미하는 것일까? 麤重이 선정 상태에서의 몸과 관계한다는 것을 보여주는 구절은 『중변분별론』 4-1이다.

[괴로움의 근원인 몸(kāya)은] 추중이기 때문이고, [감수는] 애욕의 원

인이기 때문이며, [마음은] 基體이기 때문에 [법의 청정과 염오에 대해서] 미혹하기 때문에 사성제에 오입하기 위해 사념처를 닦아야 한다.

[세친은 말한다. 게송에서] 麤重이라는 것은 몸(kāya)에 의해 현저해진다. 그[몸]을 관찰함에 따라 苦라는 진리에 오입하고, 그것 [苦라는 것]은 추중[인 번뇌의 종자]를 가진 行(saṃkāra)들을 특징으로 하기 때문이다. 추중이 [三苦 중] 行苦인 것이다.[294] 이런 점에서 성자들은 번뇌를 가진 것(유루)의 事(vastu)를 모두 苦로서 관찰하는 것이다.[295]

위의 인용에 의하면, 추중이라는 번뇌가 몸(五根)에 의해 드러난다는 것을 알 수 있다. 이것은 염오, 번뇌가 어떻게 존재하는가를 드러내는 구절이다. 추중은 몸(kāya)과 관련되어 있음을 시사하고 있다. 추중은 번뇌의 異名이며, 번뇌의 종자이고 아뢰야식 안에 있는 경향성이고, 이것이 바로 몸(五根)과 관계한다는 것이다. 추중이라는 번뇌가 몸이라는 것은 지관 상태에서 깨어 있지 않고 둔감한 형태로 있다는 것을 말한다. 세친은 조건에 의해 생기한 有爲法인 18계, 그중 五根자체가 추중이라고 한다. 다른 표현을 빌면, 몸은 번뇌이다. 몸, 특히 몸은 조건에 의해 형성된 苦로 본다. 성자들에게조차 몸이 行苦로 이해된다고 하는 것으로 보아 불(佛)이 되기 이전까지 行苦를 추중에 배대한 듯 싶다. 기존 불교 이해에서 行苦인 존재 그 자체의 苦를 유식 사상에서는 추중, 오근의 번뇌로 이해했음을 알 수 있다.

한편 몸이 추중이라는 표현 외에 『중변분별론석』 4-3에서 세친은 다음과 같이 설명하고 있다.

---

294) 유식 사상에 의하면, 우리의 신체는 업의 결과이다. 業이 行(saṃskāra)이다. 즉 유위 그 자체가 苦라고 한다.

295) MABh 4-1, p.50.

> 거기[대상]에 마음이 확고하게 설 때 대상에 대해 [민첩하게] 활동할 수 있는 능동적 능력(karmaṇayatā, 堪能性)이 있다. [능동적 능력은] 일체를 이롭게 하는 것을 성공시키기 위해서이며, 5가지 오류를 끊기 위해 8종류의 수단에 몰입하는 것에 의해 일어나는 것이다.[296)]

위의 인용에 설명되어 있듯이 세친은 감인성을 대상에 대한 활동능력으로 표현하고 있다. 이 감인성이 곧 경안이다. 즉 마음이 삼매의 상태에 들어섰을 때 심리적 현상들 중 해탈을 위해 계발되는 선한 것들이 생기한다. 그것들이 각각 균형을 가질 때, 나타나는 현상이 능동성, 민첩성이다. 세친은 추중을 『섭대승론석』에서는 '소의에서 기민하게 활동할 수 없는 능력'으로 보았다면, 『중변분별론석』 4-3에서는 '대상에 대해 기민하게 활동할 수 없는 능력'으로 보았다고 할 수 있다. 다시 말하면 삼매에 든 마음은 지혜를 매 순간 성숙시키는데, 삼매에 들었을 때 다른 긍정적 심소들과 균형이 잘 이루어지면 대상에 대한 관찰력이 예리해진다. 즉 所依가 추중의 번뇌이고, 이것이 소멸되어 갈 때 비로소 소의를 민첩하게 관찰할 수 있게 된다는 것이다. 몸이 깨어 있는 상태 그래서 대상에의 관찰이 원활한 상태가 되는데, 이때 나타난 대상을 기민하게 관찰할 수 있게 하는 것이 경안이며, 그 반대로 기민하게 관찰할 수 없게 만드는 것이 추중이다. 기민하게 작용할 수 없는 것이 번뇌로서의 추중이라는 것이다. 추중이 기민하게 작용할 수 없게 만드는 요인은 오근이다. 집중과 관찰에 의해 대상에 대한 예민함이 증장할 때 그 육체적 현상도 예민해질 수 있기 때문이다. 따라서 세친은 추중을 선정 상태에서 몸과 마음이 소기의 목적을 향해 "소의(āśraya)에서 [능동적으로 기민하게] 활동할 수 없는 능력(不堪能)"과 "대상에 대해

296) MABh 4-3, p.51.

[민첩하게] 활동할 수 없는 능력(akarmaṇayatā)"으로 이해함을 알 수 있다.

이제 추중이 경안과 어떻게 대치되는지를 보자. 안혜는 『삼십송석』의 주석을 통해 경안이라는 심리적 현상을 다음과 같이 설명하고 있다.

> 경안이란 麤重의 대치이며 몸과 마음의 감능성이다. 추중이란 몸과 마음의 불감능성이며 잡염법의 종자들이다. 그것들이 없어졌을 때 경안이 있기 때문이다. 그중에서 몸의 감능성이란 몸을 자기의 목적들을 위해 경쾌하게 깨어 일어나게 하는 것이다. 마음의 감능성이란 바른 작의와 상응하는 것에 대해서 적열과 경쾌의 원인이 되는 특수한 심소법이니 이것과 결합할 때 마음이 소연으로 (아무 장애 없이) 전기하기에 그것을 마음의 감능성이라 한다. 또한 몸의 수승한 촉감은 희열을 가져온 몸의 경안이라는 것을 알아야 한다. 희열의 의[근]을 갖는 몸은 경안이 된다고 經에서 말했기 때문이다. 이것은 그 힘에 의해서 소의가 轉依되기 때문에 번뇌장을 남김없이 제거하는 작용을 갖는다.[297]

안혜도 세친과 동일하게 경안과 추중을 대치의 관계로 본다. 위의 인용에 의하면, 추중의 상태인 번뇌의 종자가 사라지면 경안이라는 현상이 일어난다. 번뇌인 추중, 혼침은 몸과 관계하며 그것이 사라지는 것이 바로 전의라고 한다. 즉 경안은 전의와 적극적 관계를 맺고 있다. 아비달마불교에 의하면 輕安은 7覺支의 하나이고 2禪에서 나타나는 현상의 하나이다. 경안이 몸과 관계한다는 것은 결국 身根에 의해 파악된다는 것, 사대가 지닌 성질로 드러난다는 것을 의미한다. 몸인 신근

---

297) Triṃś p.27.

은 대상과 대상을 보는 식도 가지고 있기 때문에 몸의 유쾌함·발랄함·가벼움은 마음의 그것으로 연결된다. 이 경안은 몸과 마음 즉, 육근의 감인성(karmaṇyatā)으로 표현된다. 수행을 돕는 다양한 요소들이 균형을 이루는 것에도 深淺이 있다. 그래서 거듭거듭 반복되는 상태들을 닦는 것이다. 그 균형이 이루어지면 희열이라는 현상이 생기한다. 이 희열은 결국에 경안으로 몸과 마음을 유연하게 만들어 놓는다. 그러나 추중은 구체적으로 혼침(styāna)으로 이해된다. 혼침의 대치가 경안인 셈이다. 안혜에 비해 호법은 추중을 혼침과 대비시켜서 설명하고 있다.

> 혼침이란 무엇인가? 마음[인 의식]이 대상인 소연에 대해 자유롭지 못하게 하는 것(무감능성)을 본성으로 하고, 경안과 위빠사나[인 관찰]을 방해하는 것을 기능으로 삼는다.[298)]

호법은 혼침을 추중으로 이해하며, 이것을 경안과 위빠사나 관찰로 연결시킨다. 예컨대 지관 상태에서 대상의 관찰력이 관찰 대상을 자연스럽게 포착할 수 있는 힘이 생기는 것, 그것이 감능성이다. 즉 육처가 편안하고 유연한 상태가 경안이라면, 추중의 상태에서는 그런 유연성이 없으므로 기민하게 능동적으로 작용하기 어렵다. 관찰 대상을 제대로 관찰하지 못하는 상황이 추중이고, 이 상태는 다른 표현으로 혼침이다. 즉 혼침이란 대상에 대해 기민하게 관찰할 수 없는 추중의 번뇌 상태이다. 이것이 지관 수행에서 대상에 대해 예리하고 기민하고 민첩하게 활동할 수 있게 된 상태라면, 거꾸로 균형이 깨진 상태가 추중이고 번뇌라는 의미이다. 만반의 준비를 갖춘 적절한 균형의 상태가 바로 예민하고 기민하게 능동적으로 관찰할 수 있는 상태이다. 반면 육체적

---

298) 『成唯識論』 34a.

인 졸음, 선명하지 못함(혼침) 등이 추중이다. 세친은 『대승오온론』에서도 추중과 경안을 다음과 같이 정의하고 있다.

> 輕安이란 무엇인가. 추중에 대치되는 것이며, 심신의 조화와 민첩성을 그 특징으로 한다.
> 昏沈이란 무엇인가? 마음의 부조화이고, 민첩성이 없는 것이며 몽매함을 본질로 한다.[299)]

이에 대한 안혜의 주석은 다음과 같다.

> 경안이란 무엇인가. 추중을 대치하는 것이며 심신의 조화와 감인을 그 본질로 한다. 열 가지 불선행을 버리고 장애를 제거하는 것이 그 특징이다. 이 [경안의] 힘으로 일체장애를 제거하여 추중을 제거한다.
> 무엇이 혼침인가. 마음의 부조화이며, 감능하지 못하는 몽매를 본질로 한다. 어리석음의 한 부분이며 일체번뇌 수번뇌의 의지처가 된다.[300)]

세친과 안혜의 설명으로 보아 혼침, 그중에서도 심리적 차원의 혼침이 추중의 한 부분이 된 듯하다. 전통적으로 마음의 들뜬 상태, 대상에 집중이 안 되는 산란한 상태인 掉擧와 경안은 항상 대치로서 간주해 왔으나, 유식 사상은 도리어 깨어 있지 않은 몽롱한 상태인 혼침을 경안과 대치로 놓고 있다. 경안과 도거가 동시에 존재하지 않는다. 이것은 『성유식론』에서 호법이 추중과 혼침을 동일 차원으로 이해한 것과 같다.[301)] 혼침이란 명료하지 않은 상태로, 관찰 대상에 대한 관찰의 활동력이 저하된 상태를 말한다. 이 혼침, 추중의 종자를 볼 때 우리의

---

299) 『大乘五蘊論』 848c.
300) 『大乘廣五蘊論』 852b, 853c.
301) 『成唯識論』 30b.

일상적 삶은 몽매함의 구체적 상태라 할 수 있다. 그러면, 혼침이 왜 일어날까? 이 추중의 번뇌는 육근의 작용이다. 추중과 경안, 감능과 불감능이라는 측면에서 번뇌가 곧 신체의 작용임을 설명하고 있다. 색에서 번뇌가 증장한다는 표현이 이것을 가리킨다고 볼 수 있다.

정리하면 추중번뇌란 법신의 경지에 이르기 전까지 동반되는 번뇌로서 보통 경안과 대치를 이룬다. 이 추중의 번뇌는 단순한 번뇌가 아니라, 유위의 行 자체가 추중이라는 논리를 담고 있고, 몸 자체가 유위의 行이므로 몸이 추중이라는 논리를 띠고 있다. 따라서 추중번뇌, 경안, 혼침은 지관 상태에서 파악한 오근에 관련된 이해라고 볼 수 있다. 종자로서의 추중이 번뇌라면, 마음은 이미 육체화된 마음일 수밖에 없다. 마음의 몽롱함·불편함은 몸의 단순한 外化일 뿐이다.

(7) 추중번뇌와 융해

관찰 대상에 대해 예리하고 기민하게 작용할 수 있는 능력의 부재라는 의미에서 麤重의 의미가 밝혀졌다면 이것과 轉依와의 관계는 무엇인지를 밝혀보도록 하자. 추중의 번뇌는 번뇌의 소멸을 상징하는 표현과 맞물려 있기 때문이다. 유식 수행에 의하면 견도 이후 거듭 수행을 반복해야 한다. 수습의 단계에서는 어떤 계위에서든지 지관 수행을 할 때마다 다섯 가지 특징(五相)을 갖추어야만, 무분별지를 다시 경험해서 향상된 상태로 진일보한다. 이 다섯 가지 특징의 기술을 통해서 번뇌의 소멸과 몸의 관계를 엿볼 수 있다. 이에 대해 무착과 세친은 다음과 같이 기술하고 있다. 먼저 무착의 이해를 보자.

이 모든 계위(地)의 수행(bhāvanā, 修習)을 어떻게 보아야 하는가? 보살은 十地를 닦아가는 데 하나하나의 계위에서 지관 수행을 행하지만, 그 경우 그 수행은 다섯 가지 행상(ākāra)에 의한다. 이 다섯 가지는 어떠한 것인가. 즉 1) 총괄적으로(saṃbhinna) 수습하는 것 2) 무상(animitta, 無相)으로 수습하는 것 3) 특별한 노력 없이도 수습하는 것 4) 불꽃이 타는 것처럼 수습하는 것, 5) 만족 없이 [질리지 않고] 수습하는 것이다. 이것들 五相을 가지고 수습을 행할 때 보살에게는 다섯 가지의 결과가 나타난다(abhinivṛtti, 現成). 첫째 찰나찰나마다 일체 추중(dauṣṭhulya)의 소의를 熔融시킨다(drāvyati). …[하략]… [302)]

세친의 주석은 이를 잘 드러내고 있다.

[본문에서] 각각의 계위(bhūmi)에서 修習하는 것처럼을 설명한 것은 [그것이] 다섯 종류[라는 것]을 말한다. 또 이것은 [각각의 계위에서] 이 止(śamatha)와 觀(vipaśyanā)에 의해서 5가지를 수습한다는 [것이다.] [그 결과, 첫 번째 총괄적으로 수습한 결과] 찰나찰나마다 일체 추중의 소의를 녹인다(jig par byed pa, 融解)란 무시 이래로부터의 훈습된 종자인 번뇌장과 소지장을 추중이라고 이름한다. 이 두 가지 쌓인[장애]는 총법을 소연으로 하는 止觀[으로 생기한] 지혜의 힘에 [의해] 찰나마다 [그 추중의 종자는] 약해진다(stobs chung byed pa). 쌓인 [번뇌]의 融解는 [번뇌장과 소지장의] 녹기(jig par byed pa) 때문이다. 혹은 [추중종자의 힘을] 약하게(stobs chung byed pa, daurbalya) 하므로 녹는다고 이름한다. …[하략]…[303)]

특히 세친에 의하면, 견도를 획득한 상태를 지나 거듭거듭 육근을 닦아나갈 때, 각각의 계위마다 지관 수행이 필요하고 이때 다섯 가지 행상으로 수행할 때 나타나는 증상, 현상들이 있다. 그중 하나가 지관

302) MS 5-4.
303) MSBh P Li 205b7-206a3. D Ri 169a7-170a3. (H) 359b. MSABh.XX-XXI.31.1에서도 세친은 五相을 주석하고 있다.

수행에 의해 생기한 지혜의 힘으로 번뇌는 차차 감소해 나간다는 것이다. 여기서 주목할 것은 融解라는 표현이다. 추중의 번뇌는 경안과 대치관계에 있는데 경안이 생기한 상태란 그에 걸맞는 추중번뇌의 소멸이 있다는 징표의 상태이다. 이때 번뇌가 소멸된 상태의 상징적 표현을 '融解'라고 한다. 세친은 '파괴한다', '녹는다'는 표현인 drāvayati(融解)를 두 차원으로 설명하고 있다. 즉 말 그대로 '녹는다'(jig par byed pa)와 '약해진다'(stobs chung byed pa, daurbalya)로 표현한다. 번뇌의 세력은 약해지면서 소멸되어 간다는 의미에서 融解를 두 표현으로 본 듯하다. 추중번뇌는 지혜 관찰의 힘으로 소멸한다. 지혜의 힘은 관찰 대상에 대한 분명한 앎이며, 대상에 대한 반응(cetanā, 思)을 하지 않게 하므로, 업력의 힘이 약화된다. 지혜의 힘은 그러한 방식으로 육체에 있는, 육체를 소의로 한 종자, 그 능력으로서의 감각 능력인 그 육체의 번뇌를 소멸한다는 것이다. 지관 상태에서 지혜 관찰의 힘은 생기한 번뇌를 제거하는 기능을 한다. 말하자면 일상 의식은 대상을 실체적 존재로 착각하여 업의 재생산을 이끌지만 지혜의 힘은 업의 소멸을 이끈다.

세친은 추중번뇌의 소멸이 곧 경안의 현상이고, 이것을 융해라고 표현한다. 즉 融解란 번뇌가 사라져 가는, 소멸되어 간다는 상황의 상징적 표현이다. 집중된 상태에서의 관찰 자체가 지혜이다. 지혜의 힘, 그 강도에 따라서 그리고 계발을 돕는 요소들의 균형을 통해서 거친 번뇌가 사라지면 보다 세밀한 번뇌가 드러난다. 세밀해진 번뇌 또한 그에 준하는 지혜의 힘에 의해 사라지고 또 보다 미세한 번뇌가 드러난다. 행위의 결과로서 쌓인 습관성은 다양한 층위로 존재할 것이다. 어떤 경향성은 거친 상태로만 존속할 수도 있을 것이며, 어떤 경향성은 세밀한 상태로만 존속할 수도 있을 것이다. 그래서 견도 이후에 거듭거듭 수행을 반복해 나아감에 따라 극도로 미세한 번뇌까지도 제거할 수 있는 삼매에 의해서 그 직후에 佛이 된다고 한다. 즉 法身의 획득은 金剛이라는 선정의 생기 직후에 곧바로 생기하는 현상이다. 즉 일체 장애가 사라진 법신의 경지가 생기한다는 것이다.[304] 따라서 융해는 추중번뇌의 소멸과 경안이라는 현상 사이의 상징적 표현이라고 볼 수 있다.

번뇌의 소멸 상태로 표현되는 즉, 번뇌가 융해되는 과정에 대한 다른 설명이 있다. 선정의 상태를 논하는 心學편에서 선정의 뛰어난 6종류 중 대치의 차별과 감능의 차별에서 자세히 기술되어 있다. 『섭대승론』 7-4를 보자.

> [대치차별이란] 일체의 법[인 진여의 상]을 총괄적으로 보는 지혜[를 그것들 삼매와 동반하는 것]에 의해서 쐐기를 가지고서 쐐기를 빼는 방식으로 아뢰야식 안에 놓인 장애의 추중[번뇌]가 모두 제거되기 때문이다.[305]

세친의 설명은 다음과 같다.

> 대치에 의한 차별이란 [空性을 보는 지혜는] 일체장애의 대치를 확립하는 것이다. 마치 거친 쐐기로 인해 미세한 쐐기[와 거친 쐐기를 제거하는] 것처럼 아뢰야식 안에 놓여 있는 잡염의 훈습종자라는 거친 것은 미세한 대치에 의해서 제거된다는 의미이다.[306]

---

304) 승의 가르침(교법)을 총괄적으로 대상으로 하는 지혜 즉, 무분별지와 후득지를 가지고 五相에서 충분히 수습하여 모든 계위에 있어서 자량과 복덕의 자질을 충분히 쌓아서 금강에 비유되는 선정 이후에 전의되어[법신]을 얻는 것이다.
(H) 371c, 350b. "無障礙善者, 謂金剛喻定能破在骨麤重微細極難破障. 此定無間得一切障離繫轉依."

305) MS 7-4.

306) MSBh P Li 210a2-4. D Ri 173a4-5. (H) 361c.

위의 인용에서 설명하는 것처럼, 총괄적으로 보는 공성의 지혜는 번뇌를 제거한다. 번뇌의 제거는 대상 관찰과 그에 대한 경험들을 스스로 통찰하는 것에서 비롯된다. 번뇌의 제거는 특수한 절대적 방법으로 제거되는 것이 아니다. 번뇌는 대치되는 현상, 즉 상대적으로 균형의 관계에 놓인 현상으로 제거되는 것이다. 왜냐하면 번뇌 또한 실체적 존재가 아니기 때문이다. 의식 구조 자체가 兩價로 현상을 구별해내듯이 번뇌의 제거 또한 그런 양상으로 이루어진다. 거친 번뇌가 제거되면서 드러나는 특징의 하나가 몸과 마음의 경쾌함이다. 그 경안이 바로 6근의 경쾌함이며 발랄함이다. 번뇌의 深淺 혹은 거친 것에서 미세한 것으로 드러나는 현상에 따라 경안의 심천도 달라진다. 따라서 번뇌의 제를 의미하는 표현이 결국 '융해'이고, 이 '녹는' 상태가 根이 지닌 무수한 경험의 경향성, 그 뿌리의 제거라는 뜻이다. 여기서 의지처의 전환이 일어난다.

이제까지 5근이라는 육체/육체적 기능이나 능력이 번뇌를 가지고 있는 종자라는 논증을 통해서 전의의 소의가 무엇인지를 검토해 보았다. 所依로서의 몸, 그것이 번뇌이며 종자이다. 所依의 변화란 6근의 변화이며 그중 5근인 몸의 변화가 전의라는 것을 살펴보았다. 유식 사상에서 所依의 변화는 相에서 無相으로, 識에서 智의 변화를 동반한다. 보이는 것과 보는 것의 변화는 그것을 가진 根의 변화와 함께 하기 때문에 전의란 몸과 마음, 존재의 질적 변화와 정신의 질적 변화를 의미한다. 관찰 주관이 相을 관찰하는 것이 곧 根에 대한 관찰을 의미하므로 轉依의 일차적 가능성은 몸의 관찰에서 이루어진다고 볼 수 있다. 고찰 결과, 뜻밖에도 유식 사상이 마음, 의식 상태를 육체와 관련하여 논하고 있다는 점을 발견할 수 있다. 범부에서 성자로의 전환, 나아가 붓다로의 전환에 있어 핵심은 색신의 변화이다. 즉, 몸과 오근을 염오의가 가지고 있다는 설명에 따르면, 전의라는 열반은 몸과 에고의 문제와 불가분의 관계에 놓여 있다고 볼 수 있다. 추중의 대치인 경안이 전의 구조 속에 있다는, 根이 境과 識을 가지고 있다는, 그래서 의언에의 오입이 유식성인 법계에 주하는 것이라면, 몸과 마음 양자는 흑백의 구도를 지닌 존재들이 아니다. 몸이 번뇌라는 것은 마음인 아뢰야식이 번뇌라는 뜻이다. 바꾸어 말하면, 마음은 이미 체화된 마음이고, 몸 또한 이미 마음의 몸이다. 또한 몸의 안위는 아뢰야식인 마음의 안위이기 때문에 의식 상태는 무의식 상태와도 함께 한다는 것을 알 수 있다. 몸에 매인 마음은 추중의 번뇌 종자가 사라지는 붓다의 전 단계까지 작용한다. 따라서 유위의 行苦의 초월이란 몸과 몸을 가지고 있다고 믿는 자아의식의 초월이므로 붓다는 에고가 소멸되고 체화된 마음을 벗어난 초극의 탈인격이라고 볼 수 있다. 유식 사상이 根이 境識을 가지고 있다고 본 것은 수행이 생리적 변화와 심리적 변화를 함께 동반한다는 것을 시사한다. 따라서 유식 사상을 관념론 혹은 유심론으로 이해하는 일이 더 이상 불가능하다.

2. 탈인격인 보살의 후득지

자아 중심적 힘에 이끌려 사는 범부의 의식 상태가 무루의 지혜분별로 바뀌고, 더욱 진보하여 해탈지를 경험하여 성자가 되었다면, 그 성자인 보살은 '누구'인가?

지관 수행의 도정에서 만나는 것들은 돈, 사랑, 기억, 상처, 꿈, 통증, 고통, 뜻밖의 이미지 등이 아니라 다양한 현상을 대하는 자신의 다양한 모습들이다. 기억, 상처, 고통, 통증 등은 습관적인 경향성의 반응으로 개념화된 미혹의 언어적 착각일 뿐이며, 아뢰야식을 조건으로 생기한 유식인 緣生法으로서의 '나' 자신조차도 투사된 현상으로 알게 된다. 범부가 생각하는 '나'는 개념으로 재단된 '나'이다.

세간의 18계는 과거 습관적 경향성의 힘에 의해 생긴 것이기 때문이다. 그렇다면 염오의 개체성을 벗어나 자기의 본질을 경험하게 되면, 그에게 어떤 특징이 생기하는 것일까? 智가 일상화되어 자기의 본질인 共相과 하나가 되고 나면, 식상속으로서의 개체는 어떤 변화를 가진 것일까?

무분별지의 출세간 상태와 달리 범부의 의식 상태와 가행위 수행상태, 그리고 후득지의 상태는 모두 世間에서의 상태이다. 자기 본질을 알기 전과 안 후의 차이가 구체적으로 무엇인지를 알기 위해 이 장에서는 염정의 세간을 모두 아우르는 尋伺의 심리적 작용의 변화에 초점을 두고자 한다.

1) 후득지와 심사(尋伺)

범부의 의식이 개념적 사유를 하고, 名言 자체가 戱論이라고 한다면, 무분별지의 상태는 언어 작용이 소멸된, 희론이 없는 상태이다. 세친은 무분별지와 무희론을 동일한 의미로 이해하면서 언어 작용의 소멸 상태를 무분별지의 한 특징으로 보고 있다.

> 또 無戱論분별[지]는 보살들의 [무분별지]라고 보아야 한다. 일체법에서 심지어 불법에 이르기까지 희론하지 않고 무분별성이기 때문에 분별하지 않는다. 무희론은 언어의 영역을 초월하고, 세간지의 영역을 초월했다고 이해해야 한다. [무희론의 상태는] 언설할 수 없고 세간지

로는 알 수 없기 때문이다.[307)]

세친의 언급처럼 희론이 없고, 언어가 끊어진 해탈지를 경험한 후, 무분별지의 선정에서 출정한 후에는 어떤 변화가 일어나는 것일까? 대상 분별하는 아뢰야식으로서의 마음이 없는(無心) 마음이 유식성에 머무를 때 轉依가 일어나고, 그 후에 청정한 세간의 지혜가 現前(sammukhīhbhāva)하는 상황이 생기한다고 한다. 후득지는 출세후득세간지(lokottarā pṛṣṭhaladha laukika jñāna, 出世後得世間智)이고, 後得淸淨智로서 연생법을 전도 없이 보는 지혜이다.[308)]

세친의 설명을 통해 무분별지의 상태인 선정에서 나왔을 때, 지혜가 현전한다는 것을 알 수 있다. 즉 눈앞에 지혜가 펼쳐져서 境(viṣaya)의 비존재를 아는 상태는 世間淸淨智의 상태로서, 세간의 상태이기는 하지만 번뇌가 없는 지혜의 상태이다. 번뇌가 없다함은 '자기 중심적' 생각, 개념과 그 지시 대상을 동일시하는 개념적 사유를 하지 않는다는 뜻이다. 습관적 경향성의 종자인 그 능력이 사라져서 더 이상 영상을 드러내지 않는 상황이 바로 無境의 사태이다. 따라서 이때는 식의 작용 대신 지혜의 작용이 중심이 된 때이다.

식상속으로서의 18계가 모두 실체가 없으며(無我), 그 착각이 사라지고, 본질인 무상성 등을 보게 되면 지혜가 펼쳐져서 더 이상 현상을 나, 내 것으로 만들 수 없게 된다. 비록 무수한 과거 생의 습관들이 남아 있어서 그것이 드러난다 해도 이 후득지에서는 자기화하는 무지의 힘이 힘을 발휘하지 못한다는 것이다.

세간지의 현전이란 비선정의 상태이지만, 십팔계 전체가 번뇌 없는

307) MSBh P Li 218b7-219a2. D Ri 180a3-5. (H) 367a.
308) Viṃś p.9.『二十論』(H) 76c.

청정의 상태이며, 정신 상태가 지혜의 분별 상태로 변화했다는 것을 의미한다. 즉 보이는 것과 보는 것의 이원화는 있지만 범부의 상태와 차원이 다르다. 육근의 변화(轉依)를 기점으로 하여 견도에 들어서 성자가 된 보살은 이전과 달리 자신에 대한 이해를 달리한다. 변계소집이라는 분별된 의식 차원에서는 실제적 반성의 기회도 없고, 그 상태가 분별된 상태라는 자각이 없다. 그러나 원성실성이라는 상태를 기점으로 해서 이 분별된 상태가 전도된 상태라는 앎이 들어선다. 이것이 후득지의 상태이다. 의타기성은 후득지에 의해서만 알 수 있는 것이므로 "유식"이라는 앎은 후득지에 의해서 완성된다. 또한 후득지는 상속인 유정이 질적 전환을 이루어 세간으로의 歸還을 의미한다.

이제, 후득지의 상태, 후득지의 위치, 그리고 후득지가 가지는 기능으로 한정해서 고찰해 보도록 하겠다. 후득지의 상태에서는 境이 조건에 의해 생기한 것이지 실체적 존재가 아니라는 것을 안다. 더욱 진보하면, 그때는 境 또한 생기지 않는 사태에 이른다. 여기서 '안다', '이해한다'는 것은 의타기를 환영(māyā, 幻影)처럼 '보는 것'을 의미한다. 안혜는 『삼십론석』에서 "후득지에 의해서 모든 법들을 환영, 신기루, 꿈, 메아리, 물속의 달, 변화와 같은 것으로 받아들인다."[309]라고 진술하는데, 이때 모든 법은 의타기한 유위법을 말한다. 환영, 신기루, 아지랑이 등의 비유는 조건에 의해 생긴 유위법을 말하는데, 이것은 비실체적 존재를 환영, 신기루 등에 비유한 것이다.

조건적 생기는 언표 대상이 되지 않는다는 것이다. 언표 대상이 되는 순간은 실체적 사유를 하는 범부의 상태이기 때문에 생멸하는 유위

---

309) Trimś p.40. 이러한 이해에 비추어볼 때, 금강경의 마지막 계송이 후득지의 경지임을 추론할 수 있다.

법으로서의 연생법을 언어 매개 없이 보는 경지를 환영, 신기루 등으로 설명한 것이라고 볼 수 있다.

따라서 조건에 의해 생긴 의타기성으로서의 유식을 artha가 아닌 vijñapti로 아는 것이 성자의 지혜이다. 相의 관찰을 통해서 번뇌의 소멸을 이끌고 번뇌의 소멸은 無相, 無境으로 표현된다. 이것은 三界가 唯識임을 아는 상태, 즉 삼계가 모두 조건에 의해 생긴 vijñapti이며, 대상을 분별하는 분별 상태라는 것을 아는 상태는 오로지 후득지에 의해서만 가능하다는 것을 의미한다.

세친은 『섭대승론』 8-1의 주석에서 무분별지와 후득지의 관계, 즉 가행위 지혜와 무분별지, 그리고 후득지와의 관계를 기술하고 있다.[310] 이 세 가지는 질적 위치를 달리하는 지혜임에도 불구하고 실체적 대상으로 오인하는 의식과 내용을 달리한다는 공통 분모를 가지고 있다. 세친은 뛰어난 지혜(adhiprajñā, 增上慧)에 대해 다음과 같이 기술하고 있다.

> [드디어] 뛰어난 지혜(adhiprajñā)에 대해 말할 때가 되었으므로 그것을 말한다. 그중 무분별지야말로 뛰어난 지혜라고 한다. 여기에도 세 가지가 있다. ① 노력(prayoga, 加行)에 의해 생기한 [가행]무분별지로서 [근본무분별지를] 심사하는 무분별지이다. ② 근본[무분별지]와 ③ [무분별지]이후에 얻는 [후득무분별지]이다. 그중 [근본무분별의] 지혜를 목표로 하는 것(adhikāra prajñā)이 첫 번째 뛰어난 지혜이다. 자내증의 지혜(adhyātma prajñā)가 두 번째 뛰어난 지혜이다. 그 [무분별지에] 입각해서 활동하는 지혜(adhiṣṭhita prajñā)가 세 번째 뛰어난 지혜이다. 그중에서 먼저 [근본]무분별지가 완성되어야 하므로 바로 그 [무분별지]는 [가행무분별지의] 결과이고 심사하는 [가행무분별

310) 가행부분별지와 무분별지, 후득지와의 상호 관계를 설명한다.

지]가 원인인 것이다. 그 결과인 [근본무분별지]는 후득[무분별지]의 원인이므로 그것[근본무분별지]가 완성될 때 그 [나머지 둘]이 완성된다.[311)]

세친은 뛰어난 지혜(adhiprajñā) 즉, adhi와 prajñā를 세 차원에서 해석하고 있다. 나가오(長尾雅人)가 티베트어를 산스크리트語로 바꾼(還梵) 용례에 따라서 볼 때, adhikāra에서의 대상은 prajñā로서, 무분별지혜를 목표로 하는 지혜가 바로 가행무분별지이다. 그 다음은 adhyātma prajñā로서, adhy를 '안으로' 해석, 스스로 깨닫는 지혜로 본 것이다. 후득지는 yad adhiṣṭhita prajñā로서, 그것에 입각한 지혜로 해석한다. 이 adhi를 세 차원에서 해석한 것이 세친의 요점이다. 세 가지의 지혜는 각각 인과를 이루지만 중앙의 핵은 무분별지에서 이루어진다.

즉 가행위의 지혜 관찰이 원인이 되어 무분별지가 생기하고 그 무분별지는 후득지의 원인으로 작용한다. 가행무분별지는 유위이나 무루이고, 무분별지는 무위 무루이고 후득지는 유위 무루이다. 이 세 가지가 무분별지라는 것으로 통섭되는 근거는 바로 무루, 번뇌가 없다는 차원에서이다. 이렇게 열반이라는 체험은 결국 지혜의 작용을 일으키게 하는데 그 지혜의 작용적 측면을 가진 것이 후득지이다. 그렇다면 근본무분별지와 후득지와의 구체적 차이는 무엇일까? 『섭대승론』 8-16에 의하면 지혜의 상호 관계는 다음과 같다.

사람이 눈을 감은 것처럼, 無分別智는 그것과 닮아 있다. 그가 눈을 떴을 때, 후득지는 그것과 닮아 있다. 저 무분별지는 허공과 같다고 알아야 한다. 그 [허공]에 物의 영상(rūpa pratibhāsa)이 나타나는 것처

311) MSBh P Li 212a8-212b4. D Ri 175a2-5.

럼 후득지는 그것과 닮아 있다.[312)]

이에 대한 세친의 주석은 다음과 같다.

> …[전략]… 거기[허공]에 色이 나타나는 것 같이 후득지는 그것을 닮았다. 허공에 色이 나타나 분별되는 것처럼, 그와 같이 후득지를 보아야 한다. 이와 같이 [후득무분별지도] 분별 대상에 대해 분별하는 것이 [있다는] 의미이다.[313)]

세친의 표현에 의하면, 무분별지와 후득지의 차이는 허공과 허공에 나타난 어떤 영상의 차이이다. 후득지의 현전을 통해서 볼 때, 눈앞의 허공에 어떤 영상이 나타난 것을 비유한 것이다. 세친은 허공에 나타나는 어떤 영상을 분별의 차원으로 보고 이를 후득지에 비유한다. 즉 후득지에도 분별이 있다는 것이다. 그러나 잡티 없는 청정한 허공에 나타난 영상 분별과 범부의 분별은 차이가 있다.

범부의 의식 상태나 후득지의 상태가 모두 보이는 것(相)과 보는 것(見)의 이원화 상태이지만,[314)] 전자는 개념으로 포착하여 실체적 존재로 취급하는 반면, 후자는 번뇌 없는 무루의 지혜 상태로서 개념적 포착을 하지 않고 이원화를 이원화로 본다. 자연스럽게 펼쳐지는 지혜로 인해 이원화를 자기화하지 않고 보기만 한다는 뜻이다.

『섭대승론』 9-2의 고찰에서 본 바처럼 초지부터 6地까지 선정 상태를 벗어난 의식 상태에서는 여전히 相(nimitta)이 나타난다. 종자로서의 번뇌, 현현시키는 번뇌가 남아 있는 상태이지만, 무루 지혜분별의 상태

312) MS 8-16.

313) MSBh P Li 216b7-8. D Ri 178b3. (H) 366a1.

314) 이런 문맥이 『成唯識論』 46b에 보인다. 견도를 무분별지와 후득지로 구분해서 설명하는 곳에 相見이 나온다.

이므로 相을 相으로 안다. 그러나 7地에서부터 10地까지는 비선정 상태에서도 無相이 된다. 현현할 업이 남아 있지 않거나, 相으로 현행하지 않는 습기만이 남아 있기 때문이라고 추정해 볼 수 있다. 이때는 선정 상태나 비선정 상태나 모두 無相으로 본다. 이때 비로소 무경(無境)의 차원이 된다.

이렇게 다양한 후득지의 상태가 있지만 이 후득지가 이루어져야 식 상속으로서의 범부는 비로소 보살이 된다. 『섭대승론』 8-8에 의하면 후득지에 이르러야 보살의 行은 완성된다.

> 무분별지가 지지하는 기반이 되는 것은 그 [무분별지의] 후에 얻은 바의 모든 보살의 행에 [기반이 되는 것]이다. 그것[보살행]은 [무분별지에 의해] 증진되기 때문이다.[315)]

이에 대한 세친의 주석은 다음과 같다.

> 또 그 무분별지는 무엇의 기반인가. 무분별지가 보살행을 하는 후득지의 기반이다. 무분별지 이후에 보살행이 이루어지기 때문에 그 [무분별]지는 그[보살행]의 기반이 된다. 그[보살행]이 [무분별지에 의해] 증진되기 때문이다라고 했다. 그와 같이 보살행이 증진되기 때문에 무분별지가 [보살행의] 기반이 된다.[316)]

세친에 의하면 후득지는 무분별지 후에 얻은 지혜이나, 이 후득지에 의해서만 보살행이 완성된다. 보살행은 왜 후득지에 의해서 이루어지는 것일까? 『섭대승론』 3-12에 의하면 다음과 같은 이유에서이다.

> 무엇 때문에 유식성에 오입하는가? 여기에 모든 교법을 총괄적인 대

---

315) MS 8-8.
316) MSBh P Li 214a7-214b1. D Ri 176b3-5. (H) 364c.

상으로 하는 출세간 지관에 의한 무분별지가 있다. 또 그것에 이어서 후에 얻어진 지혜[후득지] 즉, 종종의 행상인 vijñapti[로서의 후득지]가 있다. 이들[무분별지와 후득지]에 의해서 원인이고 종자인 아뢰야식의 모든 것을 그것에의 원인이 되는 것과 함께 끊어내면서 [그것과 역으로] 법신에 접촉하려는 바의 종자를 증장시켜 [그것에 의해 점차로] 전환되어 붓다가 지닌 뛰어난 특질을 실현함에 의해서 일체지자의 지혜를 획득하는 것, 그것 때문에 오입하는 것이다. 후득지는 아뢰야식[이 원인이 되어 그것으로부터] 모든 것이 생긴 것(prabhava)과 또 [결과로서] vijñapti가 가진 모든 相(nimitta)이 幻(māya) 등과 같다는 것을 보기 때문에 그것은 [세간지이지만] 본질적으로는 전도가 없는 것이다. 따라서 환술로 환영처럼 보인 사물(물건) 등에 대해 환술사처럼 [후득지를 지닌] 저 보살은 원인과 결과[의 개념]을 동반하여 설하는 경우처럼 모든 경우에 전도는 없다.[317]

이에 대한 세친의 해석은 다음과 같다.

[총법을 대상으로 하는 출세간의] 止觀에 의한 智라고 하는 것은 止觀이라는 말이 지혜[를 가리킨다는 의미이다.] 종자인 원인(rgyu mtshan)을 가진 아뢰야식이 [번뇌의] 원인을 제거하기 위하여라고 하는 것 중에서 원인을 가진 [아뢰야식]이라고 하는 것은 [아뢰야식이] 원인을 가지고 있다는 의미이다. 아뢰야식이 잡염법의 종자를 가진 것이기 [때문이다.] 또 원인이라는 그 말은 종자들은 所緣(ālambana)으로서의 相(rgyu mtshan)을 드러낸다는 의미이다.[318] 그 후에 원인과 결과를 가진 [잡염의] 종자를 제거하기 위해서[라면 무분별지로 충분한데 어째서] 후득지가 필요한가. 만일 무분별지에 의해서 일체[장애]를 제거하고 붓다의 법을 증득했다면 인과법을 그것[무분별지]에 의

317) MS 3-12.

318) 세친은 nimitta를 원인으로도 이해한다. 즉 종자인 원인이 소연의 상을 드러낸다. 말하자면 相은 종자를 원인으로 생긴 것이면서 결과이다.

해서 가르칠 수 없다. 이[무분별지]에는 분별이 없기 때문이다. 그러므로 후득지가 인과법을 가리킨다. 재료와 마술사가 있어야 幻(māyā)[이라는 마술]이 나타나는 것처럼, [보살이 후득지라는 재료로 인과법을 설할 때에] 전도가 없을 것이기 때문이다.[319)]

위의 인용에서 설명하는 것처럼, 세친에 의하면 존재와 인식의 본질인 유식성을 깨닫는 것은 "붓다가 지닌 뛰어난 특질을 실현함에 의해서 일체지자의 지혜를 획득하는 것"이다. 세친에게 있어 一切智者의 지혜는 무분별지와 후득지를 말한다. 그러므로 유식 사상에 있어서 진정한 지혜는 법신과 접촉된 지혜이며, 유식 사상이 지향하는 극대의 인간상은 존재의 본질을 깨달은 일체지자이다.

세친에 의하면 유정의 궁극적 목적은 붓다의 특질을 실현한 일체지자가 되는 것이다. 다른 표현 양식을 빌면 번뇌라는 장애(煩惱障), 진리 인식에 대한 장애(所知障)의 소멸과 관련된다. 所知障은 의타기한 법들을 실체적 존재로 오인하는 상태와 관련 있다. 즉 분별된 법은 존재하지 않는 것, 법무아의 상태인데도, 의식은 이것을 自相이 존재한다고 착각한다. 따라서 자상은 언어적 특질에 불과하다는 앎을 방해하는 소지장은 정서적·이성적 장애가 아니라 존재 자체의 근원에 대한 무지로 인해 생기한 착각이다. 그러므로 일체지자가 되기 위해서는 삶의 실존적 구조, 인간의 의식 구조 자체에 대한 이해가 필요하다.

위의 인용을 통해 의타기를 의타기로 아는 후득지에 의해 일체지자의 지혜가 완성된다는 것을 알 수 있다. 따라서 유식 사상에 의하면, 일체지자가 되는 방법은 지관(śamatha-vipaśyanā)의 수행(bhāvana, 修習)뿐이다. 無相(animitta)을 경험한 후에야 相을 보는 지혜 분별의 후

319) MSBh P Li 195b4-196a2. D Ri 162a6-162b3. (H) 352b.

득세간지가 생기는데, 一切智者의 지혜는 이 후득세간지까지도 포함한다. 즉 일체지자의 지혜는 세간의 지혜도 포함한다. 보살행, 그것을 통해서 탈인격의 일체지자가 된다는 뜻이다.

시공이 없는 법의 共相인 실재를 보고 난 후, 자신의 본질인 법계와의 접촉을 하는 것만으로 인격의 완성, 즉 탈인격이 되는 것은 아니다. 도리어 실재를 보고 난 후, 이원성을 이원성으로 아는 자각에 서야만 인격은 탈인격으로 완성된다는 것이다. 조건에 의해 생긴 것을 조건에 의해 생긴 것으로 알 때만 탈인격은 완성된다.

이것은 유식성이라는 본질의 경험, 그 실존의 장에 들어서야 인간 삶의 구조와 기능에 대한 이해의 깊이가 달라지고, 그로 인해 진정으로 보살행인 자신의 삶을 살게 된다는 것이다. 특히 세친은 후득지를 자신의 경험에 대한 분명한 앎과 그 경험을 타자에게 전도됨 없이 전달하게 되는 특징이 있는 것으로 본다. 바꾸어 말하면 이것은 후득지에 의해서 일체지자의 앎이 완성되고, 완성은 보살행과 함께 한다는 것을 의미한다. 즉 무분별지에 의해서 장애를 제거하고 나면 자연스럽게 후득지가 현전하고, 그리고 전도 없이 진리를 전하는 보살행을 행하게 된다는 것이다.

그렇다면 의식상에서는 어떤 구체적 변화가 있는 것일까? 無分別智 상태에서는 언어의 모든 작용이 지멸되며 존재의 질적 변화(轉依)와 더불어 인식 상태의 변화가 일어난다. 즉 무분별지는 無相으로 진여를 본다. 이때는 보는 무분별지와 보이는 진여가 하나가 된 상태이다. 또이 열반의 경험은 질적으로 다르게 보는 방식을 제공한다. 이것은 후득지에서의 尋伺 기능 때문이다. 보살은 견도의 무분별지 선정에서 나온 후에는 종래와 질적으로 다른 언어 활동을 한다.[320] 범부는 개념과 대상을 동일시하는 분별 의식을 가지고 있지만, 성자는 개념과 대상을 동일시하지 않는다. 왜냐하면 相인 대상(境, 所緣)은 실제 그 자체가 아니라, 심상속의 흐름이 드러낸 것에 지나지 않으며, 그 대상을 보는 주관 역시 業이 만들어낸 것이라는 자각을 가지고 있기 때문이다. 이 자각은 비이원적으로 대상을 보는 지혜의 상태이다. 그러므로 이 지혜는 모든 존재가 연생법이라는 것을 자각하는 것으로, 相을 비실체적 존재라고 아는 지혜이다. 허공에 나타난 영상을 보듯이 전생 업의 발현으로 나타난 현상을 조건에 의해 생긴 것으로 보기 때문이다. 그래서 거칠고 미세함의 차이는 있겠지만, 성자는 욕망을 볼 줄 알고, 선택할 줄 아는 지혜를 가진 자이다

범부와 보살의 공통점은 언어를 사용한다는 것이다. 그러나 언어 사용의 기능은 다르다. 그렇다면 진리를 본(現觀) 보살의 언어 사용은 범부와 어떻게 다를까? 『섭대승론』 8-19에 의하면 후득지에 다섯 가지 관찰이 있다고 한다. 무분별지 후에 현전한 후득지는 열반, 무분별지가 있던 선정에서 벗어난 후에 자신의 깨달음을 자각하는 지혜이기도 하다. 경험에 대한 자각, 그 자각의 과정은 미세한 언어 작용을 동반한다. 여기서 사(vicāra, 伺)라는 심소가 등장하는데, 이 심소는 지관 상태에서 생기한, 의언으로부터 생기한 것을 관찰하는 기능을 한다. 말하자면 "후득지에는 다섯 종류가 있다. 완전히 이해했다는 것(prativedha, 通達), [그것을] 알아차리는 것, [그것을 가르침으로서] 定立하는 것, [그 가르침을] 총괄적으로 [보는] 것, 생각하는 대로 성취하는 것, [이들 다섯 종류]를 상세하게 관찰(vicāra, 思擇)하는 구별이 있기 때문이

320) 후득지의 차원에서 심사는 사용된다. 『成唯識論』 36c.

다."[321] 이에 대한 세친의 주석은 많은 시사점을 제공한다.

> 또 그 무분별후득지는 다섯 가지로 구별된다고 봐야 하기 때문에 이들 후득지는 5가지이다. 즉 완전한 이해(通達)와 알아차림과 확립과 총괄적인 것과 如意에 대한 상세한 관찰의 구별이기 때문이다라고 하는 것 중에서 그것은 ① 완전한 이해(prativedha, 通達)에 대한 상세한 관찰(prativedha vicāra) ② 알아차림(anusmaraṇa, 隨念)에 대한 상세한 관찰 ③ 확립(vyavasthāna, 確立)에 대한 상세한 관찰 ④ 총괄적으로 보는 것(saṃbhinna, 和合)에 대한 상세한 관찰 ⑤ 여의(samṛdhi)에 대한 상세한 관찰이라고 하는 것이 다섯 가지 구별이다. 그중 ① 완전한 이해에 대한 상세한 관찰(vicāra 伺, 思擇[322])이란 완전히 이해했을 때 "내가 이와 같이 완전히 이해했다."라[는 그것을] 상세하게 관찰하는 것[을 말한다.] 여기서 상세한 관찰[의 의미]는 결정적 지혜(avabhodha, 覺察)를 말한다. ② 알아차림에 대한 상세한 관찰이란 [무분별지 선정에서] 나왔을 때 "내가 무분별[지]를 완전히 이해했다."[는 것을] 알아차리는 것이다.[323] ③ 確立(vyavasthāna)에 대한 상세한 관찰이란 다른 사람을 위하여 '내가 완전히 이해'[한 것을] 가르치는 것이다. ④ 총괄적으로 [보는] 것에 대한 상세한 관찰이란 모든 법을 종합하고 모은 것을 소연으로 하는 [무분별]지를 보는 것이고, [무분별지의 상태에서] 이와 같이 轉依가 일어난다. [무분별지 선정에서 나온 후] 그 전의[가 생기한] 후에는 ⑤ 如意에 대해 상세하게 관찰한다. 의도대로 모든 것을 이룬다. 또 그것은 땅 등을 분별했을 때, [땅이] 金 등의 다른 것이 되는 것이다. 또한 그것은 분별에 의해 여의하게 되었기 때문에 如意에 대한 관찰이다. 관찰한 대로 여의하

321) MS 8-19.

322) 현장은 여기에 나오는 vicāra는 모두 사택(思擇)으로 번역하고 있다.

323) 수념(anusmaraṇa, 隨念)의 설명에서 세친은 무분별지의 선정에서 나온 후라는 표현이 있다. 이를 미루어 볼 때 선정에서 나오면서 그대로 알아차리는 것을 말하는 듯하다.

게 된다.[324)]

위의 인용은 후득지에 대한 설명이다. 여기서 주목하고자 하는 것은 심사(vicāra, 尋伺)의 기능이다. '미세한 관찰'이라고 번역한 伺의 기능은 다양하다. 일상 의식 상태에서의 尋伺가 음성적 언어의 발화기능 즉, '나'라는 일인칭적 관점을 가지게 했다면, 후득지에서의 이 기능은 다양하다. 세친 자신도 ①의 경우를 결정적 지혜로 해석하였듯이, 伺를 '완전한 이해'에 대한 상세한 관찰이라고 한다. 말하자면 이것은 견도 상태에서의 관찰이라는 의미로서[325)] 이때의 vicāra는 결정적 지혜(avabhodha, 覺察)를 말한다. ②부터는 출정한 후의 vicāra를 설명한다. ②는 선정에서 出定하면서 '내가 무분별지를 완전히 이해했다'는 것을 알아차리는 것이고, 그 알아차림 자체가 vicāra이다. 그러나 ①, ②와 달리 ③은 자신이 완전히 이해한 것을 타자에게 설명할 수 있다는 차원에서, 가르침의 확립 자체를 vicāra로 본다. 반면 ④의 vicāra는 무분별지를 보는 작용을 하므로, 보는(mthong pa) 것이 곧 vicāra이다. 즉 이 경우, 상세한 관찰 자체가 무분별지를 보는 작용을 한다. ⑤는 보다 고양된 vicāta로서 전의 후에 생각하는 대로 이루어지는 것, 자재함 자체가 곧 vicāra이다. 이렇게 후득지에서의 vicāra의 質은 폭이 다양하다. 자신이 무분별지를 완전히 이해했다는 지혜, 출정하는 것을 그대로 알아차리는 vicāra, 내가 경험한 것을 타자에게 설할 수 있도록 확립된다는 vicāra, 나아가 무분별지를 보는 그 자체의 vicāra, 생각하는 대로 이

324) MSbh P Li 219a2-219b1. D Ri 180a5-180b2. (H) 367a.

325) 무분별선정에서도 자신이 견도한 사태를 아는 것이므로 세친은 다른 vicāra의 기능과 달리 이 용어를 avabhodha라고 해석한 듯하다. 즉 깨달음이 곧 앎, 그 자체인 지혜라고 할 수 있다.

루어지는 vicāra가 그것이다.

그러므로 가행위 단계와 후득지에서의 vicāra의 극적 차이는 그 대상이 다르다. 가행위에서는 개념 자체와 그 지시 대상 등이 관찰 대상이었다면, 후득지에서는 열반 체험 자체를 대상으로 한다. 즉 후득지는 이미 진여를 경험한 후에 발생한 현상이므로, 자신이 진리를 깨달았다는 자각이 명료하고, 그것에 대한 상세한 관찰이 일어난다는 것이다. 이때는 비록 무분별 선정의 상태는 아니지만, 적어도 육근의 변화가 일어난 상태이고, 伺라는 관찰이 작용할 수 있는 집중된 상태이기 때문이다.[326] 후득지에서의 관찰이 의미하는 바는 무분별지를 제외한 정신 상태에서 언어 작용이 일어나는데, 무분별지의 체험 후에 비로소 언어 작용이 달라진다는 것이다.

후득지에서 vicāra의 질적 깊이가 다르지만 그중 범부와 비교할 때 가장 두드러진 점은 ③이고, 이것은 나머지 네 가지와는 다른 차이를 가지고 있다. 즉 ③을 제외한 네 가지는 진리 경험 자체와 자신과의 관계를 설명한 것이라고 볼 수 있다. 그러나 ③의 vicāra는 방향성이 타자로 향한다. 이 후득지의 기능은 무분별지의 경험을 타자에게 향하게 하는 능력이 있고, 이것이 발화 기능과 관련 있다.

여기서 주목하고자 하는 것은 ③의 측면이다. 보살행이 후득지를 통해서 완성된다고 할 때, 보살행의 구체성은 진리의 전달에 있다. 세친은 후득지에 의해서만 인과법을 顚倒없이 설할 수 있다고 보며, 이것이 일체지자가 되는 길이라고 본다. 상세한 관찰인 伺(vicāra)는 언어적 활

---

326) 尋伺가 관찰로서 작용하는 상태는 지관 상태이다. 무분별지를 출정한 상태이지만 이때는 여전히 범부와는 질적으로 다른 지관 상태를 갖춘 상태라고 할 수 있다.

동을 돕는 특수한 思와 慧이다. 무분별지의 선정에서 벗어났지만 이때의 정신 상태는 집중된 상태이다. 자신의 체험을 자신의 이해로 그치는 것이 아니라 무분별지에 대한 본성을 타자에게 전하게 되는데, 이때 伺(vicāra)의 작용이 그런 기능을 한다. 물론 ③을 제외한 나머지에도 伺인 미세한 분별 작용, 언어 작용을 동반하지만 ③은 적극적으로 타자와 관계맺게 한다. 이때는 자아 중심적 작용을 하던 伺의 기능이 오류를 범하지 않는다. 타자와의 관계에 초점을 두면 언어에 대한 긍정성이 회복된다는 의미이다.

일상범부의 의식 자체는 언어적 분별을 하고, 그로 인해 언어로 분별된 바가 곧 세계 존재 질서라고 착각한다. 그러나 후득지에서의 언어 기능은 무루의 분별이다. 즉 이때는 언어의 기능이 긍정적으로 바뀐다. 범부들이 언어를 사용하는 데 문제가 되는 것은 대상을 실체화한다는 데 있다. 그러나 후득지의 정신 상태에서는 비실체적 사유를 하므로 타인에게 그에 상응하는 언어 사용 방식이 생긴다. 특히 언어 사용의 自在라는 것은 비실체적으로 사태를 보고 전달하는 능력이 있다는 것을 의미한다.

의식 상태에는 언어 기능이 작용하는 상태와 언어 기능이 멈춘 상태가 있다. 그러나 언어 기능이 작용하는 의식 상태도 다양하다. 언어 작용이 층을 달리해서 작용하기 때문이다. 일상 의식에서 심사는 음성적 언어의 발화 動因이다. 특히 세친은 심사로 인해 '나'라는 생각이 일어난다고 본다. 따라서 일상 의식 상태에서의 尋伺는 분간하기 어려운 습관적 언어 본능과 같은 심리적 현상이며, 사유를 '내'가 '… 한다'는 형태로 만든다. 그러나 지관 상태에서는 名義의 우연성을 관찰하는 미세한 지혜의 언어 작용으로, 그리고 해탈지의 체험 후에는 무분별지의 상태를 관찰해 내고 타자를 위해 법을 설하는 도구로 사용된다. 후득지의 입장에서 보면 언어 사용의 기능에 진리가 담보되어 있다는 것이다.

尋伺는 세 차원으로 기능을 한다. 의식 상태가 어떠한가에 따라 언어 기능이 달라진다.

첫째, 비선정 일상 의식 상태에서의 언어 기능은 개념과 지시 대상이 동일하다고 판단하여, 과거 습관적 경향성이 드러낸 이미지가 그 대상이라고 투사한다. 그렇게 업의 순환이 이루어진다.

둘째, 선정 상태에서의 언어 기능으로, 이때 심사는 개념과 지시 대상(가르침과 그 의미)을 면전에 두고 관찰하는 미세 언어 작용으로 변화한다. 그래서 심사는 개념과 지시 대상을 동일시하는 반응을 늦추는 사(思)의 기능과 개념이 개념일 뿐이라고 인식하는 지혜[慧]의 기능을 한다. 이 관찰로서의 심사는 업의 재생산을 막아서 생의 고리를 끊게 한다. 지혜의 분별, 구별은 작용하나 일상 의식과 달리 대상의 성질을 안다.

셋째, 선정 상태에서 언어 작용의 지멸을 경험한 뒤에 범부의 존재 자체 및 의식 자체가 질적으로 변화한 상태에서의 언어 기능이다. 성자의 언어 기능은 개념과 지시 대상이 다르다는 자각을 가진다. 이때의 심사라는 언어 작용은 자신의 모든 心身의 작용 지멸 상태를 고찰할 수 있는 객관적 능력을 가짐과 동시에 깨달은 내용을 전도 없이, 왜곡 없이 타자에게 설명하게 한다. 심사와 관련해서 三性을 배대시키면, 범부의 의식 상태는 변계소집이고 성자의 무분별지 상태는 원성실성, 후득지 상태는 의타기가 된다. 따라서 인간이라는 유정의 의식 상태는 변계소집(염오의 의타기성) ⇒ 원성실성 ⇒ 의타기성(청정의 의타기성)에로의 이행이 가능하고 그 이행의 과정에 尋伺의 기능 차이가 선명하게 드러난다.

한편, 후득지의 기능은 다른 차원으로도 나타난다. 체험에 대한 명료한 이해와 확신, 그에 따른 진리의 언설이 올바르게 일어나지만 이것만이 후득지의 기능이 아니다. 후득지는 자신을 보호케 하는 기능의 측면이 있다. 비선정 상태로 돌아온 성자는 어떻게 세상사와 관계할까? 『섭대승론』 8-14는 위의 의문을 풀어준다. 무분별지에는 어떤 이로운 점(anuśamsā, 勝利)이 있는가에 대한 대답 중 후득지의 이익을 세친은 다음과 같이 주석한다.

> …[전략]… 무분별후득[지]의 이점은 어떠한가? 그것도 그 무분별[후득]지는 허공과 같이 염오가 없다. 세간에서 활동해도 세간의 일에 의해서 염오되지 않는다, 라고 하는 것 중에서 후득지[의 힘]에 의해서는 유정들의 이익을 보기 때문에 [그가] 존재들의 [사는] 處에 태어날지라도 [혹은] 그가 [인간] 세간에 태어났을 때에도 거기[인간 세간]에서 세간의 일(lokhadharma, 世間法)에 의해 물들지 않는다. 세간의 일이란 [8가지가 있는데] 이익(lābha, 利)과 손실(alābha, 衰), 명예(yāśas, 譽)와 불명예(ayāśas, 不名譽), 칭찬(praśamsā, 稱)과 비난(nindā, 譏謗), 행복과 고통이다. 그[후득지]도 무분별이다. 무분별지로부터 그것[후득지]가 발생했기 때문이다.[327]

후득지는 무분별 선정에서 나온 상태이나 열반 경험 이전과는 전혀 다른 변화를 가진 채 세간의 일상사로 환원된 상태이다. 의식이 대상을 有相으로 보던 것과 달리 無相을 체험한 뒤에는 前 前生의 업이 드러낸 有相을 전혀 다르게 본다. 즉 조건에 의해 생기한 것으로만 본다. 그런 정신을 향유하는 성자는 세간사의 일에 어떻게 반응하는 것일까?

---

327) MSBh P Li 215b8-216a3. D Ri 177b6-178a2. (H) 365b.

유식 사상에 의하면, 후득지가 일상인 성자는 세간에 살지만 여덟 가지 세간에 물들지 않는다고 한다. 최초의 열반을 체험한 뒤지만 여전히 번뇌는 있다. 단지 번뇌에 휘둘리지 않고, 번뇌를 만들지 않을 뿐이다. 세간에서 '좋은 것'인 이익, 명예, 칭찬, 행복을 상대적 가치에 놓인 것으로 이해했기 때문이다. 의식의 상태는 늘 이원적 가치에 매여 있는데, 반응들이 그러하다. 好/不好의 이익이나 칭찬이라고 판단하지 않으며 판단하더라도 그것을 흘려보낼 것이다. 비선정 상태에서도 無境의 상태가 되는 성자가 되기까지 본능적 욕구나 욕망이 올라 와도 그들은 범부처럼 그것과 하나가 되지 않고 그저 보고 반응하지 않을 뿐이다.

이 여덟 가지 八風은 붓다의 덕목[328] 중 하나로서 이 생사의 세계에 살면서도 그것에 종속되어 살지 않는다는 難行 중의 하나이다. 세간에 살면서도 세간의 속사에 사로잡히지 않는 덕목이 그것이다. 세친은 이 부분을 "세간에 살면서 세간에서 행할 바의 일을 행하더라도 이익 등 세간의 여덟 가지 때문에 마음이 더럽혀지지 않는 덕"이라고 정의한다. 이익, 명예, 칭찬, 그에 따른 행복과 고통은 성자에게조차도 마음을 동요시키기에 충분한 사항들, 본능적 현상인 듯하다. 아마도 심리적 관찰이 예리해졌기 때문에 이익이나 명예라는 현상으로 생기한 심리적 현상을 더 뿌리 깊게 보았을지도 모른다. 혹은 무수한 전생의 습관적 경향성으로 인해 시비분별이 일어날 수 있지만, 이때는 시비분별이라는 兩價적 가치에 반응하지 않을 것이다.

다른 각도에서 볼 때, 이 여덟 가지는 외적 승인이다. 외부로부터의 승인은 여전히 외부에 있을 뿐이다. 이익이나 명예, 칭찬, 비난이란 어떤 현상에 대한 개념적 판단이다. 그 판단에 노예가 되지 않는다는 의

328) MS 2-33B 19종의 德 중 7번에 해당한다.

미이다. 범부는 명예가 무엇인지조차 모르면서 맹목적인 自愛로 이익과 칭찬과 행복에 반응했다면, 성자는 그러한 현상의 특징이 지닌 내용을 충분히 알기 때문에 그 현상에 휘둘리지 않게 되었을 것이다.

세간에 살면서 세간사에 휘둘리지 않는 지혜가 이익/손해, 명예/불명예, 칭찬/비난, 그에 따른 행복/고통이라는 현상에 매이지 않게 만든다. 이익, 명예 등은 개념으로만 존재하는 것인데 후득지에 이르러서는 생기한 현상을 개념화하지 않고 보기 때문에 세간 일을 하더라도 외부 승인은 내재화되지 않는다고 본 듯하다. 결국 여기서 말하는 세간사란 유정들 관계 속에의 사건들이다.

후득지를 얻은 보살은 세간에서 분별하는 가치 체제 안에 들어가지 않고도 보살행을 한다.

2) 지혜의 외화(外化)인 동감(悲)

후득지는 비선정의 상태에서도 미세한 관찰로 정신 상태를 유지한다. 보이는 대상과 보는 것의 이원화 상태이지만 이것을 자기화하지 않으며 도리어 자신의 경험을 전도 없이 전하게 되는 힘을 가지게 한다.

보살의 지혜와 자비는 어째서 하나라고 하는 것일까? 타자와의 관계 속에서 후득지는 어떻게 기능을 하는 것일까? 그 자비심의 존재론적 근거는 무엇인가?

止觀 수행은 相續의 한 개체가 그 상속의 흐름을 관찰하는 것으로서, 외적인 것을 필요로 하지 않고 의식에 동반되는 심소들 중 긍정적 요소를 증대시켜 나가는 것이다. 이때의 지관 수행 대상은 자신의 육근과 붓다 가르침에 대한 체험적 이해의 작업이다. 수행의 과정은 자신의 心身을 대상으로 삼아 관찰해 나가는 것이지만, 그 관찰의 결과는 종

전과 전혀 다른 차원으로 들어가게 한다. 특히 見道인 初地를 얻은 자의 특징은 종적·횡적으로 관계의 질이 바뀐다는 것이다. 그 결과, 놀랍게도 타자들과 차별 없는 관계를 가지게 된다. 『섭대승론』에서 견도의 특징을 설명한 부분은 다음과 같다.

> 이상과 같이 보살이 단지 vijñaptimātratā에 오입(praveśa)하였기 때문에 所知相에 오입한 것이다. 여기[유식성]에 오입하였기 때문에 [보살의 최초 상태인 初地] 환희지(pramuditā bhūmi, 歡喜地)에 오입한 것이다. 즉 [초지인 환희지에서] 법계(dharmadhātu, 法界)에 대해 잘 통찰(pratividdha)하고 여래의 집에 태어나고 [자신이] 다른 모든 중생(sarvasattva)과 똑같다는 생각을 얻고, 모든 보살과 동일하다는 생각을 얻고, 모든 붓다들과 동일하다는 생각을 얻는다. 이것이 보살의 견도(darśana marga, 見道)이다.[329]

세친의 주석은 다음과 같다.

> 여래의 집에 태어난다(tathāgatakule jāta)는 것은 거기에 태어남으로써 佛의 종성(gotra)이 끊어지지 않기 때문이다. [자신이] 다른 유정과 동일하다는 생각을 [얻었다]고 하는 것은 내가 [열반을 얻고 싶어 했던] 것처럼 일체 유정도 열반을 [얻고 싶어 하는] 마음이 있었다고 생각하기 때문이다. 일체 보살과 동일하다는 생각을 얻었다는 것은 그러므로 [나도 저 초지 이상의 보살들처럼] 즉 내가 그들과 똑같은 마음을 얻었기 때문이다. 일체 붓다와 동일하다는 생각을 얻었다는 것은 諸佛의 法身의 상태를 그것에 의해 획득한 것이다. 그것을 얻었기 때문에 붓다들과 동일한 마음을 얻은 것이다. 또[330] 일체 유정과 동일하다는 생각을 얻는다는 것은 自他가 평등하다는 것을 증득했기 때문

329) MS 3-11.
330) "또" 이하의 부분은 티베트 역에는 모두 없으나 한역에는 모두 수록되어 있다. (PC) 206b13-206c13. (DC) 297 a27-297b2. (H) 352b9-13.

이며, 자신이 모든 괴로움을 없애고자 하는 것처럼 타인 또한 그러하리라[는 생각을 얻었기 때문이다.] 일체의 보살과 동일하다는 생각을 얻는다는 것은 일체 보살과 노력을 더 기울이려는 노력에 대한 의욕이 모두 동일하다는[것을 얻었기] 때문이다. 모든 붓다와 동일하다는 생각을 얻었다는 것은 저 법계가 그 법계와 차이가 없음을 보았기 때문이다.[331)]

위의 인용은 見道를 경험한 보살의 특징을 기술한 것이다. 유식성의 증득은 견도를 경험한 자의 특질을 가지게 한다. 세친에 의하면 범부는 견도에 이르러서 비로소 붓다의 특질을 계발시켜 놓는다. 말하자면 무분별지라는 해탈을 통해서 자신의 본질인 共相을 자각했고, 그 共相의 접촉을 통해서 자신이 이제 여래의 계열에 들어섰음을 자각하게 되었다고 볼 수 있다.[332)] 그러한 깨달음의 결과는 다른 육도 중생, 보살, 붓다 등과 동일하다는 생각을 가지게 한다.

즉 다른 육도 중생 등과 동일하다는 자각은 다음과 같다. 내가 열반이라는 고통의 止滅 상태를 얻고 싶어 했다는 자각은 나만이 아니라 모든 유정이 동일하게 가지는 갈망이라는 자각으로 이어진다. 이것은 고통이 나만의 고통이 아니라 존재 자체가 고통이며, 그 고통의 지멸을 원하는 것 또한 모든 존재들의 갈구라는 이해가 생기한 것이다. 왜 육도 중생 모두 그러하리라는 판단이 가능할까? 초지보살에게는 범부식 투사가 아닌 존재 그 자체, 연생한 자신의 본질의 共相에 대한 이해가

331) MSBh P Li 195b1-4. D Ri 162a4-6. (H) 352b.
332) 연생법의 共相을 法界라고 이해하면, 너와 나를 막론하고 모두 法界를 가지고 있다는 것이며 그 자각은 共相을 본 이후에나 가능하다. 그런 맥락에서 청정한 의타기한 법의 共相의 자각이 붓다의 種姓이라고 이해할 수 있다. 共相이 법계라는 명칭을 얻는다는 것은 相續의 유정이 자기 본질을 자각한 것이고, 이것을 종성의 자각이라고 할 수 있다.

선재해 있기 때문에 그런 자각이 생기한 것이라고 볼 수 있다. 요컨대 자타가 동일하다는 존재에 대한 이해가 바탕이 되어, 내가 괴로움을 없애고자 한 것처럼 그들도 그러하다는 새로운 인식이 열린 것이다.

붓다의 흐름에 들어선 보살은 자신보다 더 성숙한 지혜를 가진 보살들, 미세한 번뇌들조차 멸해 더 높은 지혜의 감각을 지닌 보살(2지~10지)처럼, 자신 또한 의욕과 노력을 가지고 있고, 자신도 그들처럼 되고 싶다는 의욕과 노력이 있다는 자각을 가진다. 또한 그는 다른 붓다들처럼 법신을 얻을 수 있다는 생각으로 자신을 스스로 격려한다. 모든 붓다가 지닌 법계와 지금 이 찰나의 법계가 차이가 없다는 것을 자각한다.

일체의 유정과 내가 동일하다는 것, 즉 자타가 평등하다는 것은 무엇일까? 말할 나위 없이 생명체의 본질(유식성, 진여)은 모두 같다는 자각이다.

'중생'을 구제하겠다는 생각을 일으키면 그자는 보살이 아닌 중생이다. 후득지의 관점에 서면 나와 일체 유정의 본질을 같다고 인식하기 때문에 '구제'의 대상은 있을 수 없다. 중생을 구제하겠다는 착각이 바로 분별심이고 중생심인 것이다. 나와 남을 가르는 양가적 분별 때문이다.

예를 들어, 어떤 사람이 길가에 자고 있는 추루한 노인에게 불쌍함을 느껴서 자비심을 일으킨다면 그 사람은 깨달은 자일까? 혹은 그 자비심은 깨달은 자의 자비심일까? 유식 사상에 의하면, 그것은 자비심이 아니다. '불쌍함'이라는 분별이 일어난 그 마음, 有心의 상태이기 때문에 그것은 보살의 悲心이 아니다. 즉 有心의 心은 분별의 마음이므로 이때의 자비심은 자아 중심의 욕망이 투사된 자비심이다.

그러면, 無心의 心이 가지는 자비심은 무엇일까?

견도의 경험은 육도 윤회하는 무수한 중생들, 보살, 붓다들의 존재에 대한 이해를 바꾸어 놓는다. 이것은 역으로 분별적 사고를 하는 중생은 나와 남을 다르다고 보는 그 힘이 가장 강했다는 것을 의미한다고 볼 수 있다. 범부의 의식 상태가 자아 중심적이라고 보는 근거가 여기에 있다. 유식 사상은 각각의 계위(地)마다 또 닦아야 할 무명이 있다고 보는데, 초지의 상태가 가장 거친 번뇌를 제거한 상태라고 볼 수 있다. 따라서 자타 동일감에 대한 자각과 그에 대한 깨달음은 우리 범부가 가장 강하게 가진 것이 자아 중심적 성향이라는 것을 반증한다.

여기서 육도 윤회하는 중생들과의 관계에 초점을 맞추면, 초지에서 나와 타자가 동일하다는 인식을 획득했다는 점이다. 의근으로서의 자아 중심적 행위, 인간 행위 중심이 사라지고 육도 윤회하는 중생과 동일하다는 탈자아, 탈인간의 관점을 얻은 것이다. 의근이 자아 중심적, 나아가 인간 중심적 기능을 했다면, 보살에게 이 기능은 바뀐다. 나의 타자는 나 이외의 인간, 지옥, 축생, 아귀, 천상 등의 생명체들이다. 따라서 자아 중심적 힘의 제거는 나 이외의 모든 존재를 동일한 존재로 인식케 하는 지혜를 얻게 한다.

그렇다면 초지를 얻은 보살이 모든 생명체에 대해서 자타가 평등하다는 자각이 성립하는 존재론적 근거는 무엇일까? '나'의 육근의 변화만으로 자타의 평등을 자각할 수 있을까? 추론적 지혜일까? 명언종자로부터 염오의인 有身見이 생기고 이 有身見으로부터 我見이 생기했다는 유식 사상의 주장, 그리고 구별의 원인이 我見이라는 주장을 상기하면, 유식 사상에서는 '나'라는 자아 중심적 사유가 인간 중심적 사유로 확대된다고 본다. 즉 육도 중생과 다르다는 인간 중심적 사유의 근원인 염오의는 질적 차원을 달리한다.

염오의가 의언으로 전환되면서 연생법의 소멸한 후, 연생법의 공상인 법계가 현행한다. 법계를 증득한 한 개체에 초점을 두면 초지의 특징인 자타가 평등하다는 증득의 존재론적 근거는 더욱 확연하게 드러난다. 아뢰야식이 소멸되고, 법계가 현성한다는 것은 자신의 본질적 구조, 그 상태를 체험하는 것이며, 이것이 마음의 유식성에 주한 상태이다. 따라서 법계의 증득이란 법계가 보편적이라는 자기 본질을 안다는 것이다. 이 초지를 변행(sarvatraga) 즉, 보편적인 것이라고 칭한다.

法界(dharmadhatū)란 아뢰야식의 염오종자가 멸하고 드러난 존재 상태, 비존재의 존재를 말한다. 개체성을 탈각해서 法界로서의 보편성을 얻었지만 가야 할 길이 요원하다. MS 5-1은 법계의 질적 차이에 따라 열 가지 층위로 구분한다.[333] 유식 사상은 단 한 번의 열반으로 붓다, 일체지자가 되는 것이 아니라 점진적 변화를 통해 성취된다는 설명 양식을 가지고 있다. 이는 인간의 번뇌, 무명이 얼마나 섬세하게 자리 잡고 있는가에 대한 통찰의 결과에 기인한 판단이라고 볼 수 있다. 성자들 또한 각각의 상태에서 극복해야 할 무지가 있다고 본 것이다. 예를 들면 初地에서의 무지와 六地에서의 무지는 전혀 다르다. 이것은 각각의 정신 상태 혹은 존재 자체에 따라 보는 관점도 다르고 보는 틀이 여전히 다르다는 것을 의미한다. 최종의 상태인 법신에 이르기 전까지 각각 경험하고 이해하는 차원 또한 다르다는 것이다. 따라서 法界에도 차이가 있다.

성자가 되면, 共相이라는 자각, 육근으로 사물의 경계를 나누는 편

---

333) 5-1b이 그것이다. 십지에서 각각의 계위에 따라 대치되어야 할 번뇌가 있다고 본다. 십지에 대응해서 법계의 十相이 있다고 한다. 각각의 지에서 수행에 의해 번뇌를 제거해서 법계에 오입한다고 한다.

협한 인식상의 경계성이 사라진다. 그러면, 어째서 자아 중심의 편견, 인간 중심의 편견에서 이탈하여 자타가 평등하다는 자각이 생기하는 것일까? 그것은 다름 아닌 법계, 共相에 대한 이해 때문이다. 이것을 기반으로 존재론적인 전환이 이루어진 것인데 존재하는 모든 것의 共相에 대한 자각, 그 공상인 법계와의 접촉에 기인한다. 자기 본질의 경험, 비존재의 존재를 경험하고 나면 너/나에 대한 이분법적 사유가 質을 달리한다는 것이다.

견도한 자, 자신의 질적 전환을 이루어 법계를 증득한 보살은 모두 존재들이 無我性이라는 자각으로 자타 평등의 감각을 가지게 된다. 자타평등이라는 새로운 관점의 확보는 보살에게 무엇을 가져다주는 것일까? 세친은 이 상태를 '기쁨', '환희'라고 한다. 그 상태에 대한 『섭대승론』의 묘사는 다음과 같다.

> 왜 초지를 환희(pramuditā)라고 부르는가? 그것에 의해서 自他[의 양자]의 이익을 [함께] 성취시킬 뿐인 뛰어난 능력(samārthya, 功能)을 처음 얻[어서 기쁘기] 때문이다.[334)]

세친의 해석은 다음과 같다.

> 왜 初[地]를 환희(pramuditā)라고 이름하는가? 왜냐하면 자타의 이익을 완성할 때 그때 [자타의 이로움을] 처음 얻었기 때문이다. 모든 성문들이 [진리를] 현관할 때에는 자신의 이익만을 완성할 가능성은 얻지만, 그들은 타인의 이익에 대해서는 능력이 없기 때문이다. 보살과 같이 그러한 환희를 낳지 못하기 때문이다.[335)]

---

334) MS 5-2.
335) MSBh P Li 204b5-6. D 169a2-3. (H) 358c.

자타가 동일하다는 차원의 획득은 기쁨으로 이어진다. 기쁨인 이유는 존재하는 모든 것이 無常性이라는 共相의 체험은 자타의 구별 내지 그 구획이 단지 의식의 분별이었음을 알게 하기 때문이다. 자타가 평등하다는 자각의 구체적 기쁨은 자타를 이롭게 하는 것들이 무엇인지 구별해 내는 능력을 얻었다는 기쁨이다. 즉 나 자신뿐만 아니라 타인을 이롭게 하는 것들이 무엇인지 자신과 타자를 보호하는 것이 무엇인지 구별해 내는 능력을 얻었고, 그 능력이 기쁨이라는 것으로 드러난다. 결국 자타 동일의 자각은 기쁨을 동반한다.

이러한 체험은 개체성에서의 이탈이며, 능력의 획득이라는 기쁨이고 환희이다. 법계와의 접촉을 통해, 자기 본질의 경험을 통해 상속으로서의 나는 개체적 존재가 아니라는 새로운 관점이 탄생한다. 다른 존재들과 동일하게 無我性이라는 보편성의 자각은 개체성을 이탈케 한다. 그래서 다른 육도의 중생들과 보살들과 붓다들과 종적으로 모두 동일하다는 선언을 하는 것이다. 즉 나는 육도 윤회하는 다른 유정들, 즉 동물이나 天上의 유정 모두 고통을 벗어나고자 하는 열망이 있음을 자각한다. 예를 들면 내가 존재한다는 편견은 나와 너, 나와 동물이 다르다는 편견이다. 그 편견은 구별의 힘, 차별의 힘일 뿐이다. 이 구별과 차별의 힘은 자아 중심적 차별과 허구에 매달린 구별과 차별이다. 따라서 일체의 차별과 구별이 걷히면서 육도 윤회의 중생이 모두 고통을 벗어나고자 한다는 열망에 대한 인식, 그것은 존재에 대한 슬픔(悲)의 이해이기도 하고 동감이기도 하다. 자타의 구별이 없어진 자, 법계의 보편성에 접촉한 자의 특징 중 하나가 바로 고통에 대한 연민이다. 모든 중생이 고통으로부터 벗어나기를 갈구한다는 것에 대한 동감은 고통의 깊이를 이해한 연민이다.

성자는 자아에 대한 허상을 벗어버렸기 때문에 타자와 진정으로, 다른 상속들과 진정으로 교류할 가능성이 열린 것이다. 자아에의 허상에 사로잡혀 있는 한, 타자와의 소통은 불가능하다. "자기의 상속으로부터 생긴 苦는 없어도 모든 중생의 상속으로부터 생긴 苦 때문에 괴롭다"는 것이 초지보살이 지닌 특징이다. 자아 중심적 경향성, 자아가 존재한다는 편견으로부터 벗어났을 때 비로소 자신과의 진정한 만남이 이루어지고, 이는 곧 타자와의 만남으로 이어진다. 이때 만남의 도구는 고통의 이해를 둔 슬픔에의 동감이다

여기서 초지보살이 느낀 환희를 다른 각도에서 살펴보자. 예컨대 내가 나 이외의 중생들과 동일하게 共相이라는 자각은 윤회라는 현상을 다시 보게 한다. 즉, 無我性·無常性이라는 체험을 통해 윤회라는 현상을 볼 때, 존재하는 모든 생명체는 비실체적 존재로서 조건에 의한 생기라는 자각이 '현재의 이 삶'을 다르게 보게 하는 힘을 준다.

현재 생은 무수한 지평 속의 상대적 하나가 되므로, 이 '현재의 이 삶'은 많은 생의 하나였고, 하나이다. 그런데 만일 '현재의 이 생'만을 끄집어내어 人生을 규정하려 든다면, 이 生은 절대적 生이 되므로 生에 대한 이해는 난폭해질 수밖에 없다. 이분화 된 절대적 가치의 구별만이 횡행하기 때문이다. 절대적 가치의 순위가 타당성을 얻게 되어 그 가치 이외의 것에 대해서는 가치 폭력을 행사하게 된다. 이러한 가치는 生을 一回로 인식하게 만들고, 이 生은 그런 가치를 획득해야만 하는 삶, 그래서 성공과 실패·貧富등의 이원적 가치로만 삶의 質을 결정해 버리게 만든다. 스스로가 개념이 만든 가치의 노예가 된다.

그러나 '현재의 이 생', 이 '유정의 상태'가 육도 윤회하는 중생들 중의 하나라는 인식이 들어온다면, 인간 중심적 사유의 한계와 자아 중

심적 가치의 절대성은 사라진다. 그래서 윤회라는 현상에 대한 이해는 다차원의 가치, 탈자아와 탈인간의 가치를 제공한다. 心相續으로서의 '나'는 이 현재의 생으로만 규정지을 수 있는 조건으로 되어 있지 않다. 그리고 심상속으로서의 '나'는 業에 구속되어 있을 뿐, 육도로 윤회를 거듭하는 '특징'을 지녔을 뿐, 다른 유정과 대립적 관계에 놓여 있지도 않는다. 나도 한때 '너'처럼 개였고, 귀신이었고, 天上의 존재였고, 나도 한때 '너'처럼 절망과 무수한 실수와 희망과 욕망의 존재였다. '나' 또한 무수한 前生의 어떤 업의 발현으로 인해 '너'처럼 거지일 수도, 개일 수도 있고, 자폐아일 수도 있다. '너'는 언제인가 육도 오취의 하나로 탈바꿈할 가능성이 있는 존재이고, 동시에 나 또한 어느 한때 그런 존재였을 가능성이 있으므로 타인을 보는 관점이 너그러워질 수밖에 없다. 그러므로 육도 중생이 나와 다르지 않다는 이해는 생명체를 다르게 보게 한다. 그리하여 너와 내가 다르지 않다는 자각은 보살의 자비로 化한다.

더불어 윤회 사상은 이 '生'을 누리고 획득되어야 하는 절대 가치의 生, 성공과 실패 획득과 그 반대가 상실의 삶이라는 이분법을 만들어 내지 않고, 도리어 '生'을 배움의 場으로 보게 하는 통찰을 제공한다.

'나'의 가난은 이분화 된 가치의 '가난'이 아니라, '가난'을 통해 '부자'가 지니기 쉬운 넉넉한 여유와 가난이 주는 고달픔, 가난의 배경, 물질의 가치, 자선의 의미, 부자의 진정한 가치 등을 배우게 하는 스승으로서의 '가난'이다. 그래서 우리는 가난은 부족이나 결핍이 아닌 삶의 한 방식에 불과하기에 자발적 가난은 사회적 共業이 요구하는 삶의 노예화·집단화를 거부케 한다. 배움의 '가난'으로 받아들인다면, 자비의 베풂은 '너'에게 베푸는 것이 아니라 '나'에게 주는 것이며, 너에 대한 미움은 '나에 대한 무지인 미움'이 된다. '가난'이라는 현상에 대해 생을 일회적인 것으로 판단하느냐 아니냐의 차이는 '가난' 자체의 개념을 돌려놓는다. 비판하지 않는 수용은 진정한 비판의 수용이 되어서 '가난'을 '가난' 아니게 만들어 버리기 때문에 이 生은 획득되고 성공해야 하는 세속 가치의 '가난한 삶'이 아니게 만든다. 고통은 저항의 한 형태이므로 상황을 수용하는 것은 고통을 만들어 내지 않기 때문이다.

윤회 사상은 다른 유정을 '나'의 모습으로 보게 하는 기능도 하고, 나의 '이 生'을 배움의 장이 되게 하는 기능도 한다. 윤회에서 이 生이 배움의 장이라고 해석할 수 있는 근거는 이 생이 바로 業의 결과라는 점에 있다. 이 生에서 부정적으로 해석되거나 삶에서 자주 반복되는, 그러나 이해되지 않는 자기 이해식 갈등은 업이라는 흐름의 체제를 교정할 수 있는 기회로 이해할 수 있기 때문이다.

따라서 업보로서의 이 찰나의 생의 상태를 숙명론 대 자유의지론으로 보는 시각은 이 생을 일회적 생으로 보는 실체적 사유의 시각이다. 사실 자유의지라는 개념 자체가 실체적 자아가 존재한다는 입장에서 나온 것이다.

보살은 고통으로부터 벗어나는 유일한 방법이 고통과 진정으로 직면하는 방법임을 자각하고 실천한 자들이다. 무수한 나의 고통이 내 업의 결과임을 받아들이고 수용할 때 비로소 고통으로부터 벗어날 수 있듯이, 보살은 그들의 고통을 나의 무수한 고통으로 받아들인다. 수용은 상황에 대한 여백과 선택을 여유롭게 만들어 문제를 다른 차원에 놓이게 한다.

그러면, 그 슬픔을 동감하는 존재가 된 자는 우리와 어떻게 다를까? 범부는 자아 중심적·인간 중심적 사유를 하는 자로서 자기 중심적으로 세상을 본다. 그는 반성 없이 業이 드러낸 相을 투사하여 세상을 보는 것이다. 자기 고집적 이해와 이해의 전제에 가로 막혀 판단하며 생각하는 존재이다. 그러나 실상을 본 자, 그는 있는 그대로 아는 지혜를 가진 자는 일인칭·이인칭·삼인칭이라는 인격을 벗어난 탈인격이다. 이로써 진정으로 타자를 사랑할 수 있는 자가 된다. 이것이 지혜와 자비가 하나인 근거이다. 자아 중심성으로부터의 이탈은 無我性이라는 본질에 근거한 것으로 '2인칭의 인격'에 대해 개념적 판단을 할 수가 없게 만든다.

그는 자기식 세상살이에서 벗어난 자로서 모든 살아 있는 생명체에 대한 편견 없고 구별 없는 슬픔을 가진 자이다. 그러나 범부는 자기 업에 의해서 세상을 보고 평가하며, 스스로 굴레에 갇혀 업의 재생산으로서 相을 투사하면서도 그것이 진리라고 믿는다. 따라서 범부가 지닌 자비 또한 자아 중심적, 인간 중심적일 수밖에 없다. 범부는 자기 욕망의 방식으로 타자와 관계 맺는다. 종전의 업대로 자신을 이끌어간다. 이런 의미에서 자아 중심적 사랑은 비극이다. 범부는 자기 욕망과 결핍 혹은 습관적 회로에 의해 생긴 갈망과 투사의 힘으로 관계를 맺는다. 자아가 존재한다는 생각은 조건에 의해 생기한 현상을 자아 중심으로 해석하고, 그로 인해 아만이 생기한 것이다. 자기애는 그 아만이라는 비교를 통해 생긴 허구의 자아애가 투사를 통해서 경험하는 사랑일 뿐이다. 그러나 자타 동일의 맥락에 서면 그런 비극의 관계는 무지의 지혜로 돌아선다. 후득지는 자비, 그 자체가 된다.

즉 보살의 사랑은 존재, 그 자체가 된다. 보는 자 내지 아는 자가 없다(人無我)는 것과 개념적으로 인식하는 현상은 없다(法無我)는 것의 본질, 그것을 아는 者는 자아의 비존재 및 자기 본질인 無我性을 아는 지혜로운 자이다. 그는 지혜로써 자타 구별의 '구별'을 이탈시키므로 자비와 하나가 된다.

따라서 의식의 자기 변환 과정에 놓인 止觀 수행, 그것은 相續의 정신 구조의 변환을 통해서 실상을 보는 삶의 양식 자체이다. 그 과정에서 의식 작용의 자동화를 이완하고 의식 작용을 관찰함으로써 분별을 '나'의 것으로 만드는 허구의 '나'를 초월한다. 이러한 작업으로 모든 유정이 나와 다르지 않다는 생명체에 대한 새로운 이해와 생명체에 대한 감수성의 회복이 생기한다. 따라서 자타가 동일하다는 기쁨이 생기고, 그 기쁨은 자타의 이익을 변별하는 지혜와 환희가 된다. 이는 종전과는 질적으로 다른 새로운 윤리적 감각의 생기이고, 생명에 대한 도덕적 감수성의 부활이라고 할 수 있다. 보살에게 있어 모든 생명체에 대한 사랑은 이제 그의 존재 방식으로 전환되어 간다. 그 보살의 환희는 탈인격에 기반한다. 말하자면 행동하는 자비가 그의 존재 방식이 되는 것이다.

정신의 이원화의 차원을 정리하면 다음과 같다.

첫째, 비선정 일상 의식 상태에서의 언어 기능은 개념과 지시 대상이 동일하다고 판단하여, 과거 습관적 경향성이 드러낸 이미지가 그 대상이라고 투사한다. 일상 의식에서 尋伺는 음성적 언어의 발화 動因이다. 특히 세친은 尋伺로 인해 '나'라는 생각이 일어난다고 본다. 따라서 일상 의식 상태에서의 尋伺는 분간하기 어려운 습관적 언어 본능과 같은 심리적 현상이며, 사유를 '내'가 '…한다'는 형태로 만든다. 세간 의식 상태는 개념적 사유 상태이며, 일인칭적 자아 중심의 사유 상태이며, 경험의 영향력이 남긴 조건에 의해 제한된 상태라고 할 수 있다.

둘째, 선정 상태에서의 언어 기능으로, 이때 尋伺는 개념과 지시 대상을 면전에 두고 관찰하는 미세 언어 작용으로 변화한다. 그래서 심사는 개념과 지시 대상을 동일시하는 반응을 늦추는 사(思)의 기능과 개념이 개념일 뿐이라고 인식하는 지혜[慧]의 기능을 한다. 이 관찰로서의 심사는 업의 재생산을 막아서 生의 고리를 끊게 한다. 지관 수행 즉 특수한 慧思라는 尋伺의 작용으로 습관적으로 반응하는 태도가 변화하며, 지혜의 분별, 구별은 작용하나 일상 의식과 달리 대상의 성질을 안다. 관찰 대상이 단지 개념적 존재라는 앎은 대상의 소멸과 앎이라는 기능의 소멸을 이끈다.

셋째, 선정 상태에서 언어 작용의 지멸을 경험한 뒤에 범부의 존재 자체 및 의식 자체가 질적으로 변화한 상태에서의 언어 기능이다. 성자의 언어 기능은 개념과 지시 대상이 다르다는 자각을 가진다. 이때의 尋伺라는 언어 작용은 자신의 모든 心身의 작용 지멸 상태를 고찰할 수 있는 객관적 능력을 가짐과 동시에 깨달은 내용을 전도 없이, 왜곡 없이 타자에게 설명하게 한다. 뿐만 아니라, 의식의 질적 변화는 존재의 전환 및 自他 不二의 윤리적 감각을 동반한다.

3. 2부 정리

2부에서는 왜 "경(viṣaya, 境)의 비존재(abhāva)"인가? 어떻게 이 사태에 이르는가? 라는 의문에 초점을 두고 첫째, 의식의 구조와 전환 과정에 대해 분석하였다. 둘째, 境의 비존재는 육근과 관계한다는 점에 관심을 두고 境의 존재와 境의 비존재 사이에 육근의 변화, 所依의 변화가 있다는 점에 주목했다. 轉依에서 소의(āśraya, 所依)가 의타기한 六根이며, 소의의 변화란 협의의 의미로 육근의 변화임에 주목하면서 유식 사상에서 육근을 어떻게 이해했는가에 초점을 두었다.

분석 결과 다음과 같은 결론에 이르렀다. 한 개체의 존재와 인식 상태가 변화했다면, 무엇이 변화했다는 것일까? 유식 사상은 尋伺라는 심리적 현상의 질적 변화가 정신 상태의 질적 변화를 도모한다고 보았다. 즉 범부의 분별된 의식 상태[변계소집성] ⇒ 지관 수행⇒ 무분별지 ⇒ 후득지의 상태로 이행하는데, 그 과정에 변계소집, 가행위 지관, 후득지의 특징은 尋伺의 기능의 변화 상태로도 분류 가능하다. 심사의 작용이 있다는 것 자체가 이원화 된 상태라는 것을 의미하지만 이원화의 상태에도 다양한 질적 차이가 있다.

첫째, 범부의 의식 상태에서 尋伺(vitarka, vicāra)는 분별(vikalpa), 즉 '나'라는 생각을 일으키는 조건 인자이다. 이때의 尋伺는 발화의 원인이면서 동시에 육식의 활동 자체를 '나' 중심으로 만들어 놓는다.

둘째, 가행위의 지관 상태에서의 尋伺는 특별한 慧·思라는 관찰(尋思)로 작용한다. 관찰은 지혜이며 동시에 관찰 대상에 대해 반응하는 業의 순환성을 벗어나게 한다. 즉 尋伺의 기능이 특수한 慧·思로 전환되는데, 관찰 판단의 도구는 언어 작용이다. 대상이 무엇이라는 판단은 언어 작용을 통해 일어나지만 관찰은 개념과 지시 대상을 동일시하지 않는다. 동일시를 통해 대상에 대해 무조건적 반응을 하는 思(cetanā)의 기능이 지혜와 함께 작용하기 때문이다. '나'라는 관념을 불러일으키던 尋伺가 지관 상태에서는 특수한 관찰 기능으로 변화한다. 그래서 의식의 관찰 수행은 무의식인 아뢰야식의 변화를 동반한다.

셋째, 후득지에서의 심사는 해탈한 후에 생기한 尋伺이므로 무루 분별지혜로서 작용한다. 심사는 자신의 진리 체험에도 관여하지만 자신의 경험을 전도 없이 전달하게 하는 기능도 한다. 즉 심사의 기능은 열반 체험을 알아차린다거나 그 체험에 대한 확고한 앎으로 작용하면서도 진리가 담지된 언설을 가능하게 만든다.

즉 尋伺에 초점을 두면, 유루의 분별 ⇒ 가행위에서의 무루의 분별 ⇒ 무분별 ⇒ 무루의 분별로 이어진다. 정신 상태의 변형은 尋伺의 기능 변화에 기인한다. 따라서 尋伺의 다양한 측면을 고찰함으로써 유식 사상은 언어 자체를 부정하는 것이 아니라, 언어 기능과 언어를 사용하는 방식에 대해 문제로 삼는다는 것을 알 수 있다. 加行位나 후득지에서도 언어, 발화적 언어 기능은 있지만 이때는 대상에 대한 올바른 이해로 기능한다.

범부의 의식 상태나 가행위 지관 상태, 후득지의 상태는 모두 보이는 것(相)과 보는 것(見)이 분리되어 있는 이원화의 상태이다. 이 세 상태는 언어 기능을 한다는 점에서 공통적이지만 각각 언어의 기능이 다르다는 점에서는 차이가 있다. 범부의 일상 의식 상태에서 尋伺라는 언어 기능은 '나'라는 생각을 일으켜서 의식 전반의 활동을 '내가'라는 관념에 지배당하는 사유 체제로 만들어 버린다. 그래서 '나', '내가'라는 생각은 일인칭적 관점을 취하게 하여, 자신의 경험이 판단의 중심에 놓이게 만든다. 나/너, 윤회/해탈, 시/비 등은 의식 작용에 의해 드러난 개념에 불과하다. 그래서 극복해야 할 윤회 세계도 없고 얻어야 할 열반도 없다는 논리가 성립한다. 범부는 相을 개념으로 포착한 순간, 타자를 배제(anyāpoha)하며 조건에 의해 생기한 相인 vijñapti를 실체적 존재(artha)라고 판단한다. 이것을 분별된 의식 상태(변계소집)라고 한다.

반면 가행위 지관은 개념과 개념의 지시 대상의 동일성을 벗겨 내는, 즉 개념화를 관찰하는 수행이다. 이러한 수행은 종국에는 관찰하는 주관의 상태조차 소멸하게 만들어 열반을 체험하게 한다. 그 후에 정신은 비실체적 사유를 하는데 이것을 삼성의 측면에서 보면, 변계소집에서 원성실성으로, 원성실성에서 의타기성으로 이행되어 간다. 그래서 후득지의 성자의 정신 상태에서는 떠오른 생각이나 느낌, 그 대상을 자기화하지 않고 목격하므로, 여기에서는 언어의 작용이 순기능으로 한다.

그렇다면 후득지로의 전환은 정신만의 전환을 말하는 것일까? 유식사상가들은 기존의 불교와 달리 18界를 "有相有見의 根"으로 설명한다. 相이 無相으로 識이 智로 변화한다는 것은 근의 변화를 전제한 것이다. 왜냐하면 根인 종자는 境과 識을 가지고 있다고 이해하기 때문이다. 즉 相의 관찰을 통해서 根의 변화를 이끄는데, 相見을 가진 染汚의 意根은 가행위 지관 상태에서 意言으로 변화한다. 따라서 轉依란 선정 상태에서 6根의 변화이며 염오가 사라지고 청정이 생기한 사태이다. 유식 사상은 染汚意가 五根을 가진 것으로 보기 때문에 의근/意言의 변화가 전의라고 할 수 있다. 결국 열반 체험을 거치면서 意根은 意言으로, 相은 無相으로, 識은 智로 변화한다. 境을 가진 종자의 염오성이 사라지므로 無境이라는 현상이 일어난다. 후득지의 無境이라는 사태는 단순히 대상의 변화만을 의미하지 않는다.

所依의 변화란 인식과 존재의 변화이다. 몸의 활동이나 생리적 기능이 마음을 속박하지만, 부단한 수행을 통해 마음은 몸에 의해 결박당하지 않는 상태에 이를 수 있다. 이것은 수행을 통해 육근의 작용방식, 기능이 바뀐다는 것을 의미한다. 법신으로서의 붓다는 유위이고 고통인 5근을 초극한 존재이다.

맺는말

불교가 깨달은 분의 말씀 혹은 가르침이라면, '유식'은 도대체 누구의 진술인가? 대승불교의 강요서인 『섭대승론』에 대한 세친의 주석서를 중심으로 유식 사상에서 '유식(vijñaptimātra)'이란 도대체 무엇이고, 누구의 관점에서 본 진리치이며, 그것이 도대체 무엇을 말하는 것인가를 중심으로 고찰해 보았다.

연구 결과 '유식'이란 범부의 세계가 아닌, 초지 이상의 보살들이 말하는 세계의 모습임을 밝혔다. 동시에 유식 사상의 핵심은 유식무의(唯識無義), 즉 "오직 조건에 의해 생긴 법뿐이며 존재론적 인식론적으로 실체적 존재(artha=ātman)는 존재하지 않는다."는 것이며 이는 무분별지를 획득한 보살의 지혜를 말한다. 무경이란 과거 업이 드러낸 영상이 없어진 상태, 그래서 근이 드러낸 境이 소멸된 상태를 말한다. 즉 수행결과도 다양한 레벨이 있는데 7地 이상이 되어야만 오래 축적된 경향성(종자)은 소멸되어서 투사된 相은 선정이든 비선정이든 無相이 되고, 그때 인식대상이 없는(無境) 더 깊은 지혜 상태에 이른다.

유가수행자들은 현실적 삶의 구조, 실존상황의 구조에 대한 해명을 하는데 이때 과거 경험의 습관적 경향성을 종자의 형태로 가진 아뢰야식이 있고, 그것을 조건으로 생기한 것이 이 찰나 삶이라고 규정한다. 인간 존재 및 인식의 상황은 아뢰야식을 조건으로 생기한 것이며, 이것이 18界라고 하는데 유가행파는 전통적 세계 이해인 18계를 唯識이라는 개념으로 재해석한다. 특히 『섭대승론석』은 '유식'과 인간 유정에 대한 세 차원의 이해 각도인 三性을 조우시킨 저서로 인정받는데, 세친의 주석을 통해 artha의 정의를 고찰하면서 유식을 (1)오직 조건에 의해 생긴 법(vijñapti)과 (2)연생법을 실체적 존재(artha=atman)로 인식되는 상태로 구분한다. (1)은 의타기성을 의타기로 아는 성자의 존재 인식을 지칭하며 (2)는 범부의 변계소집 상태에 배대된다는 것, 동시에 유식성은 원성실성으로서 의타기한 법의 共相임을 드러냈다.

특히 대승불교의 수행은 법무아와 관련이 깊은데, 유식불교는 무자성공의 사상을 인식 측면에서 법무아로 설명하고 있다. 왜 상속으로서의 유정은 유위법을 유위법으로 인식하지 않고 실체적 존재로 인식하는가? 세친에 의하면, 개념과 개념의 지시 대상을 동일시하는 습관적 정신 구조 때문이다.

유식 사상에 의하면 실체적 사유를 하는 범부는 눈뜬 장님과 같고, 범부의 삶은 대낮의 태양 아래서 촛불 켜고 사는 것과 같다. 실체적 사유를 하는 범부는 무수한 선업과 6바라밀을 실천해 나가면서 聞思를 바탕으로 하는 지관 수행을 통해서 '유식'을 아는 지혜의 보살이 된다. 이때 그는 인식의 변화에 따라 실천하는 자비의 삶을 산다. 후득지를 얻은 성자는 존재의 전환[轉依]과 함께 인식의 변환을 이루었기 때문에 자아 중심적 사유나 실체적 사유를 하지 않으며, 모든 생명체의 본질(無我性)을 보는 지혜를 가진다.

범부와 성자의 차이는 의식에 동반되는 尋伺라는 심소의 작용 차이이다. 유식의 가행위 수행 대상은 번뇌가 대상이 아니라, 법계에서 흘러나온 12분교의 가르침을 듣고(문훈습) 생기한 가르침과 그 의미이다. 그 문자로 된 가르침을 전면에 놓고 그것은 개념화 되지 않는다는 것을 깨달았기에 그들은 언어의 표현은 단지 비유적 표현일 뿐이라고 기술한다. 소취의 소멸은 능취의 소멸을 동반하고 동시에 능소를 가진 의언에 오입하여 유식성이라는 자기 본질에 주하는 해탈에 든다. 이것이 『섭대승론』과 『섭대승론석』의 두드러진 특징이다.

범부에서 성자로의 전환은 좁게는 오근인 몸, 그 몸을 가지고 있는 염오의로서의 의근(의언)에서 이루어진다. 根이 境識을 가지고 있고 오입 대상이 의근(의언)이라는 주장은 우리의 마음, 아뢰야식으로서의 마음과 의식 상태는 전적으로 육체에 매인 체화된 마음임을 담고 있다. 유가행 유식 사상은 종자를 가진 아뢰야식으로서의 마음, 종자인 육근에 초점을 두고 삶의 문제를 풀어낸 것이므로 순수하게 몸과 독립되거나 몸을 초월한 마음을 논하지 않았다. 도리어 우리의 마음, 의식 상태는 몸에 매인 체화된 것임을 밝힌다. 또한 분별하는 의식 상태는 염오의인 에고의 작용 상태이므로 일체의 생각이 곧 '나'라고 할 수 있다. 따라서 無心의 상태는 에고가 사라지고 체화의 마음을 초극한 상태의 마음을 말한다고 볼 수 있다.

이상에서 '유식'의 정의 탐색과 관련해서 유식 사상의 주요 논점을 논의했다. 그런데 유식 사상은 인격 극한의 모델이 법신으로서의 붓다라는 점, 지혜와 행동하는 자비는 하나라는 점, 고통에 대한 철저한 체험적 이해와 그에 따른 苦樂의 수용만이 고통을 극복하게 한다는 점을 목적으로 한다. 이런 의미에서 유식 사상의 의의를 다음과 같이 논해 볼 수 있다.

첫째, 유식 사상에 의하면 범부는 자신 행위의 결과에 능동적으로 반응하며 無知로 인해 스스로 속박과 고통의 멍에를 짊어지고 산다. 말하자면 의식은 떠오른 생각이나 감정 등을 아무런 의심 없이 '나의 것'으로 받아들인다. 즉 생각·감정 등을 자아와 동일시한다.

집착하는 染汚意 상태로부터 벗어나는 방법으로서의 수행, 즉 자신의 고통을 직면하고 수용하게 하는 수행은 실존의 변형을 통해 실상을 보는 삶의 양식 자체이다. '나'라는 관념의 생기와 의식 전체를 자기 중심화로 만드는 에고(染汚意), 그 삶의 순환을 벗어나기 위해서는 자아 중심적 분열을 응시하는 새로운 관점의 유입이 필요하다. 유식 사상은 이것을 대승의 진리에 대한 경청[聞熏習]이라고 한다. 삶에 대한 새로운 관점의 이해가 확산되어 갈 때 의근의 염오 상태 또한 변화한다. 문훈습을 통해 생긴 意言은 개체 존재의 변화를 일으키는 법신의 종자로 작용한다.

말하자면 삶의 순환성, 습관적 경향성으로 프로그래밍화 된 반응체제에 대한 자각의 성찰은 새로운 관점[思]과 극복의 방식으로서 개체 심신의 관찰 수행[修]을 필요로 한다. 삶의 순환을 이끄는 범부의 의식 상태는 지관 수행을 통해 조건적 생기를 어떤 방식으로 투사하는지를 관찰하면서 변화해 간다. 이때 문훈습은 범부로 하여금 이상적 인간상인 보살과 자기 인격의 극대점이자 모델인 법신에 도달하게 하는 가능성 자체로 작용한다. 자아 중심적이고 실체적 사유를 하는 개체가 자신의 본질[法界]과 접촉함으로써 만날 수 있는 미래 모습이 法身으로서의 붓다이다.

따라서 유식 사상은 개체 변형의 극한 존재인 '붓다'라고 하는 새로운 탈인격을 제시한다. 有情은 자비와 지혜의 점진적 증장으로 인간의 극한인 붓다가 될 수 있다. '붓다'는 더 이상 타자가 아니라 나의 또 다른 미래의 모습이므로 유정은 붓다가 될 수 있는 체험으로 들어가야 한다는 것이다. 대승불교 유식 수행자는 붓다가 한 말을 따라가지 않고, 붓다가 던진 물음과 가르침을 자기화하면서 붓다가 되어가는 자들의 기록이라고 볼 수 있다.

둘째, 유식 사상은 존재의 구조와 본질에 대한 진정한 이해는 인식의 전환과 함께 한다는 것을 보여준다. 자아 중심적 분별과 '내가' 라는 관념의 실체적 사유는 자신의 경험을 중심에 놓고 가치 판단을 하는 사유이다. 따라서 실체적 사유는 다른 생명체에 대한 배려와 사랑과 이해가 결핍된 폐쇄된 唯我的 사유이며, 지금 있는 그대로의 실상에 대한 사유가 아니라 자아 중심적 분별의 사유이다. 자아 중심적 분별은 인간 중심적 분별이지만, 의타기한 세계를 여실하게 보는 경지에 이르면 탈인간의 관점으로 변화된다.

자신의 몸과 마음에 대한 체험적 성찰은 의타기한 緣生의 세계를 있는 그대로 보게 한다. 즉 변화 생성의 세계를 비실체적으로 본다. 사물을 고정시키고 자신이 경험한 바를 판단의 중심에 놓는 실체적 사유는 수행을 통해 유동적 사고로 전환된다. 존재의 본질을 경험하기 전까지 모든 이해와 관점은 상대적이지만, 존재의 본질을 경험하고 나면 일체 유정의 존재가 무아성의 존재이고 法界라는 지혜가 생기한다. 자신의 본질을 경험한 보살은 모든 존재에 대한 자비를 가진다. 말하자면 존재의 변화, 그에 따른 인식의 변화는 새로운 윤리적 감각을 생기시킨다. 육도 윤회하는 모든 생명체가 무아의 존재라는 자각은 윤회하는 유정들이 모두 한때의 '나'였고, '나'일 것이라는 지혜를 동반한다. 그래서 자아 중심적이며 인간 중심적인 차별은 탈인간의 관점으로 변화한 사랑이 된다. 그러한 보살의 자비는 자기 중심성을 벗어난 지혜 그 자체이다. 또 육도 윤회하는 모든 생명체가 한때 '나'였고 '나'일 것이라는 관점은 현대 '자연생태'의 이론과 실천에 대해 탈인간 중심의 관점을 제공한다.

실체적 집착의 염오를 가진 범부는 자기 본질로부터 소외된 삶을 살고 私業에 종속되어 唯我的 관점에 사로잡혀 있으나, 자신의 본질을 체험한 후에는 질적으로 변화한다. 즉 보살은 모든 유정이 共相의 존재라는 이해를 통해 새로운 삶의 질서, 생명체에 대한 온전한 실천력을 가진다. 그래서 성자는 생명체에 대한 무한한 자유와 슬픔을 가진 지혜를 발휘한다. 자신도 모르는 자신의 욕망과 결핍의 방식으로 관계 맺던 관계 양식은 무아성이라는 본질에 근거한 관계 양식으로 변화한다. 따라서 나와 모든 다른 유정이 동일하게 법계를 가지고 있다는 자각적 경험은 모든 생명체에 대한 성숙된 이해와 실천을 수반한다.

셋째, 지관 수행은 인격의 질적 변화를 이끌어 내는데, 이처럼 인격의 변화를 도모하는 것이 현대의 정신분석/분석심리이다. 이 둘의 심리에 대한 존재론적 기반은 유사성을 띤다. 즉 의식에 선행하는 무의식을 인정했고, 의식을 변화의 주체로 본 점이다.

유식 사상에 의하면 현재 의식 상태의 원인은 경험의 습관적 경향성의 집적인 아리야식에 있다. 의식 상태의 불균형과 갈등에 대한 객관적 관찰은 '고통'에 대한 관점을 바꾸어 놓으면서 무의식으로서의 아리야식이 지닌 경향성을 변화시킨다. 즉 변화하는 현상을 변화하지 않는 것으로 인식하는 실체적 집착 행위의 고통으로부터 벗어나는 길은 고통이란 조건에 의해 생긴 것이며 무상한 것이라고 자각하고 수용하는 것인데, 이런 태도는 고통을 새로운 관점에서 이해하게 만든다. 나에게 생기는 모든 판단과 苦樂 등이 '나'라는 존재에 대한 무지로 인해 생기한 것이라는 체험적 자각은 현대의 융(C. G. Jung) 분석심리와 맥을 같이한다.

분석심리학에는 내가 모르는 나의 무의식을 이해하기 위한 방법으로서 꿈 분석이 있다. 분석심리에 의하면 '꿈'은 '또 다른 현실'이다. 꿈의 내용들은 의식에서 수용할 수 없는 것들의 상징들이므로 꿈 분석은 의식이 이해할 수 없는 것들을 의식이 이해하게 만들면서 의식의 확대, 인격의 확대를 동반한다. 즉 무의식의 영향권에서 벗어나는 길은 의식이 그것들을 이해하고 직면하고 수용하는 것이다.

따라서 유식 사상과 분석심리의 실천적 구조는 '고통'에 대한 이해와 '경험'에 대한 관점을 바꾸어 놓는다는 점, 의식의 관찰을 통해 스스로 치유의 능력을 계발하고, 자신의 존재에 대한 신뢰를 자신 안에서 발견해 나가게 한다는 점에서 유사성이 있다. 또한 양자에게는 관점의 변화를 이끄는 기능으로서의 '거울'이 있다는 점이다. 유식 사상에서 습관적 경향성으로 부터 벗어나기 위해 진리 경청(문훈습)이라는 새로운 거울을 필수 조건으로 보았듯이 분석심리의 꿈 분석에서도 새로운 거울의 기능을 하는 것이 '무의식이 보내는 꿈과 꿈을 보게 하는 분석가'라는 점이다.

그러므로 고대 인도의 유식 사상은 심리의 존재론적 통찰에 기반한 심리 현상, 그 심리 현상의 구조에 대한 이해에 기여할 수 있을 것이다.

[참고문헌]

〈단행본〉

김동화, 『唯識哲學』, 보련각, 1973.
오형근, 『唯識과 心識思想研究』, 불교사상사, 1989.
김묘주, 『唯識思想』, 경서원, 1997.
한자경, 『유식무경』, 예문서원, 2000.
정승석, 『상식에서 유식으로』, 정유서적, 2005.
김명우, 『삼성설의 연구』, 한국학술정보, 2008.
김성철, 『섭대승론 증상혜학분 연구』, 씨아이알, 2008.
가츠라 쇼류 외저, 김성철 역 『유식과 유가행』, 씨아이알, 2014.
C. G. 융, 한국 융연구원번 역, 『인격과 전이』(저작집3), 솔출판사, 2004.
이부영, 『분석심리학』, 일조각, 1998.
李鍾徹, 『世親思想の研究－－「釋軌論」を中心として』BIB9, sakibo, 2001.
長尾雅人, 『中觀と唯識』, 岩波書店, 1978.
長尾雅人, 「中邊分別論」, 『世親論集』, 中央公論社, 1976.
加藤純章, 『經量部の研究』, 春秋社, 1989.
稲津紀三, 『世親唯識說の基本的研究』, 大東出版社, 소화12.
吉元信行, 『アビダルマ思想』, 法藏館, 1982.
片野道雄, 『インド唯識思想の研究』, 文榮堂, 1998.
竹村牧男, 『唯識三性說の研究』, 春秋社, 1995.
楠本信道, 『『俱舍論』における世親の緣起觀』, 平樂寺書店, 2007.
山口益, 野澤靜證, 『世親唯識の原典解明』, 法藏館, 소화28.
小谷信千代, 『大乘莊嚴經論の研究』, 文榮堂, 1984.
片野道雄, 『インド唯識說の研究』, 文榮堂, 1998.

袴谷憲昭, 『唯識思想論考』, 大藏出版, 2001.
高橋晃一, 『菩薩地「眞實義品」から「攝決擇分中菩薩地」への思想展開 － vastu概念を中心として』, 山喜房, 2005.
片野道雄, 『インド唯識說の研究』, 文榮堂, 1998.
楠本信道, 『『俱舍論』における世親の緣起觀』, 平樂寺書店, 2007.
江道惠敎, 『空と中觀』, 春秋社, 2003
稲津紀三, 『世親唯識說の基本的研究』, 大東出版社, 1937.
山口益, 佐々木月樵 譯著, 『二十論の對譯研究』, 國書刊行會, 소화 52.
宇井伯壽, 『四譯對照唯識二十論研究』, 岩波書店, 1953.
司馬春英, 『唯識思想と現象學』, 大正大學出版會, 2003.
------, 『アビダルマ佛教とインド思想』(加藤純章博士還甲記念 論集), 春秋社, 2000.
水野弘元, 『パーリ佛教を中心とした佛教の心識論』, ピタカ, 1978.
上田義文, 『佛敎思想史研究』, 永田文昌堂, 소화42.
櫻部建, 『俱舍論の研究-根·界品』, 法藏館, 1979.
山口益, 『山口益佛教學文集上·下』, 春秋社, 1973.
勝呂信靜, 『初期唯識思想の研究』, 春秋社, 1989.
橫山宏一, 『唯識の哲學』, 平樂社書店, 1979.
岩田諦靜, 『初期唯識思想研究-世親造『攝大乘論釋』所知相の漢藏對照』, 大東出版社, 1981.
兵藤一夫, 『初期唯識思想の研究 唯識無境と三性說』, 文榮堂, 2010.
Bhikkhu Nānananda, 『Concept and Reality』, BPS, 1986.
Stefan Anecker, 『Seven Works of Vasuvandhu』, Delhi, 1986.
Robert Kritzer, 『Rebirth and Causation in the Yogacāra Abhidharma』, Ar beitskreis für Tibetische and Buddhistische studien, Universtert wien, 1999.
----------, Vasubandhu and the Yogācārabhbūmi』, Tokyo, The International Instiute for Buddhist Studies, 2005.
Lambert Schmithausen, 『Alayavijñāna-On the Origin and the Early

Development of a Central concenpt of yogācāra Philosophy』, Part I II, International Instiute for Buddhist Studies, 1987.

〈논문〉

김성철, 『無分別智研究』, 동국대 박사학위논문, 2007.
김사업, 「唯識無境에 관한 해석상의 문제점과 그 해결」, 『佛教學報』 35, 불교문화연구원, 1998.
김사업, 「唯識에서 식은 왜 實在하는가」, 『불교학 논총』, 천태불교문화연구소, 1999.
서동혁, 「유식삼십송에 나타난 아라야식과 마나스식에 대한 분석심리학적 연구」, 『心性研究』 13, 1998.
안명희, 『瑜伽唯識의 修行體系研究』, 동국대 박사학위논문, 2000.
안성두, 「唯識性(vijñaptimātratā)개념의 유래에 대한 최근의 논의의 검토」, 『佛教研究』 20, 2004.
------, 「인도불교 초기 유식문헌에서의 언어와 실재와의 관계」, 『瑜伽師地의 三性과 五事를 중심으로, 인도철학』 23, 2007.
이동우, 『唯識學派의 아뢰야식 種子에 관한 연구』, 동국대 박사학위논문, 2002.
이종철, 「와수반두의 언어관」, 『哲學論究』 23, 서울대 철학과, 1996.
------, 「梵藏漢韓合璧 譯註 俱舍論 제1장 제9-11게송」, 『가산학보』 12, 2004.
------, 「vijñāna에 관한 논변」, 『불교학연구』1, 2000.
------, 「식의 生起와 인식주체: 불교와 인식론」, 『동서양인식이론』, 한국정신문화연구원, 1999.
------, 「12處考」, 『가산학보』 제6號.
최정규, 『無着(Asaṇga) 唯識哲學의 연구』 고려대 박사학위논문, 1996.
황 욱, 『無着(Asaṇga) 唯識學說 연구』, 동국대 박사학위논문, 2000.
한자경, 「유식무경의 철학적 의미」, 『동양철학』, 한국동양철학회, 1998.

-----, 「無分別智와 眞如」, 『불교학연구』 2, 2001.
高橋晃一, 「初期瑜伽行派における名稱とその對象に關する三つの論理」, 『印度學佛教學研究』 51-2, 2003.
毛利俊英, 「『聲聞地』の止觀」, 『龍谷大學大學院研究紀要』 10, 1989.
袴谷憲昭, 「離言(nirabhilāpya)の思想背景」, 『駒澤大學佛教學部研究紀要』 49, 1991.
岩田諦靜, 『初期唯識思想研究-世親造 『攝大乘論釋』所知相の漢 藏對照』, 大東出版社, 1981.
------, 「世親造『攝大乘論釋』所知依章の漢藏對照(一)」, 『法華文化研究』 18호, 1992.
------, 「世親造『攝大乘論釋』所知依章の漢藏對照(二)」, 『身延山大學佛教學部紀要』, 創刊號, 2000.
------, 「世親造『攝大乘論釋』所知依章の漢藏對照(三)」, 『身延山大學佛教學部紀要』, 2001.
------, 「世親造『攝大乘論釋』所知依章の漢藏對照(四)」, 『身延山大學佛教學部紀要』, 2003.
高岐直道, 「轉依- āśrayaparivṛtti とāśrayaparavṛtti」, 『日本佛教學會年報』, No.25, 1959.
渡邊文麿, 「vikappa, vitakka, cicāra:パーリ佛教を中心に」, 『佛教と異宗教』, 平樂寺書店, 1985.
横山宏一, 「ことばと種子」 平川彰 古稀記念 『佛教思想の諸問題』, 春秋社, 소화 60.
水田惠純, 「名句文」に關『する論争』, 『印佛研』 25-2, 1977.
大岐昭子, 「唯識二十論におけるarthaについて」, 『佛教學セミナー』 14, 1971.
元田和宗, 「『二十論』ノート(1) -そのテクスト校訂と解釋學上の諸問題」, 佛教文化9, 九州龍谷短期大學 佛教文化研究所, 1998.
兵藤一夫, 「心(citta)의 語義解釋」, 『佛教學セミナー』 36, 1982.
------, 「三性說 における唯識無境の意味(1)」, 『大谷學報』 69, 평성 2.
兵藤一夫, 「三性說 における唯識無境の意味(2)」, 『大谷學報』 70-4, 1991.

------,「瑜伽行と唯識觀-入無相方便の確立)」,『大谷大學研究年報』47, 1995.
畝部後也,「インド言語思想行における〈言語=名稱論〉批判」,『佛教學セミナー』67, 1998.
小谷信千代,「有部の言語觀」,『アビダルマ佛教とインド思想』, 春秋社, 2000.
小谷信千代,「唯識思想における意識とことば」,『佛教學セミナー』73, 大谷大學佛教學會, 2001.
室寺義仁,「ヴァスバンドゥによる「識」理解--『五蘊論』を中心 として」室寺義仁『アビダルマ佛教とインド思想』, 春秋社, 2000.
向井亮,「『瑜伽論』の空性說-『小空經』との關聯において」『印佛研』22-2, 1974.
池田道活,「三性說の構造的變化(I)」,『駒澤大學大學院佛教學 研究會年報』29, 1996.
------,「瑜伽行派における自性分別と無分別智」,『駒澤大學大學院佛教論集』5, 1999.
武内紹晃,「唯識學論書における執受の二つの用例」,『佛教と異 宗教』, 1985.
加藤弘二郎,「『解深密經』「分別瑜伽品」における影像說」,『印佛研』50-2, 2002.
荒牧典俊,「彌勒論書における「虛妄分別」の起源について」,『佛教學セミナー』75, 大谷大學佛教學會, 2002.
丹橋尙哉,「唯識に關する一私見」,『佛教學セミナー』65, 大谷大學佛教學會, 1992.
Lambert Schmithausen,『On the Problem of the Relation of Spiritual Practice and Philosophical Theory in budhism』, German Scholars on India, New Delhi, 1976.

찾아보기

—

【ㅂ】

【ㅈ】

정륜 定倫

이화여자대학교 철학과 석사·박사를 졸업했다. 쓴 논문으로는 〈龍樹와 吉藏에 있어서 空의 개념〉, 〈일본의 초·중기 중관연구사 : 나가르주나의 저서, 이해방식 그리고 해석〉, 〈唯識性의 정의에 대한 고찰〉 등이 있다. 현재 수덕사 견성암에서 수행 중이다.

유식과 의식의 전환

초판 1쇄 인쇄 | 2015년 4월 20일
초판 1쇄 발행 | 2015년 4월 30일

지은이 | 정륜
펴낸이 | 윤재승
펴낸곳 | 민족사

주간 | 사기순
기획편집팀 | 사기순, 최윤영
영업관리팀 | 이승순, 공진희

출판등록 | 1980년 5월 9일 제1-149호
주소 | 서울 종로구 삼봉로 81 두산위브파빌리온 1131호
전화 | 02)732-2403, 2404 팩스 | 02)739-7565
홈페이지 | www.minjoksa.org
페이스북 | www.facebook.com/minjoksa
이메일 | minjoksabook@naver.com

ISBN 978-89-98742-47-8 94220
ISBN 978-89-7009-057-3 (세트)

※ 책값은 뒤표지에 있습니다. 잘못된 책은 바꿔 드립니다.